Computerintegriertes Portfoliomanagement

Konzepte für die moderne Investmentorganisation

Von

Dr. Harald Gerloff

R. Oldenbourg Verlag München Wien

Meinen lieben Eltern

Die Deutsche Bibliothek - CIP-Einheitsaufnahme

Gerloff, Harald:
Computerintegriertes Portfoliomanagement : Konzepte für die moderne Investmentorganisation / von Harald Gerloff. - München ; Wien : Oldenbourg, 1995
ISBN 3-486-22900-1

Zugl. Diss. Hochsch. St. Gallen

Gesamtherstellung: R. Oldenbourg Graphische Betriebe GmbH, München

ISBN 3-486-22900-1

Vorwort

Der Investmentbereich befindet sich derzeit in einem bedeutenden Umbruch: konzentrierte sich in der Vergangenheit der Informatikeinsatz auf diesem Gebiet vornehmlich auf die Unterstützung der anfallenden administrativen Prozesse mit nur punktuellen und meist technisch wie organisatorisch isolierten Vorstößen in den Bereich der Entscheidungsunterstützung, hat in jüngster Zeit die Verfügbarkeit billiger Rechenleistung am einzelnen Arbeitsplatz, verbunden mit der zunehmenden Akzeptanz quantitativer Modellbildungen der modernen Portfolio- und Kapitalmarkttheorie, eine rapide Entwicklung in Richtung hin zu einem flächendeckenden, integrierten Computereinsatz auf Entscheidungsebene eingesetzt. Der tiefgreifende Wandel des soziotechnischen Systems Investmentorganisation führt von der derzeitigen manuellen und punktuell informatikunterstützten Vorgehensweise in letzter Konsequenz hin zu einem durchgehend computerunterstützten integrierten Informationsproduktionsprozeß als Basis der Leistungserstellung.

Für den Informatiker (wie auch für den Investmenttheoretiker) ein ideales Anwendungsgebiet für die Erprobung und den praktischen Einsatz moderner Konzepte der integrierten Entscheidungsunterstützung - fehlt es doch im angesprochenen Bereich wegen der Breite und Komplexität der Problemstellung noch fast gänzlich an schlüssigen und einigermaßen vollständigen Konzepten für eine Weiterentwicklung der Informatikunterstützung in die angedeutete Richtung. Erforderlich ist hierfür die gleichzeitige Berücksichtigung aller diesbezüglich relevanten technologischen Ansätze der Informatik (insbes. diejenigen des Decision Support Systems, des Expertensystems und des neuronalen Netzes) genauso wie diejenige der zentralen Aussagen und Modellbildungen der Portfolio- und Kapitalmarkttheorie - unter konsequenter Einbettung aller Lösungsansätze in die heute fundamentalen Informatikkonzepte der Computerintegration und Verteilung.

Im interdisziplinären Charakter dieser Arbeit lag ihre Herausforderung: Sie will verknüpfen und verbinden - zwischen Informatik und Portfoliotheorie, der Technologie und ihrem Anwendungsbereich, zwischen Theorie und Praxis, zwischen den verschiedenen relevanten Teildisziplinen der Informatik sowie auch zwischen den einzelnen Verarbeitungsschritten des Portfoliomanagement-Prozesses. In ihrem integrativen Charakter liegt, neben der Lösung spezifischer theoretischer wie technischer Einzelprobleme, die auf dem Weg zur Integration des gesamten computergestützten Entscheidungsprozesses erforderlich ist, ihr Wert.

Die während meiner Tätigkeit als Leiter des CAPS (Computer Assisted Portfolio Structuring) - Projekts, das die initiale Konzeption und konkrete Entwicklung eines in theoretischer wie praktischer Hinsicht gehobenen Ansprüchen genügenden Decision Support Systems für die Unterstützung des institutionellen Portfoliomanagements im Großkundensegment zum Gegenstand hatte, bei der Schweizerischen Kreditanstalt gemachten Erfahrungen trugen viel dazu bei, den notwendigen Praxisbezug der gemachten theoretischen und konzeptionellen Aussagen sicherzustellen.

Es liegt mir daran, allen zu danken, die zur Entstehung dieses Buches beigetragen haben, insbesondere Herrn Prof. Dr. Beat Schmid und Herrn Prof. Dr. Klaus Spremann für ihre wertvollen fachlichen Anregungen und Kommentare sowie meinen Eltern, meinen Schwestern, meiner Freundin und meinen Freunden für ihre nicht minder wertvolle Ermutigung und ihren „Support" - ganz besonders aber meiner Mutter Ute, die in dieser Hinsicht Unverzichtbares beigetragen hat. Herrn Martin Weigert möchte ich an dieser Stelle für seine professionelle wie zuvorkommende Lektoratsarbeit danken.

Harald Gerloff

Inhaltsübersicht

Inhaltsverzeichnis

Abkürzungsverzeichnis

APT	Arbitrage Pricing Theory
ART	Automated Reasoning Tool
CAPM	Capital Asset Pricing Model
CIB	Computer Integrated Banking
CIM	Computer Integrated Manufacturing
CIP	Computerintegriertes Portfoliomanagement
DBA	Datenbankanwendung
DBMS	Database Management System
DDL	Data Definition Language
DML	Data Manipulation Language
DSS	Decision Support System
EDSS	Expert Decision Support System
EDV	Elektronische Datenverarbeitung
ES	Expertensystem
EVA	Expertensystem zur Vermögensanlageberatung
GABI	Geldanlage Beratungs- und Informationssystem
GMD	Gesellschaft für Mathematik und Datenverarbeitung
GUI	Graphical User Interface
HCI	Human-Computer Interaction
HW	Hardware
LAN	Local Area Network
MCK	Mensch-Maschine-Kommunikation
MIS	Management Information System
NN	Neuronales Netz
PC	Personal Computer
PPS	Produktionsplanung und -steuerung
RPC	Remote Procedure Call
S & P 500	Standard and Poor's 500
SW	Software
TIC	Thiel's Inequality Coefficient
VDBS	Verteiltes Datenbanksystem
VF	Visual Formalism
VR	Virtual Reality
WAN	Wide Area Network
WS	Workstation

Teil I

Grundlagen

1

Einführung

1.1. Einleitung

Zwei fundamentale Entwicklungen, die beide in den letzten 10-15 Jahren stattgefunden haben (und weiterhin an Intensität zunehmen) geben den Anstoß für diese Untersuchung. Einerseits ist da, auf Seiten der Informatik die *„PC- und Workstation-Revolution"* zu nennen, d.h. die Verfügbarkeit billiger Rechenleistung am individuellen Arbeitsplatz, die eine neue Klasse von Anwendungen, die bisher weitgehend auf den Bereich der wissenschaftlichen Forschung und einiger umständlicher OR-Applikationen eingeschränkt war, an die operative Front gebracht. Gemeint sind *entscheidungsunterstützende Systeme* (wozu im Rahmen der in diesem Text verwendeten weiten Auffassung des Begriffs sowohl Decision Support Systems wie auch Expertensysteme und viele auf neuronalen Netzen basierende Anwendungssysteme gehören): eine sich deutlich von den traditionellen Informationssystemen abhebende Form der Informatikunterstützung.[1] Plötzlich sind grafische Benutzerschnittstellen und die für den Einsatz von mathematischen Modellrechnungen notwendige Prozessorleistung überall in der Organisation verfügbar.

Die zweite fundamentale Strömung ist der radikale Wandel der Entscheidungsfindung im Portfoliomanagement vom traditionellen Ansatz einer manuellen und ausschließlich Erfahrungs- (bzw. Gefühls-) gestützten Portfoliozusammenstellung zum intensiven Einsatz mathematischer Modellbildungen, die auf theoretischen Konzepten der *„Modern Portfolio Theory"*[2] gründen. Verstärkt wird die Geschwindigkeit dieser Entwicklung insbesondere durch die deutliche Verschärfung des Wettbewerbs, die im Portfoliomanagement-Geschäft stattgefunden hat. Wer bei der Entwicklung hin zum Einsatz moderner Entscheidungshilfsmittel nicht mithält, wird nicht lange im Markt bestehen können.

Ein Kernproblem der beschriebenen Entwicklung ist die Frage, wie der Schritt von der derzeit vorherrschenden punktuellen Entscheidungsunterstützung durch -informationstechnisch teilweise noch recht exotische - *isolierte Einzelsysteme* zu einer *durchgehenden, gesamtprozeßorientierten* Informatik- (und insbesondere *Entschei-*

---

1 siehe Abschnitt 1.3.2

2 wobei diese häufig bereits seit längerer Zeit existieren (siehe Abschnitt 1.2.4) - Jüngeren Datums ist hingegen die beschriebene Entwicklung hin zu ihrer Verbreitung und ihrem intensiven Einsatz in der Portfoliomanagement-Praxis.

dungs-) unterstützung getan werden kann. Hier sind die Ergebnisse, die die Informatik unter den Begriffen „(Computer-)Integration“ und „Verteilte Systeme“ inzwischen hervorgebracht hat[3], von großer praktischer Bedeutung. Allerdings liegt das Schwergewicht der unter diesen Titeln angestellten Betrachtungen fast immer auf einer Integration der administrativen Datenströme und Informationssysteme - Die Integration der Informationsflüsse und Systeme auf entscheidungsunterstützender Ebene wird i.A. nur am Rande - und oft in völlig unzureichender Weise - behandelt. Da gerade hier aber heute das größte Potential für eine Qualitäts- und auch Effizienzsteigerung im Finanzdienstleistungsbereich allgemein und insbesondere im Portfoliomanagementbereich liegt, wollen wir hingegen diese Ebene der Informatikunterstützung in den Mittelpunkt unserer Betachtung stellen.

1.1.1. Problemstellung und Zielsetzung

Entsprechend der Themenstellung ist die vorliegende wissenschaftliche Untersuchung *interdisziplinär* zwischen dem Fachgebiet der *Informatik* und den den Investmentbereich behandelnden Teilbereichen der *Wirtschaftswissenschaften* - der Bankwirtschaftslehre und der Portfolio- und Kapitalmarkttheorie. Sie ist außerdem als *anwendungsorientiert* einzustufen - Ihre *konzeptionellen Resultate* sollten auch den Test einer *praktischen Brauchbarkeit* bestehen.

Ihre Zielsetzung ist es, aufbauend auf einer abstrakten Prozeßanalyse der im Portfoliomanagementbereich stattfindenden Informationstransformationsprozesse und einer systematischen Untersuchung der grundsätzlichen Möglichkeiten der Informatikunterstützung der einzelnen Prozeßschritte, ein *Konzept für eine Weiterentwicklung der Computerunterstützung im Portfoliomanagementbereich* in Richtung einer den Anforderungen der Zukunft gerecht werdenden hochentwickelten, gesamtprozeßorientierten und durchgängigen Informatikunterstützung zu entwickeln.[4] (Der zur Charakterisierung eines auf dieser Basis implementierten Investmentmanagements geprägte Begriff "*Computerintegriertes Portfoliomanagement*" trägt dabei der Perspektive Rechnung, daß die geforderte fortgeschrittene Form der Computerunterstützung auf lange Sicht zur Realisierung einer neuen - auf einer wesentlich gesteigerten Flexibilität und einem engeren wie dynamischeren Zusammenwirken von Mensch und maschineller Unterstützung beruhenden - Qualität in der Portfoliomanagement-Dienst-

---

[3] insbesondere in Zusammenhang mit Computer-Integrated-Manufacturing und -Banking-Konzepten, siehe Abschnitte 1.1.3.2 und 7.1

[4] und dabei - zumindest konzeptionell - den Schritt von der punktuellen Computerunterstützung einzelner Arbeitsschritte zum integrierten Informationsproduktionsprozeß im Portfoliomanagementbereich zu tun.

leistungserstellung führt.[5]) Zum erarbeiteten *Konzept für ein Computerintegriertes Portfoliomanagement* gehören aus einer systematischen Untersuchung der verfügbaren Methoden und beispielhafter Anwendungssysteme für jeden einzelnen Prozeßschritt resultierende konkrete Anforderungen und Verbesserungsvorschläge für eine Weiterentwicklung der Informatikunterstützung auf *Einzelschritt*ebene genauso wie aus der *Gesamtprozeß*betrachtung gewonnene *integrationsorientierte* Konzeptelemente.

Es wurde versucht, die ganze Breite der Themenstellung zu erfassen - also hinsichtlich der Portfoliomanagement-Dimension alle Prozeßschritte in die Untersuchung mit einzubeziehen, hinsichtlich der Informatik-Dimension alle relevanten Möglichkeiten der Informatikunterstützung (unter der genannten Einschränkung bzw. Konzentration auf die entscheidungsunterstützende Ebene) und die zentralen Konzepte der Computerintegration und Verteilung angemessen zu berücksichtigen - und dennoch, in den sich naturgemäß ergebenden Grenzen, die für eine praktische Anwendbarkeit der erhaltenen Resultate notwendige Tiefe zu bewahren.[6] Nur eine den Gesamtprozeß erfassende Betrachtung kann der gewählten Problemstellung gerecht werden - alles andere wäre lediglich eine Erweiterung des Kreises der - nützlichen und für die *Umsetzung* solcher Konzepte unbedingt erforderlichen, aber bereits in reichlichem Maße vorhandenen - Einzelschrittbetrachtungen. Es geht uns hier aber gerade darum zu Verknüpfen - zwischen den einzelnen Portfoliomanagement-Teilbereichen wie zwischen Informatikunterstützung - der Technologie - und Portfoliomanagement-Theorie und -Praxis - dem Anwendungsbereich.

Aufgrund der relativen Neuigkeit der behandelten Themenstellung sowie ihrem interdisziplinären Charakter - der engen Verknüpfung von Informatik- und wirtschaftwissenschaftlichen Aspekten - existiert im betrachteten Bereich bisher nur recht wenig ähnlich gelagerte *Literatur*. Zu nennen wären im deutschsprachigen Raum etwa Loistl (Wertpapiermanagement), Zapotocky (Hrsg.) (Portfolio-Management) und Husemann (Computerunterstützung). Außerdem ist Signer (Computer-Int.) in diesem

---

5 siehe auch die Begriffsabgrenzungen in Abschnitt 1.1.3 sowie die Überlegungen in Abschnitt 9.7

6 Bei aller Breite gegenüber auf einen einzelnen Schritt des Portfoliomanagementprozesses (wie z.B. der Performanceanalyse) bezogener Betrachtungen ist unsere Themenstellung hingegen gegenüber einer allgemeinen Computer Integrated Banking (CIB)-Untersuchung wiederum eng genug, um einen deutlich höheren Detaillierungs- und Konkretisierungsgrad als diese zu erlauben. Dementsprechend konnte das Buch auch mit Blick auf eine tatsächliche und effektive Realisier- und Implementierbarkeit des vorgeschlagenen Konzepts gestaltet werden (So wollen wir in Teil III auch recht spezifische Designkonzepte für die Gestaltung der im Rahmen eines Computerintegrierten Portfoliomanagements zum Einsatz kommenden Anwendungssysteme geben). Es wurde versucht, möglichst alle wesentlichen Elemente einzubeziehen, die dazu notwendig sind (siehe Abschnitt 9.5).

Zusammenhang zu erwähnen - wobei diese Arbeit allerdings eine generellere bankinformatische Untersuchung zum Ziel hat und keine spezialisierte Betrachtung des Portfoliomanagementbereichs darstellt. Auch die erstgenannten drei Texte haben teilweise recht merklich von der vorliegenden abweichende Zielsetzungen. Häufig liegt, wie z.B. bei Loistl, die Betonung sehr weitgehend auf dem Portfoliomanagementaspekt, unter nur recht kurzer Behandlung des Informatikaspekts - der Computerunterstützung. Ein bestehendes Werk mit derselben - etwa in der Mitte zwischen Portfoliomanagement und Informatik liegenden - Gewichtung der Teilaspekte und dem vorgenommenen Einbezug des Computerintegrationsgedankens in die Themenstellung ist dem Autor nicht bekannt.

1.1.2. Aufbau

Das Buch gliedert sich in drei Teile:

- In *Teil I* werden zunächst die Grundlagen für die in Teil II folgende Analyse der Möglichkeiten der Informatikunterstützung und die in Teil III erfolgende Konzeptentwicklung gelegt. Kapitel 1 enthält, neben den einleitenden Abschnitten zu Motivation und Zielsetzung des Buches, eine Einführung in die im Zusammenhang mit unserer Themenstellung relevanten Entwicklungen auf Portfoliomanagement- wie auf Informatikseite. In Kapitel 2 wird, anschließend an eine kurze Einführung in die Thematik immaterieller (Informations-)Produktionsprozesse, ein abstraktes Prozeßmodell des Portfoliomanagement-Prozesses entwickelt, das für die in der Folge anzustellenden Untersuchungen und Konzeptentwicklungen bedeutsam ist und strukturell die Funktion eines roten Fadens, bzw. eines zentralen Bezugsrahmens, übernimmt (Es ist eine Kernidee dieser Arbeit, eine Prozeßanalyse als Grundlage für die Untersuchung der Möglichkeiten der Informatikunterstützung im Portfoliomanagementbereich heranzuziehen). In Kapitel 3 werden schließlich die grundsätzlichen Systemvarianten, die zur Informatikunterstützung der einzelnen Schritte des Prozeßmodells in Frage kommen, betrachtet und auf ihre strukturellen Charakteristika und ihre spezifischen Merkmale hin untersuchen.

- Inhalt des *zweiten Teils* ist die Analyse der Möglichkeiten der Informatikunterstützung für jeden der einzelnen Arbeitsschritte des Portfoliomanagement-Prozesses. Neben der Vermittlung eines systematischen Überblicks über die jeweils einsetzbaren Methoden und der Besprechung beispielhafter bestehender Anwendungssysteme besteht das Ziel in der Identifikation von Schwachpunkten in der bisherigen Informatikunterstützung und der Entwicklung von in Richtung eines Computerintegrierten Portfoliomanagements weiterführender Anforderungen an eine zukünftige

Informatikunterstützung des Gesamtprozesses. Entsprechend den Verarbeitungsschritten des Prozeßmodells gliedert sich dieser Teil in die Untersuchung der Möglichkeiten der Informatikunterstützung für den Bereich der Investmentanalyse (Kapitel 4), denjenigen der Portfoliokonstruktion (Kapitel 5) und diejenigen der verbleibenden Prozeßschritte Zielsetzungsdefinition, Prognosequalitätsanalyse und Performanceanalyse (Kapitel 6) - wobei in den Kapiteln 4 und 5 zur Erreichung des benötigten Detaillierungsgrades zunächst eine Erweiterung des Prozeßmodells in den jeweiligen Bereichen entwickelt wird.

- In *Teil III* wird, aufbauend auf die in Teil II angestellten Betrachtungen, ein Konzept für ein Computerintegriertes Portfoliomanagement (CIP-Konzept) entwickelt. Die in Teil II aufgestellten Anforderungen dienen uns dabei als Vorgabe. Sie sollen in geeignete Leitlinien und konzeptionelle Bausteine für die Realisierung des Schritts von der punktuellen Informatikunterstützung zur durchgehenden, computerintegrierten Unterstützung des Gesamtprozesses umgesetzt werden (unter gleichzeitigem Einbezug der Verbesserungen auf Einzelschrittebene).[6] In Kapitel 7 werden zunächst einige grundlegende Elemente des Konzepts für ein Computerintegriertes Portfoliomanagement ausgearbeitet und die in diesem Zusammenhang zentralen Begriffe der Integration und Verteilung vertieft; in Kapitel 8 werden spezifische Designkonzepte für die im Rahmen des CIP-Konzepts zum Einsatz kommenden Anwendungssysteme entwickelt und in einem integrierenden 9. Kapitel neben zusätzlichen, gesamtprozeßbezogenen, konzeptionellen Bausteinen eine zusammenfassende Darstellung des vollständigen Konzepts angeführt sowie Implementations- und Nutzenüberlegungen vorgenommen.

1.1.3. Begriffe

1.1.3.1. Portfoliomanagement

Die Literatur liefert keine allgemein anerkannte, eindeutige und umfassende Definition des Begriffs „Portfoliomanagement".[7] Je nach der Perspektive des Autors wird die Auswahl und Planung von Vermögensanlagen sowie die Überwachung und Um-

---

6 Das - u.a. in den Titeln von Teil II ("Informatikunterstützung im Portfoliomanagement") und Teil III ("Computerintegriertes Portfoliomanagement") - verwendete Begriffspaar "*informatikunterstütztes*" versus "*computerintegriertes*" Portfoliomanagement dient uns zur sprachlichen Kennzeichnung dieses Schritts.

7 Husemann (Computerunterstützung), S. 1
Sharpe/Alexander (Investments), S. 1 f. und 713
Elton/Gruber (Modern Portfolio Theory)
Achterberg/Lanz (Hrsg.) (Lexikon Geld-, Bank und Börsenwesen), S. 1371

schichtung bestehender Portfolios (Sicht des Praktikers), eine Umsetzung der Ergebnisse der Investment- bzw. Finanzanalyse (Sicht des Investmentanalysten) oder eine auf die Ermittlung einer rendite-/risikooptimalen Portfoliozusammensetzung ausgerichtete Menge von Aktivitäten (Sicht der Portfoliotheorie) verstanden.[8] Insbesondere hinsichtlich der Abgrenzung des Begriffs zu anderen Tätigkeiten im Rahmen des Anlageprozesses sind recht verschiedene Auffassungen anzutreffen. Im Sinne einer engen Definition des Begriffs werden *nur* die Zusammenstellung von Titeln zu einem Portfolio - bzw. die Überarbeitung dieser Portfoliozusammensetzung - darunter verstanden - wobei insbesondere die Ermittlung der Prognosen, aufgrund derer diese Tätigkeiten vorgenommen werden, nicht mehr zum „Portfoliomanagement" gehört. Eine etwas weiter gefaßte Auslegung des Begriffs nimmt noch begleitende Tätigkeiten wie die Performanceanalyse und die Zielsetzungsdefinition hinzu, sieht die Investmentanalyse aber immer noch als nicht unter den Begriff gehörend an. Schließlich wird häufig die Gesamtheit aller zum Anlageentscheidungsprozeß gehörenden Aktivitäten in den Begriff eingeschlossen.[9]

Wir wollen im Rahmen dieses Textes in dieser Hinsicht pragmatisch vorgehen, und - in Anlehnung an Husemann und einen guten Teil der diesbezüglichen Literatur - „Portfoliomanagement" als Oberbegriff für alle im Zusammenhang mit der Betreuung von Kapitalanlagen notwendigen Aktivitäten, einschließlich der Investmentanalyse, Zielsetzungsdefinition, Performanceanalyse, etc. verstehen.[10] Allerdings wollen wir die rein administrativen Tätigkeiten der Depotverwaltung als nicht zum eigentlichen Portfoliomanagement gehörend verstehen.[11] *„Portfoliomanagement" umfaßt somit alle sich auf Entscheidungsebene abspielenden Aktivitäten des Gesamtprozesses der Erstellung und Überarbeitung von Portfolios.*

Den Begriff der *„Portfoliokonstruktion"* wollen wir dagegen einführen, um die Erstellung und Überarbeitung eines Portfolios *im engeren Sinn* zu bezeichnen, d.h. den Teilprozeß der konkreten Ermittlung einer geeigneten Portfoliozusammenstellung *auf*

---

8 siehe Husemann (Computerunterstützung), S. 1 f., und die von ihm genannten Beispiele:
Kaderli (Anlagestrategie), S. 130 ff.
Norby (Overview of Financial Analysis)
Francis/Archer (Portfolio Analysis), S. 4

9 Klarheit herrscht immerhin bezüglich der Abgrenzung zum die beschlossenen Transaktionen vollziehenden *Wertschriftenhandelsbereich*. Er stellt - nach allgemeinem Begriffsverständnis - eine eigene, *nicht dem Portfoliomanagementbereich zuzurechnende* Funktion dar.

10 Husemann (Computerunterstützung), S. 2 f.

11 Außerdem bleibt auch bei uns naturgemäß die (die Ergebnisse des Entscheidungsprozesses *vollziehende*) Handelsfunktion ausgeschlossen.

der Basis gegebener Prognosen und zur Erfüllung gegebener Portfolioziele, bzw. der Revision dieser Zusammenstellung.

1.1.3.2. Computer Integrated Manufacturing und Computer Integrated Banking

Computer Integrated Manufacturing (CIM)[12] bezeichnet das Konzept einer vollständig integrierten, gesamtprozeßorientierten Informationsverarbeitung zusammen mit den dadurch möglich werdenden organisatorischen Innovationen, wie es zunächst für den Industriebetrieb entwickelt wurde (siehe Abschnitt 7.1). Neben rein technischen Neuerungen, wie der Verflechtung der einzelnen Verarbeitungsfunktionen und der zugrundeliegenden Datenbestände, zeitigt diese Integrationsbewegung auch wesentliche organisatorische Ergebnisse, wie insbesondere die Möglichkeit wieder einzelne Teilfunktionen, die nach dem traditionellen Organisationsansatz hochspezialisierter Arbeitsteilung an getrennten Stellen ausgeführt wurden, an einem Arbeitsplatz zusammenzuführen.[13]Zentrale Anliegen des CIM-Ansatzes sind u.a. die Verbesserung der Unternehmensflexibilität, die Verkürzung der Durchlaufzeiten, die Verbesserung der Produktqualität und die Minimierung der Zeit zwischen Produktidee und Produktauslieferung.[14]

Computer Integrated Banking (CIB)[15], als Anwendung des CIM-Konzepts auf den Finanzsektor, umfaßt einerseits die aus dem Konzept einer *Datendurchgängigkeit und Computerunterstützung von der der Kundendaten- und Auftragserfassung über die Auftragsabwicklung und -kontrolle bis zur Dienstleistungserstellung und Auftragsbearbeitung auf Online-Basis* direkt hervorgehenden Elemente, wie etwa eine unternehmensweite Nutzung der Datenbasis und der verfügbaren Programmodule und eine informationstechnologische Integration der einzelnen Sparten und Abteilungen. Andererseits beinhaltet der Begriff, ähnlich wie der CIM-Begriff, aber weit mehr: es geht schlußendlich um eine tiefgehende, auch die organisatorische Ebene mit einbeziehende Umgestaltung des Leistungserstellungsprozesses unter voller Ausnutzung der Möglichkeiten moderner Informatikmittel hinsichtlich administrativer Transaktionsverarbeitungskapazität, einer interaktiven und hochflexiblen Entscheidungsunter-

---

12 Scheer (CIM)
Browne/Harhen/Shivnan (Production Management Systems)

13 Scheer (CIM), S. 5 f.
Rautenstrauch (Integration Engineering), S. 42 f.

14 Signer (Computer-Int.), S. 10 f.

15 Zapp (Computer-Integrated-Banking)
Signer (Computer-Int.), S 10 f.

stützung[16] und der unternehmensweiten Integration aller relevanten informationstechnischen Ressourcen. Die Ziele sind dabei die gleichen wie beim CIM-Ansatz, insbesondere aber eine Steigerung der Dienstleistungsqualität bei gleichzeitiger Effizienzsteigerung bzw. Kostensenkung.

In seiner vollen Bedeutungstiefe bezeichnet „*Computerintegration*" in beiden Begriffen also nicht nur eine technische Vernetzung und Integration der zum Einsatz kommenden informationstechnischen Ressourcen, sondern meint (in letzter Konsequenz) vielmehr eine die Gesamtorganisation erfassende Wandlung zur durchgehend und gesamtprozeßorientiert computergestützten und dadurch - bzw. dank der so ermöglichten organisatorischen Neuerungen - zu gleichermaßen hochflexiblen wie effizienten Leistungserstellungsprozessen fähigen computerintegrierten Unternehmung.

1.1.3.3. Computerintegriertes Portfoliomanagement

Computerintegriertes Portfoliomanagement wollen wir als Begriff für ein die Möglichkeiten moderner Informatikmittel sowie deren Integration im Rahmen einer gesamtprozeßorientierten Sichtweise im Geiste des CIM bzw. des CIB-Konzepts - einschließlich der sich in diesem Zusammenhang ergebenden organisatorischen Perspektiven und den fortgeschrittenen Möglichkeiten der Dienstleistungserstellung - voll ausnutzendes Portfoliomanagement einführen. Gemeint ist der Schritt, der auf die bestehende Computer*unterstützung* einzelner Prozeßschritte mit isolierten Einzelsystemen folgt: Die aus einer systematischen Informatisierung der Einzelschritte auf höherem Niveau - im Sinne einer Weiterentwicklung der Informatikunterstützung auf der Einzelschrittebene, neben dem reinen Integrationsaspekt ebenfalls ein wichtiger Bestandteil eines „Computerintegrierten Portfoliomanagements" -, der Integration der Einzelsysteme untereinander sowie ihrer „Integration" mit ihren Bedienern - bzw. der sie umgebenden Organisation - sich ergebende Entwicklung hin zum computer*integrierten* Informationsproduktionsprozeß. Da, wie bereits in der Einleitung gesagt, besonders im komplexen Portfoliomanagementbereich die Entscheidung (im Gegensatz zur administrativen Transaktion) im Mittelpunkt des Interesses steht und die Ebene der Entscheidungsunterstützung wohl das größte Potential für eine Steigerung von Qualität und Flexibilität der Dienstleistungserstellung in diesem Bereich bietet, wollen wir diese bei unserer Betrachtung der Themenstellung eines Computerintegrierten Portfoliomanagements in den Vordergrund stellen.

---

[16] Allerdings ist man hier noch nicht soweit - im CIB-Bereich allgemein, besonders aber hinsichtlich der - außerordentlich wichtigen und zukunftsträchtigen - Ebene der Entscheidungsunterstützung fehlen konkrete Ausgestaltungen des Konzepts mit einer dem CIM-Konzept entsprechenden Tiefe und Klarheit noch weitgehend. Wie bereits erwähnt, stehen reine Datenintegrations- und Transaktionsverarbeitungsbetrachtungen derzeit noch häufig im Vordergrund.

Im folgenden sollen nun die hinsichtlich unserer Themenstellung relevanten Entwicklungen auf Portfoliomanagement- wie Informatikseite im Sinne einer Einführung angesprochen werden.

1.2. Portfoliomanagement-Entwicklungen

Das Portfoliomanagement, dessen Bedeutung als Dienstleistung im Finanzsektor in der jüngsten Vergangenheit deutlich zugenommen hat und - unter marktgerechten Bezeichnungen wie etwa „Asset Management" u.ä. - weiterhin laufend an Bedeutung gewinnt, hat sich in den letzten Jahren wesentlich gewandelt. Wesentliche Trends bzw. Strukturveränderungen sind das zunehmende Engagement institutioneller Investoren - insbesondere der Pensionskassen -, die damit zusammenhängende Professionalisierung der Vermögensverwaltung sowie die Internationalisierung der Finanzmärkte.

1.2.1. Verstärktes Engagement institutioneller Investoren

Abbildung 1-1 verdeutlicht die starke Zunahme der institutionell verwalteten Gelder am Beispiel der amerikanischen Pensionskassen von 1974 bis 1984. Wie Zimmermann feststellt, führt dieser Trend - und es ist davon auszugehen, daß er sich in Zukunft sogar noch verstärkt - zu einem Zwang zur Professionalisierung im Portfoliomanagementbereich: „Institutionelle Investoren erwarten immer mehr genauestens Rechenschaft über den Erfolg (die „Performance") ihrer Vermögenspositionen, was zu einer zunehmenden Konkurrenz im Vermögensverwaltungsgeschäft führt."[17] Die steigenden Anforderungen dieser Klasse von Investoren führen zu einem vermehrten Bedarf an modernen Investmentmethoden und moderner Computerunterstützung im Portfoliomanagement.

1.2.2. Internationalisierung der Finanzmärkte und globale Portfoliozusammenstellung

Transaktionsort und nationale Zugehörigkeit des Investors verlieren aufgrund sinkender Transaktionskosten und den Fortschritten in der Informationstechnologie ihre frühere Bedeutung. Gleichzeitig erfordern die großen Anlagevolumina und die heute gestellten Anforderungen an eine effiziente Risikodiversifikation zwingend eine inter-

---

[17] Zimmermann (Wertschriftenmanagement), S. 10

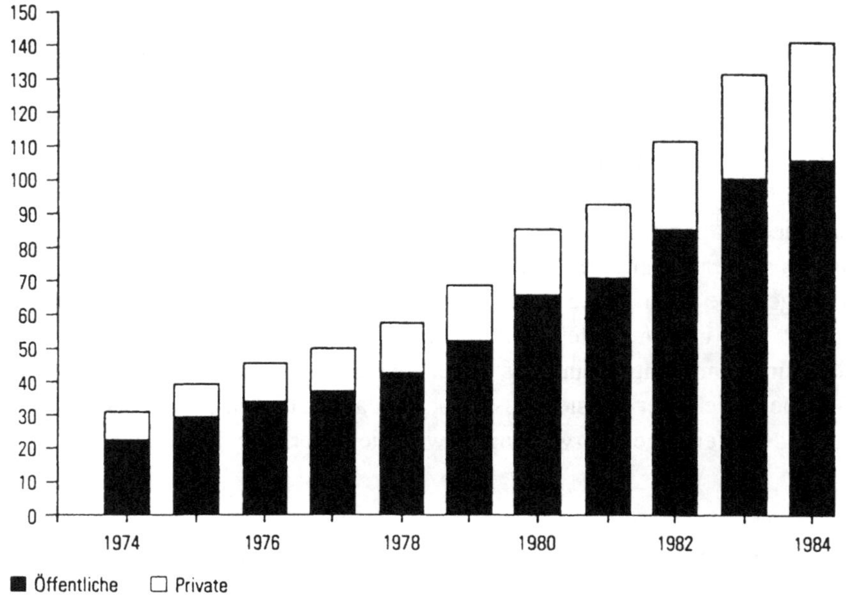

Abbildung 1-1: Anlagevermögen amerikanischer Pensionskassen, 1974-1984 in Mrd. US-$
Quelle: Tapley (International), aus: Zimmermann/Bill/Dubacher (Finanzmarkt)

nationale Streuung der anzulegenden Mittel (Abbildung 1-2 illustriert die in diesem Zusammenhang aufgrund der Verwendung einer internationalen anstelle einer lediglich nationalen Diversifikation erzielbare zusätzliche Reduktion des Portfolio-Gesamtrisikos). Als Resultat dieser Entwicklungen hat sich ein ausgeprägter Trend zum „International Investment", zur Anlage in international diversifizierten Portfolios herausgebildet.[18] Dieser Trend erhöht die Komplexität der Vermögensverwaltung und die an sie gestellten Anforderungen beträchtlich: Es ist ein globales Anlageuniversum zu analysieren und es sind globale Anlagestrategien (basierend auf einer „globalen Asset Allocation", siehe weiter unten) zu entwickeln. Auch diese Entwicklung erzwingt - allein schon aufgrund der zu verarbeitenden Datenmenge, aber auch aufgrund des komplexeren Entscheidungsprozesses - einen vermehrten Informatikeinsatz im Portfoliomanagementbereich. Sie führt außerdem zu einer weiteren Verschärfung

---

[18] Solnik (International Investments)
Sharpe/Alexander (Investments), S. 774 ff.

des Wettbewerbsdrucks unter den Anbietern von Portfoliomanagement-Dienstleistungen.[19]

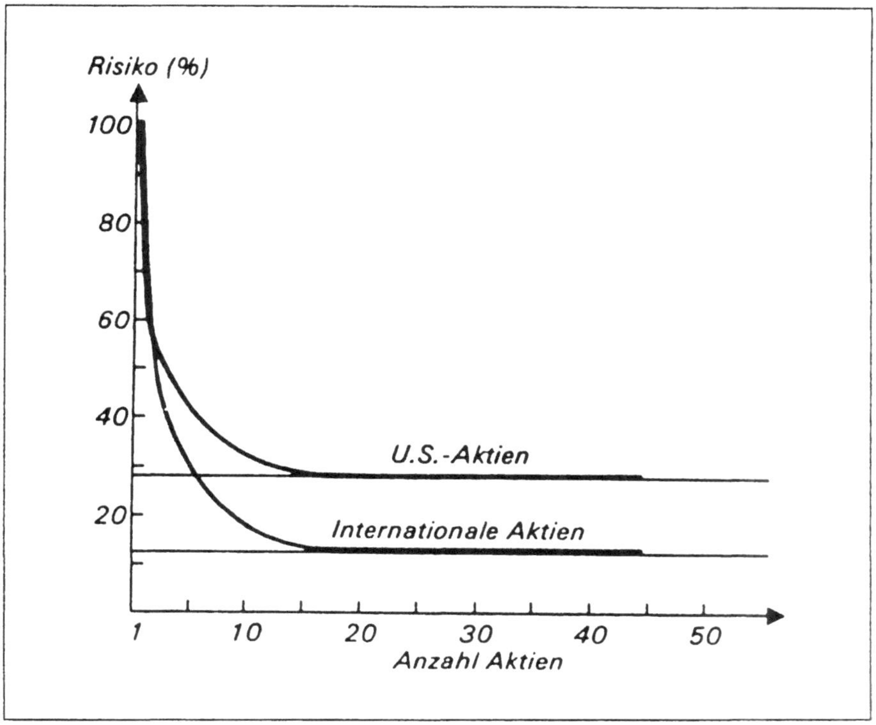

Abbildung 1-2: Die Vorteile internationaler Diversifikation
Quelle: Solnik (International Pricing of Risk), aus: Malkiel (Random Walk)

1.2.3. Neue Finanzinstrumente

Die Innovationsflut der letzten Jahre hat viele neue Finanzinstrumente hervorgebracht. Futures- und Optionen haben sich inzwischen an den Finanzmärkten etabliert und auch konservative Investoren bedienen sich ihrer zur Absicherung von Markt- und Wechselkursrisiken aber auch zur Erzielung maßgeschneiderter und teilweise auch neuartiger Ertrags- und Risikoeigenschaften ihrer Portfolios.[20] Die Fülle der verschiedenen derivativen Finanzinstrumente mit ihren teilweise komplexen und oft regelrecht exotisch anmutenden Merkmalen und Strategiekombinationen macht den

---

[19] Zimmermann (Wertschriftenmanagement), S. 10 f.

[20] Sharpe/Alexander (Investments), S. 533 ff.

Investmentspezialisten zum „Financial Engineer", der sich mit Hilfe des Werkzeugkastens innovativer und traditioneller Finanzinstrumente die gewünschten Rendite- und Risikocharakteristika mit einer bisher unbekannten Flexibilität konstruiert.[21] Auch in dieser Entwicklung liegt eine wesentliche Herausforderung an die moderne Vermögensverwaltung und ihre Informatikunterstützung.

1.2.4. Portfolio- und Kapitalmarkttheorie

Obige Entwicklungen, aber insbesondere auch die Verfügbarkeit von günstiger Rechenkapazität in Form von Personal Computers und Workstations, haben in den letzten Jahren zu einer rapiden Verbreitung der Erkenntnisse und Methoden der „Modern Portfolio Theory" in der Investmentpraxis geführt. Sie stellt - bei allen Grenzen, die auch dem erfolgreichen Einsatz mathematischer Modellbildungen und theoretischer Ergebnisse hinsichtlich der Erzielung konkreter Anlageerfolge gesetzt sind - einen Grundpfeiler dar, auf dessen Basis die Erfüllung der gestiegenen Ansprüche der Investoren hinsichtlich Performance, Flexibilität und Transparenz der Vermögensverwaltung angegangen wird. Die in der Praxis zum Einsatz kommenden „quantitativen Methoden" basieren auf portfolio- und kapitalmarkttheoretischen Modellbildungen und Ergebnissen, deren wichtigste und verbreitetste an dieser Stelle kurz angesprochen werden sollen.[22]

1.2.4.1. Markteffizienz

Die Hypothese der Effizienz von Finanzmärkten postuliert - vereinfacht gesagt -, „daß es keine Möglichkeit gibt," aufgrund allgemein „zugänglicher Informationen (...) in systematischer Weise überdurchschnittliche (Risiko-korrigierte) Erträge zu erzielen."[23] In einem effizienten Finanzmarkt reflektieren die Kurse die angesprochenen Informationen gänzlich und unmittelbar. Etwas präziser gefaßt, unterscheidet man

---

21 Zimmermann (Werkzeugkasten)

22 Trotz der zentralen Bedeutung, die der Portfolio- und Kapitalmarkttheorie im Zusammenhang mit der Entwicklung von entscheidungsunterstützenden Systemen für den Portfoliomanagementbereich zukommt, beschränkt sich die Themenstellung dieses Textes wohlgemerkt jedoch nicht allein auf die diesem Kontext zuzuordnende Kategorie von Systemen - außer auf portfoliotheoretischen (mathematischen) Modellbildungen basierenden Systemen gibt es noch eine Fülle alternativer Ansätze der Informatikunterstützung im Portfoliomanagement (etwa Expertensysteme und neuronale Netze) mit jeweils spezifischen Charakteristika und Eignungsbereichen, die ebenfalls in die Betrachtung einzubeziehen sind, um dem Anspruch einer Untersuchung sämtlicher relevanten Möglichkeiten der Informatikunterstützung in diesem Bereich gerecht werden zu können.

23 Janssen (Finanzmarkt-Theorie), S. 117

drei Stufen von Markteffizienz, je nachdem auf welche Menge von Informationen der Begriff bezogen wird:[24]

Form der Markteffizienz	In den Kursen reflektierte Information
• schwache Form	alle öffentlich verfügbaren (historischen) Kursdaten
• halbstarke Form	alle öffentlich verfügbaren Informationen
• starke Form	alle Informationen, öffentliche wie private

Die Abgrenzung der Begriffe gegeneinander wie auch die empirischen Resultate sind in diesem Zusammenhang nicht eindeutig. Im Zusammenhang mit der Hypothese werden denn auch zwischen Investmentpraktikern wie -theoretikern schon seit langem leidenschaftliche Debatten geführt.[25] In bezug auf die wichtigsten US-Finanzmärkte deuten die Resultate dabei auf die Erfüllung zumindest der schwachen Form der Markteffizienz-Hypothese, weniger aber der halbstarken oder starken hin.[26]

Aus einer (modellhaften) Sicht der Welt, die die Finanzmärkte als - zumindest weitgehend - effizient betrachtet und die Kursentwicklung näherungsweise als „Random Walk" versteht bzw. als stochastischen Prozeß modelliert, ergibt sich in direkter Weise die Betonung des Risikobegriffs bzw. die Konzentration auf die statistischen Charakteristika von Kursen und Renditen unter Einsatz der Wahrscheinlichkeitstheorie als zentralem Instrument ihrer Analyse, wie sie die Kennzeichen des Ansatzes der wissenschaftlichen Portfolio- und Kapitalmarkttheorie sind.

1.2.4.2. Portfolioselektion

Bei der Theorie der *Portfolioselektion* handelt es sich um ein normatives Modell für eine optimale Portfoliozusammenstellung, d.h. um ein preskriptives Modell, das dem Investor eine konkrete Anleitung gibt - bzw. eine *Methode* anbietet - wie er sein Portfolio zu strukturieren hat.[29] Die Analyse des Problems der Portfolioselektion und das Modell zu seiner Lösung wurde bereits 1952 von H. Markowitz entwickelt und seitdem von ihm und von anderen (insbesondere Tobin, Black, Sharpe und Lintner) ver-

---

24 Tabelle in Anlehnung an Sharpe/Alexander (Investments), S. 79

25 Malkiel (Random Walk)

26 Sharpe/Alexander (Investments), S. 79
Foster (Financial Statement Analysis), Kapitel 9 und 11

27 Malkiel (Random Walk), S. 58 ff.

28 Malkiel (Random Walk), S. 58 ff.

29 Sharpe/Alexander (Investments), S. 183

feinert und erweitert.[31] Die Kernidee und der grundsätzliche Ansatz haben sich aber seit der ersten Veröffentlichung und insbesondere seit seinem 1959 erschienen Buch[32] nicht verändert: „Der Grundgedanke der von Markowitz entwickelten (...) Portfoliotheorie liegt darin, daß sich Risiken einzelner Anlagen durch Portfoliobildung eliminieren lassen (...). Die Kernidee der effizienten Portfolioselektion liegt darin, daß Auswahl und Gewichtung der Titel nur unter Berücksichtigung der gesamten Korrelationsstruktur aller zur Auswahl stehenden Anlagen getroffen werden kann."[33] Die vorgeschlagene Lösung des Problems führt von der Modellierung der Anlagerenditen als Zufallsvariablen, über ihre Analyse im zweidimensionalen Raum von Erwartungswert und Varianz (bzw. Standardabweichung) - mit der intuitiven Auffassung des ersteren als Maß für die zu erwartende Rendite, der letzteren als Maß für das Risiko der betreffenden Anlage - unter Berücksichtigung einer in diese zweidimensionale Welt projizierten, bzw. auf diesen beiden Parametern definierten Nutzenfunktion, zu einer mittels Algorithmen der quadratischen Programmierung zu lösenden mathematischen Formulierung des Problems, in der die Kovarianzen zwischen den einzelnen Renditevariablen eine zentrale Rolle spielen (mehr dazu in Abschnitt 5.2.2). Das Markowitzsche Portfolioselektionsmodell und die zentrale Erkenntnis, daß für eine optimale Portfoliozusammenstellung - und zum Verständnis des Investorverhaltens - nicht nur die Renditeerwartung einer Anlage, sondern auch ihr Risiko und dessen Wechselwirkung mit demjenigen der anderen in betracht kommenden Anlagen eine Rolle spielt, bildet die zentrale Grundlage der „Modern Portfolio Theory", sowie die Basis für viele konkrete Implementierungen in der Investmentpraxis (insbes. der Portfoliooptimierung[34]). Unter anderem führt er direkt auf die bereits in Abschnitt 1.2.2 kurz angesprochene Themenstellung der internationalen Diversifikation der Portfoliozusammenstellung zwecks Reduktion des Gesamtrisikos.[35]

---

31 Markowitz (Portfolio Selection)
Markowitz (Mean-Variance Analysis), S. 3 ff.
Elton/Gruber (Modern Portfolio Theory), S. 13 ff.
Sharpe/Alexander (Investments), S. 134 ff.
Spremann (Investition), S. 443 ff.

32 Markowitz (Portfolio Selection 1959)

33 Zimmermann (Portfoliotheorie), S. 39

34 siehe Abschnitt 5.2.2 und 5.3.1

35 Solnik (International Investments)

1.2.4.3. Capital Asset Pricing Model (CAPM)

Beim Anfang der sechziger Jahre von Sharpe, Lintner und anderen entwickelten *Capital Asset Pricing Model (CAPM)*[35] handelt es sich um eine Anwendung der Markowitzschen Ideen auf die Problemstellung der Preisbildung am Kapitalmarkt. Der Blickwinkel ist dabei ein anderer als beim Portfolioselektionsmodell: stand dort die Frage nach (einer preskriptiven Methode zur Findung) der optimalen Portfoliozusammensetzung aus der Perspektive eines Investors im Vordergrund, geht es hier um die Frage, wie denn die Preise (Kurse) der einzelnen Anlagen aussehen würden (im Sinne eines deskriptiven, positiven Modells des Kapitalmarkts), wenn alle am Kapitalmarkt teilnehmenden Investoren Markowitz-Optimalität ihrer Portfolios anstreben.[36] Zentrale Aussage des Modells ist, daß im Kapitalmarktgleichgewicht (nachdem sich alle Handelsaktivität, bzw. Arbitrage zum Ausgleich von Unter- und Überbewertungen gelegt hat und die Kurse sich auf ihr „korrektes" Niveau eingependelt haben) die erwartete Rendite einer Anlage in linearer Beziehung zu ihrem Markt- (oder systematischen) Risiko steht, ungeachtet des marktunabhängigen (titelspezifischen) Risikos der Anlage. Vom Markt wird also nicht etwa das totale Risiko eines Titels als Grundlage für die Renditebildung genommen, entschädigt wird nur die Übernahme des nicht durch Diversifikation eliminierbaren Marktrisikos. Der durch geeignete Portfoliozusammenstellung wegdiversifizierbare Risikoanteil einer Anlage wird bei der Renditebildung nicht berücksichtigt, bzw. vom Markt nicht durch eine entsprechende Risikoprämie honoriert. Das Marktrisiko einer Anlage bestimmt sich dabei aus der Kovarianz von deren Rendite mit dem *Marktportfolio* - der Menge aller möglichen Anlagen, die von den Anlegern gehalten wird -, nach einer Skalierung mit der Varianz der Marktrendite ausgedrückt durch den *Betafaktor* der Anlage (siehe Abschnitt 5.2.3).

Das CAPM basiert auf einem System von die Realität stark vereinfachenden Modellannahmen. Die Fülle von empirischen Untersuchungen und Tests des Modells, die angestellt wurden förderten denn auch Diskrepanzen zwischen den empirischen Implikationen des Modells und der Realität zutage (so haben z.B. Anlagen mit kleinem/großen Beta z.B. systematisch höhere/tiefere Erträge, als das Modell voraus-

35 Sharpe (Capital Asset Prices)
Lintner (Valuation of Risk Assets)
Sharpe/Alexander (Investments), S. 194 ff.
Elton/Gruber (Modern Portfolio Theory), S. 274 ff.
Spremann (Investition), S. 463 ff.

36 Sharpe/Alexander (Investments), S. 194

sagt).[37] Auch ist seit einer Untersuchung von Roll[38] der Wert von empirischen Tests des CAPM aufgrund der Unmöglichkeit der meßtechnischen Erfassung des (alle möglichen Anlagen umfassenden) wahren Marktportfolios grundsätzlich in Frage gestellt. Trotz dieser Kritikpunkte stellt das CAPM nach wie vor ein zentrales theoretisches Kapitalmarktmodell dar, auf dem eine Fülle von konkreten und in der Praxis eingesetzten quantitativen Investmentansätzen basieren.

1.2.4.4. Arbitrage Pricing Theory (APT)

Die von Ross 1976 als Alternative bzw. Ergänzung zum CAPM präsentierte *Arbitrage Pricing Theory (APT)*[39] erlaubt zur Erklärung der Gleichgewichtsrenditen nicht nur die Berücksichtigung eines Faktors - beim CAPM die Kovarianz zur Marktrendite - sondern geht von mehreren erklärenden Faktoren aus. Diese werden von der APT nicht näher spezifiziert - es liefert lediglich eine (schwache) Aussage über die zu erwartenden Gleichgewichtsrenditen unter der Annahme, daß die effektiven Renditen der einzelnen Anlagen durch ein lineares Faktormodell repräsentiert werden können (Beispiele für solche Faktoren sind z.B. das Wachstum des Bruttosozialprodukts, die Inflationsrate, das Wachstum der industriellen Produktion, erwartete Wechselkursbewegungen, u.ä.).[40] Dafür kommt die APT auch ohne die strengen Modellannahmen des CAPM aus. Lediglich eine Präferenz des Investors für ein höheres Wohlstandsniveau gegenüber einem niedrigeren ist zusätzlich zu der Annahme der Repräsentierbarkeit der Renditen durch Faktormodelle erforderlich.[41] Die Modellaussage der Zusammensetzung der erwarteten Gleichgewichtsrenditen als Linearkombination des risikofreien Zinssatzes, der titelspezifischer Faktorsensitivitäten und den Faktor-Lambdas (der Überschußrendite eines Portfolios mit Sensitivität eins in dem betreffenden Faktor) allein mit Hilfe des Konzepts der Arbitrage ableiten.

Da die APT keine konkreten Faktoren vorschreibt, ist ihre empirische Überprüfung schwierig - jeder Test der APT ist zugleich ein Test des zugrundegelegten spezifischen Faktormodells. Der Ansatz der Erklärung der Gleichgewichtsrenditen aus mehreren Faktoren ist aber allgemein auf Zustimmung gestoßen und hat zu einer Be-

---

37 Janssen (Finanzmarkt-Theorie), S. 116
Solnik (International Investments), S. 204 ff.

38 Roll (Critique)

39 Ross (Arbitrage Theory of Capital Asset Pricing)
Sharpe/Alexander (Investments), S. 241 ff.
Elton Gruber (Modern Portfolio Theory), S. 350 ff.

40 Janssen (Finanzmarkt-Theorie), S. 116

41 Sharpe/Alexander (Investments), S. 249

schleunigung der Entwicklung und Verbreitung von konkreten Multifaktormodellen für die verschiedensten Investmentbereiche geführt. Nicht zuletzt darin liegt die Bedeutung der APT für die Investmentpraxis.

1.2.5. Bedeutung der Asset Allocation

In engem Zusammenhang mit dem aus den Erkenntnissen der Portfolio- und Kapitalmarkttheorie begründeten Trend zur Anlage in international diversifizierten Portfolios (siehe Abschnitt 1.2.2) steht die in den letzten Jahren deutlich gestiegene Bedeutung bzw. praktische Verbreitung des auf einer (häufig globalen) *Asset Allocation* basierenden *Top-down-Ansatzes* der Portfoliokonstruktion.[42] Gemeint ist, daß aufgrund der Erkenntnis, daß - in diversifizierten Portfolios, wie sie nach den Ergebnissen der modernen Portfoliotheorie die einzig sinnvolle (d.h. potentiell „effiziente") Anlagemethode darstellen - weniger die spezifische Auswahl einzelner Titel (stock picking), sondern vielmehr die grundsätzliche Verteilung der anzulegenden Mittel auf die zur Auswahl stehenden Märkte und Währungen, also die Festlegung der Portfolio*struktur*, für den Anlageerfolg ausschlaggebend ist, der Betrachtung und Analyse dieser Ebene im Anlageentscheidungsprozeß eine besondere Bedeutung eingeräumt wird.[43] Es hat sich nämlich gezeigt, daß die Asset Allocation für die Ermittlung einer geeigneten Risikodiversifikation von entscheidender Bedeutung ist und die Renditeaussichten zu einem wesentlichen Anteil durch sie bestimmt werden.[44] Ganz generell lassen sich die meisten relevanten Portfoliocharakteristika auf dieser Ebene recht gut steuern - Insbesondere im internationalen Anlagekontext stellt die Betrachtung und Bearbeitung eines Portfolios auf Asset-Allocation-Ebene daher ein wichtiges (und auch praxisgerechtes) Instrument dar.

Es ergibt sich ein zweistufiger Anlageprozeß, der in einem ersten Schritt - aufgrund von Renditeprognosen und Risikoschätzungen auf gesamtwirtschaftlicher Ebene - die grundsätzliche Gewichtung der einzelnen Märkte und Währungen im Portfolio, die Asset Allocation[45], definiert und anschließend, in einem zweiten, diese Vorgaben mit konkreten Anlagetiteln auszufüllen sucht (Top-Down-Vorgehensweise: von der Port-

---

[42] Sharpe (Integrated Asset Allocation)
Sharpe (Asset Allocation Tools)
Arnott/Fabozzi (Asset Allocation)
Signer (Computer-Int.), S. 77 f.

[43] Aufgrund ihrer Bedeutung ist denn auch die Asset Allocation der Gegenstand intensiver Optimierungsbemühungen, unter Einsatz entsprechender computergestützter Optimierungsmodelle.

[44] siehe dazu z.B. Brinson/Hood/Beebower (Portfolio Performance)

[45] siehe Abbildung 5-2 in Kapitel 5 für ein konkretes Beispiel

foliostruktur zum Einzeltitel). Je nach Standpunkt wird dabei der Titelauswahl fast jede Bedeutung abgesprochen, solange sie nur genügend diversifiziert vorgenommen wird, um Abweichungen des entsprechenden Portfolioteils von der Gesamtmarktentwicklung zu vermeiden oder es wird durchaus auch auf Titelebene eine Chance zur Verbesserung der Portfoliorendite gesehen und - im Rahmen der strukturellen Vorgaben der Asset Allocation - zu nutzen versucht.[46] Gegenüber dem - allein auf die „richtige" Auswahl einzelner Titel ausgerichteten - Bottom-up-Portfoliomanagementansatz stellt diese Entwicklung aber in jedem Fall eine Verschiebung des Schwerpunkts der Investmentanalyse von derjenigen einzelner Gesellschaften zu derjenigen der Märkte insgesamt, der Marktsegmente und ihrer Verbundenheit untereinander dar.[47]

1.2.6. Zunehmende Bedeutung der Performancemessung und -analyse

Ein Trend, der mit der zunehmenden Komplexität des Anlagegeschehens, aber auch mit dem zunehmenden reinen Performancedenken von Seiten der institutionellen Anleger zusammenhängt, ist die steigende Bedeutung der Messung und Analyse des Anlageergebnisses - der Performance - und zwar, gemäß den Erkenntnissen der modernen Portfolio- und Kapitalmarkttheorie, in bezug auf die Rendite- wie die Risikodimension der Portfolioentwicklung.[48] Insbesondere der institutionelle Investor verlangt heute nach einem hohen Grad an Transparenz der Ergebnisse und einem klaren Leistungsausweis der Investmentorganisation. Der praktische Einsatz portfoliotheoretischer Konzepte sowie darauf basierender konkreter Hilfsmittel und Informatikinstrumente sind hierfür eine unabdingbare Voraussetzung.

1.2.7. Zunehmender Einfluß der Informatikunterstützung

Zusammenfassend ist zu sagen, daß die Anforderungen, die sich heute aufgrund veränderter Umweltbedingungen und gestiegener Investorenansprüche an ein professionelles Portfoliomanagement stellen - und insbesondere die bei einer Fortsetzung der dargestellten Trends zu erwartenden zukünftigen Erfordernisse - sich nur noch mit Hilfe eines intensiven Einsatzes moderner Informatikhilfsmittel, insbesondere auf entscheidungsunterstützender Ebene, erfüllen lassen - die Informationstechnologie ist zu

---

46 mehr zum Thema Asset Allocation und Investmentstile in Abschnitt 5.1 und 5.2

47 Zimmermann/Bill/Dubacher (Finanzmarkt), S. 38 f.

48 Elton/Gruber (Modern Portfolio Theory), S. 564 ff.Sharpe/Alexander (Investments), S. 733 ff. sowie Abschnitt 6.3.1,
zu den Grenzen der Performanceanalyse siehe French/Henderson (Performance Evaluation).

einem entscheidenden Wettbewerbsfaktor geworden. So war denn auch schon in den vergangenen Jahren eine sprunghafte Verbreitung von dezentraler Hardware - PC und WS - und von entsprechenden entscheidungsunterstützenden Anwendungssystemen (z.B. von Portfoliooptimizern) in den Portfoliomanagementabteilungen bzw. Investmentorganisationen zu beobachten. Die Bedeutung dieser Hilfsmittel für eine effiziente, flexible und den Ansprüchen der Anleger genügende Vermögensverwaltung wird in Zukunft weiter zunehmen, wobei wesentliche Verbesserungen auf der Ebene der Einzelsysteme sowie - als nächster Schritt - ihre flächendeckende, die ganze Organisation erfassende Einführung, durchgehende Vernetzung und gesamtprozeßbezogene Integration im Sinne eines Computerintegrierten Portfoliomanagements erforderlich sein werden.

1.3. Informatik-Entwicklungen

Hinsichtlich unserer Themenstellung relevante Entwicklungen auf der Informatikseite sind in erster Linie die aus der PC-(und WS-)Revolution hervorgegangene Verfügbarkeit günstiger Rechenkapazität am einzelnen Arbeitsplatz mit den sich daraus ergebenden fortgeschrittenen Möglichkeiten der Anwendungsgestaltung, der Vormarsch moderner entscheidungsunterstützender Anwendungssysteme in ihren verschiedenen Erscheinungs- und Realisierungsformen, der Trend zu Integration und Verteilung in der Systemkonzeption und der Einsatz von Prototyping- und objektorientierten Ansätzen in der Anwendungsentwicklung.

1.3.1. PC-Revolution

1.3.1.1. Hardwareentwicklung und Preiszerfall

Die explosionsartige Entwicklung der Rechnertechnologie und der damit verbundene Preiszerfall, insbesondere bei dezentralen (Arbeitsplatz-)Systemen, hat eine Welle der Verbreitung von Personal Computers und Workstations an der operativen Front ausgelöst.[49] Zudem scheint sich diese Entwicklung weiterhin ungebremst fortzusetzen. Seit der Einführung von 32 Bit-Prozessoren für Mikrorechner der PC-Klasse werden die Trennlinien zwischen Mikro- und Minirechnern, PCs und WSs immer mehr verwischt. Verarbeitungsgeschwindigkeiten im Bereich einiger MIPS (Millionen Instruktionen pro Sekunde) sind heute auch für PCs erreichbar, insbesondere seitdem auch hier die RISC-Technologie in Form von auf entsprechenden Prozessoren basie-

---

49 Mertens (Expertensysteme), S. 165 ff.

renden sogenannten Power-PCs[50] Fuß gefaßt hat. Bei den Workstations sieht die Sache ähnlich aus - hier wird hinsichtlich der reinen Rechengeschwindigkeit[51] schon seit einigen Jahren an den Schranken zum Bereich der Mini- und Großrechner gerüttelt.

Die Unterscheidung zwischen PC und WS erfolgt heute in der Regel auf der Basis der eingesetzten Betriebssysteme.[52] Während PCs im allgemeinen unter MS-DOS, Windows oder OS/2 arbeiten, sind Mehrbenutzerbetriebssysteme wie insbesondere UNIX (in der Regel in Kombination mit grafischen Oberflächen wie X-Windows bzw. OS-F/Motif) die Domaine der Workstations. Auch hier verschwimmen die Grenzen allerdings zusehends - immer mehr PCs verwenden heute auch UNIX und viele WS bieten inzwischen Emulatoren oder Direktausführungsmöglichkeiten für PC-Anwendungen an und Standards wie etwa die ACE-Initiative[53] einschließlich ihrer ARC-Komponente (Advanced RISC Computing) führen beide Systemvarianten systemsoftwaretechnisch noch näher zusammen.

1.3.1.2. Verfügbarkeit von Modellrechnungskapazität und einer neuen Interaktionsqualität

Unabhängig von der Klassifikation der Systeme ist das wesentliche Merkmal der dargestellten, von der rasanten Hardwareentwicklung ausgehenden PC/WS-Revolution, daß nun leistungsfähige und für einen einzelnen Anwender dedizierte Rechnersysteme an den Arbeitsplätzen verfügbar sind, die aufgrund ihrer Leistungsmerkmale - und dies gilt bereits für die heutige PC-Klasse - Modellrechnungen, moderne Datenvisualisierungsformen und eine neue Qualität der Interaktion erlauben.[54] Grafische Benutzerschnittstellen (graphical user interfaces - GUIs) sind ohne weiteres verfügbar und gehören technisch bereits seit längerer Zeit zum Standard (Die konkreten Anwendungssysteme hinken in dieser Hinsicht, besonders im hochspezialisierten Portfoliomanagementbereich, allerdings noch deutlich hinterher und bieten oftmals auch heute

---

50 z.B. dem Alpha-PC von Digital und Power-PCs auf der Basis von RISC-Prozessoren der Firma MIPS und des Power-PC601-Prozessors von IBM, Apple und Motorola.

51 Großrechner verfügen wohlgemerkt noch über andere Vorzüge - insbesondere hinsichtlich der Speicherkapazität- und ihrer Kommunikationsmöglichkeiten, die von dezentalen Systemen nicht abdeckbar sind und auch in Zukunft nicht abdeckbar sein werden.

52 Mertens (Expertensysteme), S. 165

53 Die Advanced Computing Environment Inititative wurde 1991 von den Firmen Compaq, DEC, Mips, Microsoft u.a. mit dem Ziel der Schaffung eines Standards für Rechnersysteme im Bereich von PCs und WSs lanciert. Ronschkowiak (ACE)

54 IEEE (Hrsg.) (Visualisation)
ACM (Hrsg.) (Graphical User Interfaces Next Generation)

noch die veralteten und schwerfälligen rein textuellen bzw. numerischen Darstellungs- und Interaktionsformen an).[56]

Die neue Interaktionsqualität liegt allerdings nicht nur in der grafischen Darstellung der Ausgaben und Dialogkonstrukte, sondern ganz wesentlich auch darin begründet, daß die neuerdings verfügbare Rechenleistung nun endlich ausreicht, Modellrechnungen - wenigstens ansatzweise - interaktiv, d.h. unter unmittelbarer Anzeige der Resultate jedweder Modifikation der Eingabedaten und Modellparameter[57], durchzuführen. Erst dadurch wird das Modell „lebendig" und ein wirklich symbiotisches Zusammenwirken von menschlichem Denken und Assoziationsvermögen mit mathematischen und informatikgestützten Modellbildungen möglich, wie sie gerade im betrachteten Portfoliomanagementbereich als Kern höherentwickelter Anwendungssysteme so häufig zum Einsatz kommen. Auf diese Problemstellung und die mit ihr verbundenen Chancen für eine Weiterentwicklung der Informatikunterstützung im Portfoliomanagement werden wir unter dem Begriff „interaktive Exploration" in Abschnitt 8.6.4 noch zurückkommen.

1.3.2. Neue Applikationen

1.3.2.1. Von traditionellen Informationssystemen zu Decision Support Systems, Expertensystemen und neuronalen Netzen

Eine Folge der PC-Revolution ist die rapide Verbreitung einer neuen Klasse von Anwendungssystemen, die im Gegensatz zu den in der Vergangenheit dominierenden *administrativen* Applikationen (den *traditionellen Informationssystemen* wie Buchhaltungen, Dispositionssystemen, Auftragsbearbeitungs- und Abrechnungssystemen, u.ä.) die Unterstützung der *Entscheidungsfindung* des Anwenders zum Ziel haben.[58] In der Forschung und im Laboreinsatz hat es solche, für Aufgaben im Bereich der Entscheidungsunterstützung konzipierte Anwendungssysteme - in erster Linie Decision Support Systems (DSS), aber auch Expertensysteme (ES) - schon lange gegeben - in der betrieblichen Praxis tauchten sie aber, von einigen - oft nicht sonderlich erfolgreichen - großrechnerbasierten Experimenten einmal abgesehen, erst im Zusammenhang mit der Verbreitung von günstigen dezentralen Systemen der gehobenen Leistungsklasse in den letzten Jahren auf. Das gleiche gilt für auf neuronalen Netzen

---

56 siehe dazu etwa die Beispiele und Bemerkungen in Abschnitt 5.3

57 z.B. durch direkte Maus-gestützte Einwirkung auf grafische Darstellungen.

58 Sprague/Carlson (Decision Support Systems), S. 6 ff.
Harmon/King (Expertensysteme)

(NN) basierende entscheidungsunterstützende Anwendungssysteme (mehr zu den einzelnen Systemvarianten in Kapitel 3).

1.3.2.2. Entscheidungsunterstützende versus administrative Anwendungssysteme

Der grundsätzliche Unterschied zwischen den beiden in der Praxis existierenden Klassen von Anwendungssystemen - administrativen und entscheidungsunterstützenden - ist in diesem Zusammenhang zu betonen. Während es bei den einen in erster Linie um die möglichst zeit-, ressourcen- und kosteneffiziente Abwicklung routinemäßiger Tätigkeiten geht, sind bei den letzteren eher Merkmale wie die *Effektivität* - womit, im Gegensatz zum Begriff der *Effizienz* (des Resultatserstellungsprozesses), die Qualität der schlußendlich erzielten Ergebnisse und Entscheidungen, also die *Wirksamkeit* der Systemanwendung gemeint ist[58] - Flexibilität, Interaktivität, Individualisierbarkeit und Natürlichkeit der Interaktion sowie die Korrektheit bzw. Zweckentsprechung der zum Einsatz kommenden Approximationen und Ableitungsmechanismen im Vordergrund.[59] Strukturell gesehen stellt das Vorhandensein eines quantitativen oder qualitativen (Entscheidungs-)Modells im Kern des Systems das typische Unterscheidungsmerkmal zwischen diesen beiden Formen von Anwendungssystemen dar[60] - dessen Qualität bzw. Realitätskonformität ist denn auch ein ganz wesentliches Kriterium für die praktische Brauchbarkeit und den Nutzen eines entscheidungsunterstützenden Systems.

Aus der Sicht des Anwenders erscheinen die einen tendenziell als relativ starre, farblose, zur Erledigung von Routineaufgaben auf Sachbearbeiterebene geeignete Anwendungen, die anderen - im Idealfall - als über moderne und hochflexible Interaktionsweisen (insbes. über Maus und ein GUI) zugängliche und über entscheidungsrelevantes Datenmaterial, Wissen und Modellbildungen verfügende, sehr weitgehend auf seine persönlichen Präferenzen hinsichtlich Arbeitsweise und Mensch-Maschine-Kommunikation einstellbare Hilfsmittel, die sein analytisches Denken wie auch sein intuitives Entscheidungsverhalten zu unterstützen geeignet sind. Auch konzentriert

---

58 Keen/Morton (Decision Support Systems)

59 Sprague/Carlson (Decision Support Systems), S. 6 ff.
Harmon/King (Expertensysteme)

60 Dieses Kriterium stellt allerdings eine Übervereinfachung der Realität dar. Wir wollen im Rahmen dieses Textes daher mehr auf den *Einsatzzweck* des Systems, als auf eng gefaßte Strukturmerkmale bzw. rein technische Charakteristika für die Unterscheidung zwischen administrativen und entscheidungsunterstützenden Anwendungssystemen abstellen und den Kreis der in betracht kommenden Implementationsvarianten etwas weiter ziehen; siehe Abschnitt 3.2.1 und 3.3.1

sich diese Art des Systemeinsatzes typischerweise auf qualifiziertere Positionen, bzw. höhere Hierarchieebenen.[61]

Es handelt sich in der Tat um zwei - bisher weitgehend getrennte - Welten in der Informatikunterstützung bzw. Datenverarbeitung, wobei die - inzwischen auch schon traditionellen - Managementinformationssysteme (z.B. in Form von Marketing- und Führungsinformationssystemen in der Praxis anzutreffen[62]), wenngleich aufgrund ihrer Aufgabenstellung klar der entscheidungsunterstützenden Ebene zuzurechnen, technisch gesehen eine Zwischenstellung in der Hinsicht einnehmen, als die meisten von ihnen keine eigentlichen analytischen Modelle beinhalten, sondern lediglich flexible Zugriffsmechanismen auf entscheidungsrelevante Datenextrakte anbieten.[63]

Die Ebene der entscheidungsunterstützenden Informatik wird in Zukunft immer mehr an Bedeutung gewinnen und letztendlich entscheidend für den Erfolg oder Mißerfolg der Einführung moderner Informatikunterstützungsformen sein. Daß wir uns aus diesem Grund im Rahmen dieses Textes weitgehend auf diese konzentrieren wollen, wurde bereits verschiedentlich festgehalten.

1.3.3. Integration und Verteilung

Eine ganz wesentliche Bewegung in der Informatik der letzten Jahre, die auf Wurzeln in den 60er Jahren zurückgeht, aber erst jetzt - dank der Möglichkeit der Schaffung flexibler, dezentrale Arbeitsplatzsysteme miteinbeziehender verteilter Systeme - in einer tatsächlich realisierbaren und im Endresultat noch überblickbaren und managebaren Form in die Praxis umgesetzt werden kann, ist diejenige der *Integration* von bestehenden Anwendungen zu alle relevanten Funktionen und Daten umfassenden integrierten Anwendungssystemen bzw. die dahingehende Konzeption entsprechender Neuentwicklungen.[64] Dabei besteht die moderne Form der Realisierung solcher integrierter Anwendungssysteme sowie der ihnen zugrundeliegenden Hardwarebasis in der Schaffung von *verteilten*, aus einer - auf der Basis eines entsprechenden Kommunikationssystems - in flexibler Weise miteinander verbundenen Menge kommuni-

---

61 zusammenfaßbar unter dem Begriff „knowledge workers", siehe Sprague/Carlson (Decision Support Systems), S. 8 f.

62 siehe dazu etwa Scheer (Wirschaftsinformatik), S. 432 ff.

63 mehr zu den einzelnen Varianten der Informatikunterstützung in Kapitel 3.

64 Rautenstrauch (Integration Engineering)
Scheer (Wirtschaftsinformatik 2000)

zierender und kooperierender Hard- und Softwarekomponenten bestehenden *Systemen*.[65]

„Mit der *Konzeption* integrierter Anwendungssysteme befaßt sich die Disziplin des *Information Engineering*. Die (Forschungs-)arbeiten in dieser Disziplin beschäftigen sich mit der Entwicklung unternehmensweiter konzeptioneller Funktions- und Datenmodelle, Anwendungsarchitekturen und der Nutzung von Werkzeugen zur Implementierung derartiger Modelle (CASE-Tools).“[66] Dabei ist die Themenstellung der Integration „kein ausschließlich technisches Problem, auch Faktoren der Unternehmensorganisation, DV-Landschaft und Anwender- bzw. Benutzerstruktur spielen in die Systementwicklung hinein.“[67] Die *Realisierung* des integrierten Anwendungssystems als verteiltes System ist dagegen eine rein technische Problemstellung, bei der es um Fragestellungen, wie etwa diejenige einer hinsichtlich der Erreichung einer optimalen Verarbeitungseffizienz und Systemintegrität sinnvollen technischen Komposition und Strukturierung des hard- wie softwaretechnischen Gesamtsystems, inklusive des die einzelnen Systemkomponenten verbindenden Kommunikationssystems bzw. Netzwerks, oder diejenige der Findung einer geeigneten Funktionen- und Datenallokation bezüglich der einzelnen Netzknoten geht.[68]

Aufgrund ihrer zentralen Bedeutung für die Entwicklung einer modernen - computerintegrierten und gesamtprozeßbezogenen - Informatikunterstützung werden wir uns in Kapitel 7 noch detailliert mit diesen beiden wichtigen Aspekten der Anwendungskonzeption - Integration und Verteilung - befassen.

1.3.4. Objektorientierung

Sowohl hinsichtlich der Anwendungsentwicklung wie auch in bezug auf die Datenbanktechnik hat in den letzten Jahren der Ansatz der Objektorientierung eine rapide Verbreitung erfahren. Die Begriffe der objektorientierten Analyse, des objektorientierten Designs, der objektorientierten Programmierung und objektorientierter Daten-

---

65 Sloman/Kramer (Distributed Systems)
Geihs (Heterogene verteilte Systeme)
Hansen (Hrsg.) (Client-Server-Architektur)

66 Rautenstrauch (Funktionen- und Datenverteilung), S. 318 f.

67 Rautenstrauch (Funktionen- und Datenverteilung), S. 319

68 Geihs (Heterogene verteilte Systeme)
Rautenstrauch (Integration Engineering), S. 153 ff.

banken sind derzeit in aller Munde.[69] Dies nicht ohne Grund - tatsächlich bringt der Ansatz der Objektorientierung wesentliche Vorteile gegenüber den herkömmlichen Methoden der Strukturierung von Daten und Anwendungssystemen mit sich. Zu ihrer Nutzung in der Praxis bedarf es allerdings einer sorgfältigen Auswahl der für den jeweiligen Zweck geeigneten Methoden und Werkzeuge (unter dem Schlagwort „objektorientiert" wird in Theorie wie Praxis auch vielerlei unausgereiftes angeboten, das die gemachten Versprechungen hinsichtlich einer Effizienzsteigerung in der Anwendungsentwicklung bei deutlich gesteigerter Flexibilität - noch - nicht halten kann) sowie einer recht tiefgreifenden Umgestaltung des traditionellen Anwendungsentwicklungsprozesses.

Wie Rohloff festhält, stellt eine objektorientierte Vorgehensweise - im Gegensatz zur prozeduralen Entwicklungsweise - „Objekte des zu betrachtenden Problembereichs in den Mittelpunkt. Objekte repräsentieren für die Anwendung und ihre Ausführung wesentliche Gegenstände, Aufgaben, etc. Diese Objekte zeichnen sich durch eine Bindung der Funktionen und Daten an das Objekt aus. Hierzu werden für diese die auf ihnen durchführbaren Operationen (Funktionen) und die Attributwerte (Daten) definiert. (...) Die von Objekten ausgehende ganzheitliche Sichtweise auf Daten und Funktionen im Verbund ist das typische Kennzeichen objektorientierter Entwicklung."[70]

Wesentliche Methoden der objektorientierten Anwendungsentwicklung sind u.a.:

- Objekt Oriented Design nach Booch
- Objekt Oriented Analysis nach Coad/Yourdon und
- Object Modelling Technique (OMT) von Rumbaugh et al.[71]

Abbildung 1-3 zeigt eine Übersicht über ein entsprechendes Vorgehensmodell für eine objektorientierte Anwendungsentwicklung.

---

69 Rohloff (Objektorientierte Anwendungsentwicklung)
Barth/Welsch (Objektorientierte Programmierung)
Kim/Nicholas/Nishio (Hrsg.) (Object-Oriented Databases)

70 Rohloff (Objektorientierte Anwendungsentwicklung), S. 123

71 Booch (Object-Oriented Design)
Coad/Yourdon (Object-Oriented Analysis)
Rumbaugh/Blaha/Premerlani/et al. (Object-Oriented Modeling)

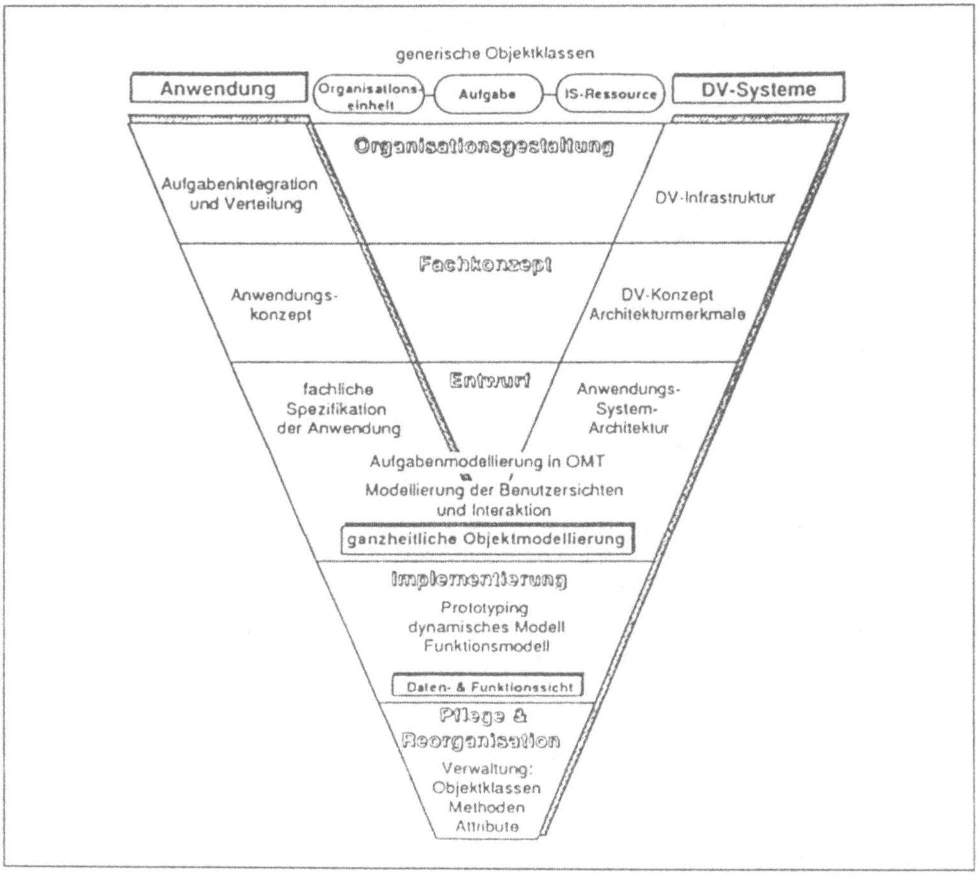

Abbildung 1-3: Vorgehensmodell einer objektorientierten Anwendungsentwicklung
Quelle: Rohloff (Objektorientierte Anwendungsentwicklung)

Neben der bereits erwähnten ganzheitlichen Sichtweise von Funktionen und Daten sowie einer größeren kognitiven Nähe zwischen Anwendungsbereich und Softwareentwickler durch die Möglichkeit einer „natürlichen" Modellierung besteht der zentrale Vorteil des objektorientierten Entwicklungsansatzes in der Erzielung einer langfristig verbesserten Produktivität der Softwareentwicklung durch Wiederverwendbarkeit von Softwarekomponenten und einer leichteren Anpassbarkeit und Erweiterbarkeit, die eine Reorganisation des Softwaresystems erleichtern[72] sowie - auf der Ebene der objektorientierten Programmierung[73] - in hochentwickelten Möglichkeiten der

---

[72] Rohloff (Objektorientierte Anwendungsentwicklung), S. 129 ff.

[73] Barth/Welsch (Objektorientierte Programmierung), S. 417 ff.

Softwarestrukturierung (Objektkapselung, Vererbungshierarchien, Polymorphie, etc.), die einen modularen Entwurf sowie die Wiederverwendbarkeit und flexible Erweiterbarkeit des Codes ermöglichen bzw. unterstützen.[74]

1.3.5. Prototyping

Das *Prototyping*[75] als moderne Methode der Entwicklung von Anwendungssystemen bei der die Systemgestaltung nicht im Sinne einer starren linearen Vorgehensweise (Analyse-Applikationsdesign-Systemspezifikation-Programmierung) - mit allen Risiken einer Entwicklung an der Bedürfnissen der Anwender vorbei - vorgenommen wird, sondern vielmehr versucht wird, durch frühzeitigen Benutzereinbezug im Rahmen einer iterativen Vorgehensweise die gewünschten Systemmerkmale über mehrere Versionen eines früh verfügbaren, demonstrierbaren und testbaren prototypischen Systems - direkt am Objekt - zu ermitteln, hat sich in letzter Zeit weit verbreitet und wurde vielfach erfolgreich eingesetzt. Die zentrale Überlegung ist dabei, daß die Anwender oftmals erst im unmittelbaren Kontakt mit (prototypischen) Elementen des geplanten Systems ihre Anforderungen genügend präzisieren können, um eine diesen gerecht werdende Gestaltung des schlußendlich erhaltenen Systems zu ermöglichen. Ausschließlich papierbasierte Ansätze reichen hierfür meist nicht aus. Je nachdem, ob der Prototyp nur zur Feststellung der Anforderungen verwendet und nachher (nach dem Motto: „Plan to throw one away - you will anyhow") „weggeworfen" bzw. durch ein von Grund auf - gemäß den gefundenen Systemspezifikationen - neu implementiertes System ersetzt wird, oder ob er durch Erweiterung und Verbesserung stufenweise in das operative System übergeführt wird, unterscheidet man in diesem Zusammenhang noch die beiden Varianten eines *rapid* bzw. *evolutionärem Prototyping*.

---

74 Zentrales Element der Softwarestrukturierung ist in diesem Zusammenhang die *Objektklasse*, die eine Abstraktion - im Sinne einer generischen Beschreibung der gemeinsamen Eigenschaften - einer Gruppe von strukturell (wie semantisch) verwandten Objekten darstellt, wobei wiederum höher in der Vererbungshierarchie angesiedelte Objektklassen Generalisierungen spezifischerer Objektklassen auf tieferer Stufe darstellen können (etwa eine Objektklasse „Anlagetitel" für „Geldmarktpapier"-, „Rentenwert"- und „Aktie"-Klassen, wobei letzterer im Rahmen einer spezifischen Programmausführung die konkreten Objekte [Instanzen] „Siemens" und „Deutsche Bank", zugeordnet sein könnten). Dabei werden die relevanten Objekteigenschaften jeweils auf der höchstmöglichen Abstraktionsstufe definiert, was zu einer *Lokalisierung* von generisch erfaßbaren Funktionen (Methoden) und Attributen führt. Mittels des Konzepts der *Vererbung* werden dabei die generischen Eigenschaften in flexibler und jeweils im Sinne einer Spezialisierung durch individuellere Elemente erweiterbarer/ersetzbarer Weise an spezifischere Objektklassen/Objekte weitergegeben.

75 Floyd (Prototyping)
Budde/Kautz/Kuhlenkamp/Züllighoven (Prototyping)
Connor/Shafer (Rapid Prototyping)

1.3.6. Soziales versus technisches System

In der heutigen Informatik bzw. Anwendungsentwicklung geht man immer mehr dazu über, den Computereinsatz bzw. das Anwendungssystem nicht für sich allein zu betrachten, sondern das soziotechnische Gesamtsystem der informatikgestützten Organisation in den Mittelpunkt der Betrachtung zu rücken. Dominierten früher technische und Automatisierungsüberlegungen, so geht es heute in erster Linie um die adäquate Abstimmung der eingesetzten Informatikmittel auf das soziale System, zu dessen Unterstützung sie dienen sollen. Man stellt sich in diesem Zusammenhang am besten das informationstechnische Gesamtsystem der Unternehmung als eine dessen sozialem System unterlegte Schicht vor, wobei der natürlichen Korrespondenz beider Schichten die größte Aufmerksamkeit zu widmen ist.

Besonders im Zusammenhang mit dem vermehrten Einsatz von Systemen auf entscheidungsunterstützender Ebene stellt diese Verschiebung der Sichtweise eine unabdingbare Voraussetzung für eine erfolgreiche Systemkonzeption dar. Von großer Bedeutung ist hier auch der Verzicht auf einen überzogenen Automatisierungsanspruch und eine Betonung des *Unterstützungsgedankens*. Im Endeffekt geht es um die Erreichung eines harmonischen, geradezu symbiotischen Zusammenwirkens von Mensch und maschineller Unterstützung.

Nimmt man schließlich die durch die *Fortschritte in der Netzwerktechnologie* möglich gewordene Entwicklung zum *Einsatz von Netzwerken als Basis effizienter - schlanker - Organisationsstrukturen*,[76] den Trend hin zu einem *Organizational Computing*[77] und den *Aufstieg der Information zum Wettbewerbsfaktor*[78] hinzu, wird die Bedeutung der Wechselwirkung zwischen sozialem und technischem System auch auf der Ebene der Gesamtorganisation deutlich.

Abbildung 1-4 illustriert in Form eines Schalenmodells die sich in diesem Zusammenhang ergebende informations- und netzwerkbasierte Unternehmensstruktur, mit Unternehmensdaten und einem diese umgebenden rechnergestützten Kommunikations-

[76] Fuchs (Computer-Netze als Basis schlanker Organisationen)

[77] Applegate (Organizational Computing)

[78] Fuchs (Computer-Netze als Basis schlanker Organisationen), S. 98 ff.
Porter/Millar (Competitive Advantage)

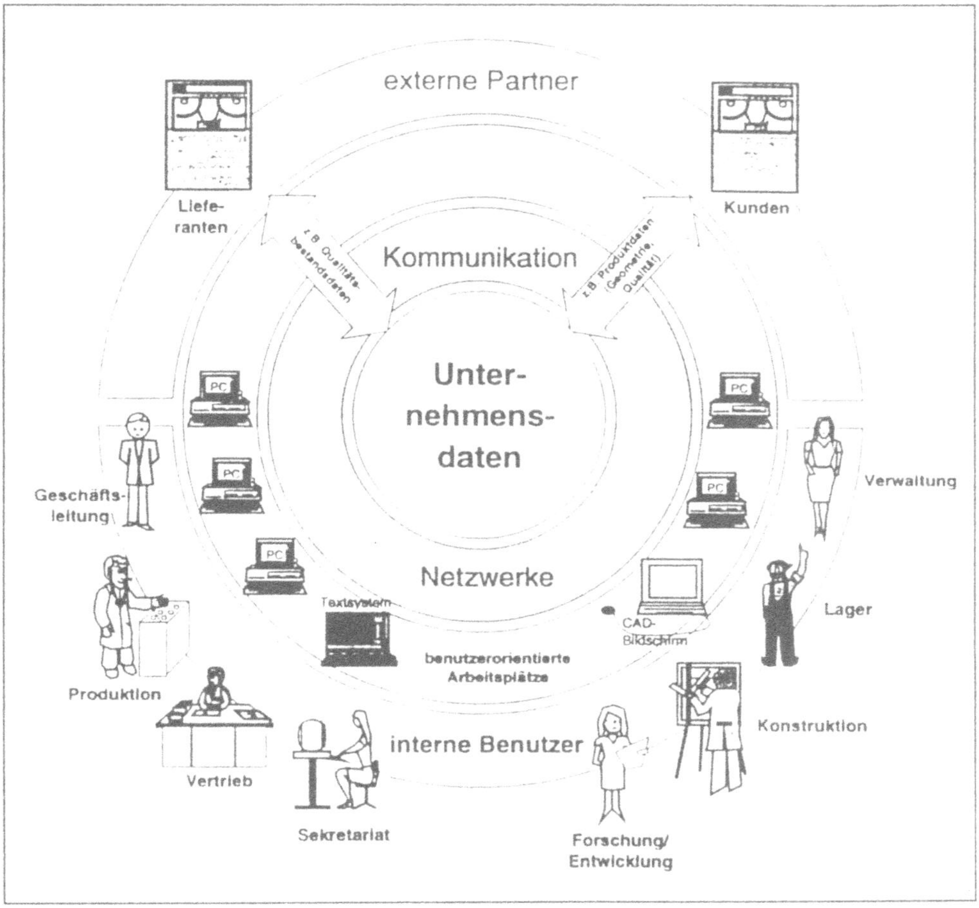

Abbildung 1-4: Schalenmodell der Unternehmenskommunikation
Quelle: Fuchs (Computer-Netze als Basis schlanker Organisationen)

system im Zentrum und der Realisierung eines direkten kommunikationstechnischen Einbezugs externer Partner.[79]

---

79 Beachtenswerte Entwicklungen sind in diesem Zusammenhang auch die - insbesondere in den USA, unter den Schlagworten *National Information Infrastructure* bzw. *Information Highway* - derzeit stattfindende intensive technologische Weiterentwicklung und Verbreiterung der allgemeinen Verfügbarkeit leistungsfähiger öffentlicher Datennetze [NTIA (Hrsg.) (Agenda), Zoglin (Highway)] sowie der zunehmende Einsatz von standardisierten Austauschformaten für Geschäftsdaten. Beide Entwicklungen zusammen werden die unternehmensübergreifende Vernetzung in den nächsten Jahren qualitativ wie quantitativ wesentlich befördern.

2

Der Portfoliomanagement-Prozeß

In diesem Kapitel wollen wir, nach einigen grundsätzlichen Bemerkungen zu immateriellen (Informations-)Produktionsprozessen in Finanzinstituten, ein abstraktes Prozeßmodell des Portfoliomanagement-Prozesses entwickeln, das uns im weiteren als struktureller Rahmen für die Analyse der Möglichkeiten der Informatikunterstützung im Portfoliomanagementbereich dienen wird. Die Prozeßbeschreibung übernimmt außerdem die Funktion einer Einführung in die im Portfoliomanagement anzutreffenden Tätigkeiten und Verarbeitungsschritte.

2.1. Informationsproduktionsprozesse in Finanzinstituten

Finanzdienstleistungsunternehmen wie Banken und Investmentorganisationen werden immer mehr zu eigentlichen Informationsverarbeitungsbetrieben - ihr Dienstleistungsangebot besteht zunehmend in der Transformation von Informationen. Traditionelle Arbeits- und Handelsinstrumente - Wertpapiere, Geld, Kreditsicherheiten in Objektform u.ä. werden sukzessive durch immaterielle Produkte bzw. Informationen über Produkte abgelöst. Der Produktionsfaktor Information wird zum zentralen Element der Leistungserstellung im Finanzsektor.[80] Die Finanzdienstleistung besteht heute im Kern in der Transformation von Eingabe- bzw. Rohdaten durch Informationsanreicherung in eine wertvollere (veredelte) Form (Informationswertschöpfung) und dem Verkauf dieser Informationswertsteigerung bzw. deren Weitergabe als Handlungsempfehlung im Sinne einer Beratung.[81]

Wie Signer in Anlehnung an Porter und Millar festhält, „gelingt dies umso besser, je höher die Informationsintensität der verkauften Dienstleitung ausfällt, also je höher der Informationsgehalt des Produktes und je höher die Informationsintensität des Wertschöpfungsprozesses zur Herstellung des Produktes oder der Dienstleistung sind.“[82] Abbildung 2-1 illustriert in diesem Zusammenhang die Positionierung verschiedener Branchen hinsichtlich dieser Parameter.

---

80 und damit, wie bereits in Abschnitt 1.2.7 festgehalten, die Informationstechnologie zu einem wichtigen Wettbewerbsfaktor.

81 Signer (Computer-Int.), S. 20 ff.

82 Signer (Computer-Int.), S. 21, Porter/Millar (Competitive Advantage)

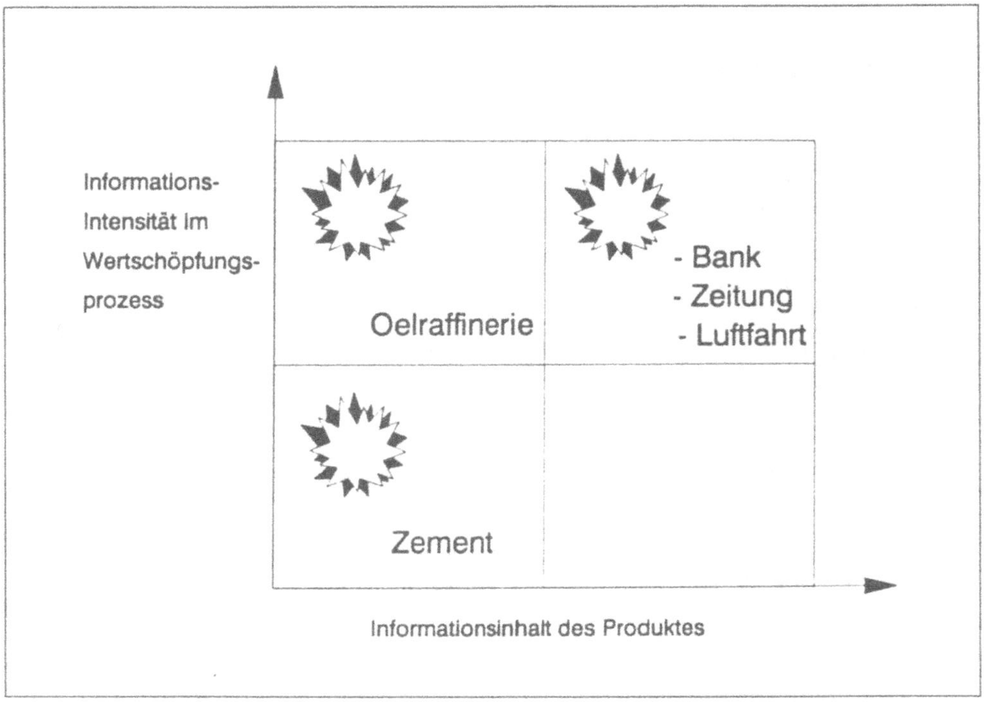

Abbildung 2-1: Positionierung von Produkten und Branchen nach Informationsintensität
Quelle: Porter/Millar (Competitive Advantage), aus: Signer (Computer-Int.)

Die Konsequenz der hervorragenden Bedeutung der Information im Finanzsektor und der Einsicht, daß die angebotenen Produkte bzw. Dienstleistungen in ihrem Kern Informationsprodukte sind und die wesentlichen Wertschöpfungselemente in einem Informationstransformationsprozeß bestehen, ist die Konzentration der analytischen Betrachtung auf den der Dienstleistungserstellung zugrundeliegenden Informationsproduktionsprozeß bei allen sich im Zusammenhang mit einer Optimierung von Produkt und Erstellungsprozeß ergebenden Fragestellungen. Dieser - und dies ist eine Grundidee dieser Arbeit - kann grundsätzlich in genau derselben Weise modelliert und analysiert werden wie ein materieller Produktionsprozeß. Produkt- und Produktionsprozeß-Beurteilungskriterien, wie etwa Fertigungsgeschwindigkeit, Fertigungsflexibilität, Standardisierungsgrad des Produkts versus Losgröße und Produktionskosten (Massen- versus kundenindividuelle Fertigung),[83] lassen sich prinzipiell in genau analoger Weise auf solche immateriellen Produktionsprozesse anwenden wie - in der Konsequenz - auch die im materiellen Fertigungsbereich entwickelten modernen Kon-

---

[83] Browne/Harhen/Shivnan (Production Management Systems), S. 4 ff.

zepte zur Verbesserung des Produktionsprozesses, wie insbesondere das CIM-Konzept[84] einer computerintegrierten und hochflexiblen Fertigung. Diese *Sichtweise* der relevanten Leistungserstellungs- bzw. Informationsverarbeitungsprozesse im Investmentbereich als *immaterielle* - ansonsten aber in ähnlicher Weise wie materielle Fertigungsprozesse zu betrachtende - *Produktionsprozesse*[85] kommt im Rahmen der in diesem Text vorgenommen Untersuchung der Möglichkeiten einer Weiterentwicklung der Informatikunterstützung im Portfoliomanagement wiederholt zur Anwendung und stellt in gewisser Weise ein verbindendes Element zwischen ihren verschiedenen Teilen dar.

Die Zusammensetzung und laufende Überarbeitung eines Portfolios von Geldanlagen in Hinblick auf die optimale Erfüllung einer Anlagezielsetzung, wie sie unter dem Begriff *Portfoliomanagement* zu den Hauptprodukten jeder in der Vermögensverwaltung tätigen Bank bzw. Investmentorganisation gehört, stellt geradezu ein idealtypisches Beispiel eines *komplexen* Informationsproduktionsprozesses im obigen Sinne dar, wie er in vielerlei Hinsicht auch charakteristisch für die in anderen Dienstleistungsbereichen heute stattfindenden Abläufe ist. Es handelt sich generell um zu einem *immateriellen (Informations-)Produkt* - etwa einem Portfolio[86], einer Versicherungsdienstleistung, einem Kredit oder auch einer Publikation - führende Entscheidungsprozesse, die aufgrund ihrer Komplexität einer maschinellen Unterstützung durch Informatiksysteme in der Regel bisher nicht zugänglich waren. Dabei ist wohlgemerkt von der Entscheidungsebene, nicht von der den Prozeß begleitenden und heute weitgehend automatisierten administrativen Ebene - z.B. der Generierung von Depotauszügen - die Rede. In der Praxis wird auf der Entscheidungsebene, wo bei den genannten Produkten die eigentliche Produktionsleistung erbracht wird, Information immer noch vorwiegend manuell (bzw. im Kopf) verarbeitet. Wie in Kapitel 1 ausgeführt, ist dank den Fortschritten in der Entwicklung der Informatik-Technologie nun ein breiter Vorstoß der Informatikunterstützung in diese Bereiche sinnvoll und wirtschaftlich möglich geworden.[87]

---

84 siehe Scheer (CIM) sowie Abschnitte 1.1.3.2 und 7.1

85 mit (immateriellen) *Informationsprodukten* als Erzeugnis von Rohinformation bzw. Informationszwischenprodukte verarbeitenden *Informationsproduktionsprozessen*

86 Der wesentliche Aspekt eines Portfolios ist (die Entscheidung über) seine Zusammensetzung bzw. die sich daraus *in direkter Konsequenz* ergebende Performance. Die Essenz des Produkts Portfolio bzw. der Portfoliomanagement-Dienstleistung besteht also nicht in einem Stapel von Wertschriften bzw. dessen Verwaltung, sondern in einer (komplexen) Entscheidung - Ein Portfolio bzw. die Portfolio-Entscheidung stellt ein (immaterielles) Informationsprodukt - im Sinne unserer Informationsproduktionsprozeß-Sichtweise - par excellence dar.

87 siehe Abschnitte 1.3.1, 1.3.2 und Kapitel 3

Als Basis für die geplante Untersuchung der Möglichkeiten und Weiterentwicklungsmöglichkeiten der Informatikunterstützung im Portfoliomanagementbereich benötigen wir nun zunächst ein Modell des stattfindenden komplexen Informationsverarbeitungsprozesses (des „Portfoliomanagment-Prozesses"), das diesen in einer für die Analyse geeigneten Weise beschreibt. Dabei sollte die in den bestehenden Investmentorganisationen anzutreffende organisatorische Realität genauso im Rahmen des Modells erfassbar sein, wie die Anpassungen des Prozesses wie sie aufgrund der Ergebnisse der Portfoliotheorie einerseits und der Möglichkeiten einer modernen - computerintegrierten - Informatikunterstützung andererseits möglich bzw. erforderlich werden. Gesucht ist also ein „ideales", mit den Erkenntnissen der Theorie in Einklang stehendes Modell des zur Portfolioerstellung notwendigen Informationstransformationsprozesses, das aber auch den bestehenden organisatorischen Realitäten in soweit Rechnung trägt, daß eine Abbildung der in der Praxis existierenden Prozeßimplementationen in den Rahmen des Modells auf natürliche Weise möglich ist. Nur so läßt sich der für einen effektiven praktischen Nutzen notwendige Realitätsbezug herstellen und die Entwicklung vom teilweise/punktuell computerunterstützten Ist-Prozeß zum unter voller Ausnutzung der fortgeschrittenen Möglichkeiten moderner Informatikmittel durchgehend - computerintegriert - informatikunterlegten Soll-Prozeß adäquat erfassen.

Des weiteren ergeben sich folgende Anforderungen an das zu formulierende Modell:[88]

- *Einfachheit*: Das Modell sollte so einfach sein, wie ohne Vernachlässigung wesentlicher Aspekte des Portfoliomanagement-Prozesses möglich, um einen Überblick über den Gesamtprozess zu erlauben.
- *Klarheit*: Das Modell sollte eine Strukturierung des Portfoliomanagement-Prozesses in klar abgegrenzte Verarbeitungsschritte und Verarbeitungsgegenstände liefern.
- *Allgemeinheit*: Das Modell sollte für die ganze Vielfalt der in der Praxis vorkommenden Varianten des Portfoliomanagements Gültigkeit haben.
- *Implementationsunabhängigkeit*: Das Modell sollte unabhängig von einer speziellen Art der Implementierung des Portfoliomanagement-Prozesses sein. Insbesondere wird Offenheit bezüglich der Implementationsalternative Mensch - Maschine verlangt.

---

[88] Gerloff (Modell), S. 4

Im folgenden Abschnitt soll nun ein erster Teil - die Gesamtprozeßsicht - des im Hinblick auf diese Anforderungen vorgeschlagenen Prozeßmodells formuliert werden. Detaillierungen des Modells für einzelne Teilbereiche folgen später in den Abschnitten 4.1 und 5.1.

2.2. Modell des Portfoliomanagement-Prozesses

Beim Portfoliomanagement-Prozeß handelt es sich um einen komplexen Informationstransformationsprozeß, der ausgehend von einer großen, weitgehend unstrukturierten Menge von Informationen über einzelne Formen der Geldanlage - d.h. Zeitungsberichte, Börsenkurse, politische und volkswirtschaftliche Analysen, etc. - ein Portfolio aus konkreten Anlagen so zusammenzustellen versucht, daß ein vorgegebener Satz von Anlagezielsetzungen optimal erfüllt wird. Bei der Modellierung dieses Prozesses geht es nun darum, eine zur Erfüllung unserer Modellanforderungen geeignete Strukturierung in einzelne Verarbeitungsschritte und Zwischenresultate zu finden, und diese in geeigneter Form zu beschreiben. In der Literatur der Finanzanalyse findet sich eine Vielzahl solcher Modellvorschläge.[89] Für unsere Belange - die Untersuchung des Portfoliomanagement-Prozesses in Hinblick auf Möglichkeiten seiner informationstechnischen Unterstützung - kommt allerdings keines dieser Modelle als sonderlich geeignet in Betracht. Insbesondere erschien eine etwas weitergehende (insbesondere grafische) Formalisierung der in betriebswirtschaftlicher Tradition im allgemeinen rein qualitativen Beschreibung als angebracht.

2.2.1. Beschreibungsansatz

Prozeßmodelle spielen in der Informatik im Rahmen der Disziplin des Information Engineering[90] naturgemäß eine wichtige Rolle. Es ist hier allerdings zu unterscheiden zwischen einer generellen Betrachtung auf hoher organisatorischer Ebene, wie wir sie anstellen, und den für die konkrete Informationssystementwicklung notwendigen spezifikationsähnlichen Detailmodellen von Funktionen und Daten (wie etwa Datenflußdiagrammen über Zustandsübergangsdiagramme, Prozeßabhängigkeitsdiagramme

[89] so z.B. in Arnott/Fabozzi (Asset Allocation), Kapitel 7,
Gibson (Vermögensanlage), S. 212 ff.,
Solnik (International Investments), Kapitel 12,
Kaiser (Banken), S. 154 ff.,
Gallagher (Question) bzw.
Amman (Anlagestrategie), S. 6 ff.

[90] Martin (Information Engineering)

[process-dependency diagram] usw.)[91]. Letztere und die ihnen zugeordneten Beschreibungsmethoden sind für unsere Zwecke schon von ihrer Extensivität und ihrer Detailorientierung her aber auch hinsichtlich der Starrheit ihrer Beschreibung nicht geeignet - unsere Zielsetzung besteht nicht im Entwurf eines spezifischen Informationssystems sondern in einer abstrakten - auch organisatorische Belange flexibel berücksichtigenden - Beschreibung des in der Investmentorganisation stattfindenden globalen Informationsproduktionsprozesses auf der Ebene des Gesamtunternehmens für die Zwecke einer strukturierten Beschreibung und Untersuchung der grundsätzlichen Möglichkeiten ihrer Unterstützung durch moderne Informatikmittel. Ein einzelner Prozeßschritt entspricht bei uns daher nicht einer Einzelfunktion eines spezifischen Systems sondern einem ganzen - wiederum in sich hochkomplexen -Informationsverarbeitungskomplex (einem Schritt oder Teilprozeß im immateriellen Portfolioproduktionsprozeß) der in der Realität häufig einem ganzen Arbeitsplatz oder einer Abteilung bzw. - in der Informatikunterstützungssicht - einem oder mehreren vollständigen Anwendungssysteme entspricht (bzw., präzise gesprochen, dem Verarbeitungs*schritt*, der an dieser Stelle bzw. mit diesem Hilfsmittel vorgenommen wird).

Für unsere Zwecke erscheint daher - und aus Gründen der Lesbarkeit wie eines vertretbaren Umfangs und Detaillierungsgrades - die Wahl eines *einfachen*, in der Tradition unternehmensweiter Prozeßmodelle liegenden Beschreibungsansatzes als angezeigt, der von seinem Formalisierungsgrad her zwischen demjenigen qualitativer betriebswirtschaftlicher Prozeßbeschreibungen und den Detailmodellen der Informatik liegt. Er bietet uns die zur Beschreibung der hochkomplexen und daher differenziert zu betrachtenden, teilweise auch mollusken - die Grenzlinien lassen sich nicht immer mit absoluter formaler Strenge ziehen - strukturellen Einheiten des immateriellen Portfolioproduktionsprozesses notwendige Flexibilität bei gleichzeitiger Aufrechterhaltung eines gewissen, über demjenigen der genannten vergleichbaren Beschreibungsansätze in der Portfoliomanagementliteratur liegenden, Formalisierungsgrades. Der aus diesen Überlegungen heraus gewählte Beschreibungsansatz besteht in einer Kombination aus einem einfachen, an die gängigen Darstellungsverfahren in der Prozeßmodellierung angelehnten, grafischen Formalismus und einer auf dem Eingabeinformation-Verarbeitungsschritt-Ausgabeinformation-Muster basierenden (weitgehend qualitativen) verbalen Beschreibung.[92]

---

[91] Yourdon (Modern Structured Analysis)
Martin (Information Engineering)
Mellor/Ward (Structured Development)
DeMarco (Structured Analysis)

[92] Da unser Modell neben seiner rein strukturellen auch eine beschreibende Funktion im Rahmen dieses Texts innehat - anhand der Modellbeschreibung wird auch eine Einführung in die in der Praxis des

Abbildung 2-2 zeigt die in den Prozeßdiagrammen verwendeten grafischen Konstrukte mit ihren Bedeutungen.

Symbol	Bedeutung	Symbol	Bedeutung
Oval	Informationsprodukt bzw. Zwischenprodukt / Rohinformation („Informationspakete")	*Rechteck (Kästchen)*	Verarbeitungsschritt bzw. -teilprozeß
geschachtelte Ovale (äußeres Oval aus darstellungstechnischen Gründen gestrichelt gez.)	Hierarchische Strukturierung von Informationsprodukten (bzw. Zwischenprodukten / Rohinformation)	*geschachtelte Rechtecke*	Hierarchische Strukturierung von Verarbeitungsschritten bzw. -teilprozessen
durchgezogener Pfeil	Informationsfluß (innerhalb desselben Prozeßdurchlaufs)	*gestrichelter Pfeil*	Informationsfluß mit Zeitsprung
Doppelpfeil	Haupt-Informationsfluß-Zyklus	*gestrichelter Doppelpfeil*	Zeitsprung im Haupt-Informationsfluß-Zyklus
Molluske	Rohinformation mit einem hohen Anteil an diffusen, wenig strukturierten und qualitativen Komponenten		

Abbildung 2-2: Grafische Konstrukte in den Prozeßdiagrammen

Portfoliomanagements anzutreffenden Abläufe und Arbeitsschritte gegeben - wurde auf eine weitergehende Formalisierung der innerhalb eines Verarbeitungsschrittes stattfindenden Transformationsprozeß bewußt verzichtet. Eine - prinzipiell mögliche - formale Spezifikation der jeweiligen Transformationsschritte würde schon vom Umfang her den Rahmen dieser Arbeit (bzw. der Abschnitte, die im Rahmen ihrer Zielsetzung - der Untersuchung von Weiterentwicklungmöglichkeiten der Informatikunterstützung im Portfoliomanagementbereich mit anschließender Konzeptentwicklung - diesem Thema gewidmet werden können) bei weitem sprengen - sie wäre für unsere Zwecke der generellen Beschreibung einer großen Vielzahl teilweise sehr verschiedener organisatorischer Realitäten und Ansätze aber wohl auch zu umständlich in der Handhabung und würde auch dazu tendieren, die effektive Vielschichtigkeit der Investmentrealität und -theorie zu sehr auf einige wenige formale Modellparameter einzuengen, die nur jeweils einem Teilaspekt des ganzen Komplexes wirklich Rechnung tragen können. Eine Beschreibung des jeweiligen Vorganges in natürlicher Sprache ist für unsere Zwecke vollauf ausreichend und erscheint in diesem Kontext auch als die geeignete Form.

Abbildung 2-3[93] zeigt das vorgeschlagene Prozeßmodell.[94] Es gliedert den Vorgang des Portfoliomanagements in fünf Teilprozesse: die *Zielsetzungsdefinition*, die *Investmentanalyse*, die *Portfoliokonstruktion*, die *Prognosequalitätsanalyse* und die *Performanceanalyse*. Der Teilprozeß der Portfoliokonstruktion zerfällt wieder in zwei Teilschritte, den *Portfolioentwurf* und die *Portfolioanalyse*. Zu beachten ist, daß das vorgestellte Modell sowohl die Neukonstruktion eines Portfolios als auch die Bearbeitung eines bereits bestehenden repräsentiert. Die zyklische Revision der Portfoliozusammenstellung und die Durchführung entsprechender Modifikationen wird in der Darstellung durch den mit doppelten Linien geführten Kreislauf wiedergegeben: Ein *bestehendes Portfolio* wird durch den Schritt der *Portfoliokonstruktion* unter Berücksichtigung der von den anderen Prozeßschritten erstellten Nutzinformation, wie z.B. den Rendite- und Risikoprognosen, modifiziert zu einem *neuen Portfolio*. Die Neuerstellung eines Portfolios wird dabei als der Spezialfall repräsentiert, bei dem das bestehende Portfolio leer ist.

Die einzelnen Teilprozesse mit ihren Ein- und Ausgabeinformationen sollen nun etwas detaillierter beschrieben werden:

2.2.2. Der Zielsetzungsdefinitions-Teilprozeß

Der Zielsetzungsdefinitions-Teilprozeß produziert aus verschiedensten Informationen über den Auftraggeber des Portfolios - im weiteren der Einfachheit halber *Kunde* genannt, obwohl es sich natürlich auch um interne Auftraggeber handeln kann - konkrete *Portfolioziele*. Bei den *Kundeninformationen* kann es sich dabei um in Gesprächen ermittelte Angaben über die finanzielle Situation des Kunden, die von ihm erwarteten Ein- und Auszahlungsströme, seine aus dem Portfolioertrag abzudeckenden Verbindlichkeiten und seine grundsätzlichen Einstellungen zu Rendite und Risiko der Geldanlage handeln. Die *Portfolioziele* beinhalten genaue Angaben über die Risikotoleranz des Portfolios (in der Praxis werden dazu häufig vereinfachend durch Prädikate wie konservativ, dynamisch, aggressiv gekennzeichnete Risikokategorien oder auch Klassifikationen wie werterhaltungsorientiert / ertragsorientiert / wachstumsorientiert

---

[93] Wie angeführt, bedeuten durchgezogene Pfeillinien im Diagramm einen Informationsfluß mit Weiterleitung des Informationspakets von einem Verarbeitungsschritt zum nächsten *innerhalb desselben Prozeßdurchlaufs*. Gestrichelte Pfeillinien repräsentieren dagegen einen Zeitsprung, den Informationsfluß von einem Prozeßdurchlauf zum folgenden. So ist das in diesem Durchlauf erstellte neue Portfolio bei der nächsten Portfolioüberarbeitung - etwa nach einer Woche - zu einem Teil der Portfoliohistorie geworden und dient der (vergangenheitsbezogenen) Performanceanalyse als Eingabeinformation. Der Hauptzyklus wurde durch Doppellinien hervorgehoben.

[94] vgl. auch Gerloff (Modell), S. 5 ff. sowie Gerloff (Expertensystemeinsatz im Portfoliomanagement), S. 8 ff.

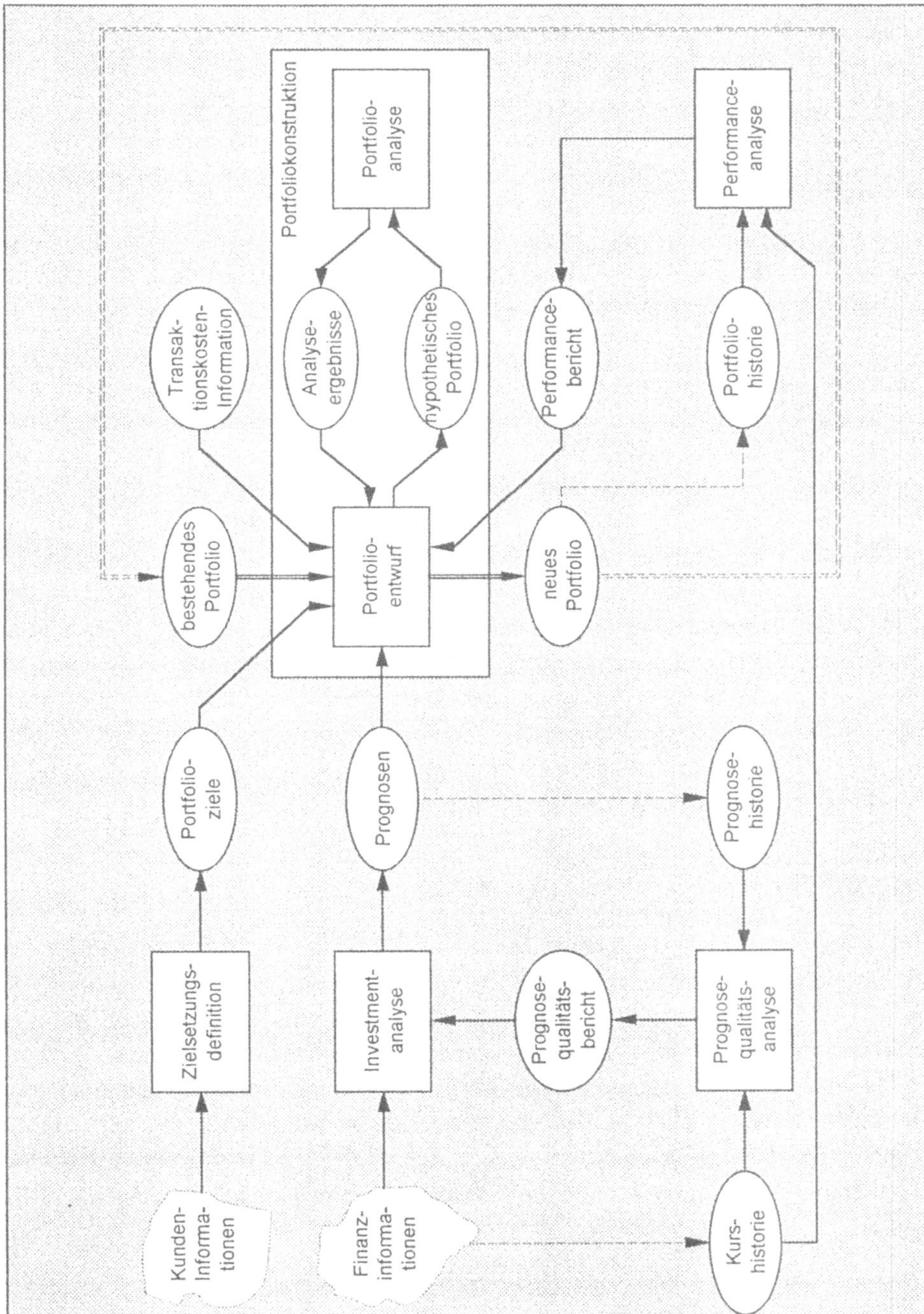

Abbildung 2-3: Der Portfoliomanagement-Prozeß

verwendet), die zu beachtenden Anlagerestriktionen (so z.B. für Pensionskassen die gesetzlichen Anlagerichtlinien, im allgemeinen beliebige Einschränkungen des Anlageuniversums und der pro Anlagemedium erlaubten Mengen) und weitere, das Portfoliomanagement betreffende Richtlinien (z.B. kann das Bereithalten von Liquidität auf bestimmte Auszahlungstermine oder - schwieriger - die Abstimmung der Risikostruktur auf die Verbindlichkeiten des Investors verlangt werden). Wir verstehen also in unserem Modell auch Anlagerestriktionen als einen Teil der Portfolioziele und fassen unter diesem Begriff die Gesamtheit aller Parameter, die zur präzisen Spezifikation der Anlageaufgabenstellung eines Portfolios notwendig sind, zusammen.

Ziel des Schrittes *Zielsetzungsdefinition* ist die Transformation der vagen Kundeninformationen in diese, für das Portfoliomanagement brauchbaren detaillierten Portfolioziele. Dies geschieht traditionell während einem Kundengespräch, in dem der Anlageberater oder Aquisiteur versucht, aufgrund qualitativer Beschreibungen die Eigenschaften des Investors zu ermitteln. Resultat ist eine entsprechend unpräzise und schematische Charakterisierung der Portfolioziele, die als Basis für ein modernes Portfoliomanagement nicht ausreicht und häufig zu Mißverständnissen führt. Neuerdings werden vermehrt quantitative Maßstäbe und auf Modellrechnungen basierende Simulationen eingesetzt, um genauere Zielsetzungsspezifikationen zu erhalten. So werden im institutionellen Anlagegeschäft inzwischen Benchmarks zur präziseren Festlegung der erwarteten Performance allgemein verwendet und vereinzelt erscheinen auch schon Personal-Computer-Anwendungen zur Unterstützung der Zielsetzungsdefinition in den Besprechungszimmern der Anlageberater.[95]

2.2.3. Der Investmentanalyse-Teilprozeß

Dem Investmentanalyse-Teilprozeß kommt im gesamten Portfoliomanagement-Prozeß besondere Bedeutung zu: die in diesem Schritt produzierten Prognosen von Rendite- und Risiko der zur Auswahl stehenden Anlageinstrumente haben im allgemeinen einen großen Einfluß auf den folgenden Schritt der Portfoliokonstruktion und ihre Qualität ist für das Anlageergebnis häufig von entscheidender Bedeutung. Da gerade diese Prognosequalität in der Praxis aber meist zu wünschen übrig läßt - und das ist noch vorsichtig ausgedrückt![96] -, haben sich aber auch Portfoliomanagementmethoden etabliert, die zumindest auf die Renditeprognosen gänzlich verzichten und sich

---

95 vorwiegend allerdings noch in Form allgemeiner Anlageberatungssysteme, wie z.B. EVA; Bachem (EVA), siehe Abschnitt 6.1.2

96 Malkiel (Random Walk)
Aus einer weitgehenden Markteffizienz resultierende prinzipielle Probleme gewinnbringender Prognoseerstellung werden in Foster (Financial Statement Analysis) diskutiert.

auf die Replizierung von Indizes konzentrieren, um deren (Durchschnitts-) Erträge wenigstens einigermaßen sicher zu erreichen.[97] Der traditionell im Zentrum der Betrachtungen stehende Teil der Investmentanalyse, die Renditeprognostik, fällt bei diesen Ansätzen weg. Es verbleibt allerdings auch in diesem Fall die Notwendigkeit, die Risiken der einzelnen Anlagemedien abzuschätzen.

Eingabeinformation für den Investmentanalyse-Teilprozeß sind *Finanzinformationen* aller Art: fundamentale Informationen über die Gesamtwirtschaft wie über einzelne Unternehmen, Informationen über die konkreten Konditionen der einzelnen Anlagetitel, Kurs- und Umsatzdaten von Aktien, festverzinslichen Werten, derivativen Instrumenten wie Optionen und Terminkontrakten, von Währungen, Zinsen und Marktindizes. Dazu gehören auch Informationen über politische Hintergründe, über allgemeine Stimmungslagen der Finanzmärkte, Börsengerüchte, etc. Diese Informationen liegen in einer Vielzahl von Formen verschiedener Formalisierungsgrade vor. Das reicht vom Gespräch über Zeitungsartikel bis hin zu Bilanzen und in Datenbanken gespeicherten Kursdaten. Als weitere Eingabeinformation für die Investmentanalyse kann außerdem ein *Prognosequalitätsbericht* dienen, der im Sinne einer Performanceanalyse für die Prognostik Leistungen und Fehler in den vorangegangenen Vorhersagen aufzeigt und dadurch zu einer Verbesserung der Qualität beitragen kann. Dieses Element der Kontrolle fehlt allerdings in der Praxis aus verschiedenen Gründen[98] bisher fast vollkommen.

Ausgabeinformation des Investmentanalyse-Teilprozesses sind für das Portfoliomanagement brauchbare Prognosen der zukünftigen Entwicklung der zur Auswahl stehenden Anlageinstrumente. Dabei ist im allgemeinen sowohl die Prognose von gesamtwirtschaftlichen Einflußgrößen, wie Währungskursen, Zinsen und Aktienmarktindizes, als auch die der Entwicklung einzelner Titel notwendig. Eine Ausnahme bildet hier der reine Bottom-up-Ansatz, der lediglich auf Prognosen auf Titelebene abstützt.[99] (Natürlich beinhalten auch diese implizit bestimmte Erwartungen über das makroökonomische Umfeld. Auf eine separate Berücksichtigung im Portfoliokonstruktionsprozeß wird bei diesem Ansatz aber verzichtet.) Traditionell wurden nur

---

97 für eine Beschreibung solcher *passiven* Methoden siehe Abschnitt 5.2.1.

98 Neben meßtechnischen Schwierigkeiten, wie sie etwa in Sharpe/Alexander (Investments), S. 733 ff. und Solnik (International Investments), S. 354 ff. angesprochen werden, sind hier psychologische Widerstände und eine gewisse Trägheit der bestehenden Organisationsformen von entscheidender Bedeutung. Rein technisch gesehen, ist die Realisierung einer nützlichen Prognosequalitäts- und Performanceanalyse heute nämlich durchaus möglich. Wir werden in Kapitel 6 auf diese Problemstellung näher eingehen.

99 siehe dazu Abschnitt 5.2.1

Renditen prognostiziert. Die Risikokomponente eines Anlagemediums wurde lediglich in Form grober Strukturvorgaben für die Portfoliokonstruktion berücksichtigt. Die Erkenntnisse der modernen Portfoliotheorie[100] haben gezeigt, daß ein systematischer Einbezug der Risikodimension in den Anlageprozeß für ein erfolgreiches Portfoliomanagement unverzichtbar ist. Es wird daher heute intensiv daran gearbeitet, diese zusätzliche Komponente sinnvoll in die bestehenden Abläufe einzubauen, oder auf ihr basierende, gänzlich neue Abläufe zu entwickeln.[101] Obwohl man in der Praxis im allgemeinen dabei noch am Anfang steht - der Einsatz eines einfachen Optimierungsprogrammes in der Portfoliokonstruktion, weitgehend losgelöst vom Investmentanalyse-Teilprozeß, ist in der Regel der Stand der Dinge -, gehört der systematische Einbezug der Risikodimension des Anlageproblems zu unserem Portfoliomanagement-Prozeßmodell und stellt ein wesentliches Element dar, das in den folgenden Verfeinerungsschritten noch vertieft werden soll. Die Ausgabeinformation *Prognosen* im Modell soll also neben den Renditeprognosen auch Abschätzungen des künftigen Risikos der betrachteten Anlagemöglichkeiten und ihrer Wechselwirkungen enthalten.

Repräsentiert werden die Renditeprognosen oft als sogenannte Ratings, die bestimmte Renditebereiche als Kode zusammenfassen. In der Praxis ist eine Einteilung in etwa fünf Stufen, die mit den Kodes 1-5, oder auch -,0-,0,0+,+ für negative, schwach negative, neutrale, schwach positive und positive Renditeentwicklung bezeichnet werden,[102] gebräuchlich. Für die Zwecke einer quantitativen computergestützten Weiterverarbeitung erscheint eine genauere Wertung und die Angabe einer Prognosekonfidenz wünschenswert. Das grobe Raster spiegelt allerdings die Realität der Anlageprognostik wieder, in der man im allgemeinen froh sein muß, auch nur die Richtung der Kursbewegung korrekt vorauszusagen. Als Repräsentation der Risikoprognosen dient meist die Angabe in Form von Standardabweichungen bzw. Varianzen und Kovarianzmatrizen. Im Gegensatz zu den Renditeprognosen, wo eine Weitergabe auf Papier üblich ist, kommt dies wegen der Datenmenge im Falle der Risikoprognosen kaum noch in Betracht. Es kommt ausschließlich die elektronische Speicherung und Übertragung als Daten in Frage.

---

[100] Markowitz (Portfolio Selection)
Sharpe/Alexander (Investments)
Spremann (Investition), S: 443 ff.
Elton/Gruber (Modern Portfolio Theorie)
Malkiel (Random Walk)
siehe außerdem Abschnitt 5.2.2

[101] Solnik (International Investments), S. 341 ff.
Elton/Gruber (Modern Portfolio Theorie), S. 620 ff.

[102] Sharpe/Alexander (Investments), S. 711 f.

Ziel des Investmentanalyse-Teilprozesses ist die Erstellung der Rendite- und Risikoprognosen für das betrachtete Anlagespektrum aus den zur Verfügung stehenden Finanzinformationen. Dazu gliedert man die Aufgabenstellung zunächst einmal in die Analyse des gesamtwirtschaftlichen Umfelds, die i.a. von der Abteilung Volkswirtschaft vorgenommen wird und die Analyse der einzelnen Anlageinstrumente, die in einer meist mit Finanzanalyse bezeichneten Abteilung erfolgt. Letztere unterteilt sich üblicherweise wieder nach den jeweils betrachteten Anlagekategorien, d.h. es gibt jeweils eine Gruppe für die Aktienanalyse, die Analyse festverzinslicher Werte und die Analyse derivativer Instrumente. Außerdem ist häufig eine Strukturierung nach der Prognosemethode[103] anzutreffen: zusätzlich zu Gruppen, die den fundamentalen Ansatz verfolgen, gibt es eine Gruppe für die technische Analyse von Aktien, Währungen, Zinsen und Indizes. All diese Gruppen konzentrieren sich traditionell ausschließlich auf die Renditeprognose. Die Risikoprognose, die aufgrund der anfallenden Datenmengen nicht mehr manuell ausgeführt werden kann, sondern nach Computerunterstützung verlangt, unterscheidet sich in ihrer Natur deutlich von der Renditeprognose und wird im allgemeinen von den übrigen Aktivitäten der Investmentanalyse getrennt behandelt.

Kennzeichnend für den Investmentanalyse-Teilprozeß ist die hohe Unschärfe der Eingabeinformation, die große Bedeutung qualitativer, maschinell schwer faßbarer Angaben, die Komplexität und Schwierigkeit der Prognoseerstellung und die meist niedrige Qualität des resultierenden Prognosen.

Die im Rahmen des Investmentanalyse-Teilprozesses untersuchten Objekte sind Einzelanlagen und Märkte. Dies stellt einen wichtigen strukturellen Unterschied zum im folgenden beschriebenen Portfoliokonstruktions-Teilprozeß dar, der sich mit Anlage-*kombinationen*, mit Portfolios, befaßt.

---

[103] zu der Unterscheidung von technischen und fundamentalen Analysemethoden siehe Abschnitt 4.2.1

2.2.4. Der Portfoliokonstruktions-Teilprozeß

Im Teilprozeß der Portfoliokonstruktion werden die Rendite- und Risikoprognosen der Investmentanalyse so in Portfolioentscheidungen umgesetzt, daß die gegebenen Portfolioziele optimal erfüllt werden. Dabei wird im Falle der Überarbeitung eines bereits existierenden Portfolios dessen Zusammensetzung berücksichtigt und Veränderungen stark von den dadurch anfallenden Transaktionskosten abhängig gemacht. Es werden also normalerweise pro Durchlauf des Überarbeitungszyklus' - etwa einmal wöchentlich - nur relativ wenige Portfoliopositionen verändert. Im Falle der Neukonstruktion eines Portfolios ist man da freier. Allerdings müssen auch hier die Transaktionskosten zur Bewertung der relativen Attraktivität der Anlagealternativen in die Entscheidung mit einbezogen werden. Außerdem sollte im Sinne einer Qualitätskontrolle ein Bericht über die vergangene Performance der bearbeiteten Portfolios mit dem Nachweis korrekter und falscher Entscheidungen berücksichtigt werden. Hier steht man in der Praxis allerdings erst am Anfang.

Als Eingabeinformation dient dem Portfoliokonstruktions-Teilprozeß neben den in den vorangegangenen Teilprozessen erzeugten Portfoliozielen und den Prognosen eine Beschreibung des *bestehenden Portfolios* (falls ein solches vorhanden ist), *Transaktionskosteninformation* und ein *Performancebericht*. Die Portfoliorepräsentation erfolgt heute im allgemeinen elektronisch in den Datenbanken der Portfoliobuchhaltung. Die auf teilweise recht komplexen Reglementen basierende Transaktionskosteninformation wird häufig noch auf Papier herumgereicht. Eine systematische, auf einem Rechner operationalisierbare Darstellung, ein Transaktionskostenmodell, ist insbesondere deswegen nicht trivial, weil in vielen Fällen die Kosten Verhandlungssache sind, bzw. am Markt gebildet werden.

Mit „Performancebericht" ist die Gesamtheit aller aus der Performanceanalyse gewonnenen Erkenntnisse bezüglich des Anlageergebnisses eines Portfolios, des Beitrags des Portfoliomanagers und der Qualität von Einzelentscheidungen gemeint. Zu unterscheiden ist der Anteil des Ergebnisses, der auf gute oder schlechte Prognosen zurückzuführen ist von dem, der durch eine gute Portfoliokonstruktion, d.h. eine den Portfoliozielen gemäße, unter Vermeidung unnötiger Transaktionskosten die erwarteten Risiken und Renditen geschickt austarierende Zusammenstellung des Portfolios erreicht wurde. Letzterer ist die für den Schritt der Portfoliokonstruktion maßgebende Komponente, die im Performancebericht im Sinne des Aufzeigens von Möglichkeiten der Verbesserung und der Fehlervermeidung dargestellt sein sollte. Aufgrund von

Menge und Komplexität dieser Informationen - die bisher in der Praxis maximal üblichen einfachen Totalrendite/risiko-Kennziffern reichen für eine Verbesserung der Einzelentscheidungen bei weitem nicht aus - sollte man sich unter *Performancebericht* im Sinne des vorgeschlagenen Modells nicht nur ein statisches Papier vorstellen, sondern z.B. auch eine auf grafischen Bildschirmen visualisierte, interaktiv zu durchkämmende Datenstruktur, die eine Erforschung der Ursachen des Anlageergebnisses ermöglicht.[104]

Ausgabeinformation des Portfoliokonstruktions-Teilprozesses ist eine Beschreibung des neu erstellten Portfolios (bzw. der neuen Portfolioversion). Genaugenommen besteht die Ausgabe in einer Menge von Transaktionsaufträgen, aus deren Ausführung das neue Portfolio resultiert. Es ist für die Modellbetrachtung aber anschaulicher von der Transformation eines Portfolios, um die es ja eigentlich geht, auszugehen und den Weg über Einzeltransaktionen, die nur im Kontext eines systemhaft zusammenhängenden Ganzen ihren Sinn erhalten, als eine rein mechanische Eigenschaft des außerhalb unseres Modells liegenden Abwicklungsvorganges zu behandeln. Die Beschreibung des neuen Portfolios als dem bestehenden Portfolio plus Transaktionen ist somit im Modellrahmen lediglich eine mögliche Repräsentation der Information *neues Portfolio* - die im Portfoliokonstruktions-Teilprozeß getroffenen Entscheidungen beziehen sich immer auf ein ganzes, als System zusammenhängendes Portfolio, nicht auf dessen Einzelpositionen.

Der Portfoliokonstruktions-Teilprozeß zerfällt wiederum in zwei Komponenten: den *Portfolioentwurf* und die *Portfolioanalyse*[105], die in der Iteration über schrittweise sich verbessernde Entwürfe *hypothetischer Portfolios* zusammenwirken. Die Resultate der Analyse des aktuellen hypothetischen Portfolios fließen in den nächsten Portfolioentwurfs-Schritt ein und bilden hier die Basis für die Entwicklung eines verfeinerten hypothetischen Portfolios, das wiederum auf Verbesserungsmöglichkeiten hin analysiert wird. Dieser Kreislauf kommt zu seinem Ende, wenn die neueste Portfolioversion allen Anforderungen genügt oder zumindest keine bessere mehr gefunden

---

104 So ist z.B. eine Gliederung der Entscheidungskriterien in Faktoren, auf die durch Kaufentscheidungen implizit gesetzt wurde und eine Analyse der Qualität der so abgeschloßenen Wetten (sog. performance attribution) aufschlußreich.

105 Der Begriff *Portfolioanalyse* wird im vorliegenden Text in seiner herkömmlichen Bedeutung verwendet und steht allgemein für die analytische Betrachtung eines Portfolios. Es ist *nicht* der spezielle Portfolioanalyse-Begriff der Portfoliotheorie gemeint. Im Zusammenhang mit dem Prozeßmodell umfaßt der Portfolioanalyse-Teilschritt die gegenwarts- und zukunftsbezogene Analyse eines Portfolios zum Zwecke der Portfoliokonstruktion - die vergangenheitsbezogene (berichterstattungsorientierte) Analyse gehört zum Prozeßschritt der Performanceanalyse.

werden kann. Sie wird dann als *neues Portfolio* verwirklicht. Diese iterative Konzeption des Portfoliokonstruktions-Schrittes ist notwendig und sinnvoll, da es im allgemeinen keinen „Universalalgorithmus" gibt, der eine optimale Portfoliozusammenstellung unter Berücksichtigung aller Portfolioziele und Rahmenbedingungen zu erzeugen in der Lage ist. Selbst die oft mit einem solchen Anspruch propagierten Portfoliooptimierungsprogramme basieren immer auf mehr oder weniger zutreffenden, auf jeden Fall aber die betrachtete Realität vereinfachenden Modellen. Auch ihre Anwendung stellt also nur einen Schritt im beschriebenen Konstruktionszyklus dar, dessen Resultat analysiert und überarbeitet werden muß. Die Portfoliokonstruktion besteht somit immer aus einem Wechselspiel von Entwurf und Analyse, wobei die menschliche Urteilskraft und Erfahrung nach wie vor eine entscheidende Komponente des Prozesses darstellt.

2.2.5. Der Prognosequalitätsanalyse-Teilprozeß

Beim Teilprozeß der Prognosequalitätsanalyse handelt es sich um eine in der Praxis noch kaum anzutreffende Komponente des Portfoliomanagement-Prozesses. Es geht um eine Kontrolle der Prognosequalität mit dem Ziel, Verbesserungen zu erreichen und Stärken und Schwächen der eigenen Prognoseabilität zu ermitteln. Ausgerüstet mit dieser Information läßt sich dann z.B. entscheiden, welche Prognosebereiche selbst bearbeitet werden sollen und für welche man aufgrund ungenügender eigener Fähigkeiten auf fremde Quellen zurückgreifen oder auf eine Prognose ganz verzichten sollte. Kernelement einer solchen Betrachtung ist die Einführung einer Kennzahl für die *Prognosekonfidenz*. Sie ermöglicht es, eine prognostische Aussage in ihrer weiteren Verarbeitung mit ihrer (voraussichtlichen) Eintreffenswahrscheinlichkeit zu gewichten, anstelle einer bisher noch allgemein üblichen und für viele Fehlentscheidungen verantwortlichen Verwendung als absolute Größe.[106]

Eingabeinformation für den Prognosequalitätsanalyse-Teilprozess sind *Prognosehistorie* und *Kurshistorie*. Die Prognosehistorie stellt eine Sammlung der in der Vergangenheit abgegebenen Prognosen dar, die aufgrund der Datenmenge und um eine weitere Auswertung zu ermöglichen in elektronisch gespeicherter Form vorliegen sollte. Die Kurshistorie, der die real eingetretenen Renditen und Risiken entnommen werden, ist eine vielseitig verwendbare zentrale Datenkomponente des gesamten

---

[106] Auf die Möglichkeiten, die sich aus einer solchen systematischen Bewertung der Informationsqualität mittels Prognosekonfidenzfaktoren hinsichtlich einer automatisierten Verfeinerung (Filterung) und Konsistenzprüfung der Prognoseresultate ergeben, werden wir in Abschnitt 8.2 noch näher eingehen.

Portfoliomanagement-Prozesses, die eine eigene umfangreiche Datenbank bildet. Eine einigermaßen vollständige und korrekte historische Kursdatenbank anzulegen, ist allerdings bis heute nur den wenigsten Organisationen gelungen und stellt eine eigene technische und organisatorische Herausforderung dar, auf die wir in Abschnitt 7.2 noch näher einzugehen haben und einen Lösungsansatz vorschlagen werden. Für die Zwecke der Prognosequalitätskontrolle würde zwar ein relativ kleiner Extrakt dieser Datenbank genügen - da für weitere Verwendungen in der Investmentanalyse und der Portfolio-Performanceanalyse das Problem aber sowieso gelöst werden muß, empfiehlt es sich auch hier, auf die unternehmensweite definitive Implementation abzustellen und auf Sonderlösungen zu verzichten. Wir gehen daher bei unserer Modellbetrachtung von der Verwendung einer einheitlichen Kursdatenbank für die verschiedenen Anwendungsbereiche aus.

Die Ausgabeinformation des Prognosequalitätsanalyse-Teilprozesses bildet der *Prognosequalitätsbericht*, der in den Investmentanalyse-Teilprozeß einfließt. Gemeint sind alle einer Prognoseverbesserung und Qualitätskontrolle dienlichen Informationen, die sich aus dem Vergleich von Voraussage und Realität ermitteln lassen. Sie haben die Form statistischer Analysen und können auf Papier weitergegeben werden, oder - besser - in interaktiv erfahrbarer elektronischer Form.

Der Aktivität des Teilprozesses besteht im Vergleich von Prognosehistorie und Kurshistorie und der Auswertung der gefundenen Differenzen. Von der einfachen Qualifizierung der Prognose als gut oder schlecht über die Ermittlung von genauen Prognosekonfidenz-Kennzahlen bis hin zum Einsatz detaillierter Erklärungsmodelle für die beobachteten Abweichungen reicht das Spektrum der möglichen Analysemethoden. In der Regel wird hier der Einsatz von Informatikmitteln erforderlich sein.

2.2.6. Der Performanceanalyse-Teilprozeß

Die Performanceanalyse stellt schon seit geraumer Zeit ein wesentliches Forschungsgebiet der Portfoliotheorie dar.[107] Im Praxiseinsatz finden sich aber erst vereinzelt Systeme, die eine vernünftige Messung des Anlageerfolgs und eine Analyse seiner Ursachen ermöglichen. Nicht zuletzt psychologische Gründe dürften hierfür verantwortlich sein - eine Kontrolle ihrer oft wenig systematisch betriebenen Tätigkeit wird

---

[107] Sharpe/Alexander (Investments), S. 733 ff.
Elton/Gruber (Modern Portfolio Theory), S. 563 ff.
Solnik (International Investments), S. 354 ff.

von vielen Portfoliomanagern nicht gerade gesucht. Der Druck von Auftraggeberseite wie auch ein neues Bewußtsein im Management führen hier aber zu einem rapiden Wandel und zu einer vermehrten Einführung dieser so wesentlichen Qualitätskontrollmechanismen. Projekte mit dem Ziel, das Manko zu beheben, sind inzwischen in fast jeder größeren Investmentorganisation anzutreffen. Allerdings gilt es neben den psychologischen auch technische Hindernisse zu überwinden. Performanceanalyse erfordert wegen der für die dynamische Betrachtungsweise notwendigen Speicherung von Portfoliobewegungen und Kursdaten über den ganzen betrachteten *Zeitraum* ein Vielfaches an Datenmengen und Verarbeitungskapazität als z.B. die *Zeitpunkt*-bezogene periodische Portfoliobewertung.

Die Eingabeinformation für den Performanceanalyse-Teilprozeß besteht einerseits aus der *Portfoliohistorie* und andererseits aus der schon für die Prognosequalitätsanalyse benötigten *Kurshistorie*. Die Portfoliohistorie muß dabei über die Entwicklung der Portfoliobestände über einen längeren Zeitraum - z.B. fünf Jahre - Auskunft geben können - eine Anforderung, der die Datenbasen der meisten Portfoliobuchhaltungen, die nur die aktuellen Bestände, bestenfalls noch die Bewegungen seit dem Jahresanfang beinhalten, nicht gerecht werden. Eine umfangreichere Datensammlung ist hier erforderlich. Die Kurshistorie dient im Rahmen der Performanceanalyse der Bewertung der Portfoliobestände und der verwendeten Vergleichsmaßstäbe (Benchmarks). Für sie gelten die im vorigen Abschnitt angestellten Überlegungen.

Ausgabeinformation des Performanceanalyse-Teilprozesses ist ein *Performancebericht*. Er dient der Kontrolle der Qualität der in der Portfoliokonstruktion getroffenen Entscheidungen und sollte zu ihrer Verbesserung beitragen. Wie bereits bei der Beschreibung des Portfoliokonstruktions-Teilprozesses erwähnt, kann er sehr umfangreich sein und in interaktiv erkundbarer elektronisch visualisierter Form vorliegen.

Die Aktivität des Performanceanalyse-Teilprozesses besteht in der Bewertung der Portfoliohistorie mit den Kursen aus der Kurshistorie, der Berechnung von Kennzahlen zur Charakterisierung des gemessenen Portfolioverhaltens und deren Vergleich mit verschiedenen Maßstäben. Das Spektrum reicht hier vom Vergleich der totalen Rendite und des totalen Risikos des untersuchten Portfolios mit Soll-Werten über die Aufgliederung der Analyse in Teilportfolio-Betrachtungen - z.B. die Berechnung von Performancekennzahlen für die Aktien- und Renten-Komponente des Portfolios, oder für die einzelnen Währungsanteile - bis hin zum umfassenden Vergleich der effektiv gespielten Strategien mit den zum jeweiligen Zeitpunkt möglichen Alternativen. Schon die einfachste Variante ist vom Rechenaufwand her manuell nicht mehr zu bewältigen: hier ist der Computereinsatz unabdingbar.

3

Varianten der Informatikunterstützung

In diesem Kapitel wollen wir nun die verschiedenen in Frage kommenden grundsätzlichen Varianten der Informatikunterstützung - Datenbankanwendungen, Decision Support Systems, Expertensysteme und auf neuronalen Netzen basierende Anwendungssysteme -betrachten und auf ihre strukturellen Charakteristika und ihre spezifischen Merkmale hin untersuchen. Es geht um die Frage, welche Typen von Systemen uns zur maschinellen Unterlegung der einzelnen Schritte des Portfoliomanagement-Prozeßmodells grundsätzlich zur Verfügung stehen, um eine geeignete Unterstützung der menschlichen Informationsverarbeitung zu erreichen.

In diesem Zusammenhang ist zu bemerken, daß es sich hierbei um Varianten der Systemarchitektur - also der technischen Realisierungsform einer Anwendung - handelt. Wenngleich aufgrund der jeweiligen Eignung für bestimmte Problemstellungsklassen gewisse Abhängigkeiten bestehen, ist dies klar vom Anwendungszweck und Einsatzbereich eines Systems zu unterscheiden.[108] Der Frage, inwieweit sich die verschiedenen Architekturvarianten zur Realisierung spezifischer Anwendungen im Rahmen der jeweiligen Prozeßschritte im einzelnen eignen, bzw. welche Ergebnisse mit ihnen in diesem Zusammenhang zu erzielen sind, wollen wir in Teil II nachgehen.

Bevor wir uns den einzelnen Architekturvarianten zuwenden, soll im nächsten Abschnitt zunächst auf den allgemeinen Begriff des rechnergestützten Informationssystems und die auf dieser Abstraktionsstufe vornehmbaren Abgrenzungen eingegangen werden.

3.1. Informationssysteme

3.1.1. Begriffsabgrenzung

Der Begriff des (rechnergestützten) Informationssystems[109] wird in der Literatur nicht einheitlich verwendet. Zum einen wird damit ein bestimmter Applikationstyp - der

---

108 So kann ein System zur Unterstützung der Aktienanalyse etwa technisch als Datenbankanwendung, Decision Support System, Expertensystem oder auf der Basis eine neuronalen Netzes realisiert sein, wobei der Anwender die verwendete Architekturvariante noch nicht einmal zu kennen braucht (siehe Abschnitt 4.2).

109 Ohne den Zusatz „rechnergestützt" dient der Begriff auch allgemein zur Bezeichnung von Systemen zur Verarbeitung von Information, inkl. nicht EDV-gestützter Informationsverarbeitungsstrukturen.

des (typischerweise) datenbankgestützten administrativen Anwendungssystems - bezeichnet, zum anderen werden allgemein sämtliche Typen von Anwendungssystemen, die im Unternehmen zum Einsatz kommen - inklusive entscheidungsunterstützender Anwendungen - unter diesem Begriff zusammengefaßt.[110] Daneben wird er manchmal in der Bedeutung des Management-Informationssystems zur Bezeichnung von Anwendungssystemen zur flexiblen Bereitstellung von Führungsinformationen verwendet.

Im Rahmen dieses Textes wollen wir in Anlehnung an Scheer eine weit gefaßte Definition des Begriffs verwenden und *Informationssystem* - soweit ohne nähere Bezeichnung im Text verwendet - als *Oberbegriff für sämtliche Arten der in der Unternehmung eingesetzten Anwendungssysteme* - Administrations-, Dispositions-, Managementinformations- und Planungs- und Entscheidungssysteme - verstehen.[111] Insbesondere umfaßt er sämtliche im folgenden besprochenen Systemarchitekturvarianten der Datenbankanwendung, des Decision Support Systems, des Expertensystems und der auf einem neuronalen Netz basierenden Anwendung. Er umschreibt gleichermaßen auf der *administrativen wie entscheidungsunterstützenden* Ebene der Informatikunterstützung zum Einsatz kommende Systeme und ist dem gänzlich allgemeinen Begriff des (betrieblichen) Anwendungssystems damit sehr nahe, bzw. diesem - im Rahmen des in diesem Text betrachteten Anwendungsbereichs - äquivalent.[112]

Wenn spezifisch die traditionellen, datenbankbasierten *administrativen* Anwendungssysteme gemeint sind, wollen wir im weiteren dagegen von *traditionellen Informationssystemen* sprechen.

3.1.2. Klassifikation von Informationssystemen nach Verarbeitungsebene

Abbildung 3-1 zeigt die Schichtung der verschiedenen in der betrieblichen Datenverarbeitung zum Einsatz kommenden Arten von Informationssystemen nach ihrem Detaillierungsgrad, bzw. nach dem Abstraktionsgrad der von ihnen angestellten Betrachtung, Verarbeitung oder Berechnung (wobei die horizontale Gliederung der Pyramide

---

Uns interessiert in der Folge lediglich die rechnergestützte Variante, weshalb - wie auch in der Literatur üblich - dieser Zusatz nicht mehr explizit angeführt werden soll.

[110] Zehnder (Informationssysteme), S. 32 ff., Stevenson (Informationssysteme für Kreditinstitute), 14 ff., Scheer (Wirschaftsinformatik), 1 ff. und Österle (Informationssysteme), S. 12 ff. enthalten in diesem Zusammenhang geeignete Charakterisierungen des Begriffs.

[111] Scheer (Wirtschaftinformatik), S. 2

[112] siehe dazu auch Rautenstrauch (Integration Engineering), S. 48

die Auffächerung der Anwendungen in die einzelnen betrieblichen Funktionsbereiche andeuten soll).[113]

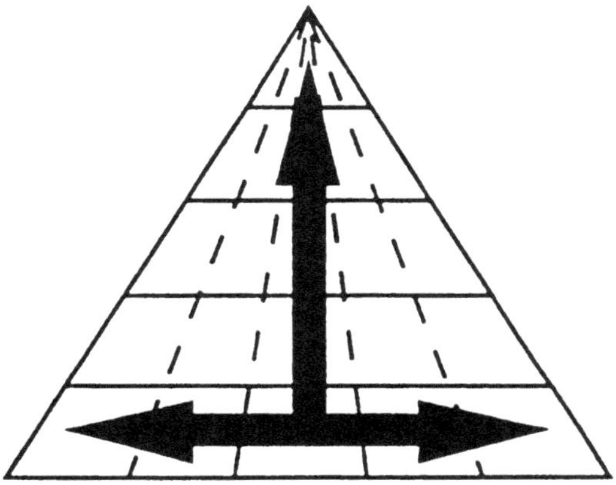

Abbildung 3-1: Klassifikation von Informationssystemen nach Scheer
Quelle: Scheer (Wirtschaftsinformatik), aus: Bloch/Himberger/Schmid (ELIAS)

Im Kern der die unterste Stufe der Pyramide bildenden Administrations- und Dispositionssysteme stehen mengenorientierte Prozesse, die eng mit der Leistungserstellung verbunden sind. Beispiele hierfür sind etwa Personaldispositionssysteme oder ein Auftragsabwicklungssystem. Auf der Stufe der wertorientierten Abrechnungssysteme stehen die die mengenorientierten Prozesse begleitenden und ihre betriebswirtschaftlichen Konsequenzen sichtbarmachenden Systeme, wie etwa Kreditoren- und Debitorenbuchführung oder Lohn- und Gehaltsabrechnung. Auf der dritten Stufe stehen Berichts- und Kontrollsysteme, die ihre Informationen aus den mengen- und wertorientierten Systemen übernehmen und als bereichsspezifische Controlling-Systeme nach Funktionsbereichen gegliedert realisiert oder auch als bereichsübergreifende Berichtssysteme ausgestaltet sein können. Auf Stufe vier finden sich Analyse-Informationssysteme, die auf einer wiederum höheren Datenverdichtungsstufe stehen und neben internen auch Daten externer Quellen mit einbeziehen. Typische Beispiele sind Führungs- und Marketinginformationssysteme. Die Spitze der Pyramide nach Scheer bilden Planungs- und Entscheidungssysteme, die auf der höchsten Verdichtungsstufe

113 Scheer (Wirtschaftinformatik), S. 2 ff.
Rautenstrauch (Integration Engineering), S. 48 ff.
Mertens (Integrierte Datenverarbeitung)

arbeiten und für die Unterstützung unstrukturierter und ad-hoc-Entscheidungen zum Einsatz kommen.[114] Zu dieser Klasse sind insbesondere die typischen Decision-Support-System- und Expertensystem-Anwendungen, sowie die auf neuronalen Netzen basierenden Anwendungssysteme zu rechnen.

Die Trennlinie zwischen der administrativen und der entscheidungsunterstützenden Ebene der Informatikunterstützung wollen wir in diesem Zusammenhang zwischen den Berichts- und Kontrollsystemen und den Marketinginformationssystemen ziehen (siehe dazu auch Abschnitte 1.3.2.2 und 3.2).[115]

3.1.3. Einfaches Strukturmodell

Auf der hohen Abstraktionsebene des (allgemein gefaßten) Informationssystembegriffs bietet sich nach einer häufig gewählten Definition die in Abbildung 3-2 dargestellte Beschreibung der Systemstrukur an.[116]

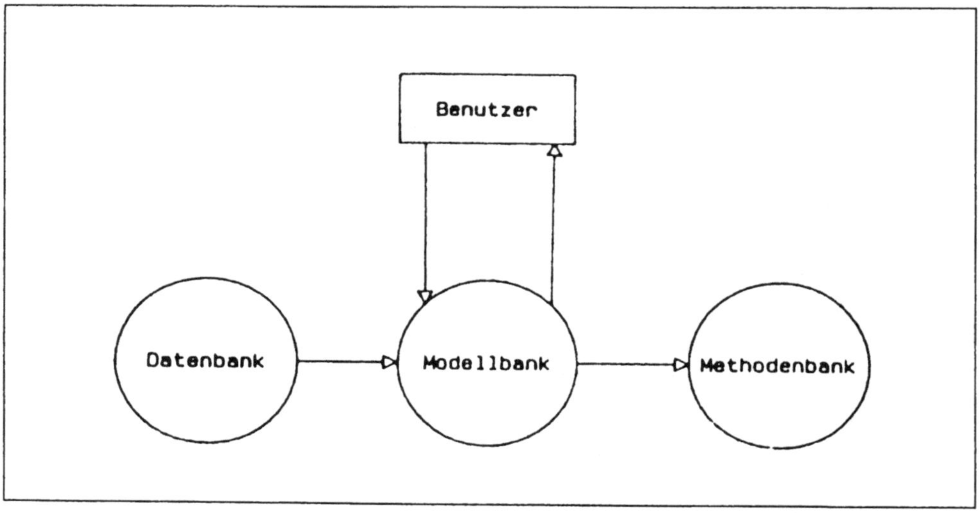

Abbildung 3-2: Komponenten eines Informationssystems
Quelle: Scheer (Wirtschaftsinformatik)

---

[114] Scheer (Wirtschaftsinformatik), S. 3 f.

[115] Natürlich handelt es sich bei der Scheerschen Gliederung nur um eine Modellvorstellung - in der Realität ist die Abgrenzung zwischen den Anwendungen häufig nicht mit der angedeuteten Klarheit vornehmbar. Für alle praktischen Belange stellt diese Strukturierung aber einen im allgemeinen recht geeigneten konzeptionellen Rahmen dar.

[116] Scheer (Wirtschaftsinformatik), S. 4 ff.

Das Informationssystem wird als aus den Komponenten einer Datenbank, einer Modellbank und einer Methodenbank zusammengesetzt verstanden:

- In der Datenbank sind die benötigten Daten einschließlich ihrer logischen Strukturen gespeichert.
- Die Modellbank umfaßt die konkreten Strukturen der betriebswirtschaftlichen und analytischen Modellbildungen
- Die Methodenbank enthält die zur Auswertung der Modelle erforderlichen Programme und Ableitungsmechanismen.

In diesem Sinne wäre etwa der Inferenzmechanismus eines Expertensystems der Methodenbank, das in ihm enthaltene qualitative Modell (inkl. Regel-Wissen) der Modellbank und die Fakten der Datenbank zuzuordnen. Im Falle eines Decision Support Systems bestünde die Methodenbank hingegen aus mathematischen Lösungsverfahren, die Modellbank aus mathematischen (quantitativen) Modellen (etwa in Form linearer Gleichungssysteme) und die Datenbank würde die zur Modellauswertung herangezogenen Daten beinhalten. Bei einer reinen Datenbankanwendung degenerieren Methoden- und Modellbank in der Regel zu einfachsten Auswertungsoperationen, bzw. reinen Datenmanipulationsanweisungen.[117] Diese sehr allgemeine Modellierung der Struktur eines Informationssystem stößt aber schnell an ihre Grenzen. Die Systemstruktur der einzelnen Systemklassen ist zu verschieden und das Zusammenspiel ihrer spezifischen Komponenten zu komplex, um von diesem groben Raster in einer den Anforderungen einer detaillierteren Analyse und der Untersuchung konkreter praktischer Belange genügenden Form erfaßt werden zu können - detailliertere Strukturbeschreibungen, wie sie in den folgenden Abschnitten angeführt werden, sind hierfür erforderlich. Immerhin kann es aber auf einer hohen Abstraktionsebene als integrierende Orientierungshilfe und zur Zusammenfassung des gemeinsamen Nenners der in betracht kommenden Systemrealisierungsvarianten dienen.

Diese sollen nun im einzelnen besprochen werden, wobei wir uns - gemäß der Zielsetzung dieses Textes - auf den Bereich der Entscheidungsunterstützung konzentrieren wollen.

---

117 siehe im übrigen auch die alternative Systemstrukturierung in Scheer (EDV-orientierte BWL), S. 188 f., bzw. Scheer (Wirtschaftsinformatik), S. 5 ff., sowie diejenige in Zehnder (Informationssysteme), S. 32 ff.

3.2. Datenbankanwendungen

3.2.1. Begriff und Zielsetzung

Datenbankanwendungen stellen heute die konventionelle Art der Implementation von Anwendungssystemen im wirtschaftlichen Umfeld dar. Ältere Ansätze, wie den der sequentiellen Dateiverarbeitung, trifft man in der Praxis nur noch selten an. Das Kennzeichen von Datenbankanwendungen im Vergleich zu Ansätzen wie Decision Support Systems oder Expertensystemen ist die Konzentration der Funktionalität auf den Bereich der Datenverwaltung - die ausgeführten Berechnungen sind im allgemeinen sehr einfach und beschränken sich häufig auf buchhalterische Additions- und Subtraktionsoperationen.

Anwendungen der betrieblichen Transaktionsverarbeitung, d.h. die im Zentrum der administrativen Datenverarbeitung stehenden Dispositions-, Buchhaltungs- und Berichtssysteme, sind typische Vertreter von Datenbankanwendungen. Aber auch viele Entscheidungsunterstützungsanwendungen sind von ihrer Implementationsmethode her einfache Datenbankanwendungen, die die Masse des operativen Datenmaterials in geeigneter Weise verdichten und in konsolidierter Form zur Anzeige bringen, bzw. entsprechende Abfragen unterstützen. Häufig ist eben auch für Aufgaben der Entscheidungsunterstützung kein aufwendiges mathematisches Modell, wie es für den Decision-Support-Systems-Ansatz charakteristisch ist, notwendig und die gewünschte Information läßt sich durch einfache Datenverknüpfungs- und Summenbildungsoperationen erzeugen. Auch wenn Puristen solche Systeme kaum als eigentliche Entscheidungsunterstützungssysteme im Sinne der Decision-Support-Systems-Theorie gelten lassen werden, stellen sie doch die Mehrzahl - und den produktivsten Anteil - der heute zu Entscheidungsunterstützungszwecken in Unternehmen eingesetzten Anwendungssysteme dar. Beispiele für solche als einfache Datenbankanwendungen implementierte Entscheidungsunterstützungssysteme sind etwa Marketinginformationssysteme und sich auf operative Buchhaltungsdaten stützende Führungsinformationssysteme. Der erste Schritt zur Entscheidungsunterstützung besteht eben im Zusammensuchen der entscheidungsrelevanten Information und deren geeigneter Darstellung. Wir wollen daher den Implementationsansatz der Datenbankanwendung als eine Variante der Konstruktion von Entscheidungsunterstützungssystemen gelten lassen, der gleichberechtigt neben dem der Decision Support Systems und der Expertensysteme steht.

3.2.2. Struktur und Funktionsweise

Datenbankanwendungen haben eine recht einfache Struktur: sie bestehen aus zwei Komponenten, der Datenbank und dem Anwendungsprogramm. Die Datenbank besteht wiederum aus einer Datenbasis und dem Datenbankverwaltungssystem (database management system, DBMS). Die Datenbasis enthält die Benutzerdaten - den eigentlichen Inhalt der Datenbank - und verschiedene Systemtabellen und Hilfsdaten. Das Datenbankverwaltungssystem ist eine Sammlung von Systemroutinen für Datenverwaltungsoperationen, die dem Anwendungsprogramm angeboten werden.[118]

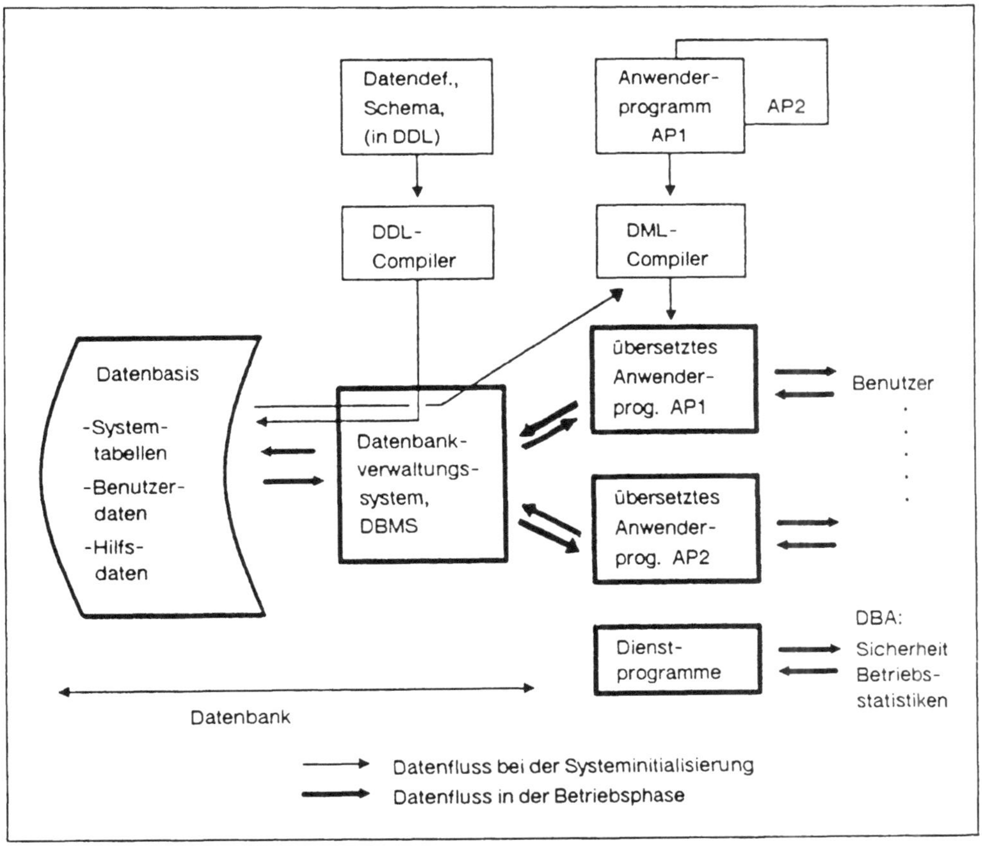

Abbildung 3-3: Komponenten des Betriebs und der Entwicklung von Datenbankanwendungen
Quelle: Zehnder (Informationssysteme)

---

[118] Zender (Informationssysteme), S. 19 ff.

Abbildung 3-3 zeigt diese Struktur zusammen mit weiteren Komponenten, die lediglich für die Entwicklungsphase bzw. die Systemsteuerung benötigt werden.

Die Datenbank wird weitgehend unabhängig vom spezifischen Zweck einer bestimmten Anwendung gestaltet. Da sie die allgemein nutzbare Basis für eine Vielzahl von Anwendungsprogrammen bilden soll, orientiert man sich bei der Definition ihrer Struktur - dem logischen Datenbankschema - an den zu repräsentierenden Objekten und ihren Beziehungen und nicht an ihrer Bedeutung im Rahmen einer bestimmten

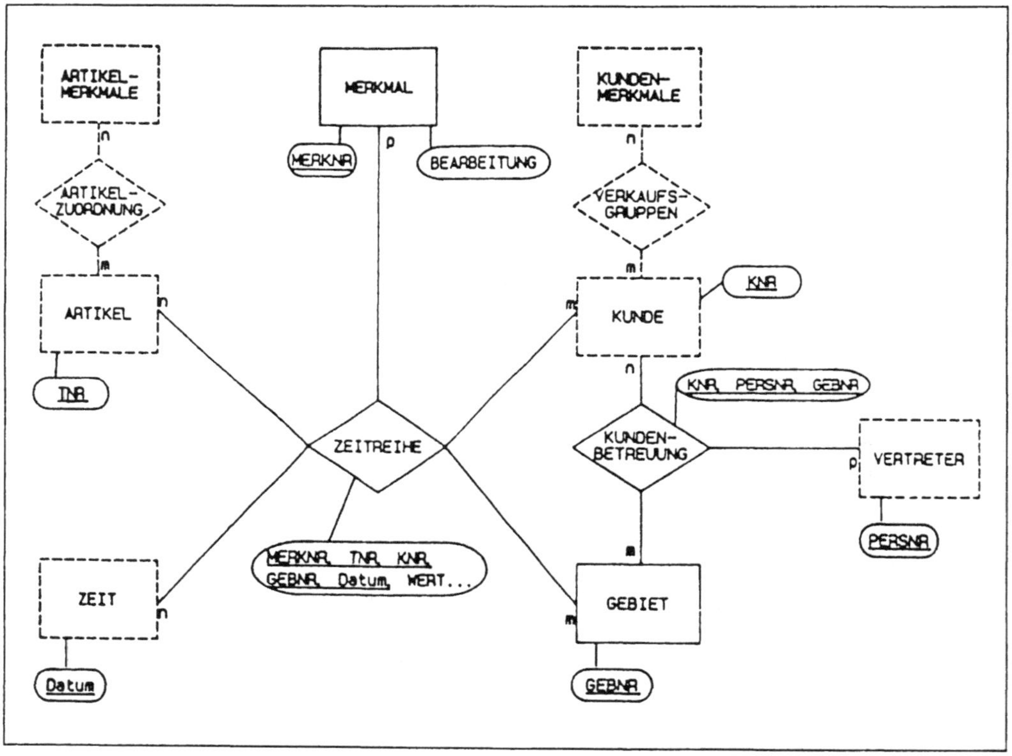

Abbildung 3-4: Beispiel eines Datenbankschemas
Quelle: Scheer (Wirtschaftsinformatik)

Anwendung. Zur Formulierung der resultierenden Datenstruktur bedient man sich verschiedener Beschreibungs- und Repräsentationsmethoden - sog. Datenmodelle -, wie z.B. dem Entity-Relationship-Modell (ER-Modell) von Chen[119] oder neuerdings

119 Chen (Entity-Relationship Model)

auch objektorientierter Ansätze[120]. Die Abbildung 3-4 zeigt ein Beispiel eines im ER-Modell formulierten Datenbankschemas.

Anschließend an ihre konzeptionelle Modellierung wird die Datenstruktur in der *Data Definition Language (DDL)* des verwendeten Datenbanksystems kodiert und steht dann in Form verschiedener Sichten (views) den Anwendungsprogrammen zur Verfügung.

Zur Beschreibung der gewünschten Datenoperationen wird eine *Data Manipulation Language (DML)* bereitgestellt, die in die für die Anwendungsentwicklung verwendete Programmiersprache integriert ist. Ein Beispiel einer modernen DML stellt die *Structured Query Language (SQL)* dar, die aus den IBM-Entwicklungsarbeiten für ein relationales Datenbanksystem hervorgegangen ist.[121] Abbildung 3-5 zeigt eine in SQL formulierte Abfrageoperation.

```
select persNr
from   PERSONAL
where  abtNr =
        (select abtNr
         from   ABTEILUNG
         where  name = 'Physik')
and    persNr =
        (select unique persNr
         from   PMZUTEILUNG
         where  maschine = 12)
```

Abbildung 3-5: Beispiel einer SQL-Abfrageoperation
Quelle: Zehnder (Informationssysteme)

Während viele Transaktionsverarbeitungsanwendungen noch auf älteren hierarchischen Systemen wie z.B. IMS von IBM basieren, empfiehlt sich für entscheidungsunterstützende Datenbankanwendungen die Nutzung der moderneren relationalen und objektorientierten Datenbankverwaltungssysteme. Das Argument der höheren Zugriffseffizienz und der größeren Verarbeitungskapazität hierarchischer Systeme, das

120 siehe dazu Parent/Spaccapietra (Object-Oriented Data Models), Kim/Nicholas/Nishio (Hrsg.) (Object-Oriented Databases) oder auch Scholl/Laasch/Rich/Tresch/Schek (COCOON).

121 Chamberlin et al. (SEQUEL 2)
Date (Database Systems)
Date (DB2)

in der DV-Praxis auch heute noch zu hören ist und die schnelle Umstellung auf neuere Ansätze behindert, hat hier nicht die Bedeutung wie für die für die tägliche Massenverarbeitung zuständigen Systeme. Der Datenzugriff von Entscheidungsunterstützungsanwendungen basiert meistens auf komprimierten Extrakten der operativen Datenbasis und erfordert im allgemeinen keine besondere Zugriffsgeschwindigkeit oder Transferkapazität. Verlangt werden vielmehr flexible und leistungsfähige Möglichkeiten der Verknüpfung von Datenelementen verschiedenster Herkunft - eine Stärke relationaler und objektorientierter Datenbanksysteme.

Zusammenfassend läßt sich sagen, daß die Implementierungsvariante der Datenbankanwendung für diejenigen Entscheidungsunterstützungssysteme zu wählen ist, deren Aufgabe im wesentlichen im Auffinden, Verknüpfen und Konsolidieren von aus der operativen Datenverarbeitung stammendem Datenmaterial besteht. Dies schließt durchaus Systeme mit ein, die flexible Abfragemöglichkeiten und eine aufwendige visuelle Präsentation der Resultate anbieten. Die Stärke des Ansatzes liegt in seiner Einfachheit, sowohl in Bezug auf Struktur der resultierenden Anwendung als auch was die verwendeten Entwicklungswerkzeuge anbetrifft. Wozu sich mit komplexen Expertensystemshells und mathematischen Modellierungssprachen herumschlagen, wenn die Anwendung im Kern nur ein mit herkömmlichen Datenbanksprachen lösbares Datenverknüpfungsproblem darstellt. Die Grenzen des nur einfache Verarbeitungsprozesse zulassenden Ansatzes der Datenbankanwendung erreicht man allerdings dann, wenn mit quantitativen Entscheidungsmodellen gearbeitet werden soll oder die geeignete Behandlung qualitativer oder vager Informationen im Entscheidungsprozeß eine wesentliche Rolle spielt. Da dies bei Systemen, die eine über reine Informationsfilterung hinausgehende Unterstützung von Entscheidungsprozessen anbieten sollen allgemein der Fall ist, wollen wir unser Augenmerk im folgenden auf die weitergehenden Ansätze der Decision Support Systems und Expertensysteme richten.

3.3. Decision Support Systems

3.3.1. Begriff und Zielsetzung

Decision Support Systems (DSS) stellen einen Ansatz zur Informatikunterstützung von Entscheidungsprozessen dar, der in den frühen 70'er Jahren erstmals von Michael S. Scott Morton vorgeschlagen wurde. Der deutsche Begriff ist der des entscheidungsunterstützenden Systems. Da es aber auch andere Ansätze zur Entscheidungsunterstützung als DSS gibt, wie z.B. den der Expertensysteme (siehe Abschnitt 3.4), haben wir ein sprachliches Problem, wenn wir alle Methoden der Entscheidungsunterstützung in ihrer Gesamtheit bezeichnen wollen. Da die Verwendung der Begriffe in der Literatur nicht einheitlich ist, wollen wir im Rahmen dieses Buches mit der Konvention operieren, die englische Bezeichnung DSS für die engere Bedeutung des Begriffs, also für Anwendungssysteme, die auf den im Rahmen der DSS-Theorie vorgeschlagenen konkreten Struktur- und Implementationsprinzipien basieren, verwenden und den deutschen Begriff des entscheidungsunterstützenden Systems für die allgemeine Bezeichnung von Anwendungssystemen zur Entscheidungsunterstützung, gleich welcher Konstruktionsweise, reservieren.

Wegen der Vielfalt der zu betrachtenden Aspekte und der Schwierigkeit der Abgrenzung zu konventionellen Ansätzen einerseits und modernen, wie Expertensystemen und neuronalen Netzen, andererseits, gibt es bisher keine allgemein anerkannte Definition eines DSS. Der Definitionsversuch von Keen und Scott Morton (1978) beschreibt ein DSS als

„die Anwendung von verfügbarer und geeigneter computerbasierter Technologie zur Verbesserung der Effektivität der Management-Entscheidungsfindung im Bereich semi-strukturierter[123] Aufgabenstellungen."[124]

Sprague und Carlson fanden eine Charakterisierung durch die Aufzählung von Kerneigenschaften nützlicher:[125]

- Das Augenmerk von DSS richtet sich besonders auf die weniger gut strukturierten, unterspezifizierten Aufgabenstellungen, die höhere Managementebenen typischerweise zu lösen haben.
- DSS versuchen die Verwendung von Modellen oder analytischen Techniken mit traditionellen Datenzugriffs und Suchfunktionen zu kombinieren.
- Sie konzentrieren sich speziell auf Merkmale, die eine Bedienung durch Nicht-Computerspezialisten in interaktiver Weise ermöglichen.

---

123 Für eine Präzisierung des Begriffs *semi-strukturierter* Aufgabenstellungen, der bei Keen und Scott Morton den Bereich zwischen gut strukturierten und unstrukturierten Problemen vage umreißen soll, siehe Dooukidis (Concepts), S. 346 f.

124 Keen/Morton (Decision Support Systems). Zitat vom Autor übersetzt.

125 Sprague/Carlson (Decision Support Systems), S. 6

Was DSS von konventionellen Datenbankanwendungen in erster Linie unterscheidet, ist die Verwendung eines *mathematischen Modells* zur Berechnung von Analysen und Lösungsvorschlägen. Die Schwierigkeit bei der Entwicklung eines DSS liegt im allgemeinen weniger in der Bewältigung einer großen Datenmenge oder der effizienten Gestaltung von Zugriffsprozeduren, sondern vielmehr in der Formulierung von geeigneten Modellen und in ihrer effizienten Operationalisierung. Dabei stehen häufig numerische Problemstellungen im Vordergrund. Die verwendeten Modelle basieren meist auf den existierenden Theoriebildungen des Anwendungsgebietes. Eine Quelle stellt insbesondere der Fachbereich des Operations Research (OR) dar, der es sich zur Aufgabe gemacht hat, für den Computereinsatz geeignete Modelle betrieblicher Abläufe und entsprechende Lösungsverfahren zu entwickeln.[125]

Der in den obigen Definitionen hervorgehobene Aspekt der Unterstützung von Managemententscheidungen ist etwas zu relativieren: auch Sachbearbeiter und Disponenten treffen häufig Entscheidungen, für deren Unterstützung sich ein DSS-Einsatz anbietet. Man denke etwa an die Routenplanung in einem Speditionsunternehmen oder die Optimierung der Lagernutzung. Besser geeignet ist da schon die Charakterisierung der behandelten Problem als unvollständig strukturiert. Dies bedeutet in der Praxis, daß eine Lösung nicht von der Maschine allein gefunden werden kann, sondern im interaktiven Wechselspiel mit dem qualifizierten Bediener schrittweise entsteht. Der Aspekt der Interaktion von Mensch und Maschine ist denn auch für entscheidungsunterstützende Systeme jeder Bauart ein zentraler, auf den wir später (siehe Abschnitt 8.6) noch genauer eingehen werden.

3.3.2. Struktur und Funktionsweise

Wie aus Abbildung 3-6 ersichtlich, besteht ein DSS aus drei Subsystemen: einem Datensubsystem, bestehend aus Datenbasis und einem Datenbankmanagementsystem (DBMS), einem Modellsubsystem, bestehend aus einer Modellbasis und einem Modellbankmanagementsystem (MBMS), und einem Dialogsubsystem, das gemäß einer Definition von Bennett[126] neben einem Dialogmanagementsystem (DGMS) auch das Terminal und den Benutzer umfaßt. Die einzelnen Subsysteme sollen im folgenden näher beschrieben werden.

---

125 Anthonisse/Lenstra/Savelsbergh (OR Point of View) enthält eine Darstellung der wechselseitigen Beziehung von OR und DSS.

126 Bennett (User-Oriented Graphics)

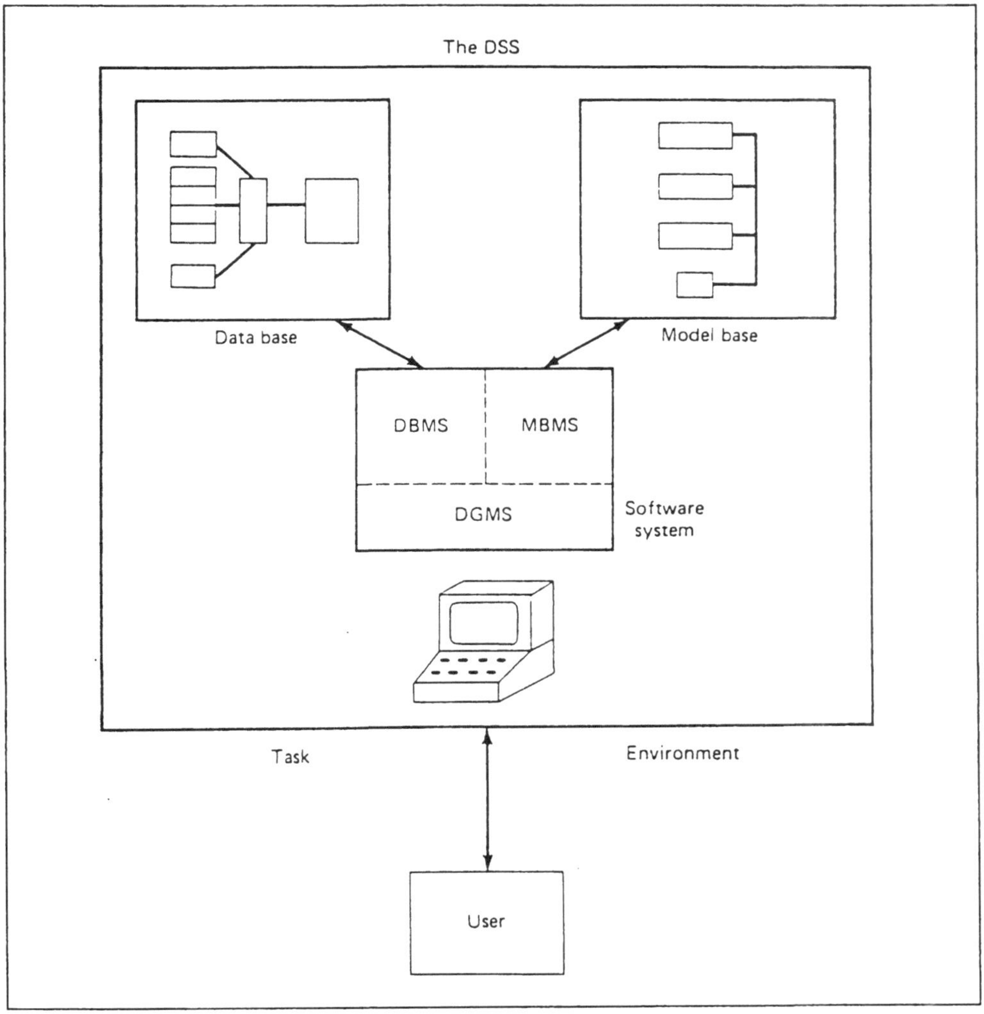

Abbildung 3-6: Komponenten eines Decision Support Systems
Quelle: Sprague/Carlson (Decision Support Systems)

Das Dialogsubsystem

Da sich das gesamte DSS aus der Sicht des Anwenders durch seine Dialogkomponente definiert und weil die Qualität der Dialogführung für eine erfolgreiche Bearbeitung von Entscheidungsproblemen von zentraler Bedeutung ist, stellt das Dialogsubsystem nach der Meinung vieler Autoren die wichtigste Komponente eines DSS dar.[127] Nach Bennett setzt sich ein Dialogsystem aus drei Teilen zusammen:

- einer *Aktionssprache*, die definiert, was der Benutzer im Rahmen des Anwendungssystems tun kann,
- einer *Präsentationssprache*, die bestimmt, was der Benutzer auf dem Bildschirm sieht und
- einer *Wissensgrundlage*, die alles umfaßt, was der Benutzer zur erfolgreichen Systembedienung wissen muß.

Die *Reichhaltigkeit* (richness) der Benutzerschnittstelle definiert sich aus Vielfalt und Umfang der einzelnen Dialogkomponenten. Eine bestimmte Ausprägung der einzelnen Elemente bezeichnet man als *Dialogstil.* Mögliche Dialogstile sind z.B. textuelle Darstellung mit Menüführung, Formalismen für freie Abfragen, grafische objektorientierte Benutzeroberflächen oder auch die natürlichsprachliche Dialogführung.

Mögliche Medien der Dialogführung sind neben Tastatur und Bildschirm auch eine Maus, Digitizer-Tablette, berührungsempfindliche Bildschirme, ein Pen, Drucker, Plotter und Sprachein- und -ausgabegeräte.

Das Dialogsubsystem eines DSS zeichnet sich durch eine besondere Reichhaltigkeit und die Verwendung eines hochentwickelten und der jeweiligen Aufgabenstellung angepaßten Dialogstils aus. Dabei wirken DSS-Anwendungen häufig als Katalysatoren für die Einführung moderner Ein- und Ausgabemedien in Organisationen.

Das Datensubsystem

Das Datensubsystem hat die Aufgabe, die für Modellrechnungen und visuelle Präsentation benötigten Daten in effizienter und flexibler Weise bereitzustellen. Da DSS im allgemeinen auf aggregierter Ebene arbeiten, unterscheiden sich ihre Datenbedürfnisse von denen konventioneller Transaktionsverarbeitungsanwendungen vor allem dadurch, daß nicht umfassende und vollständig detaillierte Datenbasen, sondern vielmehr spezifische Extrakte operativer Daten benötigt werden. Außerdem werden zusätzlich zu den üblicherweise in DV-Systemen verfügbaren Buchhaltungs- und Transaktionsdaten zusätzliche Informationen benötigt, die die Ebene der Planung und Entscheidung betreffen. Hierfür werden oft auch externe Informationsquellen, wie etwa

---

[127] so auch für Sprague und Carlson. Sprague/Carlson (Decision Support Systems)

Finanz- und Wirtschaftsdatenbanken oder auch Publikationsdatenbanken, herangezogen, deren Integration mit den unternehmensinternen Datenquellen das Datensubsystem zu bewältigen hat. Als Datenmodell für die Realisierung des Datensubsystems eignet sich insbesondere das schon im vorigen Abschnitt angesprochene ER-Modell.[128]

Sprague und Carlson fassen die vom Datensubsystem eines DSS verlangten Fähigkeiten wie folgt zusammen:[129]

- Die Fähigkeit, verschiedene Datenquellen durch einen Datenextraktionsprozeß zu kombinieren.
- Die Fähigkeit, Datenquellen schnell und einfach hinzuzufügen und zu löschen.
- Die Fähigkeit, logische Datenstrukturen so in der Sprache des Anwenders darzustellen, daß dieser versteht, was verfügbar ist und die notwendigen Anpassungen vornehmen kann.
- Die Fähigkeit, persönliche und provisorische Daten zu verwalten, um dem Anwender die Möglichkeit zu geben, mit auf seinem persönlichen Urteil gegründeten Alternativen zu experimentieren.
- Die Unterstützung der Bearbeitung dieser breiten Palette von Daten mit einem vollständigen Satz von Datenverwaltungsfunktionen.

Das Modellsubsystem

Hier sind zwei Typen von DSS zu unterscheiden, je nachdem ob die Konstruktion und Modifikation von Modellen durch den Anwender vom System unterstützt wird oder ob die angebotenen Modelle im Verlauf der Systementwicklung definiert und - etwa in Form ausprogrammierter Subroutinen - fest in den Programmkode eingebettet werden. Im ersten Fall gestaltet sich das Modellsubsystem wesentlich aufwendiger: es muß ja eine eigene Modellsprache, zumindest aber die Möglichkeit des flexiblen Zusammensetzens von gegebenen Modellbausteinen angeboten werden.[130] Solche Systeme eignen sich vor allem für die Bedienung durch Fachleute, die mit den Details der verwendeten Modellbildungen und Lösungsverfahren vertraut sind. Man trifft sie vornehmlich in Bereichen an, wo viele Verfahren zur Auswahl stehen und eine flexi-

---

128 Chen (Approach), S. 227 f.

129 Sprague/Carlson (Decision Support Systems), S. 32

130 Chen sieht auch hier Einsatzmöglichkeiten für das ER-Modell. Chen (Approach), S. 228 ff.

ble Auswahl und Parametrisierung für die Lösung praktischer Probleme von großer Bedeutung sind (z.B. wurde dieser Typ für ein allgemein einsetzbares System zur Simulation der für die Wasserversorgung von Gemeinden entscheidenden Aspekte gewählt[131]). Gibt es in einem Bereich eine überschaubare Zahl von Standardmodellbildungen und will man von den Anwendern keine Detailkenntnis im Bereich der Modellierung verlangen, ist der zweite Typ vorzuziehen. Es genügt dann, die herausragenden Modelle der Theorie des Fachgebiets zu implementieren und eine Auswahl zwischen ihnen zu ermöglichen. Ein Beispiel hierfür stellt ein System für die Portfoliooptimierung dar: es wird im allgemeinen auf dem Markowitz-Ansatz basieren und gegebenenfalls verschiedene Möglichkeiten zur Berechnung der zugrundegelegten Kovarianzmatrix anbieten - etwa verschiedene Zeithorizonte, die Ausklammerung von bestimmten Perioden oder auch die Wahl verschiedener Faktormodelle und Schätzverfahren zu ihrer Bestimmung.[132] Viele DSS beinhalten auch nur ein einziges Modell, was das Modellsubsystem weiter vereinfacht.

Die von Sprague und Carlson aufgestellten Anforderungen an das Modellsubsystem eines DSS, nämlich:[133]

- Die Fähigkeit, neue Modelle schnell und einfach zu erstellen
- Die Fähigkeit, auf Modellbausteine zuzugreifen und diese zu integrieren
- Die Fähigkeit, eine breite Palette von Modellen zu unterhalten, die alle Ebenen von Benutzern unterstützt
- Die Fähigkeit, diese Modelle durch geeignete Verknüpfungen und über das Datensubsystem miteinander zu verbinden
- Die Fähigkeit, die Modellbasis mit zu den Datenverwaltungsoperationen analogen Verwaltungsfunktionen zu bearbeiten, wie z.B. Mechanismen für die Speicherung, Katalogisierung und Verknüpfung von Modellen und für den Modell-Zugriff

sind daher zu relativieren: für DSS ohne Modellerstellungs- und -modifikationsmöglichkeiten gelten davon nur die letzten drei, im Falle eines DSS mit nur einem einzigen Modell degeneriert das Modellsubsystem sogar zu einer einzigen modellspezifischen Routine.

---

[131] DSS-90 (Proceedings)

[132] für Näheres zum Markowitzschen Portfolioselektionsmodell und Beispiele von Portfoliooptimierungssystemen siehe Abschnitte 5.2.2 und 5.3.1

[133] Sprague/Carlson (Decision Support Systems), S. 33

Zusammenfassend ist zu sagen, daß DSS einen vielversprechenden Ansatz zur Informatikunterstützung der Entscheidungsfindung in Organisationen darstellen. Wenn die Erwartungen der ersten Stunde auch nicht erfüllt werden konnten und man einsehen mußte, daß mathematische Modelle immer nur einen eng begrenzten Ausschnitt der Realität abbilden können und daß der jeweils eingenommene Standpunkt und vereinfachende Modellannahmen die praktische Brauchbarkeit der erhaltenen Resultate oft in Frage stellen, so sind doch in den vergangenen Jahren etliche gute DSS entwickelt worden, die im Praxiseinsatz bestehen können. Es ist vielfach eine Frage des vernünftigen Umgangs mit den Möglichkeiten und Beschränkungen der jeweils verwendeten Modellbildungen, ob ein erfolgreicher Einsatz zusammen mit der dafür absolut notwendigen Benutzerakzeptanz zustande kommt.

Einen wesentlicher Faktor für die Verbreitung von DSS in jüngster Zeit stellen die rapiden Fortschritte in der Hardwareentwicklung dar: erst mit den Workstations und Personal Computers ist die für die aufwendigen Berechnungen notwendige Verarbeitungsleistung zu einem vernünftigen Preis verfügbar geworden.

Die Stärken von DSS liegen in den Bereichen der Entscheidungsunterstützung, in denen quantitative Modellbildungen bereits vorliegen oder sich mit vertretbarem Aufwand entwickeln lassen. Sind die zu modellierenden Zusammenhänge aber eher qualitativer Natur und nur vage definiert, wie dies für viele reale Entscheidungssituationen, wie etwa Personalentscheidungen, zutrifft, ist die Formulierung eines mathematischen Modells oft unmöglich, zumindest aber wird es unnatürlich wirken und an realen Aufgabenstellungen scheitern. Für diese Fälle, in denen qualitative Modellbildungen gefragt sind, bietet sich der Expertensystem-Ansatz an, der im nächsten Abschnitt beschrieben wird.

3.4. Expertensysteme

3.4.1. Begriff und Zielsetzung

Expertensysteme (ES)[134] stellen einen neueren Ansatz zur Lösung von Anwendungsproblemen dar, bei denen das Wissen von Experten oder auch von spezialisierten Sachbearbeitern eine entscheidende Rolle spielt. Sie sind ein Teilgebiet des Forschungsbereiches der künstlichen Intelligenz (KI), der sich zum Ziel gemacht hat, Computerprogramme zu entwickeln, die menschliches Verhalten simulieren können.

---

[134] Seit einiger Zeit verwendet man auch den etwas weiter gefaßten Begriff des wissensbasierten Systems.

Im Verlauf der 80'er Jahre traten ES aus den Forschungslabors heraus und es entstanden erste praktische Anwendungen,[135] etwa zur Unterstützung der Interpretation geologischer Daten[136] oder auch zur Bonitätsbeurteilung von Kreditkunden[137]. Bei diesem Schritt in die praktische Anwendung trat denn auch die Forderung nach der Imitation menschlichen Verhaltens immer mehr zugunsten des Versuchs einer sinnvollen Lösung von oft recht pragmatischen Anwendungsproblemen zurück. Die heute in der Praxis anzutreffenden Expertensysteme behandeln im allgemeinen verhältnismäßig einfache Aufgabenstellungen, wie etwa Dispositionsaufgaben, die flexible Steuerung von Werkzeugmaschinen oder die intelligente Beantwortung von Anwenderfragen im Rahmen eines Hilfesystems.

Der Begriff des ES ist nach wie vor etwas vage. Savory[138] definiert es als Computersystem, das Sach- und Erfahrungswissen von Experten speichert und in dem Problemlösungsmechanismen implementiert sind. Als zusätzliches Kennzeichen gibt er den Gebrauch von *Heuristiken* - aus der Erfahrung gewonnener Regeln eines guten Urteilsvermögens, Faustregeln - und von *vagem Wissen* neben Fakten- und Regelwissen an.

Für Michaelsen[139] stellen ES eine neue Art der Programmierung dar, die einen Computer befähigt, die Entscheidungsfindung von Experten nachzuvollziehen. Ein wichtiges Merkmal stellt dabei der Gebrauch von Erfahrungswissen dar. Der Einsatz von ES wird für Michaelsen notwendig, weil Routineentscheidungen wohlstrukturiert sind, nicht dagegen Expertenentscheidungen, die jahrelanges Training und Erfahrung erfordern.

Für unsere Zwecke - der Untersuchung der Einsatzmöglichkeiten von Informatiktechnologien im Portfoliomanagement - ist von Belang, daß ES im Gegensatz zu herkömmlichen Anwendungsprogrammen in der Lage sind, *qualitative* Informationen geeignet zu repräsentieren und zu verarbeiten. Diese Art von Information spielt bei Entscheidungsprozessen im allgemeinen und im Bereich des Portfoliomanagements im besonderen eine große Rolle. Die Eigenschaft von ES, auch qualitative, wenig formalisierte Information berücksichtigen zu können, unterscheidet sie auch von den

---

[135] o.V. (Reifeprüfung) enthält eine kurze Beschreibung dieser recht stürmischen Entwicklung; siehe auch Diebold (Hrsg.) (Bunter).

[136] Gaschnig (PROSPECTOR)

[137] o.V. (Reifeprüfung), S. 41

[138] Savory (Künstliche Intelligenz)

[139] Michaelsen (Expert System)

im vorigen beschriebenen Implementierungsvarianten der Datenbankanwendung und des DSS, die sich auf die Verarbeitung streng formalisierter Daten und quantitativer Größen beschränken. In Analogie zu den quantitativen Modellen die die Basis für DSS bilden, kann man denn auch das im ES festgehaltene Wissen als qualitatives Modell des Anwendungsgebietes auffassen.[140]

Eine weitere Unterscheidung zwischen DSS und ES, die oft gemacht wird, betrifft den Automatisierungsgrad: während DSS die *Unterstützung* der menschlichen Entscheidungsfindung zum Ziel haben, sollen ES in der Lage sein, in einem eng begrenzten Anwendungsgebiet eine Entscheidung *selbständig* zu fällen.[141] In der Praxis verwischt sich dieser theoretische Unterschied allerdings: auch von ES werden oft Analysen und Lösungsvorschläge generiert, die lediglich eine unterstützende Funktion im Entscheidungsprozeß haben und über deren Anwendung der Mensch befindet. Die vollständige Automatisierung der Entscheidungsfindung läßt sich nur in wenigen einfachen Fällen, wie etwa bei der Beantwortung von administrativen Verfahrensfragen, erreichen. Wir wollen daher im Einklang mit der praktischen Entwicklung und der neueren Literatur[142] diese Unterscheidung nicht machen. ES stellen somit lediglich eine alternative Möglichkeit der Implementierung von entscheidungsunterstützenden Systemen dar, deren Stärke im Bereich der Behandlung qualitativen Wissens liegt.

Seit einiger Zeit wird versucht, DSS- und ES-Konzepte in Form sogenannter intelligenter DSS bzw. „Expert Decision Support Systems" zu kombinieren.[143] Aufgrund von Realisierungsschwierigkeiten sind solche Ansätze in der Praxis aber bisher noch sehr selten. Diese Entwicklung verdient aber, intensiv beobachtet zu werden.

Eine Besonderheit von ES liegt in ihrer Entwicklungsmethodik: hier ist neben dem Software Engineer, der für die Funktion des Verarbeitungsmechanismus' verantwortlich ist, ein sog. Knowledge Engineer (Wissensingenieur) erforderlich, der den Transfer der Wissensinhalte vom Fachbereichsexperten in die jeweilige Wissensrepräsen-

---

140 De Kleer/Brown (Qualitative Physics)
Apté/Hong (Qualitative Reasoning)

141 Dieses Unterscheidungskriterium verwendet z.B. M.C. Er in Er (Decision Support Systems), S. 357

142 so verzichten z.B. Richter (AI-Concepts) und Doukidis (Concepts) auf diese Unterscheidung und behandeln DSS und ES im wesentlichen als alternative Lösungsmechanismen für Entscheidungsprobleme. In Pfeifer/Lüthi (Relationship) findet sich eine interessante Behandlung der Abgrenzungsproblematik.

143 Richter (AI-Concepts)
Doukidis (Concepts)
Chen (Approach)
Meier (Entscheidungsunterstützungssysteme)

tationsform bewältigen soll. Während bei DSS oft auf Modellbildungen der Theorie des entsprechenden Fachgebiets zurückgegriffen wird, versucht man bei der Entwicklung von ES, das relevante Wissen mit Hilfe von Befragungstechniken von den zur Verfügung stehenden Experten zu erhalten. Da diese sich ihrer Entscheidungsregeln - falls solche überhaupt angenommen werden dürfen - im allgemeinen nicht bewußt sind, oft widersprüchliche Meinungen existieren (Expertenstreit) und ganz allgemein der Prozeß des Wissentransfers (knowledge engineering) sehr aufwendig und fehleranfällig ist, stellt dieser Schritt die eigentliche Schwierigkeit bei der Entwicklung von ES dar. Der Ansatz, Wissen im Rahmen des Systementwicklungsprozesses zu erfragen, ermöglicht zwar die Behandlung sehr spezifischer Aufgabenstellungen, er ist aber aufgrund der damit verbundenen Probleme und des erheblichen Aufwands auch eine Hauptschwäche der ES-Methode.

3.4.2. Struktur und Funktionsweise

Abbildung 3-7 zeigt die Struktur eines ES.[144] Die einzelnen Komponenten sollen im folgenden kurz beschrieben werden:

Wissensbank

Die Wissensbank oder Wissensbasis enthält die Fakten und Regeln, die das Expertenwissen ausmachen. Dabei gibt es verschiedene Möglichkeiten der Darstellung dieses Wissens, der *Wissensrepräsentation*. Die allgemeinste Methode stellt die der *semantischen Netze* dar: Eine Sammlung von Objekten (Knoten) wird durch Bögen verbunden, die die zwischen den einzelnen Objekten bestehenden Beziehungen darstellen. Objekte wie Beziehungen werden durch Attribute näher bestimmt, die alle für die Anwendung relevanten Informationen über den betrachteten Weltausschnitt enthalten. Der Mechanismus der Vererbung (inheritance) hat zur Folge, daß alle Einzelfälle einer Klasse von Objekten die Attribute der übergeordneten Klassen, denen sie angehören, übernehmen. Damit wird Redundanz vermieden und Änderungen im Netz werden vereinfacht: für ein bestimmtes Objekt sind immer nur die für dieses spezifischen Eigenschaften abgespeichert, alles was schon im Netz bezüglich dessen allgemeiner Eigenschaften enthalten ist, wird aus diesem abgeleitet. Abbildung 3-8 zeigt ein Beispiel eines semantischen Netzes (ohne Attribute). Da die Repräsentation von Wissen

---

[144] Alternative, im wesentlichen aber übereinstimmende Beschreibungen der Struktur von Expertensystemen finden sich insbesondere in Waterman (Expert Systems), Raulefs (Expertensysteme), Appelrath (Expertensysteme) und Harmon/King (Expertensysteme).

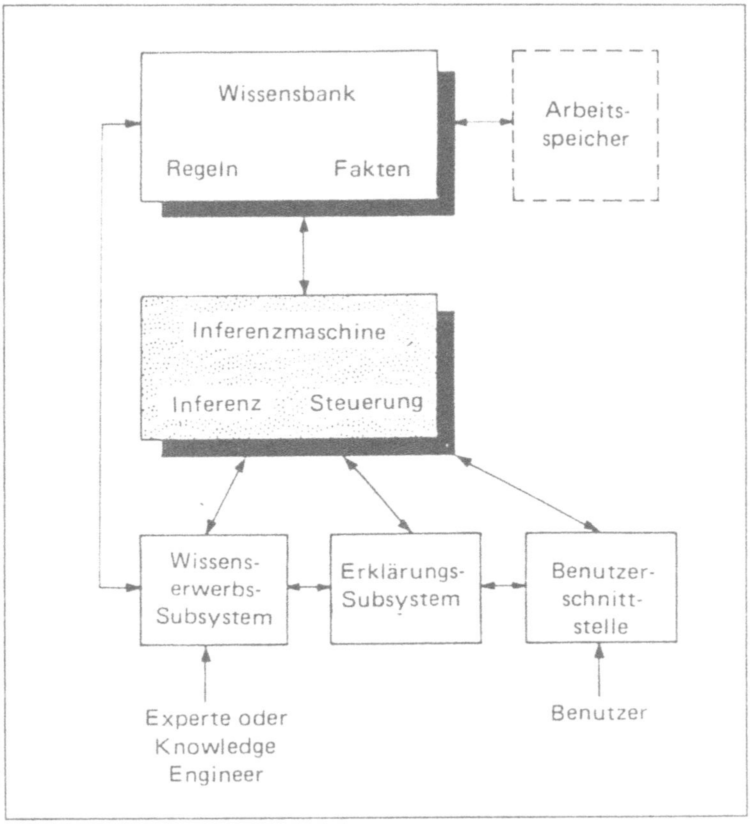

Abbildung 3-7: Architektur eines Expertensystems
Quelle: Harmon/King (Expertensysteme)

durch allgemeine semantische Netze für eine effiziente Bearbeitung zu aufwendige Algorithmen erfordert, werden in der Praxis meist vereinfachte Spezialformen verwendet. So z.B. die sog. *Objekt-Attribut-Wert-Tripel* (O-A-W-Tripel). Auch die Wissensrepräsentation mit Hilfe sog. *Frames* ist der durch semantische Netze ähnlich. Allerdings sind im Falle der Frames neben beschreibenden Elementen auch aktive, wie z.B. Trigger-Prozeduren und Methoden erlaubt.

Ein beliebter Formalismus zur Repräsentation von Beziehungen zwischen den Objekten sind *Wenn-dann-Regeln*. Abbildung 3-9 zeigt ein Beispiel.

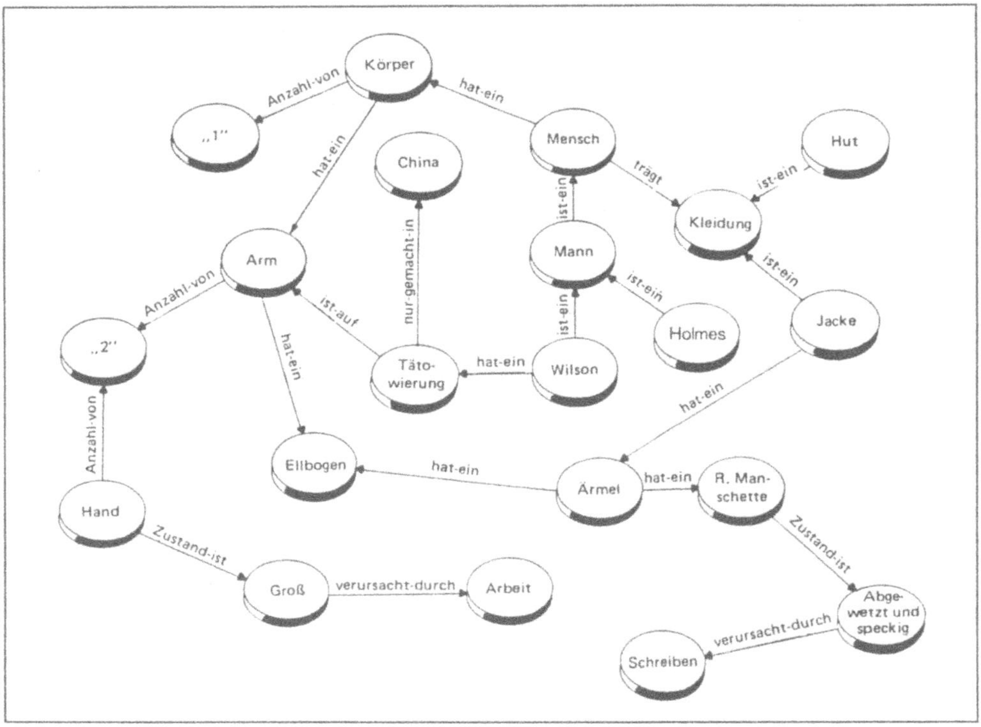

Abbildung 3-8: Beispiel eines semantischen Netzes
Quelle: Harmon/King (Expertensysteme)

Regel:

Prämisse	Wenn	der Ort der Kultur Blut ist und die Morphologie des Organismus Stäbchen ist und die Gram-Färbung des Organismus gramneg ist und der Patient ein *compromised host* ist,
Schluß	Dann	ist es wahrscheinlich (.6), daß die Identität des Organismus Pseudomonas-aeruginosa ist.

Abbildung 3-9: Beispiel einer Wenn-dann-Regel
Quelle: Harmon/King (Expertensysteme)

Eine weitere Möglichkeit der Repräsentation des in der Wissensbank enthaltenen Wissens stellt schließlich die Verwendung einer logischen Notation, wie der Aussagenlogik und der Prädikatenlogik, dar.

Inferenzmaschine

Die Inferenzmaschine steht zwischen Benutzer und Wissensbank und erfüllt zwei Hauptfunktionen: einerseits untersucht sie die in der Wissensbank enthaltenen Fakten und Regeln und fügt gegebenenfalls neu abgeleitete Fakten hinzu, andererseits ist sie für die Steuerung des Ableitungsprozesses und des Benutzerdialogs zuständig.

Methoden der Inferenz, d.h. des Ableitens neuer Fakten aus vorhandenen Fakten und Regeln sind insbesondere:

- der *Modus ponens*: Wenn die Prämissen einer Regel erfüllt sind, werden ihre Schlüsse ebenfalls als Fakten anerkannt und der Wissensbasis beigefügt.
- *Schlüsse über vages Wissen*: Hier wird die Unsicherheit, die Fakten und oft auch Regeln anhaftet, bei der Schlußfolgerung berücksichtigt. Dies geschieht im allgemeinen mit Hilfe von Konfidenzfaktoren, die im Verlauf der Regelverkettung entsprechend propagiert werden.
- *Resolutionsverfahren*: mit Hilfe dieser automatisierbaren Verfahren der formalen Logik läßt sich die Ableitbarkeit einer hypothetischen Annahme aus den zur Verfügung stehenden wahren Aussagen ermitteln. Ist dies der Fall, so ist die Hypothese ebenfalls wahr und kann als Faktum der Wissensbank beigefügt werden oder temporär zur Ableitung weiterer Fakten verwendet werden.

Die in einem Ableitungsschritt - einer Regelanwendung - jeweils neu generierten Fakten können wiederum als Basis für die Anwendung weiter Regeln dienen. Die so zustandekommende Verkettung von Regeln ergibt sich dynamisch aus den jeweils erzeugten Zwischenergebnissen. Dies stellt einen wichtigen Unterschied zwischen regelbasierten Ansätzen und herkömmlicher algorithmischer Programmierung dar, bei der der Ablauf vom Programmierer explizit vorgegeben wird.

Methoden der Ablaufsteuerung in ES sind:

- Rückwärts- und Vorwärtsverkettung
- Tiefensuche und Breitensuche
- Monotone und nicht monotone Inferenz

Sie stellen alle generelle Mechanismen zur Festlegung der Ableitungsreihenfolge neuer Fakten dar - d.h. zur Auswahl der jeweils nächsten Regel und der Fakten auf die sie angewendet wird - und sind in Harmon/King (Expertensysteme)[145] näher beschrieben.

Wissenserwerbssubsystem

Das Wissenserwerbssubsystem dient der Aufnahme neuer Fakten und Regeln in die Wissensbasis des Expertensystems, bzw. der Modifikation der bestehenden Wissensinhalte. Diese Komponente ist dem Benutzer im allgemeinen nicht zugänglich - ihr Gebrauch ist dem für das gespeicherte Wissen verantwortlichen Knowledge Engineer oder Fachbereichsexperten vorbehalten. Das Subsystem stellt den Wartungs- und Erweiterungsmechanismus des ES dar.

Erklärungssubsystem

Das Erklärungssubsystem dient dazu, dem Benutzer die mit Hilfe der Inferenzmaschine abgeleiteten Schlußfolgerungen des ES zu erklären. Umfang und Qualität der Erklärungen können dabei von einer einfacher Auflistung der Schlußfolgerungsschritte, d.h. der angewandten Regeln und der dafür relevanten Fakten, bis hin zum eigenständigen, ausschließlich für die Erzeugung einer verständlichen Erklärung zuständigen Sub-Expertensystem reichen.

Eine Erklärung der Schlußfolgerungen von ES ist im allgemeinen notwendig, da der Weg, auf dem eine Entscheidung abgeleitet wird, kaum vorhersehbar ist und oft überraschende - korrekte oder im Falle von Fehlern in der Wissensbasis auch fehlerhafte - Ergebnisse geliefert werden. Die flexible, nicht im voraus determinierte Anwendung des im System enthaltenen Wissens stellt ja gerade das herausragende Charakteristikum von ES dar. Zur Vertrauensbildung und auch zu Fehlersuche ist daher eine Erklärungskomponente unerläßlich.

Benutzerschnittstelle

Die Benutzerschnittstelle bietet geeignete Mechanismen zur Eingabe von Benutzerfragestellungen und zur visuellen Präsentation der gefunden Resultate und Erklärungen. Die Benutzerschnittstelle von ES zeichnet sich vor der anderer Anwendungssysteme durch eine besondere Flexibilität der Dialoggestaltung aus. Manche ES verstehen sogar ansatzweise natürliche Sprache, was den Dialog zu einer Frage- und Antwortsequenz werden läßt, die manchmal an einen realen Dialog zwischen zwei Menschen erinnert. Wenngleich sich solche Systeme derzeit noch im Forschungsstadium

---

[145] Harmon/King (Expertensysteme), S. 56 ff.

befinden, so sind doch auch die in der Praxis anzutreffenden ES hinsichtlich ihrer Benutzerfreundlichkeit und der Interaktivität der Problemlösung um Größenordnungen fortgeschrittener, als etwa die konventionellen Transaktionsverarbeitungssysteme. So kommen bei der Benutzerschnittstelle von ES oft auch aufwendige Dialogelemente, wie interaktive Grafiken oder animierte Simulationen, zum Einsatz.

Zusammenfassend läßt sich sagen, daß ES einen fortschrittlichen Ansatz zur Informatikunterstützung von Entscheidungsproblemen darstellen, dessen Stärke in der erreichbaren Flexibilität des Problemlösungsprozesses und der Behandlung von qualitativen Informationen und vagem Wissen liegt.[146] Nachteilhaft sind der hohe Entwicklungsaufwand und die Notwendigkeit der Verfügbarkeit von Fachbereichsexperten, bzw. deren zeitliche Inanspruchnahme. Nach einer anfänglichen Euphorie ist denn auch eine gewisse Enttäuschung und Ernüchterung hinsichtlich der praktischen Möglichkeiten dieser Technologie eingetreten.[147] Erste Pilotprojekte konnten die hochgesteckten Erwartungen nur in den wenigsten Fällen erfüllen: die meisten Systeme wurden von den Organisationen, die sie entwickelt haben, zwar publizistisch ausgeschlachtet, um das Image eines fortschrittlichen Unternehmens zu erzeugen - nur sehr selten wurden sie aber auch wirklich im rauhen Praxisalltag eingesetzt. Sie waren noch zu primitiv, oder ganz einfach wirklichkeitsfremd.[148] Inzwischen kann man von einer zweiten Welle von ES in der Wirtschaftspraxis sprechen, die mit oftmals einfacheren Zielsetzungen und niedrigeren Ansprüchen, dafür aber besser mit den Systemen der konventionellen Datenverarbeitung integriert und auf die realen Bedürfnisse der Anwender zugeschnitten, Aufgaben wie etwa die Produkteberatung bei Bankdienstleistungen oder die Beratung bei der Anwendung von staatlichen oder unternehmensinternen Reglementen lösen. Diese Systeme sind in ihrem Anwendungsbereich durchaus brauchbar und oft auch wirtschaftlich. Allgemein ist aber nach wie vor eine gewisse Skepsis hinsichtlich der Behauptungen von Herstellern von ES-Entwicklungswerkzeugen angebracht. ES-Projekte sind eine schwierige Domaine, die nur mit klaren Zielsetzungen und einem eng abgegrenzten, verhältnismäßig einfachen An-

[146] Gerloff (Expertensystemeinsatz im Portfoliomanagement)

[147] Klotz (Illusion)

[148] Casey (Picking), S. 44 ff.

wendungsbereich, ernstgemeinter Managementunterstützung und intensivem Benutzereinbezug zum wirtschaftlichen Erfolg geführt werden können.[149]

3.5. Neuronale Netze

3.5.1. Begriff und Zielsetzung

Neuronale Netze (NN), die Mitte der 80'er Jahre erstmals im praktischen Einsatz auftauchten - wenngleich ihre Wurzeln bis in die 40'er Jahre zurückreichen[150] -, sind ein Ansatz zur Gestaltung von Computerprogrammen, der sich radikal von den bisher diskutierten unterscheidet: NN basieren nicht auf fest vorgegebenen Modellen oder Verarbeitungsstrukturen, sondern auf einem dem menschlichen Gehirn nachempfundenen Netz von künstlichen Neuronen (sog. processing units),[151] das durch die Fütterung mit exemplarischen Daten *trainiert* wird (machine learning). Dabei wird das Muster der Gewichtungen der einzelnen Verbindungen im Netz sukzessive ausgebildet. Nach der Trainingsphase kann das NN zur Verarbeitung von Eingabeinformationen entsprechend den gelernten Beispielen eingesetzt werden. Geeignet ist dieser Ansatz insbesondere für Mustererkennungsaufgaben, wo es etwa um die Erkennung von Bildern, akustischen Signalen oder auch von bestimmten Strukturen in Börsenkursen geht. Gerade in diesem Bereich haben die konventionellen Ansätze der Informatik ihre Schwachpunkte: die flexible Erkennung von nicht-trivialen Mustern war ein der Maschine kaum zugängliches Gebiet menschlicher Informationsverarbeitung. Mit dem Aufkommen neuronaler Netze scheint sich dies nun zu ändern. Allerdings muß auch hier vor übertriebenen Erwartungen gewarnt werden. Existierende Applikationen sind noch sehr einfach und besonders im schwierigen Bereich der Prognose wirtschaftlicher Entwicklungen stehen durchschlagende Erfolge noch aus.[152]

3.5.2. Struktur und Funktionsweise

Es gibt die verschiedensten Varianten von neuronalen Netzen. Sie unterscheiden sich in bezug auf ihre Netztopologie, die Leistungsfähigkeit der einzelnen Processing-

---

[149] Einen guten Überblick über den Stand der Dinge im Bereich von Finanz-Anwendungen bieten spezialisierte Tagungen wie z.B. das International Symposium on Commercial Expert Systems in Banking and Insurance von SGAICO und IDSIA. SGAICO (Hrsg.) (Proceedings).

[150] Diebold (Hrsg.) (IQ), S. 17

[151] Dabei kann die simulative Nachbildung der Neuronen allein mit Softwaremitteln oder auch durch den Einsatz von Spezialhardware (Neurocomputer) realisiert werden. Ersteres ist langsamer, letzteres teurer.

[152] Humpert (Neural Networks)

Units und hinsichtlich ihrer Verarbeitungs-, bzw. Einschwingmethode. Bespiele sind das *Multilayer-Perceptron* und die *Boltzmann-Maschine*. Abbildung 3-10 zeigt ein aus vier Schichten von Units aufgebautes Multilayer-Perceptron.[153]

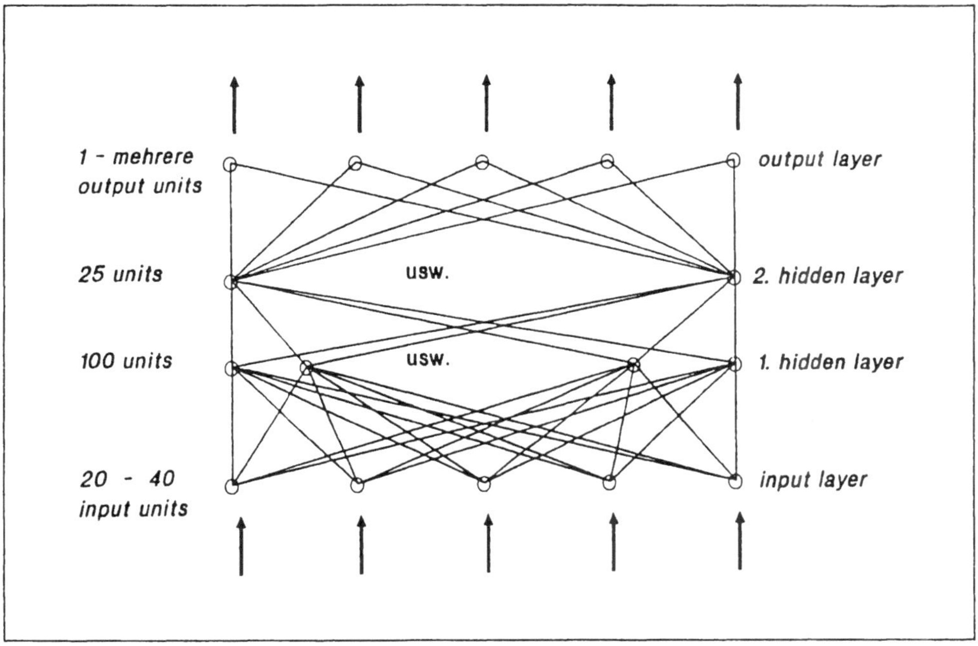

Abbildung 3-10: Beispiel eines Multilayer-Perceptrons
Quelle: Meier (Entscheidungsunterstützungssysteme)

Die einzelnen Units nehmen als Eingabesignale die mit einem verbindungsspezifischen Gewichtungsfaktor bewerteten Ausgabesignale vorangehender Units auf und erzeugen daraus durch Summenbildung ein ihrem Aktivitätszustand entsprechendes Ausgabesignal. Dieses dient dann wiederum anderen Units als Eingabesignal. Die erste Schicht von Units, die Eingabeschicht (input layer) erhält ihre Eingabesignale von den Eingabedaten, die am Netz angelegt werden. Die Ausgabesignale der letzten Schicht, der Ausgabeschicht (output layer), bilden das Resultat der durch das Netz vorgenommenen Informationsverarbeitung.[154] Bei den Eingabedaten kann es sich beispielsweise um die Zeitreihe eines Aktienindizes zusammen mit zusätzlichen für die Prognose nützlichen Informationen, wie etwa bestimmter volkswirtschaftlicher Indikatoren, handeln. Die Ausgabeinformation bestände dann in einem prognostizierten

[153] Kämmerer/Leuthäusser/Ramacher (Neuronale Netze)

[154] Meier (Entscheidungsunterstützungssysteme), S. 183

weiteren Kursverlauf des Indizes oder auch in einem einfachen Signal, das eine positive, gleichbleibende oder negative Kursentwicklung ankündigt. Von einem entsprechend trainierten Netz erwartet man dann, daß es die in der Vergangenheit beobachteten Beziehungen zwischen den Eingabedaten und der jeweiligen Indexentwicklung - die beobachteten Muster - flexibel auf die nun angelegten Eingaben anwendet und so zu einer brauchbaren Prognose der zukünftigen Entwicklung kommt. Wichtig ist dabei, daß die Formulierung eines expliziten Modells der beobachteten Zusammenhänge nicht erforderlich ist: das Netz erzeugt sein eigenes Modell durch die Herausbildung entsprechender Verbindungsgewichtungsfaktoren während der Lernphase. Der Nachteil dabei ist allerdings, daß man außer einer entsprechenden Auswahl des Trainingsdatenmaterials keine Möglichkeit hat, auf die Modellgestaltung Einfluß zu nehmen, ja man kann das erzeugte Modell noch nicht einmal in sinnvoller Weise einsehen. Die Information ist gleichmäßig über alle Units verteilt und läßt sich nicht in für den Menschen verständlicher Form extrahieren.

Eine andere Variante des Aufbaus von neuronalen Netzen ist die der Boltzmann-Maschine. Die einzelnen Units sind hier nicht schichtweise, sondern in zufälliger, klumpenhafter Form angeordnet. An die Stelle des schichtdurchlaufenden Prozesses beim Multilayer-Perceptron tritt bei der Boltzmann-Maschine ein Konvergenzprozeß (simulated annealing, simuliertes Auskühlen), im Verlauf dessen der Aktivitätsgrad der einzelnen Units solange iterativ bestimmt wird, bis ein Gleichgewicht erreicht ist.[155]

NN stellen einen recht eigenwilligen und noch wenig erforschten Ansatz zur Implementierung von Informationssystemen dar, der sich für die Lösung praktischer Problemstellungen im Bereich der Mustererkennung aber durchaus schon heute anbietet. Man sollte sich allerdings auf eine kleine Menge von recht speziellen Aufgabenstellungen beschränken, bei denen die Mustererkennungsfähigkeiten von NN auch wirklich zum Tragen kommen und nicht den Fehler machen, NN als eine Art Allheilmittel für nicht strukturierbare Probleme anzusehen. Die Probleme, die insbesondere aus der mangelnden Transparenz der erhaltenen Systeme entstehen - ein NN bleibt immer eine Black Box -, dürfen nicht unterschätzt werden. Für Projekte mit eng abgegrenzten Zielsetzungen in Prognosebereichen wo geeignete explizite Modellbildungen fehlen oder sich für die praktische Nutzung als ungenügend erwiesen haben, stellt die Verwendung neuronaler Netze jedoch einen vielversprechenden Ansatz dar, eine

[155] Meier (Entscheidungsunterstützungssysteme), S. 184

Chance bisher informationstechnisch nicht lösbare Problemstellungen auf einem neuen Weg anzugehen.

Wichtige Vorteile von NN sind ihre Fähigkeit aus gegebenem Datenmaterial zu lernen[156] und ihre Fehlertoleranz[157]. Wie im Falle von biologischen Systemen verursacht der Ausfall einzelner Zellen keine größeren Probleme. Die Information ist so im Netz verteilt gespeichert, daß die anderen künstlichen Neuronen den Ausfall kompensieren können. Lediglich die Qualität des Endresultates wird beeinträchtigt - und dies im allgemeinen nur marginal -, das grundsätzliche Funktionieren des Systems wird nicht in Frage gestellt.

---

[156] Eckmiller/Werntges (Technische Realisierung)

[157] Janssen/Pfeifer (Slot-Maschinen), S.45

Teil II

Informatikunterstützung im Portfoliomanagement

Inhalt dieses Teils ist die Analyse der Möglichkeiten der Informatikunterstützung für jeden der einzelnen Arbeitsschritte des Portfoliomanagement-Prozesses. Neben der Vermittlung eines systematischen Überblicks über die jeweils einsetzbaren Methoden und der Besprechung beispielhafter bestehender Anwendungssysteme besteht das Ziel in der Identifikation von Schwachpunkten in der bisherigen Informatikunterstützung und der Entwicklung von in Richtung eines Computerintegrierten Portfoliomanagements weiterführender Anforderungen an eine zukünftige Informatikunterstützung des Gesamtprozesses.

Entsprechend den Verarbeitungsschritten des Prozeßmodells gliedern wir diese Aufgabe in die Untersuchung der Möglichkeiten der Informatikunterstützung für den Bereich der Investmentanalyse (Kapitel 4), denjenigen der Portfoliokonstruktion (Kapitel 5) und die verbleibenden Prozeßschritte Zielsetzungsdefinition, Prognosequalitätsanalyse und Performanceanalyse (Kapitel 6). Das Vorgehen ist in allen drei Kapiteln analog: An eine Betrachtung der Methoden, die in dem betreffenden Bereich zum Einsatz kommen und die Grundlage für eine Systementwicklung bilden, schließt sich eine Untersuchung von konkreten Anwendungssystemen an, die beispielhaft für die zur Unterstützung des jeweiligen Arbeitsschrittes eingesetzten Systeme sind und den Stand der Technik (Produktivsysteme) bzw. Forschung (Prototypen) in diesem Bereich repräsentieren. Als Kondensat der Ergebnisse dieser Analyse wird am Ende des jeweiligen Kapitels schließlich unter dem Titel „Konklusion" eine abschließende Betrachtung vorgenommen und die für eine Weiterentwicklung der Informatikunterstützung im jeweiligen Bereich zu stellenden Anforderungen entwickelt. Den systematischen Rahmen für die vorzunehmende Analyse bildet das vorgestellte Prozeßmodell. Um den dazu notwendigen Detaillierungsgrad zu erreichen, wird in den Kapiteln 4 und 5 zunächst eine Erweiterung des Prozeßmodells in den Bereichen der Investmentanalyse und der Portfoliokonstruktion entwickelt.

Es versteht sich von selbst, daß im Rahmen dieser Arbeit keine vollständige Behandlung der großen Zahl der im Portfoliomanagement-Bereich eingesetzten teilweise hochkomplexen Modellbildungen und Methoden bzw. umfangreicher Anwendungssysteme möglich ist. Dies ist die Aufgabe entsprechender Lehrbücher. Es wurde aber dennoch versucht, in der vorgenommenen Darstellung einen umfassenden Überblick zu vermitteln und alle für die Analyse der Möglichkeiten der Informatikunterstützung relevanten Gesichtspunkte herauszuarbeiten.

Bei der Auswahl der beschriebenen Anwendungssysteme wurden jeweils solche Systeme gesucht, die eine möglichst hochentwickelte Funktionalität in dem betrachteten Bereich aufzuweisen hatten. In erster Linie waren dies auf die Unterstützung eines spezifischen Prozeßschrittes spezialisierte Systeme. Manche Anwendungen hätten aufgrund ihres Funktionsumfanges allerdings mehreren Prozeßschritten zugeordnet werden können. In solchen Fällen wurde das System dort beschrieben, wo es seinen Schwerpunkt hat.

4

Informatikunterstützung der Investmentanalyse

In diesem Kapitel sollen die Möglichkeiten der Informatikunterstützung im Investmentanalysebereich näher untersucht werden. Dazu wird zunächst eine Analyse des diesem Bereich zugrundeliegenden Informationsproduktionsprozesses vorgenommen und eine geeignete Detaillierung unseres Prozeßmodells aus Kapitel 2 entwickelt. Es wird sozusagen die innere Struktur des Kästchens „Investmentanalyse“ aus Abbildung 4-1 sichtbar gemacht. Auf der Basis dieser Strukturierung werden dann die verschiedenen Methoden der Investmentanalyse näher betrachtet und beispielhafte Anwendungssysteme zur Unterstützung dieses Bereichs vorgestellt. Schließlich werden die für eine weitergehende - computerintegrierte - Informatikunterstützung des Investmentanalysebereichs notwendigen Konklusionen gezogen.

4.1. Modell des Investmentanalyse-Teilprozesses

Der Investmentanalyse-Teilprozeß transformiert Finanzinformationen aller Art, wie z.B. Zeitungsartikel, Analysten-Gespräche mit Unternehmensvertretern, Emissionsprospekte von Anlageinstrumenten, Kursdaten, usw. in für die Portfoliokonstruktion nutzbare Prognosen der Entwicklung einzelner Anlagen und gesamtwirtschaftlicher Faktoren, wie etwa von Währungskursen und Zinsen. Er gliedert sich zunächst einmal nach der betrachteten Ebene in die Analyse des gesamtwirtschaftlichen Umfelds und in die Analyse einzelner Anlageinstrumente, die wiederum zweckmäßigerweise nach Anlagekategorien unterteilt wird. In der Organisation einer Bank wird erstere meist von einem Ressort *Volkswirtschaft*, letztere vom *Finanzanalyse*-Ressort vorgenommen, das Abteilungen für die Aktienanalyse, die Analyse festverzinslicher Werte und die Analyse derivativer Anlageinstrumente - Optionen und Terminkontrakte - umfaßt. Eine weitere Unterteilung ergibt sich aus der Wahl der Analysemethode:[158] zu den erwähnten Gruppen, die sich meist dem Ansatz der Fundamentalanalyse verschrieben haben, kommt noch eine Abteilung für die technische Analyse von Aktienkursen, Währungskursen, der Zinsentwicklung und der Aktienmarktindizes. Diese Gruppe ist von der Ausrüstung her im allgemeinen stark von den anderen verschieden: Während in der Fundamentalanalyse in der Regel auf Papierbasis mit einer gewissen Computerunterstützung bei der Aufbereitung und Verteilung der Publikationen gearbeitet wird, ähneln die mit Workstations, Plottern und Großbildschirmen überfüllten Arbeitsräumlichkeiten der technischen Analysten oft regelrecht kleinen Rechenzentren.

---

[158] siehe Abschnitt 4.2.1

Schließlich hat sich mit dem Einzug der modernen Portfoliotheorie noch ein dritter Analysezweig, die sog. quantitative Analyse etabliert, die sich insbesondere mit der Erstellung von Risikoprognosen und dem Einsatz von Bewertungsmodellen - etwa im Bereich der Optionen - befaßt. Hier sind zwei organisatorische Entwicklungen zu beobachten: Einerseits bilden sich eigene Abteilungen mit Bezeichnungen wie *quantitative Analyse* oder *moderne Portfoliotheorie*, die sich in Zusammenarbeit oder oft auch in Konkurrenz mit den anderen Gruppen um eine Propagierung der neuen Erkenntnisse bemühen. Andererseits ist aber speziell durch den Einfluß neu von der Hochschule abgegangener junger Analysten eine Verbreitung moderner Konzepte, wie insbesondere des Risikobegriffs und der entsprechenden Kapitalmarktmodelle, in den traditionell arbeitenden Abteilungen festzustellen. Es bildet sich hier oft die Arbeitsteilung Renditeprognose - fundamental, Risikobehandlung - quantitativ heraus, allerdings meist noch unsystematisch und von vielen Mißverständnissen begleitet. Da sich die Organisationen hier im Umbruch befinden und ein systematischer Ansatz noch fehlt, hilft für das zu entwickelnde Prozeßmodell die Orientierung an der Praxis nicht weiter.

Wir wollen die Risikoprognostik in Anlehnung an einen Vorschlag von Elton und Gruber[159] in unserem Modell als eigene, parallel zu und weitgehend unabhängig von den anderen Funktionen auszuführende, Tätigkeit betrachten. Dies erscheint insbesondere wegen der eigenen Methoden und der hier notwendigen massiven Computerunterstützung - es ist nicht zu erwarten, daß ein Analyst manuell versucht, eine Kovarianzmatrix von ohne weiteres 300 x 300 Elementen abzuschätzen - sinnvoll. Risiko- und Renditeprognostik sind zwei sehr unterschiedliche Bereiche der Investmentanalyse. Man könnte sich aufgrund der gemeinsam benötigten Hilfsmittel - wie dem Zugang zu einer umfassenden Kurs-/Umsatzdatenbank und leistungsfähigen Workstations - noch ein Zusammengehen der Risikoanalyse mit der technischen Analyse überlegen. Hier sprechen aber methodische Unterschiede und soziale Gründe dagegen: zwischen einem Quant, der technische Analyse für reinen Aberglauben hält, und einem Techniker der von der Wirksamkeit seiner Regeln für Mustererkennung und Trendvoraussage überzeugt ist, läßt sich wohl kaum vermitteln. Es bleibt also bei einem eigenen Prozeßschritt für den Einsatz von Risikoschätzverfahren.

Ein zweiter Aspekt der Modellgestaltung, der eng mit den Neuerungen der modernen Portfoliotheorie zusammenhängt, ist die gewählte Unterteilung der Renditeprognostik in eine Analyse der fundamentalen Parameter, wie z.B. Unternehmenserträge oder Außenhandelsbilanzen, und der Abschätzung der Marktreaktion auf Veränderungen

---

[159] Elton/Gruber (Modern Portfolio Theory), S. 620 ff.

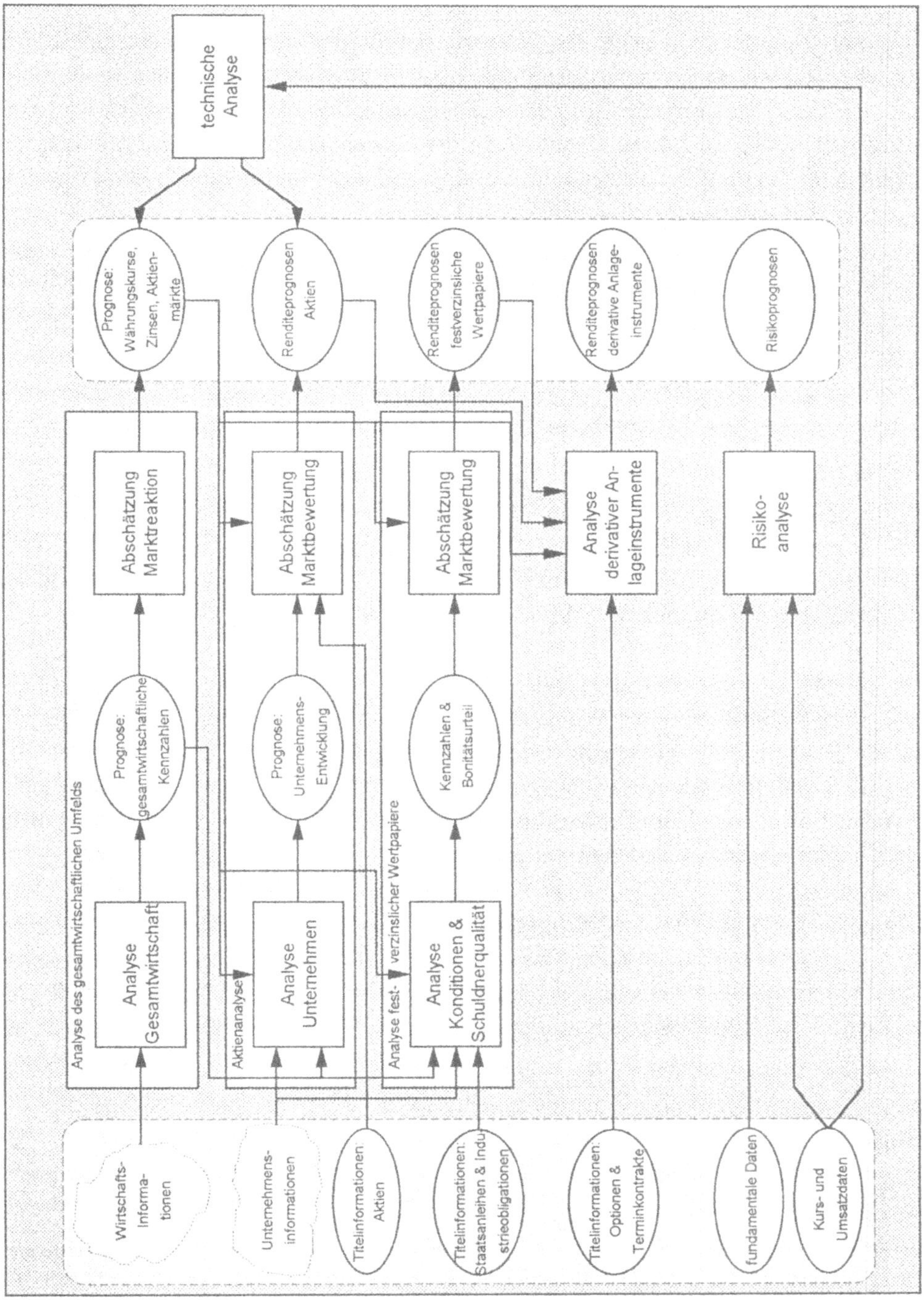

Abbildung 4-1: Der Investmentanalyse-Teilprozeß

in diesen Parametern. Neben der Tatsache, daß beide Schritte sehr unterschiedlich aussehen - rationale finanzwirtschaftliche Überlegungen im ersten stehen vagen Größen wie der psychologischen Marktstimmung (dem sog. market sentiment) im zweiten gegenüber -, wird diese Detaillierung der Prozeßbetrachtung vorgenommen, um im weiteren Verlauf der Arbeit den Einsatz von Bewertungsmodellen der Portfoliotheorie näher untersuchen zu können.[160]

Abbildung 4-1 zeigt das sich aus den genannten Überlegungen ergebende Modell des Investmentanalyse-Teilprozesses. Die einzelnen Verarbeitungsschritte sollen nun im folgenden näher beschrieben werden:

4.1.1. Die Analyse des gesamtwirtschaftlichen Umfelds

Der Prozeßschritt der Analyse des gesamtwirtschaftlichen Umfelds hat zum Ziel, aus Wirtschaftsinformationen allgemeiner Art konkrete Prognosen der Währungskurse, der Zinsen und der Aktienmarktentwicklung[161] zu erzeugen. Er besteht aus zwei Teilschritten, der Analyse der Gesamtwirtschaft, die in Prognosen gesamtwirtschaftlicher Kennzahlen resultiert, und der Abschätzung der Marktreaktion auf diese Parameter.

Als Eingabeinformationen des ersten Teilschrittes dienen die verschiedensten Quellen, wie z.B. Berichte in der Wirtschaftspresse, Konjunkturprognosen, Monatsberichte von Banken, volkswirtschaftliche Statistiken und Informationen über die Finanzmärkte. Die Informationen liegen im allgemeinen in Papierform vor, mit dem zunehmenden Aufbau von Wirtschaftsinformations-Datenbanken kommen aber immer mehr auch elektronische Quellen zum Einsatz.[162]

Die Ausgabeinformation sind Prognosen der Entwicklung wichtiger realwirtschaftlicher und monetärer Kennzahlen, wie z.B. von Bruttosozialprodukt, Arbeitslosigkeitsrate, Kapazitätsauslastung, Inflationsrate, Handelsbilanz und Budgetdefizit. Die Bewertung dieser Entwicklungen an den Kapital- und Devisenmärkten wird nun in ei-

---

[160] Wir folgen hier wieder Elton und Gruber. Elton/Gruber (Modern Portfolio Theory), S. 620 ff.

[161] Die Prognose der Aktienmarktentwicklung, d.h. die Voraussage der Bewegungen von Aktienindizes, wird zur Analyse des gesamtwirtschaftlichen Umfelds gerechnet, da die Aktienmärkte als ganzes Teilsysteme der jeweiligen Volkswirtschaften darstellen und daher durch makroökonomische Gesetzmäßigkeiten und Rahmenbedingungen gebunden sind. Dies unterscheidet die Indexprognose von der im Rahmen der Aktienanalyse vorgenommenen Prognose der Kurse einzelner Aktien, deren Kursbildung wesentlich freier erfolgt und primär von der Entwicklung des einzelnen Unternehmens bestimmt wird.

[162] Einen guten Überblick über die bestehenden elektronisch verfügbaren Wirtschafts- und Investmentinformationsdienste bietet Husemann (Computerunterstützung), S. 57 ff.

nem zweiten Teilschritt abgeschätzt, um zu den gewünschten Prognosen von Währungskursen, Zinsen und Aktienmarktentwicklung zu gelangen.

Gearbeitet wird häufig mit qualitativen Argumentationen, wie etwa „wenn die Staatsverschuldung weiter zurückgehen sollte, ist mit einer Rücknahme der Zinssätze durch die Zentralbank zu rechnen, was wiederum eine positive Entwicklung an den Aktienmärkten begünstigen würde“. Die Theoriebildungen der Volkswirtschaft, die hier oft recht willkürlich eingesetzt werden, um bereits vorhandene Gefühle und Meinungen über die zukünftige Entwicklung rational zu untermauern, bieten allerdings erfahrungsgemäß keine große Hilfe, wenn es um die Erstellung konkreter, zur Erringung unmittelbarer finanzieller Vorteile nutzbarer Prognosen geht. Dies liegt im Falle reiner Erklärungsmodelle auch gar nicht in Ihrer Absicht - aber auch im Falle von für die Prognose entwickelten Ansätzen erschweren zu stark vereinfachende Modellannahmen, unrealistische Anforderungen an Menge und Qualität des verfügbaren Datenmaterials oder an die zur Verfügung stehende Verarbeitungskapazität einen erfolgreichen Einsatz. Am ehesten kommen hier noch spezifische ökonometrische Modelle in Betracht, etwa zur Zinssatzprognose, die - mit wechselndem Erfolg - auch vereinzelt in der Praxis eingesetzt werden.

4.1.2. Die Aktienanalyse

Die (fundamentale) Aktienanalyse versucht, aus allgemeinen Unternehmensinformationen, Informationen über die konkrete Ausgestaltung der Titel und Angaben zum gesamtwirtschaftlichen Umfeld Voraussagen über die zukünftige Kursentwicklung einzelner Werte abzuleiten. In einem ersten Teilschritt wird dazu das Unternehmen hinsichtlich zentraler Aspekte wie finanzielle Situation, Marktchancen seiner Produkte, Managementqualität, Zukunftspläne usw. untersucht, mit dem Ziel, die allgemeine Unternehmensentwicklung wie insbesondere die zukünftigen Unternehmensgewinne zutreffend zu prognostizieren. Die Abschätzung der Bewertung dieser Aussichten durch den jeweiligen Aktienmarkt bildet dann den Gegenstand eines zweiten Teilschrittes, der in einer konkreten Prognose der zu erwartenden direkten Renditen und Kursgewinne im betrachteten Anlagezeitraum münden sollte.

Die Eingabeinformation des Prozeßschrittes der Aktienanalyse bilden einerseits die *Unternehmensinformationen*. Hier werden sowohl aus direkten Unternehmenskontakten gewonnene Informationen (Primärresearch) als auch bereits zirkulierende Beschreibungen der Unternehmenssituation (Sekundärresearch) verwendet. Insbesondere interessieren Dinge wie Bilanzen, GuV-Rechnung, Geschäftsberichte und Pressemitteilungen. Die Verwendung der Papierform bildet noch die Regel. Auch hier sind aber die Datenbankanbieter im Vormarsch: insbesondere finanzielle Kennzahlen und Rechnungsabschlüsse sind schon in grosser Menge elektronisch verfügbar und werden auch verwendet. Eine weitere Eingabeinformation stellen die konkreten Spezifikationen der Titel, wie Nennwert, Stimmrecht, Ausschüttungsanspruch, usw., dar. Hier sind im allgemeinen gut ausgebaute Titeldatenbanken vorhanden, die insbesondere auch für die Depotadministration verwendet werden. Weiterhin stellen die aus der Analyse des gesamtwirtschaftlichen Umfelds gewonnen Prognosen von gesamtwirtschaftlichen Kennzahlen, Währungskursen, Zinsen und Gesamtmarktentwicklung eine grundlegende Eingabeinformation der Aktienanalyse dar.

Die Ausgabeinformation besteht in einer Abschätzung der für die betrachteten Anlagezeiträume erwarteten Rendite. Eine Unterscheidung zwischen kurzfristigen Trends und langfristigen Erwartungen, wie sie bei den Prognosen auf gesamtwirtschaftlicher Ebene üblich ist, ist auch hier prinzipiell sinnvoll. Allerdings lässt sich im Falle von Prognosen auf Einzelwertebene wegen der Grösse des betrachteten Universums und der Unsicherheit bei der Prognosefindung diese Unterscheidung nicht immer verwirklichen.

Die Unternehmensanalyse erfolgt ähnlich wie die der Gesamtwirtschaft weitgehend qualitativ. Allerdings liegen hier in Form von Rechnungsabschlüssen konkrete finanzielle Informationen vor, für deren Untersuchung die Finanzanalyse ein breites Instrumentarium an Kennzahlen und Methoden zur Verfügung stellt.[163] Der Gegenstand ist daher etwas greifbarer, als bei Abschätzung der volkswirtschaftlichen Grundgegebenheiten. Für den zweiten Teilschritt, die Abschätzung der Marktbewertung, läßt sich dies aber aufgrund der psychologischen Faktoren nicht sagen. Hier wird entweder grob geschätzt, emotional argumentiert oder versucht, das Marktverhalten mit Hilfe von Bewertungsmodellen der Finanzmarkttheorie vorauszusagen. Manuelle und computergestützte Methoden kommen nebeneinander vor, wobei die letzteren im Praxiseinsatz noch eher selten sind.[164]

4.1.3. Die Analyse festverzinslicher Wertpapiere

Die Analyse festverzinslicher Wertpapiere gliedert sich in zwei Teilschritte: Zuerst werden aus der Analyse von Schuldnerqualität und Titelkonditionen eine Beurteilung der Bonität und Kennzahlen, wie insbesondere die Rendite auf Verfall, gewonnen. Im

---

[163] siehe Abschnitt 4.2.3.1.1

[164] Die Beschreibung einer fortgeschrittenen Computeranwendung im Bereich der Aktienanalyse findet sich in Thumes (Expertensystem).

anschließenden zweiten Teilschritt wird die Bewertung dieser Faktoren durch den Markt abgeschätzt. Wegen der Menge der zur Verfügung stehenden Anlagetitel werden oft standardisierte Verfahren eingesetzt. So wird z.B. zur Beurteilung der Schuldnerqualität meist auf von spezialisierten Maklern herausgegebene Bonitätsratings abgestellt, statt eine Analyse selber durchzuführen. Zur Ermittlung der voraussichtlichen Marktbewertung stellt die Abschätzung der Zinsstrukturkurve (yield structure), die die Marktrendite in Funktion der relevanten Titelparameter, wie z.B. Restlaufzeit, Kuponhöhe und Bonitätsrisiko, wiedergibt, die zentrale Aufgabe dar.[165]

Eingabeinformation für die Analyse festverzinslicher Werte stellen einerseits Titelinformationen und andererseits die aus der Analyse des gesamtwirtschaftlichen Umfelds gewonnen Prognosen von Wirtschaftsentwicklung und Zinsniveau dar. Aufgrund der im allgemeinen recht komplizierten Konditionen, stellen detaillierte und verläßliche Informationen über die Beschaffenheit der zur Auswahl stehenden Staatsanleihen, Industrieobligationen, etc. eine unabdingbare Voraussetzung für die Analyse festverzinslicher Werte dar. Um ein Screening, d.h. ein systematisches Durchkämmen des Bestandes nach bestimmten Kriterien zu ermöglichen, ist hier die Anlage der Information in Datenbankform notwendig und in den meisten Organisationen auch realisiert. Die Informationen über die gesamtwirtschaftliche Entwicklung sind zur Beurteilung der Schuldnerqualität notwendig, die Prognosen des Zinsniveaus insbesondere für die Abschätzung der Marktbewertung eines Titels.

Ausgabeinformation des Verarbeitungsschrittes sind Voraussagen der zukünftigen Rendite des betrachteten Universums festverzinslicher Werte. In der Regel wird man hier aber nicht für jeden einzelnen Wert eine Prognose abgeben, sondern mit Hilfe eines Bewertungsrasters das Universum nach zu empfehlenden Titeln durchsieben.

4.1.4. Die Analyse derivativer Anlageinstrumente

Für die Analyse derivativer Anlageinstrumente gibt es grundsätzlich zwei Methoden: Man kann

1. den zugrundeliegenden Anlagewert analysieren und dann mit Hilfe der konkreten Konditionen des Optionsscheins oder Terminkontraktes auf dessen Marktbewertung schließen, oder

---

165 mehr zu Rendite auf Verfall und Zinsstrukturkurven in Abschnitt 4.2.4

2. den Wert des derivativen Anlageinstruments direkt, ohne Erstellung einer Prognose für die Entwicklung seines Basiswertes, mit Hilfe von aus der Arbitragetheorie gewonnener Methoden ermitteln.[166]

Da wir in unserem Prozeßmodell den allgemeinen Fall berücksichtigen wollen, sehen wir die als Resultate der im vorigen beschriebenen Verarbeitungsschritte gewonnenen Prognosen von Währungskursen, Zinsen und Aktienmarktentwicklung sowie der Rendite von Aktien und festverzinslichen Werten als Eingabeinformation für den Verarbeitungsschritt der Analyse derivativer Anlageinstrumente vor. Wird der zweite Weg zur Analyse von Optionen und Terminkontrakten beschritten, werden diese Informationen im allgemeinen nicht benötigt. Der Verarbeitungschritt kann dann zumindest zur Analyse der einzelnen Aktien und festverzinslichen Werte parallel durchgeführt werden und muß nicht auf deren Resultate warten.

Die neue Eingabeinformation dieses Schrittes besteht in den Titelinformationen für Optionen und Terminkontrakte. Auch hier gilt das schon für die festverzinslichen Werte gesagte: eine vollständige und korrekte Datenbank, die die Charakteristika der einzelnen komplex strukturierten Kontrakte beschreibt, ist Voraussetzung für eine effiziente Analyse derivativer Instrumente.

Ausgabeinformation des Verarbeitungsschrittes sind Prognosen der zukünftigen Rendite der betrachteten derivativen Anlageinstrumente. Die Menge der zu verfolgenden Kontrakte ist im allgemeinen nicht so groß wie bei den Aktien oder den festverzinslichen Werten. Durch die Aufsplitterung des Universums in die einzelnen Fälligkeitstermine ergibt sich aber auch hier oft eine beachtliche Zahl zu ermittelnder Prognosen.

Der Verarbeitungsschritt selbst besteht meist in der Anwendung auf der Finanzmarkttheorie basierender mathematischer Modelle für die Bewertung von Optionen und Terminkontrakten. Insbesondere bei den Optionen ist eine manuelle Bearbeitung aufgrund der zu berücksichtigenden komplexen Zusammenhänge kaum möglich: der Computereinsatz ist unabdingbar. Die in der Praxis anzutreffenden Teams für die Analyse von derivativen Anlageinstrumente zeichnet denn auch der von allen Analysegruppen höchste Ausbildungsgrad in Finanzmarkttheorie und Mathematik und - zusammen mit den technischen Analysten - die fortgeschrittenste Ausrüstung mit Informatikmitteln aus.

---

[166] wie z.B. der von Black und Scholes. Black/Scholes (Pricing of Options). siehe auch Abschnitt 4.2.5

4.1.5. Die technische Analyse

Parallel zur Fundamentalanalyse, die sich auf die der Marktbewertung eines Anlagetitels zugrundeliegenden realwirtschaftlichen Faktoren konzentriert, wird in den meisten Investmentorganisationen der Ansatz der technischen Analyse, der einzig auf Kurs- und Umsatzdaten der Vergangenheit abstellt und versucht durch Erkennung bestimmter Muster und Trends mit Hilfe grafischer Verfahren die zukünftige Entwicklung vorauszusagen, angewandt.[167] Beide Ansätze resultieren oft in sehr unterschiedlichen Ansichten über das zu erwartende Verhalten der betrachteten Anlageinstrumente und werden oft so kombiniert, daß die fundamentale Analyse für die Ermittlung eines längerfristigen Renditeziels, die technische für die kurzfristige Voraussage des richtigen Zeitpunkts für einen Einstieg verwendet wird. So ergibt sich auch die Dominanz der technischen Analyse im sehr kurzfristig denkenden Handelsbereich. Viele technische Ansätze, wie z.B. der der sog. Elliott-Wellen, beanspruchen aber auch im langfristigen Bereich Gültigkeit. Es ergibt sich also im allgemeinen eine Doppelspurigkeit konkurrierender fundamentaler und technischer Prognosequellen. Welche Quelle von wem bevorzugt wird, ist oft eine Frage des individuellen Glaubens. Die Doppelspurigkeit ist im Sinne einer risikomindernden Diversifikation im Prognosebereich meist erwünscht und kann, wenn man sie geeignet kanalisiert und unter der Voraussetzung einer gewissen Leistungsfähigkeit beider Ansätze auch zu gewissen Vorteilen führen, wie wir in Abschnitt 8.2 noch zeigen werden.

In unserem Modell des Investmentanalyse-Teilprozesses haben wir den Verarbeitungsschritt der technischen Analyse daher auch als unabhängigen zweiten Weg der Prognosefindung in den Bereichen Währungskurse, Zinsen, Aktienmärkte und Aktien-Einzelwerte, die von der technischen Analyse traditionell bearbeitet werden, eingebaut. Eine Einsatzmöglichkeit technischer Verfahren für die Teilschritte der Abschätzung von Marktreaktion und Marktbewertung ist ebenfalls denkbar. Wir wollen uns aber unter diesen Teilschritten eher den Einsatz von Bewertungsmodellen der Finanzmarkttheorie vorstellen, die sich für eine Kombination mit dem fundamentalen Ansatz methodisch wesentlich besser eignen.

Die Eingabeinformation für den Verarbeitungsschritt der technischen Analyse stellen *Kurs- und Umsatzdaten* von Währungen, Indizes und Aktien dar. Wie bereits erwähnt, stellt der Aufbau einer leistungsfähigen Datenbank für historische Kursdaten eine bedeutende Entwicklungsaufgabe dar, die in der Praxis bisher meist erst in Teilbereichen gelöst ist. Wie für den noch zu beschreibenden Teilschritt der Risikoana-

[167] näheres dazu in Abschnitt 4.2.1 und 4.2.6

lyse stellen diese Daten für die technische Analyse die Grundvoraussetzung dar, von deren Qualität und Umfang alle erzielbaren Ergebnisse direkt abhängen.

Ausgabeinformation der technischen Analyse sind Prognosen von Währungskursen, Zinsen, Aktienmarktindizes und Aktienrenditen. Dies, wie gesagt, als zweite unabhängige Quelle in Ergänzung zu den aus der Fundamentalanalyse gewonnen Resultaten.

Der Verarbeitungschritt der technischen Analyse selbst besteht in der Darstellung von Kurs- und Umsatzentwicklung des betrachteten Anlagewertes und verschiedener davon abgeleiteter Variablen - wie z.B. gleitenden Durchschnitten über bestimmte Zeiträume (moving averages) oder Momentumkurven und einer Vielzahl weiterer Indikatoren - in Form einer Grafik (eines sog. charts) und deren Untersuchung auf charakteristische Formationen und Muster. So kann z.B. der Schnittpunkt eines gleitenden Durchschnittes mit der Kurslinie ein Kaufsignal darstellen oder das Erkennen einer sich abzeichnenden sog. Head-Shoulder-Formation einen bestimmten weiteren Kursverlauf verheißen. All dieses geschieht in einer Mischung aus Mathematik, Intuition und Spekulation, die manchmal an Alchemie erinnert.[168] Zur Unterstützung ihrer Arbeit brauchen technische Analysten neben dem Zugriff zur Kursdatenbank leistungsfähige Workstations und für aufwendige Grafiken geeignete Großbildschirme und Plotter. Entsprechende Softwarepakete gibt es heute in großer Anzahl.[169]

4.1.6. Die Risikoanalyse

Ziel der Risikoanalyse ist die Prognose der Risikokomponente der betrachteten Anlagen. Wie seit geraumer Zeit aus der Portfoliotheorie bekannt, stellt diese Größe ein entscheidendes Kriterium bei der Zusammenstellung von Portfolios dar, für Anhänger des passiven Investmentstiles sogar das einzig brauchbare.[170] Mit der Einführung einer eigenen Funktion für diesen Bereich sind wir im dargestellten Modell den in der Praxis anzutreffenden Strukturen etwas voraus: eine ausschließlich der Risikoanalyse gewidmete Abteilung wird sich in den bestehenden Organisationen kaum finden. Es ist allerdings gar nicht so wichtig, in welcher organisatorischen Form diese Funktion konkret untergebracht ist - oft findet man sie ansatzweise als eine Form der Selbst-

---

[168] Malkiel (Random Walk)

[169] Beispielsweise *CompuTrac* oder *Crystal City*, siehe Abschnitt 4.2.6.2

[170] Elton/Gruber (Modern Portfolio Theory), S. 13 ff.
Sharpe/Alexander (Investments), S. 720 ff.
Solnik (International Investments), S. 341 ff.
Mehr dazu in Abschnitt 4.2.7 und 5.2.2

hilfe von Portfoliomanagern in den eigentlich der Portfoliokonstruktion gewidmeten Bereichen -, als vielmehr, *daß* sie überhaupt vorhanden ist und ihre Ergebnisse systematisch in den Portfoliokonstruktions-Teilprozeß einbezogen werden. Da es sich - obwohl die Verwendung aus Vergangenheitsdaten abgeleiteter Näherungswerte dies manchmal vergessen läßt - um eine prognostische Aufgabe handelt, gehört sie zum Investmentanalyse-Teilprozeß.

Wegen der charakteristischen Eigenschaft von Risikomaßen, aufgrund ihrer statistischen Abhängigkeit erst im Bezugsrahmen einer konkreten Portfoliozusammenstellung aussagekräftig zu werden, müssen die Abhängigkeiten unter den Risiken der betrachteten Anlagewerte in Form von Kovarianzmatrizen erfaßt und an die Portfoliokonstruktion weitergegeben werden. Dies unterscheidet die Funktion der Risikoanalyse von den mit der Renditeprognose befaßten Teilbereichen. Die Menge der zu prognostizierenden Daten wird wegen der Kovarianzen sofort unübersehbar groß: schon bei einem betrachteten Anlageuniversum von 300 Titeln ergibt sich - zumindest theoretisch - die Notwendigkeit 300 Varianzen + (299*300)/2 Kovarianzen = 45 150 Größen zu ermitteln. Da sich auch durch den Einsatz von Verfahren zur Verkleinerung der Kovarianzmatrix, wie z.B. der Unterteilung des Anlageuniversums in Teiluniversen für Aktien, festverzinsliche Werte etc. und der Durchführung der Anlageentscheidung in zwei Schritten - Gewichtung der Anlagekategorien und Gewichtung der Einzeltitel -,[171] an der Qualität dieser Aussage nichts ändert, kommen für die Risikoprognose ausschließlich computergestützte Verfahren in Betracht. Eine sinnvolle manuelle Behandlung ist unmöglich.

Eingabeinformation für den Verarbeitungsschritt der Risikoanalyse sind einerseits die bereits für die technische Analyse und für die Performanceanalyse benötigten Kurs- und Umsatzdaten in Form einer leistungsfähigen Datenbank. Andererseits werden für differenziertere (Multifaktor-)Risikomodelle quantitative fundamentale Daten benötigt, die als Eingabe für die Faktorvariablen dienen. Hier kommen Daten, wie z.B. Branchenzugehörigkeit, Unternehmensgröße, Marktkapitalisierung, erzielter Gewinn, etc. in Betracht. Da auch diese Größen meist zeitlich variabel sind und in Form von Zeitreihen historische Werte abgespeichert werden müssen, ergibt sich wie bei den Kurs- und Umsatzdaten ein gewaltiger Speicherbedarf[172] und die Schwierigkeit einer korrekten und vollständigen Führung des Datenbestandes.

---

171 Sharpe/Alexander (Investments), S. 724
Siehe dazu auch Abschnitt 5.2.1.2

172 Bedenkt man, daß pro Anlagewert ohne weiteres 20-30 untersuchenswerte Faktoren in betracht kommen, stellt die Speicherung von historischen Kurs- und Umsatzzeitreihen allein sogar ein ver-

Ausgabeinformation der Risikoanalyse sind Risikoprognosen für das betrachtete Anlageuniversum mit den zugehörigen Kovarianzen. Wie bereits gesagt, handelt es sich hier um recht große Mengen zu erzeugender Nutzinformation, die meist mit Hilfe einer Teilung des Universums in kontrollierbaren Grenzen gehalten werden müssen. Ein in der Portfoliokonstruktion basierend auf Teilkovarianzmatrizen erzielbares Resultat muß in diesem Fall immer theoretisch suboptimal bleiben.[173] Aufgrund von grundsätzlichen Einschränkungen der Gültigkeit der verwendeten Modelle und anderer Fehlerquellen fällt dies in der Praxis aber nicht allzusehr ins Gewicht: andere Faktoren, wie mangelnde Prognosequalität, überwiegen in ihren Auswirkungen diesen Qualitätsverlust meist bei weitem.

Der Verarbeitungsschritt der Risikoanalyse besteht im Einsatz von auf der Basis von Modellbildungen der Portfoliotheorie entwickelter Schätzverfahren. Die entsprechenden Programme sind numerisch und speichertechnisch aufwendig und stellen oft hohe Anforderungen an die Datenqualität. Allerdings läßt sich dieser Verarbeitungsschritt dafür auch weitgehend automatisieren: zur Durchführung der laufenden Berechnungen auf der Basis existierender Modelle sind kaum mehr als eine oder zwei Personen erforderlich. Aufwendiger wird die Sache allerdings, wenn in-house eigene Risikomodelle entwickelt und getestet werden sollen. Einerseits ist hierfür eine akademisch qualifizierte Gruppe von Insidern der Portfoliotheorie zu beschäftigen, andererseits vergrößert sich auch der technische Aufwand wegen der für die Modellentwicklung notwendigen Explorationsmöglichkeiten deutlich. Beide Gründe führen dazu, daß nur große Investmentorganisationen, insbesondere die Großbanken, derzeit diesen Weg beschreiten. Mittlere und kleinere Anlagefirmen sind hier auf die Dienste von auf die Anwendung der Erkenntnisse der Portfoliotheorie spezialisierten Hightech-Firmen, wie z.B. Barra und Quantec, oder auf entsprechende Abteilungen etablierter Investmentberatungsfirmen, wie etwa Frank Russell, angewiesen.[174]

Zu bemerken ist schließlich noch, daß zumindest die Kurs- und Umsatzdaten, im Falle des Einsatzes ausgefeilterer Bewertungsmodelle auch die fundamentalen Daten, die für die Risikoanalyse verwendet werden, auch von den Teilschritten der Abschätzung von Marktreaktion und Marktbewertung als Eingabeinformation benötigt wer-

---

gleichsweise kleines Problem dar. Den Komplex Analysedatenbank werden wir in Abschnitt 8.1 noch näher beleuchten und Lösungsansätze präsentieren.

173 Sharpe/Alexander (Investments), S. 724

174 Auf die Angebote dieser Firmen werden wir in Abschitt 5.3 noch näher eingehen.

den. Um Abbildung 4-1 nicht unnötig zu komplizieren sind die entsprechenden Verbindungen aber nicht explizit dargestellt.

4.2. Methoden der Investmentanalyse und beispielhafte Anwendungssysteme

Wir wollen in diesem Abschnitt die in den einzelnen Teilbereichen der Investmentanalyse gebräuchlichen Methoden kurz betrachten und - wo es lohnend erscheint - auf einzelne für die Informatikunterstützung eines Bereichs beispielgebende Anwendungssysteme näher eingehen.

4.2.1. Fundamentale versus technische Analyse

Es gibt zwei grundsätzlich verschiedene Methoden der Analyse von Anlageinstrumenten, die Fundamentalanalyse und die technische Analyse:

- die *Fundamentalanalyse* versucht, durch die Untersuchung der einem Börsenkurs zugrundeliegenden wirtschaftlichen Zusammenhänge, den „inneren" Wert einer Anlage zu ermitteln - z.B. im Falle einer Aktie den Substanz- oder Ertragswert des Unternehmens pro Anteil. Der Fundamentalanalyst geht davon aus, daß der Börsenkurs im wesentlichen durch realwirtschaftliche Faktoren determiniert wird und langfristig um den inneren Wert der Anlage schwankt.[175]
- die *technische Analyse* beschränkt sich auf die direkte Analyse der vom Markt generierten Information, insbesondere der Kurs- und Umsatzzeitreihen. Der Begriff „technisch" impliziert das Studium des Marktes selbst im Unterschied zu dem der sich im Marktgeschehen reflektierenden externen Faktoren.[176] Der technische Analyst glaubt, daß der Börsenkurs im wesentlichen durch psychologische Faktoren bestimmt wird und daß alle relevante Information über die zukünftige Kursentwicklung einer Anlage sich aus dessen vergangenen Kurs- und Umsatzmustern herauslesen läßt.

In der Praxis versucht der Fundamentalanalyst daher fundamentale wirtschaftliche Größen zu prognostizieren, während sich der Techniker auf das intensive Studium von Kurscharts konzentriert.

---

[175] Loistl (Wertpapiermanagement), S. 51

[176] Rosenfeld (Hrsg.) (Evaluation), S. 297

Beide Analyseansätze haben ihre Anhänger. Besonders unter Akademikern ist der Nutzen der technischen Analyse allerdings umstritten.[177] Wir wollen uns daher auf die Beschreibung fundamentalanalytischer Methoden und der damit in engem Zusammenhang stehenden Erkenntnisse der modernen Portfoliotheorie konzentrieren. Die in der Praxis aber durchaus relevanten und besonders im Handelsbereich weitverbreiteten technischen Methoden wollen wir aber immerhin kurz streifen.

4.2.2. Analyse des gesamtwirtschaftlichen Umfelds

4.2.2.1. Methoden

Neben Verfahren der technischen Analyse von Wechselkursen und Aktienmarktindizes, auf die wir in Abschnitt 4.2.6.1 kurz eingehen wollen, gibt es grundsätzlich vier Methoden, zu Prognosen volkswirtschaftlicher Variablen zu kommen:

1. durch qualitative Argumentation
2. mit Hilfe mathematischer Modell (*ökonometrischer Modelle*)
3. mit Hilfe qualitativer Modelle (ES)
4. ohne explizite Modellbildung, mit Hilfe eines NN

Dabei kommt in der Praxis insbesondere die erste Methode häufig zum Einsatz, bei der von Volkswirten die gesamtwirtschaftliche Situation auf der Grundlage ihrer Erfahrung und Kenntnisse der ökonomischen Theoriebildungen manuell abgeschätzt wird und in Sitzungen die Ergebnisse im Kollegenkreis abgestimmt werden. Dabei wird im Sinne einer qualitativen Argumentation vorgegangen: - Wenn die und die Voraussetzung gegeben ist, dann sollte nach der Theorie x diese und jene Konsequenz mit der und der Wahrscheinlichkeit eintreten -. Das Problem bei dieser Methode ist natürlich, daß die Ergebnisse je nach prognostizierendem Ökonom und angewandter Theorie höchst unterschiedlich herauskommen können, daß genaue Aussagen über die Größenordnung der Veränderung eines volkswirtschaftlichen Parameters kaum möglich sind und daß die Argumentation oft recht willkürlich bereits vorgefaßten Meinungen angepaßt wird.

Von den informatikunterstützten Methoden der Prognosefindung wird die der ökonometrischen Modelle am häufigsten verwendet und kann bereits auf eine lange Ent-

---

[177] So genügt schon die Annahme der schwachen Form der Markteffizienz, um die technische Analyse in Zweifel zu ziehen. Siehe dazu Fama (Efficient Capital Markets).

wicklungsgeschichte zurückblicken. Der Einsatz von qualitativen Modellen im Sinne eines ES und jener von NN-Ansätzen steckt noch in den Kinderschuhen.

Aufgrund der in unserem Prozeßdiagramm dargestellten Zweistufigkeit der Prognosefindung, bei der um zu einer Bestimmung der für das Portfoliomanagement relevanten Größen der Währungskurse, Zinsen und Aktienmarktentwicklung zu gelangen, zunächst die Entwicklung der volkswirtschaftlichen Basisgrößen, wie Bruttosozialprodukt, Geldmenge, Sparrate, etc., prognostiziert werden muß, kann durchaus eine Kombination von zwei oder mehreren der zur Verfügung stehenden Prognosemethoden zum Einsatz kommen. Grundsätzlich ist sogar die Verwendung einer eigenen Methode für jede zu prognostizierende Größe oder - im Sinne einer gewünschten Redundanz zur Kontrolle der Resultate[178] - auch der gleichzeitige Einsatz mehrerer Methoden für die Ermittlung einer einzigen Variable denkbar.

Da es auf dem Gebiet der qualitativen Modellbildungen derzeit keine vorgegebenen Modellansätze, die auf der Ebene allgemeiner wissenschaftlicher Theorien stehen, gibt - es liegt ja gerade im Wesen des ES-Ansatzes, für jede Aufgabe spezialisierte Modelle mittels Knowledge-Engineering aus dem Wissen der verfügbaren Experten zu konstruieren - und sich im Falle der NN die Frage nach einem expliziten Modell nicht stellt, muß sich unsere Methodenbeschreibung auf den Ansatz der ökonometrischen Modelle beschränken. Die anderen Ansätze sollen aber anschließend in Form einer Beschreibung konkreter, beispielhafter Anwendungssysteme dargestellt werden.

4.2.2.1.1. Ökonometrische Modelle

Ökonometrische Modelle bestehen in einer Kombination von volkswirtschaftlichen Theorien und statistischen Verfahren. Dabei ist es die Aufgabe der Volkswirtschaft, Hinweise auf die relevanten Beziehungen zwischen den behandelten Variablen zu liefern, die der statistischen Verfahren, die genaue Natur und Größenordnung der Beziehungen aufgrund historischer Daten zu schätzen. Das Resultat ist ein mathematisches Modell, das Prognosen der Werte bestimmter volkswirtschaftlicher Variablen (*endogene Variablen*) auf der Basis von Annahmen bezüglich anderer (*exogener*) Variablen liefert.[179]

Die zum Einsatz kommenden Modelle haben häufig die Gestalt linearer multipler Regressionsmodelle, also von Gleichungen der Form

[178] siehe dazu Abschnitt 8.2

[179] Sharpe/Alexander (Investments), S. 685

$$\hat{Y} = b_0 + b_1 X_1 + b_2 X_2 + \cdots + b_n X_n$$

wobei $\hat{Y}$: geschätzte Approximation der gesuchten Funktion Y
X_k: frei wählbare Basisfunktion k
b_k: Koeffizient der k. Basisfunktion

Dabei werden die Koeffizienten b_0, ..., b_n üblicherweise so festgelegt, daß die die Abweichung zwischen Beobachtungsdaten und Prognose ausdrückende Quadratsumme

$$\varepsilon^2 = \sum_i (Y_i - \hat{Y}_i)^2$$

minimal wird.[180]

Für das Beispiel der Währungsprognose seien einige bekannte konkrete Prognoseansätze kurz erwähnt. Abbildung 4-2 zeigt eine Übersicht.

Das traditionelle Modell der Kaufkraftparität besagt dabei, daß sich die Währung langfristig um die Differenz der unterschiedlichen Inflationsraten zweier Länder auf- bzw. abwertet. Probleme dieses Ansatzes stellen aber die Tatsache, daß nicht alle Güter frei handelbar sind und daß reine Kapitalflüsse die Entscheidungsfindung oft dominieren, dar. Das auf der Analyse von Geldangebot und -nachfrage und Zinssatzdifferenzen basierende monetäre Modell ist ebenfalls sehr gebräuchlich. Es setzt aber Größen, wie etwa die Geldumlaufgeschwindigkeit, voraus, die kaum prognostizierbar sind.[181] Der Asset-Ansatz, schließlich, basiert auf der Anwendung von Modellbildungen der Portfoliotheorie auf die Währungsproblematik. Er stellt einen vielversprechenden Ansatz dar, für dessen Wirksamkeit allerdings ebenfalls bestimmte Voraussetzungen erfüllt sein müssen.[182]

Zu beachten ist außerdem, daß - wie bei ökonomischen Theorien und ökonometrischen Modellen im allgemeinen der Fall - alle genannten Ansätze auf *langfristig* wirksamen volkswirtschaftlichen Grundgegebenheiten basieren. Sie eignen sich daher nicht für die Voraussage kurzfristiger Wechselkursschwankungen.

---

180 Tatsuoka (Analysis), S. 26 ff.

181 Meier (Entscheidungsunterstützung), S. 87

182 siehe dazu Meier (Entscheidungsunterstützung), S. 87

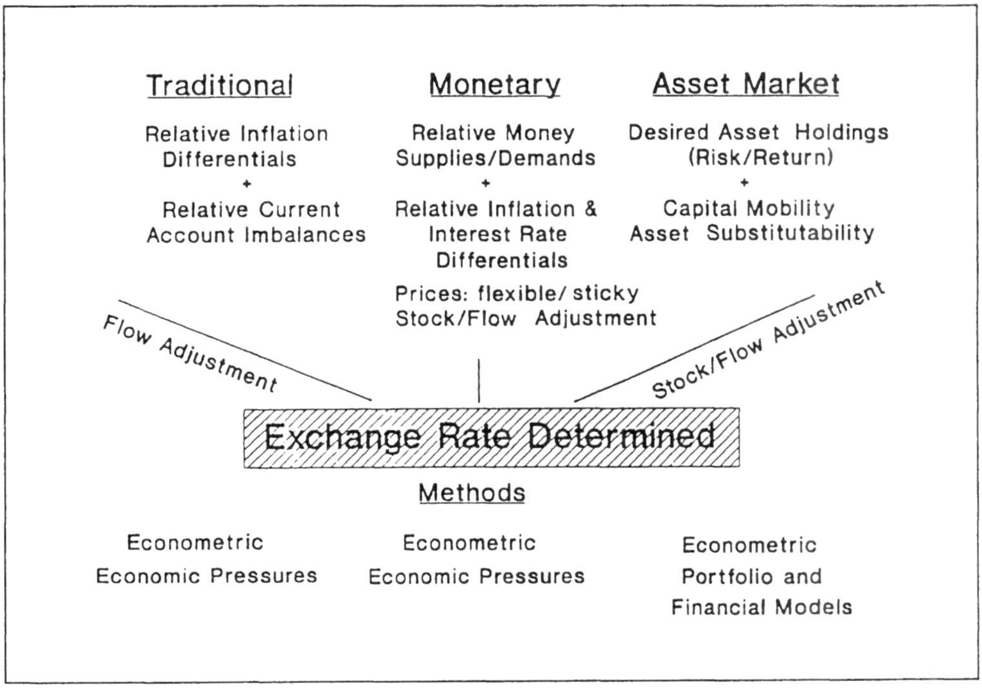

Abbildung 4-2: Ökonomische Ansätze der Währungsprognose
Quelle: Meier (Entscheidungsunterstützungssysteme)

4.2.2.2. Anwendungssysteme

Es sollen nun drei Systeme, die jeweils verschiedene Teilbereiche der Analyse des gesamtwirtschaftlichen Umfelds unterstützen, kurz beschrieben werden. Die ersten beiden, *Interest Rate Insight* und *Panisse*, sind ES und dienen der Zinssatz- resp. der Wechselkursprognose. Die dritte dargestellte Anwendung ist ein NN zur Unterstützung der Aktienindexprognose.

4.2.2.2.1. Interest Rate Insight

Interest Rate Insight[183] ist ein ES von Strategic Economic Decisions Inc. in Menlo Park, CA, das sich aus zwei Komponenten zusammensetzt:

---

[183] Strategic Economic Decisions (Hrsg.) (Interest Rate Insight)
Arend (Expert's Insights)

1. *Rate Forecaster* prognostiziert die Implikationen von gegebenen ökonomischen Szenarien auf die Entwicklung der Zinssätze und präsentiert die Resultate in grafischer Form.

2. *Rate Logic* erklärt Zinsbewegungen im Kontext globaler und zunehmend deregulierter Märkte. Es gliedert sich in Sektionen wie: „Der Dollar", „Handelsbilanzdefizite und internationale Kapitalflüsse", „Risiko, Unsicherheit und Volatilität", „Inflation", „Die Zinsentwicklung 1978-1985: Was passierte und warum?", etc.

Die Wissensbasis des Systems wurde aus den Spezialkenntnissen einer Vielzahl von akademischen und in der Wirtschaft tätigen Ökonomen und Finanzexperten zusammengesetzt. Sie stellt in den Augen des Systementwicklers H. Brock eine Sammlung kollektiven Wissens dar, die dem Wissen jedes einzelnen Spezialisten überlegen ist und die den Erfordernissen der Analyse der komplexen Zusammenhänge und vielfältigen Verknüpfungen ökonomischer Systeme gerecht wird.

Der konkrete Ablauf der Prognosefindung beginnt mit einer Befragung des Bedieners hinsichtlich seiner Erwartungen bezüglich grundlegender ökonomischer Parameter. So wird z.B. eine Einschätzung der zukünftigen Entwicklung des Investitionsklimas, des Konsumentenvertrauens und der Höhe der Risikoprämie am Markt im Sinne einer siebenstufigen Bewertung mit Prädikaten von „stark negative Entwicklung" über „neutrales Verhalten" bis „stark positive Entwicklung" verlangt. Im Falle von numerischen Parametern, wie etwa dem Bruttosozialprodukt oder der Inflation, ist die Eingabe der erwarteten Veränderung in Ein-Prozent-Stufen vorgesehen.

Der nächste Schritt besteht in einer umfassenden Prüfung der Konsistenz des eingegebenen Szenarios durch Rate Forecaster. Entdeckte Widersprüchlichkeiten in den Eingaben werden angezeigt und müssen korrigiert werden.

Anschließend werden die Auswirkungen des Szenarios auf die Entwicklung der kurzfristigen wie der langfristigen Zinssätze berechnet und als Grafik angezeigt. Nun können die Szenarioannahmen dynamisch überarbeitet werden, wobei die verursachten Änderungen sofort in der Grafik ersichtlich werden.

Der Anwendungsbereich des Systems konzentriert sich derzeit auf die Prognose der Dollar-Zinssätze. Der Einbezug weiterer Währungen erscheint aber mit vertretbarem Aufwand möglich und wird wohl in absehbarer Zeit erfolgen.

Eine Einschätzung des Nutzens von Interest Rate Insight für die Praxis der Zinsprognose gestaltet sich schwierig: Einerseits müßte man dazu über längere Beobachtungszeitreihen hinsichtlich der Prognosequalität verfügen, als sie aufgrund der Aktualität des Systems erhältlich sind, andererseits bleibt dann immer noch die Unsicherheit bezüglich der Qualität der eingegebenen Szenarien. Zumindest ein Anwender des auf Personal Computer implementierten Systems, die Rothschild Bank in Zürich, äußert sich allerdings ausgesprochen positiv über die mit dem System gemachten Erfahrungen.[184]

Der Ansatz, sich auf die Prognose der Zinsentwicklung in Abhängigkeit von zugrundeliegenden volkswirtschaftlichen Szenarien zu konzentrieren, anstatt zu versuchen, im Sinne eines geschlossenen Systems eine absolute Prognose zu liefern, erscheint als realistisch. Zwar enttäuscht er die Erwartungen all derer, die sich Wunder von Prognosemodellen erwarten - dafür ermöglicht er aber im Sinne des Ansatzes entscheidungsunterstützender Systeme die sinnvolle Interaktion von menschlicher Erfahrung und maschineller Speicherkapazität und Rechengeschwindigkeit, was eine Qualitätsverbesserung der Prognosefindung durch Konsistenzprüfung, die Verfügbarkeit von Expertenwissen, interaktive Visualisierung von Zwischenresultaten und ein systematisches Vorgehen, zumindest aber durch Fehlervermeidung, zur Folge haben sollte.

4.2.2.2.2. Panisse

Panisse[185] ist ein ES zur Prognose von Trends im Wechselkurs des Französischen Francs zum Dollar. Es handelt sich um ein prototypisches System, das auf der Basis der Expertensystemshell EMYCIN entwickelt wurde.

Technisch gesehen, ist Panisse ein regelbasiertes ES. Seine Wissensbasis umfaßt entsprechend den unterstützten Währungsprognosemodellen

- dem Kaufkraftparität-Modell,
- dem monetären Modell und
- der Current-Account-Theorie,

drei Sätze von Schlußregeln, die das theoretische Wissen einer Modellbildung qualitativ beschreiben.

---

184 Arend (Expert's Insights), S. 10 f.

185 Charpin (Panisse)

Für die Prognoseerstellung wird zunächst die Eingabe von Information zu einigen ökonomischen Variablen verlangt. Anschließend wird mit Hilfe eines Satzes von 22 Metaregeln die Auswahl des für den jeweiligen ökonomischen Kontext geeignetsten Modells vollzogen und dessen Prognose berechnet. Nun wird mit Hilfe weiterer Schlußregeln, die politische und soziale Faktoren, wie etwa die Situation im Mittleren Osten, das soziale Klima oder anstehenden Wahlen, berücksichtigen, eine Verfeinerung der Modellprognose vorgenommen. Die schließlich erzeugte Ausgabe besteht aus der so erhaltenen Wechselkursprognose zusammen mit einer Eintreffenswahrscheinlichkeit und der Angabe des für die Prognosefindung verwendeten Modells.[186]

Bei Panisse handelt es sich genaugenommen um eine Synthese des quantitativen DSS- mit dem qualitativen ES-Ansatz. Bestehende quantitative Modellbildungen der volkswirtschaftlichen Theorie werden mit Regeln zur Modellauswahl und zur Berücksichtigung qualitativer Aspekte der Wechselkursprognose kombiniert, um zu einer verbesserten Prognose zu gelangen. Dieses Vorgehen erscheint vielversprechend - um eine Verwässerung der empirischen Validität eines bestimmten Modells zu vermeiden, verlangt es aber auch nach einer genauen Überprüfung der durch Regelschlüsse erfolgten Prognoseverbesserungen bzw. -verschlechterungen.

4.2.2.2.3. NN zur Aktienindexprognose

Ein Beispiel für den Einsatz eines NN zur Prognose der Kursentwicklung eines Aktienindizes stellt das in Humpert (Neural Networks) beschriebene[187] NN zur Prognose des Standard & Poor's 500 dar.

Das NN dient dazu, den kommenden Wochenschlußkurs des S&P 500 vorauszusagen. Dazu verwendet es die letzten zehn Wochenschlußkurse als Eingabeinformation und Trainingsdatenmaterial. Abbildung 4-3 zeigt die Prognoseresultate für den Zeitraum von Januar 1985 bis Dezember 1987.

Die unterste Kurve stellt die tatsächliche Kursentwicklung des Indizes dar, die mittlere zeigt den vom NN prognostizierten Verlauf. Zum Vergleich zeigt die oberste Kurve welchen Kursverlauf eine auf dem 10-Wochen-gleitenden-Durchschnitt fußende Prognosetechnik ergeben hätte. Die einzelnen Punkte in den beiden oberen Darstellungen sind die tatsächlichen Wochenschlußkurse.

---

186 Humpert/Holley (Expert-Systems), S. 15

187 Humpert (Neural Networks), S. 35 ff.

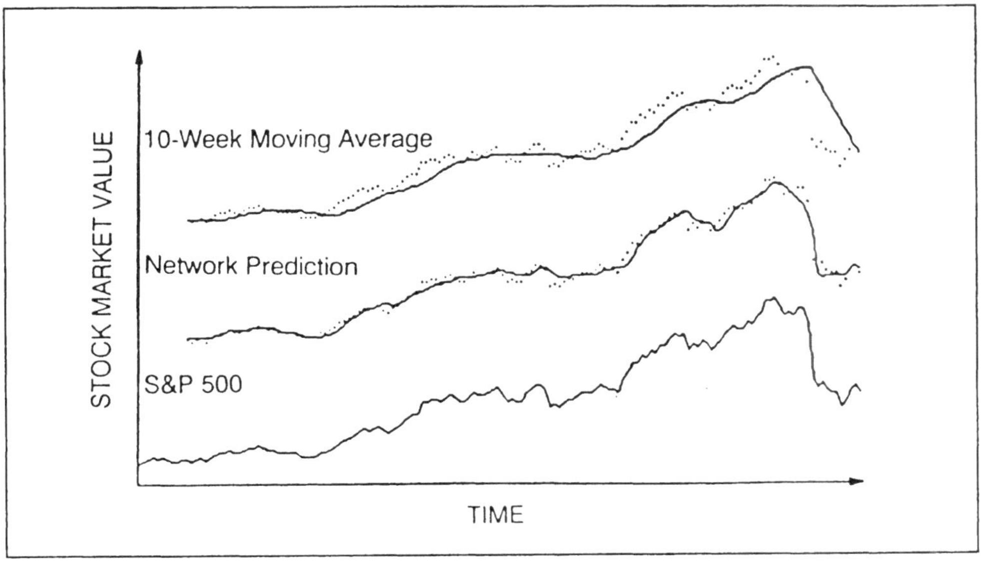

Abbildung 4-3: Prognoseresultate Januar 1985-Dezember 1987
Quelle: Humpert (Neural Networks)

Das NN war in der Lage, die Richtung der S&P 500-Kursentwicklung in 61% der Fälle korrekt zu prognostizieren und lag damit im gezeigten Zeitraum merklich besser, als das auf dem 10-Wochen-gleitenden-Durchschnitt basierende Programm mit 53%. Die Trefferquote eines mit dem 4-Wochen-gleitenden-Durchschnitt arbeitenden Programms lag mit 54% etwas besser als die 10-Wochen-Variante aber immer noch deutlich unter der des NN.

Stukturell gesehen ähnelt das eingesetzte NN dem in Abbildung 3-10 gezeigten. Die Eingabeschicht (input layer) umfaßt 9 künstliche Neuronen (processing units), die Ausgabeschicht (output layer) besteht aus einem einzigen. Die Netzverbindungen sind vorwärtsgerichtet und verbinden jedes Netzelement einer Schicht mit allen Processing-Units der jeweils folgenden (feedforward type). Die Simulation des Netzverhaltens erfolgt durch Software.

In der jeweiligen Trainingsphase werden die ersten 9 der letzten 10 Wochenschlußkurse als Eingabeinformation für die Eingabeunits verwendet und der 10. an die Ausgabeunit angelegt. Nach erfolgten Training werden die Schlußkurse 2-10 als Eingabeinformation für das NN verwendet, das als Ausgabeinformation die Prognose für den kommenden Wochenschlußkurs liefert.

Die Anpassung der Gewichte der Netzverbindungen während der Trainingsphase geschieht beim betrachteten NN nach der Backpropagation-Methode, die den Vorteil einer Minimierung des totalen Fehlers der Ausgabesignale hat. Die Transferfunktionen der Processing-Units des NNs sind Sigmoide, die die gewichtete Summe der Eingangssignale unter Wahrung eines weichen Übergangs in ein zwischen 0 und 1 liegendes Ausgangssignal umwandeln.

Das beschriebene S&P 500-Prognose-NN stellt eine sehr einfache Variante des NN-Einsatzes zur Aktienindexprognose dar. Weiterentwicklungsmöglichkeiten bestehen insbesondere im Einzug weiterer Eingabegrößen. So können volkswirtschaftliche Indikatoren, wie z.B. die Entwicklung von Bruttosozialprodukt und Zinssätzen, oder auch Indizes anderer Aktienmärkte als zusätzliche Informationsquellen dienen und evtl. eine Verbesserung der Prognosequalität ermöglichen.

Zusammenfassend ist zu sagen, daß die Analyse des gesamtwirtschaftlichen Umfelds als der Bereich der Investmentanalyse, in dem am meisten mit qualitativen und vagen Aussagen gearbeitet werden muß, einen guten Nährboden für Experimente mit ES- und NN-Ansätzen abgibt. Man versucht so, über die Grenzen der traditionellen ökonometrischen Vorgehensweise hinauszugelangen und verbesserte Prognoseverfahren und Anwendungssysteme zur Prognoseunterstützung zu entwickeln. Dabei sind einige Ansätze, wie z.B. der der Kombination traditioneller mathematischer Modelle mit unterstützendem Modellauswahls- und Verfahrenswissens in Regelform und mit wissensbasierten Systemkomponenten, die die Interpretation der erhaltenen Resultate erleichtern, durchaus vielversprechend - vor Illusionen hinsichtlich der Machbarkeit von treffsicheren Prognoseautomaten muß aber gewarnt werden. Der zu verfolgende Weg liegt wohl eher in der Verbesserung der Unterstützung der menschlichen Prognostiker durch immer flexiblere und „intelligentere“ Hilfsmittel. Betrachtet man schließlich den Entwicklungsstand in der Praxis, so stellt häufig bereits die Einführung traditioneller ökonometrischer Modelle auf einer breiteren Basis einen wichtigen Schritt vorwärts in Richtung einer verbesserten Informatikunterstützung und Systematisierung der Prognosefindung dar.

4.2.3. Aktienanalyse

4.2.3.1. Methoden

Die Methoden der (fundamentalen) Aktienanalyse unterteilen sich gemäß der Prozeßmodell-Teilschritte der Unternehmensanalyse und der Abschätzung der Marktbewertung in:

1. Methoden zur Schätzung der Unternehmensgewinne und
2. Methoden zur Bewertung des Aktienkurses,

wobei erstere die Eingabeinformation für letztere liefern.

4.2.3.1.1. Methoden zur Schätzung der Unternehmensgewinne

Der erste Schritt zur Schätzung der Unternehmensgewinne besteht in einer Analyse von Bilanz und Gewinn- und Verlustrechnung des betrachteten Unternehmens. Aufbauend auf deren Ergebnissen wird anschließend manuell oder mit Hilfe von Computermodellen die Gewinnschätzung vorgenommen.

Bilanzanalyse

Gemäß Husemann[188] hat die Bilanzanalyse zum Ziel

- Aufschluß über die Ertragssituation und finanzielle Stabilität des Unternehmens zu geben,
- Tendenzen in der Entwicklung eines Unternehmens zu finden, die sich in die Zukunft fortschreiben lassen und
- Trendbrüche in der Unternehmensentwicklung frühzeitig zu erkennen.

Dazu werden Bilanzkennziffern, wie etwa die Gesamtkapitalrendite, die Umsatzrendite, der Eigenfinanzierungsgrad oder die Liquidität auf der Basis vergangener Rechnungsabschlüsse berechnet und Kapitalflußrechnungen analysiert. Die mit Richtwerten, wie etwa Branchendurchschnitten, vergleichbaren Bilanzkennziffern erleichtern die Einschätzung der finanziellen Situation einer Unternehmung, Kapitalflußrechnungen geben Aufschluß über Herkunft und Verwendung der während einer Rechnungsperiode bewegten Mittel. Beide Instrumente dienen der analytischen Klärung von

---

[188] Husemann (Computerunterstützung), S. 147

Struktur und Dynamik der Unternehmensfinanzen und stellen die Basis für die Abschätzung der zukünftigen Unternehmensentwicklung dar.[189]

Gewinnschätzung

Die Gewinnschätzung kann manuell oder mit Hilfe von mathematischen Modellen erfolgen. Letztere reichen von einfachen, lediglich auf vergangenen Gewinndaten basierenden Modellen[190] bis hin zu strukturierten Ansätzen, die versuchen, die den einzelnen Aufwands- und Ertragspositionen zugrundeliegenden Einflußfaktoren detailliert zu berücksichtigen.

Manuelles Vorgehen bedeutet die Umsetzung der aus der Bilanzanalyse gewonnen Erkenntnisse über die vergangene Unternehmensentwicklung und die Aufwand und Ertrag bestimmenden Kausalitäten in eine Prognose der zukünftigen Entwicklung der zentralen Aufwands- und Ertragspositionen. Hierbei ist die Berücksichtigung zusätzlicher Informationen, die die Unternehmensentwicklung bestimmende Umwelteinflüsse, wie etwa das gesamtwirtschaftliche Umfeld, die Absatzmarktentwicklung und technologische Innovationen, betreffen, notwendig. Die Erstellung der Gewinnprognose erfolgt dann durch eine qualitative Urteilsbildung des zuständigen Analysten, der versucht, die Auswirkung der einzelnen Entwicklungen auf die Unternehmenssituation grob abzuschätzen.

Eine Steigerung stellt der Einsatz von spezialisierten Modellen für in der Gewinnschätzung zu berücksichtigende Teilbereiche, wie etwa die Prognose von Marktvolumen und Marktanteil der betrachteten Unternehmung oder einer bestimmten Produktgruppe, dar.[191] Auch hier erfolgt die eigentliche Gewinnschätzung noch manuell.

---

[189] Für eine ausführliche Behandlung der eingesetzten Techniken sei auf
Seiler (Betriebliche Analyse)
Buchner (Grundzüge)
Beyer (Bilanzen)
und Käfer (Kapitalflussrechnungen) verwiesen.

[190] Ein Beispiel eines solchen einfachen Modells stellt das in Sharpe/Alexander (Investments), S. 517, dargestellte autoregressive Modell erster Ordnung zur Prognose von Quartalsgewinnen auf der Basis vergangener Quartalsgewinne dar: $QE_t = QE_{t-4} + a(QE_{t-1} - QE_{t-5}) + b + e_t$, wobei die QE für die Quartalsgewinne zu den jeweiligen Zeitpunkten stehen, a und b mittels Regressionsverfahren zu schätzende Konstanten sind und e_t eine zufällige Fehlervariable ist..

[191] Ein Beispiel stellt das Modell von Data Resources, Inc. dar, das neben ökonomischen Größen auch die Entwicklung von Absatzmärkten prognostizieren kann. Cohen/Zinbarg/Zeikel (Investment Analysis), S. 768 ff.

Schließlich kann durch den Einsatz von Gesamtmodellen eine Gewinnschätzung auch weitgehend mechanisch vorgenommen werden. Solche Modelle integrieren häufig verschiedene spezialisierte Teilmodelle, etwa ökonometrische Modelle für die Prognose der volkswirtschaftlichen Rahmenbedingungen und statistische Modelle zur Absatzprognose, um zu Kosten und Ertragsschätzungen zu kommen, woraus sich der Gewinn als Differenz ergibt.[192] Es gibt auch Expertensystemansätze, die versuchen, den Gewinnschätzungsprozeß qualitativ, in Form von semantischen Netzen oder von Fakten und Schlußregeln, zu modellieren.

Eine interessante Studie von Brown und Rozeff[193], die die Prognosequalität vollständig mechanischer Gewinnschätzungsverfahren mit derjenigen von Analysten vergleicht, kommt zum Schluß, daß die Analysten im betrachteten Fall nach wie vor besser abschnitten als das Modell. Auch wenn es sich um eine relativ alte Untersuchung handelt, die überdies auf einer recht beschränkten Stichprobe basiert, kann sie doch als Indiz dafür gewertet werden, daß auch bei der Informatikunterstützung des Analyseschrittes der Gewinnschätzung der Königsweg nicht in vollständig mechanisierten Ansätzen, sondern eher in der Kombination von Mensch und Maschine zu suchen ist.

4.2.3.1.2. Methoden zur Bewertung des Aktienkurses

Die Aktienkursbewertung hat zum Ziel, aus einer Gewinnschätzung den theoretisch korrekten Aktienkurs zu ermitteln und durch den anschließenden Vergleich des theoretischen mit dem realen Aktienkurs die Aktie als unter-, über-, oder richtig bewertet zu erkennen, bzw. eine Renditeprognose abzugeben.

Es gibt im wesentlichen drei Methoden der Aktienkursbewertung:

1. empirisch, mit Hilfe eines geschätzten Kurs/Gewinnverhältnisses (KGV)[194]
2. mit Hilfe eines Dividend-Discount-Modells (DDM)
3. mit Hilfe von Faktormodellen

Empirische Kursbewertung mit KGV

Das KGV ist die für die Abschätzung der Marktbewertung einer Aktie wichtigste Kennziffer der fundamentalen Aktienanalyse. Wie der Name sagt, stellt es das Ver-

---

192 Husemann (Computerunterstützung), S. 169 ff.

193 Brown/Rozeff (Analyst Forecasts)
siehe ausserdem Brown/Rozeff (Analysts)

194 häufig wird der englische Begriff *Price to Earnings Ratio (p/e-ratio)* verwendet.

hältnis des Aktienkurses zum Gewinn pro Aktie einer Unternehmung dar. Aufgrund von langjähriger Marktbeobachtung hat man nun empirische KGV-Werte ermittelt, die für bestimmte Segmente des Aktienmarktes in bestimmten Marktsituationen „vernünftig“ erscheinen. So wird ein auf den amerikanischen Aktienmarkt spezialisierter Analyst während einer normalen Marktsituation vielleicht ein KGV von 14 für Blue-Chips für angemessen halten und für vielversprechende kleinere High-Tech-Firmen bereit sein, weit höhere KGV-Zahlen als marktkonform zu betrachten. Das KGV drückt in gewisser Weise die grundsätzliche Einstellung des Marktes zu bestimmten Anlagetiteln aus und erfaßt so einen Teil der als „market sentiment“ bekannten psychologischen Dimension des Aktienmarktes.

Um zu einer Kursprognose zu kommen, multipliziert nun der Analyst den geschätzten Gewinn pro Aktie mit einem KGV, das ihm aufgrund seiner Erfahrung mit dem betreffenden Marktsegment als angemessen erscheint. Liegt der erhaltene Kurs unter dem aktuellen, wird er die Aktie als unterbewertet empfinden und zum Kauf raten, liegt er darüber, wird der Analyst einen Verkauf empfehlen.[195] Die Schwierigkeit dabei liegt natürlich in der Schätzung des angemessenen KGV's, das ja die Titelcharakteristika akkurat berücksichtigen sollte und eine „faire“ Marktbewertung von zukünftigen Unternehmensgewinnen repräsentieren sollte. In der Praxis ist dies nur in Ansätzen möglich und der Erfolg der Methode daher fraglich.

Werden zur Schätzung des angemessenen KGV's neben rein empirischen Methoden, wie dem Vergleich von Zeitreihen und Grafiken, die den historischen Verlauf der Kennziffer zeigen[196] auch statistische Schätzverfahren und Modelle eingesetzt, dann ähnelt das Verfahren den weiter unten unter „Faktormodelle“ beschriebenen Regressionsmodellen.

Dividend-Discount-Modelle

Es gibt verschiedene Varianten von DDM's, der Grundgedanke besteht jedoch immer in der Bestimmung des Kapitalwertes der Aktienanlage als der Summe der Gegenwartswerte der erwarteten Dividendenzahlungen. Der so ermittelte Kapitalwert entspricht dem Kurs, der eine theoretisch korrekte Aktienbewertung darstellt und mit

---

[195] Die hier verwendete - und in der Praxis übliche - Terminologie berücksichtigt ein wesentliches Resultat der modernen Portfoliotheorie, daß nämlich eine Kauf- oder Verkaufsentscheidung nicht nur von der erwarteten Titelrendite, sondern ganz wesentlich auch von der Risikokomponente des Anlagetitels in Wechselwirkung mit den anderen im Portfolio enthaltenen Werten abhängt, nicht und stellt daher eine zu stark vereinfachte Betrachtung der Problemstellung der Titelauswahl dar. Mehr dazu in Abschnitt 5.2.2

[196] für ein Beispiel siehe Amling (Investments), S. 474 ff.

dem die effektiv gehandelten Kurse verglichen werden können, um eine Über- oder Unterbewertung der Aktie festzustellen, bzw. um, gestützt auf die Annahme, daß sich der effektive Kurs dem theoretischen angleichen wird, eine Renditeprognose abzugeben. In seiner einfachsten Form sieht das Modell wie folgt aus:[197]

$$K = \frac{D_1}{1+i} + \frac{D_2}{(1+i)^2} + \frac{D_3}{(1+i)^3} + \cdots = \sum_{t=1}^{\infty} \frac{D_t}{(1+i)^t}$$

wobei K: theoretischer Kurswert der Aktie
D_t: Dividende in der Periode t
i: Diskontierungszinssatz

Diese theoretische Form des DDM ist für den Praxiseinsatz allerdings noch nicht geeignet, da sie die Schätzung aller zukünftigen Dividenden voraussetzt. Es wurden daher verschiedene Modellvarianten entwickelt, die unter etwas spezielleren Voraussetzungen eine vereinfachte Kursschätzung ermöglichen. Zu nennen ist hier insbesondere der Ansatz von Gordon, der eine konstante Dividenden-Wachstumsrate annimmt[198] und Modelle, die mit einigen einzeln geschätzten Dividenden und einem geschätzten Endkurs der Aktie arbeiten[199].

Trotz ihrer theoretischen Eleganz bestehen eine Vielzahl von Problemen beim praktischen Einsatz von DDM's. Neben Schwierigkeiten der Dividendenschätzung besteht ein grundsätzliches Problem darin, daß - wie empirische Studien zeigen - Aktienkurse sich offenbar nicht gut allein aus zukünftigen Dividenden voraussagen lassen.[200]

Faktormodelle

Faktormodelle stellen einen weiteren Ansatz zur Schätzung theoretisch korrekter Aktienkurse bzw. Aktienrenditen dar.[201] Dabei wird versucht, durch eine Kombination

---

197 Sharpe/Alexander (Investments), S. 464
Husemann (Computerunterstützung), S. 174

198 Sharpe/Alexander (Investments), S. 464
Schobert (Securities Analysis), S. 48 ff.

199 Husemann (Computerunterstützung), S. 175 f.
Amling (Investments), S. 474
weitere Modellvarianten finden sich u.a. in Sharpe/Alexander (Investments), S. 464 ff.

200 Stewart (Corporate Forecasting), S. 920 ff.

201 Sharpe/Alexander (Investments), S. 434 ff.
Husemann (Computerunterstützung), S. 178 ff.
Williamson/Downes (Manuals), S. 167 ff.

von gesundem Menschenverstand, Erfahrung und der statistischen Analyse historischer Daten die die Aktienrendite bzw. den Aktienkurs bestimmenden Einflußgrößen ausfindig zu machen und ihre relative Bedeutung zu quantifizieren. Regressionsverfahren, die die Modellkoeffizienten aus Vergangenheitsdaten abschätzen spielen hierbei naturgemäß eine große Rolle - es gibt aber auch Faktoren, wie etwa die Branchenzugehörigkeit, die direkte (Dividenden-)Rendite oder der Marktwert des ausstehenden Aktienkapitals, deren Koeffizienten durch fundamentalanalytische Überlegungen ermittelt werden können und so eine auch zukünftige Strukturveränderungen mit einbeziehende Modellkonstruktion ermöglichen.[202]

In seiner allgemeinen Form sieht ein solches Faktormodell wie folgt aus:[203]

$$R_{it} = f_{0t} + b_{i1t} f_{1t} + b_{i2t} f_{2t} + \cdots + b_{iNt} f_{Nt} + \varepsilon_{it}$$

wobei R_{it}: Rendite der Aktie i in Periode t
b_{int}: Aktie i's Sensitivität bezüglich Faktorrendite n in Periode t
f_{0t}: die Rendite einer typischen Aktie mit $b_{1t}..b_{Nt} = 0$, in Periode t
f_{nt}: die Faktorrendite n in Periode t
ε_{it}: Aktie i's faktorunabhängige Rendite in Periode t
N: Anzahl Faktoren des Modells

Als Erklärungsfaktoren können dabei die verschiedensten Einflußgrößen, wie etwa die Dividenden-Rendite, die Unternehmensgröße, die Branchenzugehörigkeit, die Marktkapitalisierung, der Unternehmensgewinn, etc., zum Einsatz kommen. Die Modellkoeffizienten werden dann mittels multipler Regression geschätzt. Das fertige Modell kann nun zur Prognose von Aktienrenditen eingesetzt werden: Es leistet die Umsetzung vorgängig einzeln prognostizierter Faktormerkmale, wie etwa des erwarteten Unternehmensgewinns und der zukünftigen Unternehmensgröße, in eine Prognose der Aktienrendite.

Die zum Auffinden vielversprechender Erklärungsfaktoren und der korrekten Modellschätzung und -verifikation notwendigen statistischen Analysetechniken sind im einzelnen recht kompliziert. Für eine tiefergehende Behandlung von Faktormodellen zur Aktienkurs- und renditeprognose, sei daher auf Sharpe/Alexander (Investments)[204] verwiesen. Der Aufwand für die Erstellung solcher Modelle zusammen mit der Not-

---

[202] Sharpe/Alexander (Investments), S. 439

[203] Sharpe/Alexander (Investments), S. 437

[204] Sharpe/Alexander (Investments), S. 434-446

wendigkeit des Vorhandenseins einer umfassenden Investmentanalysedatenbank[205] stellt denn auch das größte Hindernis bei ihrem Einsatz dar.

4.2.3.2. Anwendungssysteme

Wir wollen nun zwei beispielhafte Programme zur Unterstützung der Aktienanalyse, BILANZEN und Sasexp, näher betrachten. Ersteres ist als DSS, das zweite als ES realisiert.

4.2.3.2.1. BILANZEN

Bei dem Programm BILANZEN[206] handelt es sich um ein einfaches, von P. Husemann im Rahmen seiner Dissertation entwickeltes DSS zur Bilanzanalyse, das auf einem IBM-kompatiblen Personal Computer auf der Basis des Tabellenkalkulationsprogrammes Symphony der Firma Lotus entwickelt wurde. Die Bilanzdaten werden über Modem und Datenfernübertragung von dem Finanzinformationsservice Datastream bezogen. Das Programm hat experimentellen Charakter und ist in der vorgestellten Form noch nicht für einen produktiven Einsatz unter harten Praxisbedingungen geeignet. Es eignet sich aber sehr gut als Beispiel für die Betrachtung der prinzipiellen Eigenschaften und der Erscheinungsweise eines DSS für die Unterstützung der Aktienanalyse.

BILANZEN unterstützt den Analysten bei der Bilanzanalyse durch die Möglichkeit, bilanzanalytische Kennzahlen und Kapitalflußrechnungen von Datastream-verfügbaren Bilanzen und GuV-Rechnungen durchzuführen und die Ergebnisse in tabellarischer oder grafischer Form wiederzugeben. Es bietet außerdem eine Schnittstelle, um eigene Bilanzauswertungskalkulationen in Form von zusätzlichen Symphony-Tabellen zu definieren und zu berechnen. Die verfügbaren Bilanzkennziffern sind:[207]

- die *Gesamtkapitalrendite*,
- die *Umsatzrendite*,
- der *Eigenfinanzierungsgrad*,
- die *Liquidität 3. Grades*,
- die *Abschreibungsquote* und
- die *Reichweite des Fertigwarenlagers*.

---

205 zur Problematik einer integrierten Analysedatenbank siehe Abschnitt8.1

206 Husemann (Personal Computer), S. 104 ff.
Husemann (Computerunterstützung), S. 147 ff.

207 Husemann (Computerunterstützung), S. 158

Sie werden jeweils über fünf aufeinanderfolgende Jahresabschlüsse berechnet und in geeigneter Weise dargestellt. Die Kapitalflußrechnungen werden einerseits nach den aus der Betriebswirtschaftslehre bekannten Schemata textuell dargestellt, ihre wichtigsten Resultate können aber auch als Balkengrafiken abgerufen werden. Um ein Gefühl für die grundsätzliche Erscheinungsweise von BILANZEN und die Art der Informationspräsentation zu vermitteln, ist in Abbildung 4-4 der Übersichtsbildschirm wiedergegeben. Von diesem aus können detaillierte Spezialauswertungen ähnlicher Darstellungsweise je nach Bedarf angewählt werden. Außerdem besteht die Möglichkeit, die Analyseergebnisse in Form von Ausdrucken festzuhalten.

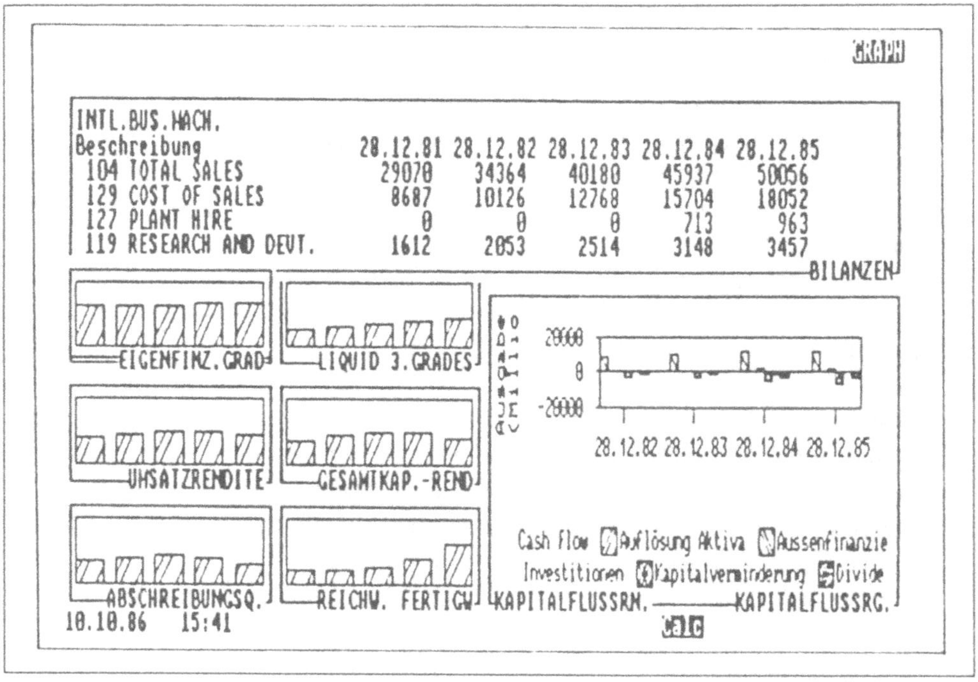

Abbildung 4-4: Beispiel eines Bildschirms von BILANZEN
Quelle: Husemann (Computerunterstützung)

Die Verwendung von BILANZEN bringt dem Analysten den Vorteil der elektronischen Datenbeschaffung, einer effizienten Berechnung aller standardmäßig notwendigen Auswertungen und einer gewissen Flexibilität bei der Visualisierung der erhaltenen Resultate. Insbesondere in diesem Bereich wäre allerdings noch eine Steigerung möglich: unternehmensübergreifende Vergleiche und ein interaktives prognostisches „Spielen" mit den Analysedaten werden nicht unterstützt bzw. erfordern die Definition eigener Symphony-Tabellen. Für den Praxiseinsatz auf breiter Basis wäre außerdem ein „Schließen" des Anwendungssystems - d.h. die auf der Grundlage eines Tabellenkalkulationsprogrammes kaum mögliche Absicherung gegen Bedienungsfehler und unerlaubte Manipulationen -, der Einbezug weiterer Datenquellen und ein flexibles Hilfesystem Voraussetzung. Als experimentelles System enthält BILANZEN aber durchaus die wesentlichen Funktionen, die ein DSS zur Bilanzanalyse ausmachen und läßt ihren Nutzen klar erkennen.

4.2.3.2.2. Sasexp

Sasexp (Stock Analysis Supporting Expertsystem)[208] ist ein ES zur Unterstützung der Aktienanalyse, das von G. Thurnes an der Universität Ulm in Zusammenarbeit mit der Bayerischen Hypotheken- und Wechselbank entwickelt wurde. Es handelt sich auch hier um einen Prototypen, dessen Weiterentwicklung zur Praxisreife noch zusätzliche Schritte erfordert. Implementiert wurde das System auf einem Personal Computer unter Verwendung der Expertensystemshell Pcplus von Texas Instruments und des Datenbanksystems Dbase III plus von Ashton-Tate.

Das System ermöglicht eine weitgehende Automatisierung der Beurteilung von Aktien im Sinne einer Charakterisierung durch folgende Standardmerkmale:[209]

Merkmale aus Bilanz- und GuV-Daten:
- Unternehmenswachstum
- Unternehmenssubstanz
- Gewinndynamik
- Finanzierungskraft
- Risikobehaftung
- Blue-Chip-Charakter

Merkmale hinsichtlich Kursverhalten:
- Rendite
- Aussagen zum Kurs (KGV, Höchst-/Tiefst-Kurs,...)
- Aussagen zum relativen Kursverlauf
- Volatilität

Merkmale hinsichtlich gesamtwirtschaftlicher Größen:
- Währungsabhängigkeit

---

208 Thurnes (Expertensystem)

209 Thurnes (Expertensystem), S. 614 f.

- Rohstoffabhängigkeit
- Zinsabhängigkeit

Um zu dieser Charakterisierung zu kommen, verarbeitet das System Bilanz- und GuV-Daten sowie historische Kursdaten in einem ersten Schritt zu finanzanalytischen Kennzahlen, die dann als Eingabeinformation für die eigentliche Expertensystemkomponente dienen. Diese versucht durch eine Kombination von Benutzerbefragung und der Anwendung von Schlußregeln zu einer Charakterisierung der betrachteten Aktien zu kommen. Schließlich besteht die Möglichkeit, mit Hilfe einer Screeningkomponente Gruppen von Aktien aufgrund ihrer charakteristischen Merkmale gezielt auszuwählen (etwa die Anzeige aller Aktien mit einer überdurchschnittlichen Eigenkapitalquote).

Die Wissensbasis des (regelbasierten) Expertensystems enthält sowohl fundamentales wie auch technisches Analysewissen. Abbildung 4-5 zeigt ein konkretes Beispiel einer Schlußregel des Systems.

Regel B:

wenn:	Grundkapitalwachstum der letzten 5 Jahre >= 50 Prozent
und	Anzahl der Kapitalerhöhungen in dieser Zeit > 1
und nicht	Nettoumsatz vor 4 Jahren >= aktueller Nettoumsatz
und nicht	rückläufige Gewinne oder: Verlust
dann:	Wachstum

Abbildung 4-5: Beispiel einer Schlußregel von Sasexp
Quelle: Thurnes (Expertensystem)

Sasexp ist sowohl für den Gebrauch durch Anlageberater wie auch für die Benutzung durch Analysten konzipiert. Der Nutzen für den Anlageberater besteht im wesentlichen in der effizienten zur Verfügungstellung knapper und aussagekräftiger Informationen über die Aktie und das zugrundeliegende Unternehmen und - aufgrund der Fähigkeit von Expertensystemen ihre Schlußfolgerungen zu erklären - im Einsatz als Argumentationshilfe. Dem Analysten bietet es die Möglichkeit, Zusammenhänge zwischen sich ähnlich entwickelnden Aktien zu analysieren sowie durch die Eingabe prognostizierter Daten Entwicklungen abzuschätzen und die einer Entlastung von Routineuntersuchungen sowie die der Fehlerreduktion im Sinne einer Verifikation seiner

Anlageurteile.[210] Abbildung 4-6 vermittelt einen Eindruck von Funktionsweise und Leistungsumfang des Expertensystems.

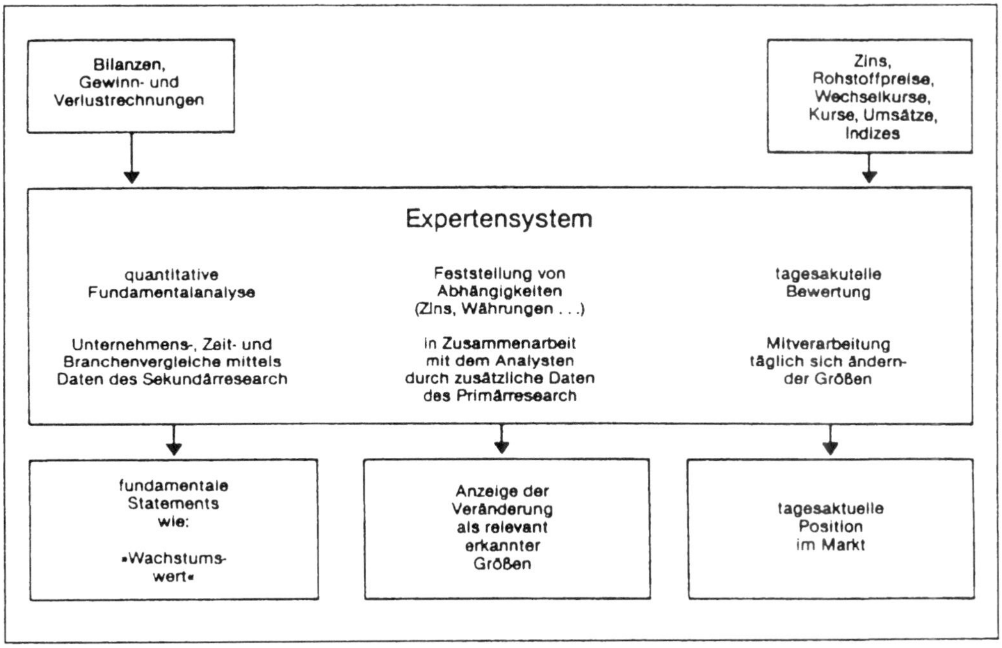

Abbildung 4-6: Funktionsweise und Leistungsumfang von Sasexp
Quelle: Thurnes (Expertensystem)

Bei Sasexp handelt es sich um ein hybrides System, bei dem ein ES mit DSS-Elementen, wie etwa im Falle der Kennzahlenberechnung, und konventionellen Datenbankabfragen, wie im Falle des Screenings der erhaltenen Resultate, kombiniert wurden. Dieser Ansatz erscheint vielversprechend, da jeweils die für einen bestimmten Verarbeitungschritt geeignetste Form der Implementation gewählt werden kann. Interessant ist auch der bei der Sasexp-Entwicklung eingeschlagene Weg einer Verknüpfung von fundamentalen mit technischen Analysemethoden.

Der Versuch, Lösungen von Problemstellungen der Aktienanalyse durch den Einsatz von aus Analystenbefragungen gewonnenen Schlußregeln zu erhalten, muß natürlich relativ schnell an bestimmte Grenzen stoßen: Insbesondere können so bestenfalls die Fähigkeiten der Analysten *repliziert* werden, neue Einsichten in den Aktienmarkt, wie

210 Thurnes (Expertensystem), S. 617 f.

man sie sich etwa von der Modellkonstruktion mittels mathematischer und statistischer Verfahren auf der Basis von Ergebnissen der neueren Finanzmarkttheorie erhofft, wird ein solches System kaum vermitteln. Der Nutzen der sich aus der durch die Rechenleistung des Computers ermöglichten Kapazitätssteigerung und der Tatsache, daß das Wissen der besten Experten so auch allen weniger qualifizierten oder auf andere Aufgaben spezialisierten Mitarbeitern zur Verfügung gestellt werden kann, ergibt, kann aber durchaus in einer wesentlichen Verbesserung der Leistung der Investmentorganisation resultieren. Wichtig ist hier eine realistische Einschätzung des wirklich vorhandenen Expertenwissens und der tatsächlichen Leistungsfähigkeit des erstellten Systems: Beratungsaufgaben liegen da näher als eine vollautomatische Aktienrenditeprognose!

Weitere beachtenswerte Systeme zur Unterstützung der fundamentalen Aktienanalyse sind SAFIR (ES der Universität Grenoble und CapSogeti)[211], Corporate Financial Analyzer (ES der ATHENA-Gruppe)[212] und das aus den Einzelsystemen GUVEX (Gewinnschätzung), BILEX (Bilanzanalyse) und FINEX (Finanzanalyse) bestehende und an der Universität Erlangen-Nürnberg in Zusammenarbeit mit DATEV entwickelte ES[213].

4.2.4. Analyse festverzinslicher Wertpapiere

Im folgenden sollen die zentralen Methoden der Analyse festverzinslicher Wertpapiere kurz betrachtet werden.

Die Analyse festverzinslicher Werte erscheint auf Grund der größeren Zahl der zu berücksichtigenden Titelparameter komplizierter als die der Aktien. Da die beobachteten Marktpreise im allgemeinen aber recht gut den theoretisch erwarteten entsprechen, ist die Beurteilung der Marktbewertung festverzinslicher Werte einfacher und eignet sich sehr gut für den Einsatz computergestützter Modelle.

Wie aus unserem Prozeßmodell hervorgeht, besteht der erste Schritt bei der Analyse eines festverzinslichen Titels in der genauen Untersuchung seiner konkreten Eigenschaften, insbesondere was die Schuldnerbonität und die Kupon- bzw. Rückzahlungskonditionen angeht. Nach der Identifizierung der Titelattribute und ihrer Einord-

---

[211] Rechenmann/Doize (SAFIR)

[212] The ATHENA Group (Hrsg.) (Financial Analyzer)

[213] Büttner/Dräger/Geiß/Mertens/et al. (Expertensysteme)

nung in ein standardisiertes Schema kann im zweiten Teilschritt die Überprüfung der Titelbewertung am Markt wie folgt erfolgen:

Grundsätzlich entspricht der Kurswert einer Staatsanleihe oder Industrieobligation ihrem Kapitalwert (engl. net present value, NPV), d.h. der Summe der Gegenwartswerte aller aus dem Besitz des Titels resultierenden Geldflüsse:[214]

$$K = \sum_{t=1}^{n} \frac{C_t}{(1+r)^t} + \sum_{t=1}^{n} \frac{R_t}{(1+r)^t}$$

wobei K: Kurswert des Rentenwertes
C_t: Kuponzahlung in Periode t
R_t: Rückzahlung in Periode t
r: Rendite des Rentenwertes
n: Anzahl Zinsperioden

Es gibt nun zwei äquivalente Möglichkeiten, die obige Gleichung zur Analyse eines Rentenwertes einzusetzen:[215]

1. Man setzt für K den aktuellen Marktkurs des Wertes ein und berechnet r, um die *Rendite auf Verfall* der Anleihe oder Obligation zu erhalten.

2. Man setzt für r eine aus der Analyse des Marktes gewonnene theoretisch korrekte Rendite r^* ein und erhält mit K den *theoretischen Kurswert* des Titels.

Beide Kennzahlen können dann entsprechenden Vergleichswerten gegenübergestellt werden, um eine Über- oder Unterbewertung der Anlage festzustellen. Im ersten Fall wird dazu eine theoretische Rendite r^*, im zweiten der aktuelle Marktkurs des Wertes verwendet. Welche Methode verwendet wird, ist eine Frage der persönlichen Präferenz -die eigentliche Schwierigkeit besteht in beiden Fällen in der Ermittlung der theoretisch anzunehmenden Rendite r^*.

Das für die Bewertung eines bestimmten Forderungstitels verwendete r^* hängt natürlich von dessen spezifischen Attributen, wie Laufzeit, Kuponzinssatz, Rückzahlungsbedingungen, steuerliche Charakteristika, Liquidität (geeignete Handelbarkeit des Ti-

---

214 Husemann (Computerunterstützung), S. 230 ff.
Loistl (Wertpapiermanagement), S. 247 ff.
Sharpe/Alexander (Investments), S. 355 ff.

215 Sharpe/Alexander (Investments), S. 356 f.

tels) und Schuldnerbonität ab.[216] Um eine allgemein einsetzbare Grundlage für die Bewertung der zur Auswahl stehenden Einzeltitel zu erhalten, versucht man, mit ökonometrischen Methoden eine Schätzung der *Zinsstrukturkurve (yield structure)* zu erhalten, die die Rendite in Abhängigkeit der verschiedenen Attribute wiedergibt.[217] Der Einfachheit halber konzentriert man sich dabei oft auf die Betrachtung nur weniger der oben genannten Titelcharakteristika, häufig wird die Untersuchung auf die Restlaufzeit-Abhängigkeit der Rendite (term structure) reduziert.[218] Abbildung 4-7 zeigt ein Beispiel einer (2-Parameter-) Zinsstrukturkurve („Renditegebirge"), die die Titelattribute Kuponzins und Restlaufzeit berücksichtigt (oben die real beobachteten Renditen, unten die Modellierung durch eine Regressionsfunktion).

Das für eine Titelbewertung benötigte r^* läßt sich nun aus der Zinsstrukturkurve durch Parametrisierung mit den jeweiligen Titelcharakteristika herauslesen.

Die zur Schätzung von Zinsstrukturkurven eingesetzten Modelle sind den in Abschnitt 4.2.3.1.2 (Faktormodelle) beschriebenen verwandt. Man versucht auf der Basis umfangreicher Datensammlungen durch statistische Verfahren, wie insbesondere der Regressionsrechnung, Struktur und genaue Höhe der am Markt gebildeten Renditen zu ermitteln.[219] Aufgrund der Vielfalt der möglichen Ausprägungen der oben genannten Titelattribute stellt jede verallgemeinernde Modellbildung natürlich eine Quelle für Ungenauigkeiten in der Schätzung der theoretisch korrekten Rendite eines festverzinslichen Wertes dar, so daß unterschiedliche Modellbildungen auch zu verschiedenen Resultaten bezüglich der Beurteilung eines Titels als unter- oder überbewertet kommen können. Im Vergleich zu der Bewertung von Aktien ist die Unsicherheit aber, wie gesagt, deutlich kleiner.

Neben der Beurteilung der Bewertung einer festverzinslichen Anlage durch den Markt mit dem Ziel, durch Arbitrage- oder Umtauschaktionen (sog. Titel-Switches) Renditeverbesserungen zu erzielen, stellt für die grundsätzliche Beurteilung der zu erwartenden Rendite die Prognose der Zinsentwicklung[220] natürlich die entscheidende

---

[216] Eine ausführliche Diskussion der Attribute festverzinslicher Titel findet sich u.a. in Sharpe/Alexander (Investments), S. 357 ff.

[217] Für eine Darstellung von Methoden zur Schätzung von Zinsstrukturkurven siehe Bußmann (Zinsänderungsrisiken), S. 201 ff.

[218] Theoretische Überlegungen in diesem Zusammenhang sind in Elton/Gruber (Modern Portfolio Theory), S. 472 ff. nachzulesen.

[219] Details finden sich in Loistl (Wertpapiermanagement), 282 ff.

[220] siehe Abschnitt 4.2.2

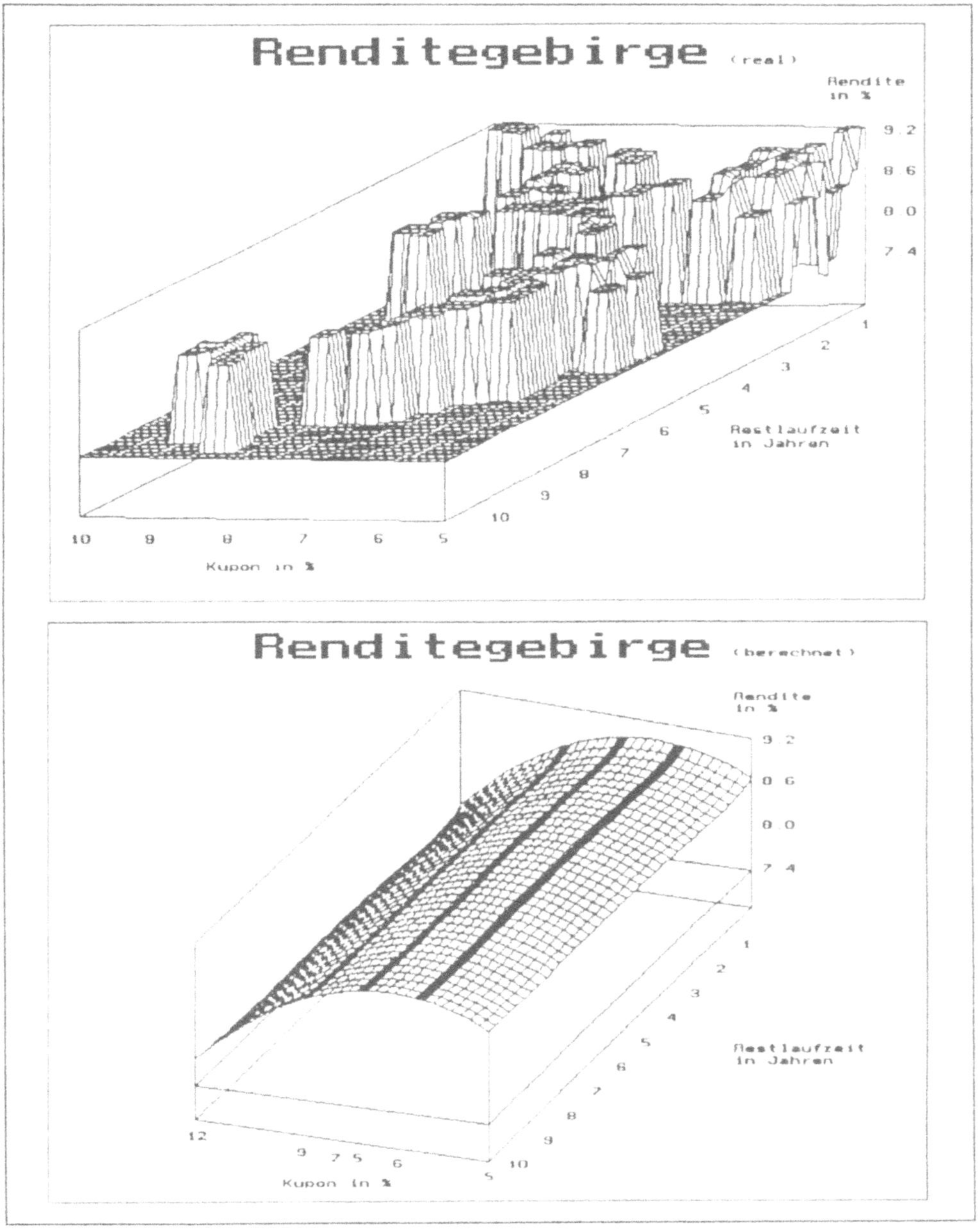

Abbildung 4-7: Reale Renditewerte und geschätzte Zinsstrukturkurve
Quelle: Loistl (Wertpapiermanagement)

Größe dar. Die Schwierigkeiten, diese für das Portfoliomanagement entscheidende Einflußgröße zu prognostizieren, relativieren die Erfolge, die sich durch die vorgängig beschriebenen Analysemethoden in der Beurteilung der relativen Bewertung von Obligationen erzielen lassen, deutlich: Die grundsätzliche Entscheidung über Umfang und zu wählende Fristigkeit einer Obligationenanlage ist nach wie vor sehr schwer zu treffen.

4.2.5. Analyse derivativer Anlageinstrumente

Wie in Abschnitt 4.1.4 erwähnt, gibt es grundsätzlich zwei verschiedene Methoden der Bewertung eines derivativen Anlageinstruments wie einer Option oder einem Future: Sie kann entweder über die Analyse des dem Kontrakt zugrundeliegenden Anlagewertes erfolgen oder direkt, mit Hilfe von auf der Arbitragetheorie basierenden Modellen. Die zweite Variante stellt dabei im allgemeinen den einfacheren Weg dar.

Ein typischer Repräsentant der in diesem Bereich verwendeten Modelle ist das weitverbreitete Black-Scholes-Modell[221] zur Bewertung von Aktienkaufoptionen. Es drückt den Wert der Aktienoption durch den augenblicklichen Aktienkurs, die noch verbleibende restliche Laufzeit der Option und den Ausübungskurs aus. Als Modellparameter werden ferner die Varianz der Aktienrendite und der risikofreie Zinssatz benötigt. Nach einer Schätzung der Renditenvarianz aus historischen Daten kann das Modell zur Berechnung des theoretischen Wertes der betrachteten Aktienoption eingesetzt werden.

Auch dieses Modell hat allerdings seine Schwächen. Bestimmte Modellannahmen, wie insbesondere die einer über die gesamte Periode konstanten Varianz der Aktienrendite, stellen eine Vereinfachung der Realität dar, die die Qualität der erhaltenen Resultate beeinträchtigen kann.[222] Es stellt aber nach wie vor den praktischsten Ansatz der Aktienoptionsbewertung dar.

Parallel zur stürmischen Ausweitung des Geschäfts mit derivativen Anlageinstrumenten in den letzten Jahren hat sich das Interesse an den Methoden ihrer Analyse ständig vergrößert. Es existiert daher heute eine große Vielfalt von spezialisierten Modellbildungen und von Abwandlungen der bekannten Standardmodelle. Für eine aus-

---

[221] Black/Scholes (Pricing of Options)
Spremann (Investition), S. 577 ff.
Sharpe/Alexander (Investments), S. 558 ff

[222] Spremann (Investition), S. 581

führliche Beschreibung der Theorie derivativer Anlageinstrumente und eine Diskussion der neueren spezialisierten Ansätze sei auf die Literatur[223] verwiesen.

4.2.6. Technische Analyse

4.2.6.1. Methoden

Die Methode der technischen Analyse besteht in der grafischen Darstellung von Kursverlauf und Umsatz des betrachteten Analyseobjekts (z.B. einer Aktie, eines Aktienindizes, einer Währung) zusammen mit verschiedenen davon abgeleiteten Durchschnitten und Indikatoren in Form eines *Charts* - Darstellungsvarianten sind Liniencharts, Barcharts und Point-and-Figurecharts[224] - und dessen anschließender Untersuchung auf charakteristische Formationen, Widerstandslinien und Schnittpunkte, die eine Voraussage des weiteren Kursverlaufs ermöglichen, bzw. als Kauf- oder Verkaufssignale interpretiert werden können. Das Arsenal der dabei im einzelnen eingesetzten Techniken ist höchst umfangreich und stark vom persönlichen Geschmack - bzw. Glauben - abhängig. Besonders gebräuchliche Basisverfahren sind aber gleitende Durchschnitte, Widerstandslinien und Momentumkurven.

Gleitende Durchschnitte (moving averages) dienen der Glättung einer Zeitreihe. Kurzfristige Schwankungen sollen zurücktreten, um den Blick auf Trends im Kursverlauf frei zu machen. Es sind dabei die verschiedensten Zeithorizonte möglich, besondere Bedeutung haben in der Literatur allerdings der 38-Tage-Durchschnitt zur Analyse kurzfristiger Trends und der 200-Tage-Durchschnitt zur langfristigen Trendanalyse erlangt. Die Schnittpunkte der gleitenden Durchschnitte mit der Kurslinie können als Kauf- bzw. Verkaufssignale gewertet werden.[225] Abbildung 4-8 zeigt ein Beispiel.

Widerstandslinien begrenzen Kurskorridore, innerhalb derer der Kurs besonders häufig hin- und herpendelt. Die Existenz solcher Zonen begründet die technische Theorie damit, daß die Marktteilnehmer sich bestimmte psychologisch wichtige Kurse merken. Die bei deren Erreichen eintretenden Kaufs- und Verkaufstransaktionen bewir-

---

223 Theorie allgemein:
Sharpe/Alexander (Investments), S. 533 ff
Elton/Gruber (Modern Portfolio Theory), S. 524 ff.
Spremann (Investition), S. 505 ff.
Spezialisierte Methoden:
Loistl (Wertpapiermanagement), S. 297 ff

224 Loistl (Wertpapiermanagement), S. 67 ff.

225 Loistl (Wertpapiermanagement), S. 71 ff.

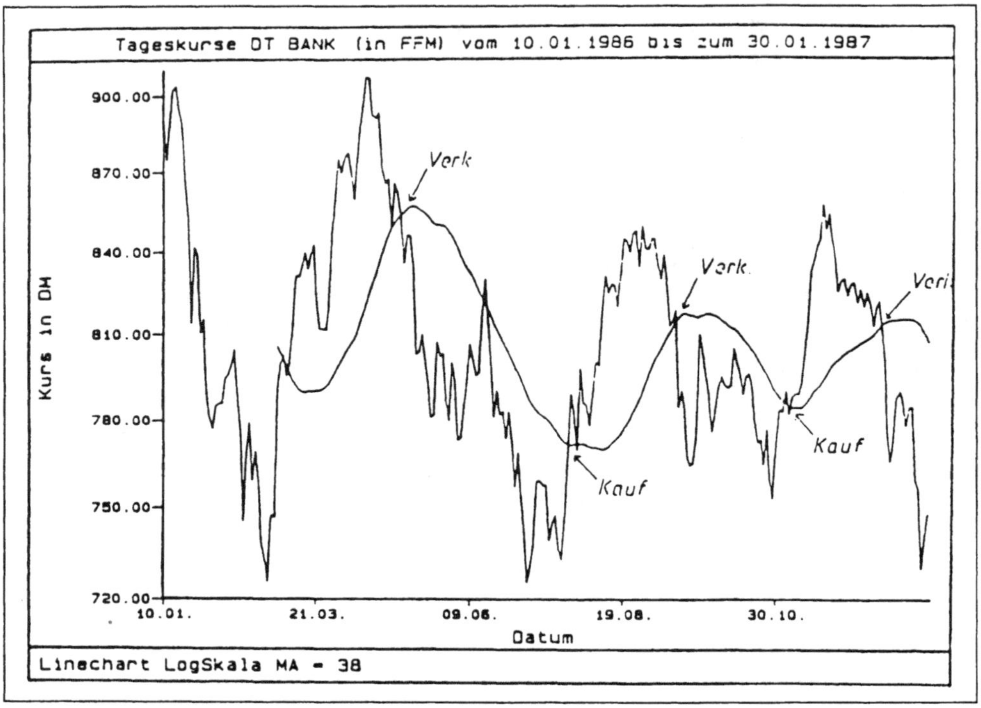

Abbildung 4-8: Gleitender 38-Tage-Durchschnitt am Beispiel der Deutschen Bank
Quelle: Loistl (Wertpapiermanagement)

ken jeweils ein Zurückschwingen des Kursverlaufs. Bricht der Kurs aber einmal aus dem Korridor aus, so stellt dies eine neue Wendung dar, die eine größere Kursbewegung erwarten läßt.[226]

Momentumkurven dienen der Identifikation von zyklischen Schwankungen und kurzfristigen Trends in Kurszeitreihen. Das Momentum stellt die Geschwindigkeit der Kursänderung dar und berechnet sich als Differenz zwischen dem aktuellen Kurs und dem um ein sog. *Lag* - z.B. eine Woche - zurückliegenden. Seine Aussagekraft beruht auf der Annahme, daß eine Kursbewegung zunehmend schwächer wird, je näher der Kurs dem lokalen Maximum bzw. Minimum der Bewegung kommt. Die Bedeutung des Momentums für den technischen Analysten besteht darin, daß es ihm einen Hinweis gibt, in welchem Stadium sich ein Auf- bzw. Abwärtstrend befindet.[227]

---

226 Husemann (Computerunterstützung), S. 203 f.

227 Loistl (Wertpapiermanagement), S. 121 ff.

Neben den genannten Basisinstrumenten der technischen Analyse gibt es eine Vielzahl weiterer bekannter Indikatoren. Außerdem werden vom technischen Analysten aus den verschiedensten Kombinationen von Standardkonstrukten zusammengesetzte eigene Indikatoren eingesetzt.[228]

4.2.6.2. Anwendungssysteme

4.2.6.2.1. CompuTrac

CompuTrac[229] von der Firma CompuTrac (einer Tochtergesellschaft von Telerate Systems) ist ein führendes, kommerziell erhältliches Anwendungssystem zur Unterstützung der technischen Aktienanalyse. Es ist auf die Bedürfnisse des erfahrenen technischen Analysten zugeschnitten und bietet eine große Auswahl verschiedener Analysetechniken an, darunter gleitende Durchschnitte, Trendlinien, statistische Aktienkurskennziffern und Indizes. Es erlaubt außerdem den Einsatz von Kursfiltern und die Ergänzung des Systems durch eigene Analyseprogramme.

Die Datenversorgung des Systems erfolgt in Europa durch I.P. Sharp, deren umfangreiche Kursdatenbank direkt per Datenfernübertragung abgefragt werden kann. Dazu wird ein Sondertarif angeboten.

Das Programm ist einigermaßen bedienerfreundlich und erlaubt die Erstellung umfangreicher grafischer Darstellungen, deren Interpretation allerdings eine genaue Kenntnis der technischen Theorie voraussetzt. Es ist daher für die Heranführung von Neulingen an die technische Analyse oder den Einsatz als Trainingssystem wenig geeignet.

Gegen einen geringen Unkostenbeitrag wird die Analysefunktionalität des System von Computrade jährlich durch die Lieferung neuentwickelter Analyseroutinen auf den aktuellsten Stand gebracht.

Das Anwendungssystem läuft auf IBM-kompatiblen Personal Computers unter dem Betriebssystem MS-DOS.

---

228 Loistl (Wertpapiermanagement), S. 51 ff.
Shaw (Technical Analysis)

229 CompuTrac (Hrsg.) (CompuTrac)
Husemann (Computerunterstützung), S. 207 f.

Wenn auch für das Portfoliomanagement interessante längerfristige Auswertungen aufgrund der kurzfristigen Handelsorientierung des Systems etwas untervertreten sind, so stellt CompuTrac doch ein praxisgereiftes DSS zur Unterstützung der technischen Aktienanalyse dar, das alle wesentlichen Elemente eines technischen Analysesystems enthält und als Beispiel für eigene Entwicklungen dienen kann. Interessant an CompuTrac erscheint vor allem der gewählte Ansatz der flexiblen Erweiterbarkeit der Analysefunktionalität durch eigene und vom Hersteller gelieferte Routinen, der der gewaltigen Vielfalt technischer Analyseansätze angemessen ist.

Die meisten der vielen weiteren am Markt erhältlichen Systeme zur Unterstützung der technischen Analyse sind dem beschriebenen CompuTrac sehr ähnlich. Eine grundsätzlich andere Variante stellen hingegen die speziell auf die Gestaltung von Händlerarbeitsplätzen ausgelegten Anwendungsplattformen dar, die im allgemeinen recht umfangreiche Unterstützungsfunktionen für eine technische Analyse *in Echtzeit* anbieten. Es handelt sich hierbei nicht um fertige Anwendungssysteme, sondern vielmehr um Basiskomponenten für die Entwicklung eigener hochspezialisierter Anwendungen. Ein Beispiel eines solchen Systems stellt das von Econocom Expert vertriebene *Crystal City*[230] dar. Für die Bedürfnisse des uns interessierenden Portfoliomanagement-Bereichs sind solche für den Wertschriften- und Devisenhandel ausgelegten Systeme aber wenig geeignet.

4.2.7. Risikoanalyse

Im Zusammenhang mit dem praktischen Einsatz von Methoden der Risikoanalyse sind zwei Arten von Risikomaßen gebräuchlich:

1. *Standardabweichung und Kovarianzmatrix*[231]
   Hierbei wird das Risiko einer Anlage durch die Prognose der Standardabweichung ihrer Rendite[232] und der Angabe der erwarteten Kovarianzen mit den Renditen al-

---

[230] Smith (Potential)
Econocom Expert (Hrsg.) (Crystal City)

[231] Elton/Gruber (Modern Portfolio Theory), S. 14 ff.

[232] Hier ist zu unterscheiden zwischen dem in der Anlagepraxis gebräuchlichen Rendite-Begriff und dem in der Portfoliotheorie verwendeten. In der Portfoliotheorie wird die Rendite einer Anlage als Zufallsvariable aufgefaßt, deren Verteilung durch zwei Parameter, ihren Erwartungswert und ihre Standardabweichung (bzw. ihre Varianz) charakterisiert werden kann. Der *Erwartungswert* der Rendite-Zufallsvariablen bezeichnet den Rendite-Wert, der bei wiederholter Ausführung des Zufallsexperiments „im Mittel" zu erwarten ist und entspricht dem, was man in Form der Rendite-Prognosen vorauszusagen versucht. Die *Standardabweichung* (bzw. die Varianz) der Rendite-Zufallsvaria-

ler anderen Anlagen des betrachteten Universums spezifiziert. Konkret ergibt sich bei dieser Form der Risikopräsentation eine Matrix, die die Kovarianzen der Renditen aller betrachteten Anlagen untereinander enthält. Da sich bei dieser Darstellung auf der Matrixdiagonale als „Kovarianzen mit sich selbst" gerade die Varianzen der einzelnen Anlagerenditen - das Quadrat der Standardabweichungen - ergeben, ist die Risikocharakteristik des Anlageuniversums durch die Kovarianzmatrix[233] - im Sinne dieses Ansatzes der Risikomessung - vollständig beschrieben.

2. *Beta-Faktoren*[234]
   Diese Art der Risikoangabe bezieht sich auf das CAPM[235] und wird vorwiegend für Aktien eingesetzt. Wie bereits in Abschnitt 1.2.4.3 erwähnt, stellt der Beta-Faktor die Sensitivität einer Anlage bezüglich zukünftiger Marktbewegungen dar. Da diese Angabe im Rahmen des CAPM das für (optimal) diversifizierte Portfolios einzig relevante systematische Risiko einer Anlage vollständig spezifiziert, genügt hier zur Beschreibung der Risikocharakteristik des Universums ein Vektor mit den Beta-Faktoren der betrachteten Anlagen.

Die Anwendung dieser Risikomaße im Rahmen des Portfoliomanagements ist unterschiedlich. Während im ersten Fall die Kovarianzmatix von Optimierungsprogrammen zur Minimierung des spezifischen Risikoanteils - d.h. zur Berechnung einer optimalen Portfoliodiversifikation - wie auch zur Kalkulation des totalen Risikos des resultierenden Portfolios verwendet werden kann[236], läßt sich anhand der Beta-Faktoren lediglich eine Bestimmung und Steuerung des systematischen (marktbezogenen) Risikos des betrachteten Portfolios vornehmen. Zur Konstruktion einer optimalen Diversifikation reichen Beta-Faktoren allein nicht aus.[237]

---

blen stellt ein Maß für die Breite der Streuung der möglichen Rendite-Werte um den Erwartungswert dar und wird zur Charakterisierung des *Risikos* einer Anlage eingesetzt. Wenn bei zukunftsbezogenen Betrachtungen in der Praxis von der *Rendite* (als Gegenstück zum Risiko) einer Anlage gesprochen wird, ist damit genaugenommen der *Erwartungswert der Rendite* (und damit nur ein Teilaspekt des Portfoliotheorie-Renditebegriffs) gemeint.

233 oder genauer: „Varianz-Kovarianzmatrix"

234 Sharpe/Alexander (Investments), S. 420 ff.

235 siehe Abschnitt 1.2.4.3 und 5.2.3

236 siehe Abschnitt 5.2.2

237 Es besteht allerdings die Möglichkeit, sie zusammen mit Schätzungen weiterer im Rahmen des CAPM relevanter Größen, wie insbesondere der der Varianz des Marktportfolios und denjenigen der Varianzen bestimmter anlagespezifischer Fehlerterme, als Modell für die Berechnung der zur Portfoliooptimierung notwendigen Varianzen und Kovarianzen einzusetzen. Unter der Voraussetzung, daß das CAPM gilt, läßt sich so sogar eine deutliche Reduktion der Anzahl der zu schätzenden Größen erreichen. Siehe Sharpe/Alexander (Investments), S. 225 ff.

Zur Schätzung der Risikomaße des Anlageuniversums, d.h. zur Risikoprognose, werden verschiedene Verfahren eingesetzt. Am einfachsten ist die - häufig anzutreffende - Verwendung der direkt aus historischen Kurszeitreihen berechenbaren empirischen Kovarianzen bzw. Beta-Faktoren.[238] Ein aufwendigeres Verfahren besteht in der Schätzung der Risikomaße mit Hilfe von Multifaktormodellen.[239] Das Problem bleibt dabei immer, aus Vergangenheitsdaten auf die *zukünftigen* Risikoparameter einer Anlage zu schließen. Aufgrund der laufenden Strukturveränderungen der betrachteten Systeme wird dies natürlich immer nur sehr bedingt möglich sein. Da das Risiko eines Anlageinstruments aber eine wesentlich stabilere Größe darstellt, als seine Rendite, hat man wenigstens eine realistische Chance. Ein weiterer Schritt vorwärts wäre eine wirklich zukunftsgerichtete Risikoprognostik. Neben den Grenzen, die hier durch die Menge der zu ermittelnden Größen vom Bearbeitungsaufwand her gesetzt sind, fehlt es aber hierfür bisher an geeigneten Verfahren.

Schließlich ist zu bemerken, daß eine wichtige Voraussetzung für die sinnvolle Arbeit mit Risikomaßen darin besteht, den jeweiligen Bezugsrahmen ihrer Definition, d.h. die Theorie der Portfolioselektion bzw. das CAPM, nicht aus den Augen zu verlieren. Die Grenzen des Modells beschränken auch die Verwendbarkeit ihrer Risikobegriffe.

4.3. Konklusion

Bezeichnend für die Investmentanalyse ist die sich aus der gewaltigen Methodenvielfalt ergebende Aufsplitterung der Informatikunterstützung in viele kleinere Spezialsysteme. Nicht nur die Gliederung des Bereichs in Teilbereiche für die Analyse einzelner Kategorien von Anlageinstrumenten, sondern auch das Vorhandensein verschiedener paralleler - und sich oftmals widersprechender - Modellansätze in jedem einzelnen Bereich tragen zu dieser Situation bei. Hinzu kommt der Umstand, daß die existierenden Entscheidungsunterstützungssysteme häufig um ein einziges Analysemodell herum aufgebaut sind.

Folgende (An-)Forderungen an die Weiterentwicklung der Informatikunterstützung des Bereichs der Investmentanalyse sind zu stellen:

---

[238] siehe dazu Spremann (Investition), S. 472

[239] Im Sinne von den in Abschnitt 4.2.3.1.2 (Faktormodelle) beschriebenen Modellen, allerdings wird diesesmal versucht, das Risiko, nicht die Rendite, der Anlage zu prognostizieren. siehe Sharpe/Alexander (Investments), S. 438

A41: Eine *Integration der* vielen verschiedenen und technisch heterogenen *Datenquellen* ist anzustreben. Das Wunschresultat ist die Schaffung einer vollständig integrierten Analysedatenbank, die alles aktuelle wie historische Analysedatenmaterial enthält und dieses den einzelnen Anwendungssystemen in flexibler und effizienter Weise zur Verfügung stellt.

A42: Anstatt des jetzigen Wildwuchses von vielen kleinen, jeweils auf einen einzigen Modellansatz beschränkten Spezialsystemen, sollten Anwendungssysteme zum Einsatz kommen, die *mehrere Modelle unter einer einheitlichen Bedieneroberfläche* anbieten. Ein sinnvolles Maß der Integration stellt dabei wohl die Zusammenfassung jeweils aller Modellansätze, die zur Unterstützung eines Teilbereichs der Investmentanalyse, also etwa der Aktienanalyse oder der Analyse festverzinslicher Werte, zur Anwendung kommen sollen, dar.

A43: Die eingesetzten Systeme sollten auf eine *flexible Erweiterbarkeit* um neue Modellansätze hin ausgelegt sein, um der Dynamik der Modell- und Methodenentwicklung im Bereich der Investmentanalyse auf Dauer gewachsen zu sein.

A44: Es sind *Mechanismen zur Behandlung der Redundanz in der Prognosefindung* zu entwickeln. Die Vielzahl der sich ergänzenden oder auch widersprechenden Einzelprognosen muß in geeigneter Weise kanalisiert und gegebenenfalls konsolidiert werden können.

A45: Die in den einzelnen Teilbereichen des Investmentanalyse anfallenden Zwischenresultate und Resultate müssen allen potentiellen Nutzern und berechtigten Interessenten in elektronischer Form effizient und auf flexibel steuerbare Weise zugeführt werden können. Eine solche *Integration und flexible Steuerung der Informationsflüsse* sollte dabei auf der Grundlage einer ganzheitlichen Betrachtung des stattfindenden Informationsproduktionsprozesses erfolgen.

Hinsichtlich der Eignung der einzelnen Implementationsvarianten entscheidungsunterstützender Systeme für die betrachteten Teilbereiche wurde festgestellt, daß aufgrund des hohen Anteils qualitativer Information ein Schwerpunkt des ES-Einsatzes wohl im Bereich der Analyse des gesamtwirtschaftlichen Umfelds liegen dürfte.[240] Insbesondere die technische Analyse und die Risikoanalyse eignen sich aufgrund ihrer quantitativen und klar umrissenen Methoden und Modellbildungen in besonderer Weise für die Informatikunterstützung auf der Basis des DSS-Ansatzes. NN-basierte Systeme werden vorrangig in den Bereichen der Aktienkurs-, Aktienindex- und Wäh-

---

240 Gerloff (Expertensystemeinsatz im Portfoliomanagement), S. 11 ff.

rungskursprognose eingesetzt werden. Einen bevorzugten Anwendungsbereich für entscheidungsunterstützende Datenbankanwendungen stellen schließlich die datennahen Such- und Auswahlfunktionen, wie etwa die systematische Durchmusterung des Wertschriftenuniversums auf der Basis von Attributsangaben - das sog. Screening -, dar.

5

Informatikunterstützung der Portfoliokonstruktion

In diesem Kapitel sollen die Möglichkeiten der Informatikunterstützung des Bereichs der Portfoliokonstruktion untersucht werden. Das Vorgehen ist analog zu dem des vorigen Kapitels: Als Ausgangspunkt für weitere Betrachtungen wird zunächst eine weitergehende Detaillierung unseres Prozeßmodell für den interessierenden Bereich entwickelt. Weiterhin wird eine Übersicht über Methoden und bestehende Anwendungssysteme gegeben und die Konklusionen für eine weitergehende - computerintegrierte - Informatikunterstützung gezogen. Die Gliederung wurde zur besseren Anpassung an den betrachteten Bereich gegenüber dem letzten Kapitel leicht modifiziert.

5.1. Modell des Portfoliokonstruktions-Teilprozesses

Ziel des Portfoliokonstruktions-Teilprozesses ist die für eine optimale Erfüllung der Portfolioziele geeignete Zusammenstellung eines Portfolios aus den zur Auswahl stehenden Anlageinstrumenten auf der Basis der im Investmentanalyse-Teilprozeß erzeugten Rendite- und Risikoprognosen und Information über die zu erwartenden Transaktionskosten. Dabei ist im Falle der Überarbeitung eines bereits bestehenden Portfolios dessen Zusammenstellung als Ausgangspunkt der Überlegungen zu berücksichtigen. Handelt es sich um die Neukonstruktion eines Portfolios, so ist die Entscheidungsfindung von dieser Restriktion frei. Schließlich sollte in die Portfoliokonstruktion in Form von Performanceberichten vorliegende Information über die Auswirkungen in der Vergangenheit getroffener Konstruktionsentscheidungen einfließen, um eine Verbesserung der Entscheidungsqualität im Sinne eines Lernprozesses zu ermöglichen.

Der Teilprozeß zerfällt in zwei Verarbeitungsschritte: die Asset-Allocation-Konstruktion und die Konstruktion der Titelselektion, die sich wiederum aus den dynamisch zusammenwirkenden Bearbeitungskomponenten des Entwurfs und der Analyse zusammensetzen. Die Schritte Asset-Allocation-Konstruktion und Titelselektionskonstruktion sind in ihrer Struktur ähnlich, sie bearbeiten jedoch verschiedene Ebenen des betrachteten Portfolios. Während es im ersten um die Grobstruktur des Portfolios, also etwa die geeignete Aufteilung des anzulegenden Kapitals auf die einzelnen Anlagekategorien und Währungen geht, hat der zweite die Auswahl konkreter Anlagetitel und ihre Gewichtung im Portfolio zu Ziel. Wie bereits in Abschnitt 1.2.5 angedeutet wurde und unter 5.2.1 Investmentstile noch zu vertiefen ist, ist die konkrete Ausgestaltung des Entscheidungsprozesses der Portfoliokonstruktion vom gewählten Investmentansatz abhängig. So wird im Falle eines Bottom-up-Ansatzes eine separate Betrachtung der Asset-Allocation-Ebene nicht vorgenommen und die Portfoliozusammenstellung in einem Schritt aus Überlegungen auf Titelebene gewonnen. Ein alle verschiedenen Investmentstile repräsentierendes Modell des Teilprozesses der Portfoliokonstruktion muß, um für eine sinnvolle Betrachtung von Informationsfluß, Informationsverarbeitung und deren Informatikunterstützung, den in der Praxis wichtigen und, wie in Abschnitt 1.2.5 dargelegt, immer wichtiger werdenden Entscheidungsschritt der Asset-Allocation-Konstruktion mit einbeziehen. Die aus Abbildung 5-1 ersichtliche gewählte Form eignet sich zur Untersuchung aller in Abschnitt 5.2.1 beschriebenen Investmentansätze. Ein Bottom-up-Ansatz stellt dabei den Spezialfall einer nicht definierten Soll-Asset-Allocation dar, die im Verarbeitungsschritt der Titelselektion nicht berücksichtigt wird - der Schritt der Asset-Allocation-Konstruktion entfällt hier. Durch die allgemeine Definition des Begriffs Asset Allocation im Modell als beliebig gestaltete Portfoliostrukturierung werden nationale wie internationale, spezialisierte wie in Bezug auf die verwendeten Anlagekategorien gemischte Investmentstile und z.B. auch Vorgehensweisen wie Branchenallokation, Portfoliostrukturierung nach Fristigkeiten u.ä. mit einbezogen. Sie stellen Spezialisierungen des allgemeinen Modellansatzes dar, für die alle auf unser Modell bezogenen Aussagen, die im weiteren Verlauf der Arbeit entwickelt werden, volle Gültigkeit haben.

5.1.1. Asset-Allocation-Konstruktion

Der Prozeßschritt der Asset-Allocation-Konstruktion verarbeitet die aus dem Prozeßschritt der Analyse des gesamtwirtschaftlichen Umfelds gewonnen Prognosen von Währungskursen, Zinsentwicklung und Aktienmarktentwicklung zusammen mit den aus der Risikoanalyse gewonnenen Prognosen der Risiken (Standardabweichungen und Kovarianzen) dieser Faktoren zu einer auf eine möglichst gute Erfüllung der Portfolioziele zugeschnittenen Soll-Asset-Allocation. Dabei sind Transaktionskosteninformation und - im Falle der Portfolioüberarbeitung - die Ist-Asset-Allocation des bestehenden Portfolios zu berücksichtigen. Auf die Darstellung des außerdem sinnvollen Einbezugs von Performanceberichten in diesen Entscheidungsschritt, wurde aus Übersichtlichkeitsgründen verzichtet.

Von der Eingabeinformation der *Portfolioziele* wird der Anteil verwendet, der sich auf die Portfoliostruktur bezieht. Dies sind insbesondere Angaben über die Risikokategorie, über Auszahlungsziele und über Restriktionen betreffend der Gewichtung der einzelnen Anlagekategorien und Währungen. Der verwendete Anteil der Transaktionskosteninformation besteht in meist recht groben Approximationen der mittleren

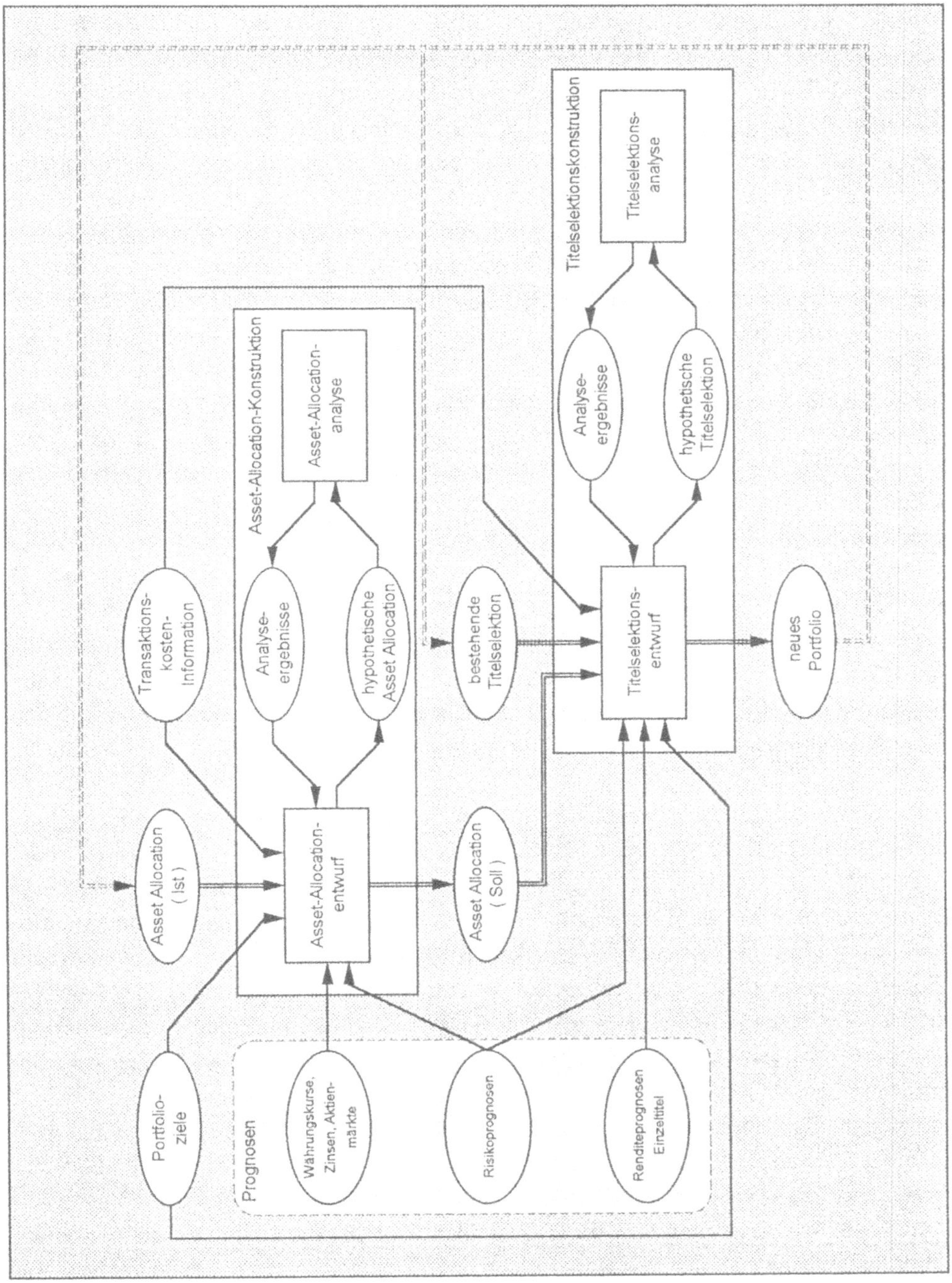

Abbildung 5-1: Der Portfoliokonstruktions-Teilprozeß

Kosten von Transaktionen der einzelnen Anlageklassen, abgestuft nach Transaktionsvolumen. Da die genauen Parameter der dann schließlich durchgeführten Transaktion fehlen und wegen erst kurz vor dem Abschluß ausgehandelter Konditionen sind genaue Daten hier nicht verfügbar. Wegen der Dominanz der anderen Einflußfaktoren erweist sich eine grobe Modellierung aber zumeist als ausreichend. Die Eingabeinformation *Ist-Asset-Allocation* besteht in einer oft tabellarisch dargestellten Aufstellung der prozentualen Gewichtungen der zur Auswahl stehenden Anlageklassen im bestehenden Portfolio zum aktuellen Zeitpunkt. (Durch die Kursbewegungen der einzelnen Anlagetitel befindet sich die Portfoliostruktur natürlich dauernd im Fluß. Eine Ist-Asset-Allocation hat daher im Gegensatz zu der als Zielvorstellung für einen bestimmten Zeitraum konzipierten Soll-Asset-Allocation den Charakter einer Momentaufnahme der Portfoliozusammensetzung.) Ein Beispiel für den Fall eines international investierten gemischten Portfolios ist in Abbildung 5-2 dargestellt. Für die Eingabeinformation der Prognosen von Währungen, Zinsen und Aktienmarktentwicklung gelten die in Abschnitt 4.1.1, für die der Risikoprognosen die in Abschnitt 4.1.6 gemachten Bemerkungen. Zu beachten ist dabei, daß sich das Problem der Größe der Kovarianzmatrix auf Asset-Allocation-Ebene drastisch reduziert. Es werden hier ja nur die mittleren Bewegungen ganzer Klassen von Anlagetiteln verfolgt, die sich in Form von Indizes approximieren lassen. Unter der Annahme von 50 betrachteten Anlageklassen (z.B. 5 Anlagekategorien x 10 Währungen), ergibt sich eine Kovarianzmatrix von 50^2 = 2 500 Elementen, um Grössenordnugen kleiner als die aus den dabei betrachteten etwa 500 Einzeltiteln resultierende von 500^2 = 250 000 Elementen.

Ausgabeinformation des Prozeßschrittes der Asset-Allocation-Konstruktion ist eine Soll-Asset-Allocation, d.h. eine für den folgenden Prozeßschritt der Titelselektionskonstruktion verbindliche Beschreibung der Struktur des neuen Portfolios. Allerdings ist die Toleranz bei der Einhaltung der Soll-Gewichtungen je nach Investmentphilosophie verschieden. Will man Möglichkeiten für die gezielte Ausnutzung von erst auf Titelebene erkennbaren Chancen, wie etwa von Übernahmesituationen, oder hinsichtlich der Transaktionskosten besonders günstiger Angebote, im Sinne einer Kombination des Top-down- mit dem Bottom-up-Ansatz schaffen, wird man in diesen Fällen eine recht große Abweichung zulassen. Ist man dagegen ein überzeugter Verfechter des reinen Top-down-Ansatzes und glaubt nicht an eine Verbesserung des Anlageergebnisses durch das Erkennen von Einzelsituationen, wird man die Sollzahlen zur streng einzuhaltenden Vorgabe machen. Allerdings sind auch in diesem Fall aufgrund von Titelstückelung und der vereinfachenden Beschreibung der Asset Allocation durch ganze Zahlen oder solche mit einer Dezimalstelle kleinere Abweichungen immer notwendig.

Pf. 103 / Ist-AA	Europa				N.-Amerika		Fernost			Total
Ref. Währ.: DM	DM	FFr	£	SFr	US$	C$	YEN	A$	HK/SI	%
Geldmarkt / Liq.	16,3	1,0	2,9	0,2	7,3		0,1	0,4		28,2
Obligationen	25,8	6,4			6,2					38,4
Wandelanleihen			2,1	2,6						4,7
Aktien	8,6	5,1	3,9	1,7	4,8	1,4	1,2	0,9	1,1	28,7
Total	50,7	12,5	8,9	4,5	18,3	1,4	1,3	1,3	1,1	100,0

Pf. 103 / Soll-AA	Europa				N.-Amerika		Fernost			Total
Ref. Währ.: DM	DM	FFr	£	SFr	US$	C$	YEN	A$	HK/SI	%
Geldmarkt / Liq.	**11,0**		**1,0**		8,0					**20,0**
Obligationen	26,0	8,0			5,0					39,0
Wandelanleihen			3,0	3,0						6,0
Aktien	**13,0**	5,0	3,0	2,0	5,0	1,0	**4,0**	1,0	1,0	**35,0**
Total	50,0	13,0	**7,0**	5,0	18,0	1,0	**4,0**	1,0	1,0	100,0

Abbildung 5-2: Bestehende Ist- und geplante Soll-Asset-Allocation eines international investierten gemischten Portfolios (relevante Umschichtungen hervorgeh.)

Der Prozeßschritt der Asset-Allocation-Konstruktion selbst besteht in der geeigneten Abwägung der sich aus den einzelnen Eingabeinformationen ergebenden Chancen und Risiken unter Berücksichtigung von Restriktionen und unter Konziliation mehrerer in verschiedene Richtung wirkender Zielsetzungen, wie z.B. dem Wunsch nach einer hohen Rendite, einem niedrigen Risiko, nach niedrigen Transaktionskosten, kleinem Bearbeitungsaufwand und hoher Entscheidungsqualität, etc. Er hat die allgemeine Form eines Entwurfs-Analyse-Zyklus', der über schrittweise verbesserte hypothetische Soll-Asset-Allocations schließlich eine die gestellten Anforderungen befriedigende definitive Soll-Asset-Allocation gefunden wird. Zur Kombination der verschiedenen Einflußgrößen gibt es die verschiedensten Methoden.[241] Das Spektrum reicht vom auf Erfahrungswissen basierten, oft über den Daumen gepeilten, manuellen Ansatz, über papierbasierte Systematisierungen wie der Vorgabe einer mittleren Gewichtung und einer erlaubten Bandbreite für jede Anlageklasse, oder von Hebelfaktoren, mit denen die einzelnen Prognosen gewichtet werden, bis hin zu computerbasier-

---

241 wie wir in Abschnitt 5.2 noch sehen werden.
Siehe dazu Arnott/Fabozzi (Asset Allocation), Sharpe (Asset Allocation Tools) und Sharpe (Integrated Asset Allocation).

ten Optimierungsmodellen. In der Regel wird der Prozeßschritt aus einer Kombination von menschlichem Urteil und maschineller Verarbeitung bestehen.

5.1.2. Titelselektionskonstruktion

Beim Prozeßschritt der Titelselektionskonstruktion geht es darum, auf der Basis einer gegebenen Soll-Asset-Allocation ein Portfolio so aus den zur Auswahl stehenden Anlagetiteln zusammenzusetzen - bzw. dessen bestehende Zusammensetzung zu modifizieren -, daß die entsprechenden Rendite- und Risikoprognosen aus dem Investmentanalyse-Teilprozeß im Sinne der Portfolioziele optimal umgesetzt werden. Die Schablone der Soll-Asset-Allocation wird sozusagen mit konkreten Titeln gefüllt. Der Prozeßschritt konzentriert sich auf die Auswahl und relative Gewichtung der einzelnen Titel einer jeweiligen Anlageklasse. Die Gewichtung der Anlageklassen im Portfolio wird durch die Soll-Asset-Allocation - je nach Anlagestil mehr oder weniger streng - vorgegeben und wird vom Schritt der Titelselektionskonstruktion nicht behandelt.

Eingabeinformation für diesen Verarbeitungsschritt sind neben den Portfoliozielen die Renditeprognosen auf Einzelwertebene - d.h. die im Rahmen unseres Investmentanalyse-Prozeßmodells als Ausgabeinformationen beschriebenen Renditeprognosen Aktien, Renditeprognosen festverzinsliche Wertpapiere und Renditeprognosen derivative Anlageinstrumente -, der Anteil der Risikoprognosen, der sich auf Einzeltitel bezieht, die aus der Asset-Allocation-Konstruktion gewonnene Soll-Asset-Allocation, die einzeltitelbezogene Transaktionskosteninformation und - im Falle der Portfoliomodifikation - die bestehende Titelselektion des betrachteten Portfolios. Außerdem sind Performanceberichte, die über die Qualität vergangener Titelselektionsentscheidungen Aufschluß geben, als Eingabeinformation zu berücksichtigen (wie gesagt, wurde hier auf eine Darstellung in der Abbildung verzichtet).

Die Ausgabeinformation des Titelselektionskonstruktions-Schritts besteht in der Spezifikation des neuen Portfolios (bzw. der überarbeiteten Version eines bestehenden).

Der Prozeßschritt selbst besteht in Analogie zu dem der Asset-Allocation-Konstruktion aus einer Kombination von Entwurf und Analyse. Aufgrund der auf Titelebene wesentlich größeren Menge von zu berücksichtigenden Auswahlmöglichkeiten ergibt sich hier bei der manuellen Bearbeitung ein anderes Vorgehen als bei der Asset-Allocation-Entscheidung: Während der Asset-Allocation-Entscheidung gedanklich eine - oft recht gleichmäßige - Verteilung von Ressourcen auf ein schachbrettartiges Feld von Anlagemöglichkeiten zugrunde gelegt wird, besteht der Ansatz bei der Titelselektion in der gezielten Auswahl einiger weniger Titel aus einer langen Liste von Kandidaten. Die erste Betrachtungsweise berücksichtigt dabei in gewisser Weise die zentrale Eigenschaft eines Portfolios, ein zusammenhängendes System zu bilden, die zweite vernachlässigt diesen Aspekt der Wechselwirkung der einzelnen Portfoliobestandteile in sträflicher Weise. Diese auf die beschränkten Kapazitäten menschlicher Informationverarbeitung zurückzuführende Schwäche des Titelselektionsverfahrens zu beheben, muß neben der Steigerung der Effizienz das zentrale Ziel der Informatikunterstützung dieses Bereichs darstellen. Die Einführung einiger sich im Rahmen des manuellen Ansatzes bewegender Hilfsmittel, wie z.B. von Screeningprogrammen, reicht hierfür nicht aus. Optimierungsprogramme, die sich gegenüber den derzeit verfügbaren noch deutlich hinsichtlich ihrer Brauchbarkeit für die Praxis verbessern müssen, und Expertensysteme sind hierfür erforderlich.

5.1.3. Anlagestrategie und Customizing

Ein weiterer wesentlicher Aspekt des Portfoliokonstruktions-Teilprozesses ist die Unterscheidung zwischen langfristiger Anlagestrategie[242] und kurzfristiger Taktik. In der Praxis wird dies im allgemeinen so gehandhabt, daß eine sog. strategische Asset Allocation mit einem Zeithorizont von etwa einem Jahr geführt wird, die Mittelwerte für die Gewichtung der einzelnen Anlageklassen vorgibt, von denen die auf eine gezielte Ausnutzung kurzfristiger Marktbewegungen ausgerichteten Werte der sog. taktischen Asset Allocation gebunden werden. Ziel ist dabei, gleichzeitig beständig und flexibel zu sein: die langfristige Orientierung der strategischen Mittelwerte soll die Berücksichtigung der durch grundlegende volkswirtschaftliche Zusammenhänge bestimmten langfristigen Marktgegebenheiten garantieren und das Risiko, aufgrund kurzfristiger Chancen die Verhältnismäßigkeit zu verlieren, reduzieren. Andererseits möchte man mit Hilfe der taktischen Asset Allocation in der Lage sein, flexibel auf die kurzfristigen - oft stark durch psychologische Faktoren bestimmten - Markt-

242 Der Begriff der Anlagestrategie findet in der Praxis mehrere Verwendungen. Einerseits wird er zur Unterscheidung der langfristigen - strategischen - Anlageentscheidungen von den kürzerfristigen - taktischen -eingesetzt, andererseits werden in vielen Organisationen alle Anlagedispositionen, die die Portfoliostruktur-Ebene betreffen, pauschal als Anlagestrategie bezeichnet. Letztere Verwendung stellt eine irreführende Vereinfachung dar: Auch Planungen auf Asset-Allocation-Ebene können durchaus kurzfristigen Charakter haben. So könnte etwa für die Ausnutzung einer vorübergehenden Marktanomalie eine kurzfristige, taktische, Asset-Allocation-Anpassung vorgenommen werden, die mit der langfristigen strategischen Ausrichtung nichts zu tun hat. Andererseits gibt es langfristige Entscheidungen auf Titelebene, wie etwa der prinzipielle Ausschluß bestimmter Einzeltitel vom Anlageprozeß, die der Anlagestrategie zuzurechnen sind. Wir wollen den Begriff der Anlagestrategie im folgenden für die Bezeichnung der langfristigen Elemente des Anlageprozeßes unabhängig von der Betrachtungsebene, auf der sie formuliert sind, verwenden.

schwankungen einzugehen. Die Verwendung der Unterscheidung Anlagestrategie/Anlagetaktik ist in der Praxis sehr gebräuchlich. In wieweit der Ansatz funktioniert, hängt allerdings stark von den eigenen Prognosefähigkeiten und von der gewählten Investmentphilosophie ab. In der Theorie ist der Nutzen solcher Verfahren denn auch nicht unumstritten.[243]

Der konkreten Ausgestaltung der Methode fehlt im allgemeinen eine vernünftige Formalisierung: meist wird die strategische Asset Allocation lediglich als unverbindliche Richtgröße eingesetzt, von der die taktischen Werte zwar beeinflußt werden, aber in recht willkürlicher und oftmals vollständig inkonsistenter Weise. Einen gewissen Halt bietet die Festlegung von erlaubten Bandbreiten für die Abweichung der Gewichtungen der einzelnen Anlageklassen von den Mittelwerten der strategischen Asset Allocation zusammen mit der Angabe bestimmter Hebelfaktoren, mit denen die Größe der Abweichung in Funktion der kurzfristigen Prognosen festgelegt wird. Was diesem einfachen linearen Modell allerdings fehlt, ist der Einbezug der Wechselwirkungen der einzelnen Anlageklassen untereinander. So sollte eine taktische Asset Allocation nach jeder Anpassung neu auf ihre Optimalität in Bezug auf die Risikokomponente überprüft werden. Um diese (im Sinne der jeweils verwendeten Theorie) optimale Diversifikation zu finden, ist der Einsatz von Optimierungsprogrammen erforderlich. Die derzeit erhältlichen Programme sind aber nicht in der Lage, das Wechselspiel von strategischer und taktischer Ebene der Prognosefristigkeit im Sinne der Portfoliotheorie sauber zu berücksichtigen. Notwendig wäre hierfür eine an langfristige Vorgaben gebundene Form der Optimierung, die kurzfristige Prognosen so berücksichtigt, daß die optimale Risikoverteilung gewahrt wird. Die Verwendung von Optimierungsrestriktionen allein reicht hierfür nicht aus. Allerdings kann so immerhin eine - wenn auch suboptimale und nicht mittelwerttreue - Approximation berechnet werden.

Die Verwendung der Unterscheidung taktisch - strategisch auf Titelebene ist weniger gebräuchlich. Der Aufwand einer doppelten Prognoseerstellung ist wegen der Größe des Anlageuniversums meist zu groß. Aufgrund der Fülle der zu berücksichtigenden titelspezifischen Merkmale ist man meistens ohnehin schon zufrieden, wenn man eine Beurteilung der zu erwartenden Bewegungsrichtung des Titels ohne Spezifikation des genauen Zeitrahmens der Kursänderung abgeben kann.

Eine weitere zur Analyse des Portfoliokonstruktions-Teilprozesses notwendige Unterscheidung ist die zwischen der Vorgabe eines *Portfoliotyp*-spezifischen Musters

---

243 IIR (Hrsg.) (Asset Allocation)

und der konkreten *Portfolio*-spezifischen Umsetzung dieses Musters. So gibt es in jeder größeren Investmentorganisation Muster-Portfolios und - falls der Top-down-Ansatz vertreten wird - Muster-Asset-Allocations, die dem einzelnen Portfoliomanager als Vorlage - oft auch als bindende Richtlinie - für die Konstruktion seiner kundenspezifischen Portfolios dienen. Die Entscheidung über die Mustervorgaben geschieht dabei im allgemeinen auf Managementebene im Rahmen eines sog. Investmentkomitees.[244] Ihre Umsetzung ist Sache der einzelnen Portfoliomanager. Diese organisatorische Aufteilung des Entscheidungsprozesses hat den Vorteil einer Rationalisierung - detaillierte Betrachtungen werden nur für Portfoliogruppen angestellt, nicht für jedes Portfolio einzeln - und den einer Konzentration der wesentlichen Portfolioentscheidungen auf die Managementebene, was eine effektive Steuerung und Kontrolle des Anlageprozesses ermöglicht.

Dieser Ansatz ist aber in verschiedener Hinsicht nicht unproblematisch. Zum einen sind die einzelnen, einem bestimmten Typ zugeordneten Portfoliogruppen bei näherem Hinsehen oft recht heterogen zusammengesetzt. Der Wert einer die ganze Gruppe betreffenden Entscheidung ist dann recht fraglich. Andererseits kann auch ein scheinbar kleiner Unterschied in den jeweiligen Portfoliozielen, etwa das Vorhandensein einer einzigen Anlagerestriktion, die die Anlage in einer bestimmten Währung ausschließt, zu gravierenden Verschiebungen im Risikogleichgewicht führen, zu deren Ausgleich eine nahezu vollständige Umstrukturierung des Portfolios notwendig ist.

So könnte in der Muster-Asset-Allocation z.B. eine gleichmäßige Verteilung der Anlagen in zwei schwach korrelierten Währungen - etwa Yen und US-Dollar - risikomindernd wirken. Besteht nun aber für ein konkretes Portfolio dieses Typs eine Restriktion, die die Anlage in Yen verbietet, dürfen die freigewordenen Mittel nicht einfach - wie es auf den ersten Blick naheliegend erscheint und oft praktiziert wird - zur linearen Vergrößerung der Anteile der verbleibenden Anlagemöglichkeiten verwendet werden: das Portfolio wäre dann nicht mehr effizient diversifiziert und ein unnötiges residuales Risiko die Folge. Es muß vielmehr für den Ausfall des Risikogegengewichtes Yen ein geeigneter Ersatz gefunden werden, d.h. die Anlage der Mittel muß verstärkt in anderen mit dem US-Dollar schwach korrelierten Währungen erfolgen, wie z.B. der DM. Schon dieses einfache Beispiel zeigt, daß es sich beim Vorgang der Anpassung einer Mustervorgabe auf einen konkreten Fall - wir wollen dafür den Term *Portfoliospezialisierung* einführen - keineswegs um einen trivialen Vorgang handelt. (Man versuche etwa sich vorzustellen, wie die sich im obigen Beispiel aus

---

244 Sharpe/Alexander (Investments), S. 712

der Veränderung der Gewichtung der Anlageklassen Aktien, festverzinsliche Werte und derivative Instrumente ergebende Verschiebung des Risikogleichgewichtes durch geeignete Verteilung der durch den Wegfall der Yen-Anlagen freiwerdenden Mittel auszugleichen ist. Da der deutsche Aktienmarkt weniger volatil ist als der japanische und anders mit den übrigen Anlageklassen korreliert, können nicht einfach anstatt der japanischen deutsche Aktien gekauft werden, sondern es muß eine differenziertere Risikoumverteilung erfolgen.)

Im Sinne der Portfoliotheorie muß sogar jede Abweichung in den Portfoliozielen, insbesondere Beschränkungen des Anlageuniversums, eine vollständige Neubetrachtung der Risikoverteilung des Portfolios nach sich ziehen, um die Portfoliooptimalität zu gewährleisten. Selbst wenn man den Aufwand für die Optimierung jedes einzelnen Portfolios - und dies hätte bei jeder Portfolioüberarbeitung, also etwa im Wochenrhythmus neu zu geschehen - in Kauf nimmt, bleibt die Frage, wie die für eine Steuerung des Anlageprozesses unverzichtbaren Managementvorgaben im kundenindividuellen Optimierungsprozeß sinnvoll berücksichtigt werden können, noch völlig offen. In Abschnitt 8.4, wollen wir einige Hinweise zur Behandlung dieser Problematik in der Praxis geben.

Die Unterscheidung Muster - kundenindividuelle Umsetzung und die damit verbundene neuerliche Unterteilung des Portfoliokonstruktionsprozesses hat natürlich Auswirkungen auf die von unserem Modell zu beschreibenden Informationsflüsse. Konkret bedeutet der Einbezug einer vorgeschalteten portfoliotypspezifischen Musterentscheidung die Einführung einer zweiten, über der dargestellten liegenden Ebene, die strukturell mit dieser weitgehend identisch ist, aber statt kundenspezifischer Soll-Asset-Allocations und Portfolios kundentypspezifische Muster-Asset-Allocations und Musterportfolios erzeugt. Die Verarbeitungsschritte der unteren Ebene beschränken sich dann auf die kundenindividuelle Spezialisierung von Muster-Asset-Allocation und Muster-Portfolios: aus der Asset-Allocation-Konstruktion wird die *Asset-Allocation-Spezialisierung* und aus der Titelselektion die *Titelselektionsspezialisierung.* Verbunden sind die beiden Ebenen durch die Verwendung der Muster-Asset-Allocation als Eingabegröße für die Asset-Allocation-Spezialisierung und der Titelselektionskomponente des Musterportfolios als Eingabeinformation für die Titelselektionsspezialisierung. Aus Gründen der Übersichtlichkeit und der einfacheren Handhabung des Modells wurde auf die explizite Darstellung dieser Unterscheidungen in Abbildung 5-1 verzichtet. Wir wollen bei unseren folgenden Betrachtungen die dargestellte einfachere Form des Portfoliokonstruktions-Teilprozeßmodells verwenden und nur, wo es für die Behandlung von Aspekten der Computerunterstützung und Computerintegration, die mit der konkreten Organisation des Ablaufs zusammenhängen, von

Nutzen ist, auf die Portfoliotyp - Portfolio-Unterscheidung zurückkommen (siehe Abschnitt 7.3.1.2).

5.2. Methoden der Portfoliokonstruktion

Es gibt eine große Vielfalt von in der Praxis eingesetzten Methoden und Techniken der Portfoliokonstruktion. Manche davon sind im Rahmen der Portfoliotheorie wissenschaftlich begründet, andere stellen vielmehr ein Kondensat der Überzeugungen und Erfahrungen einer Investmentorganisation dar.

Grundsätzlich ist zu unterscheiden zwischen manuellen Techniken und solchen, die eine Informatikunterstützung verlangen. Manuelles Vorgehen kann in der intuitiven Portfoliozusammenstellung ohne jede Systematik, in einem durch nicht weiter formalisierte verbale Weisungen gebundenen Handeln des Portfoliomanagers oder im Einsatz einfacher systematischer Verfahren, wie der Verwendung von Mittelwert-, Bandbreite- und Hebelfaktor-Tabellen, die das relative Gewicht eine Anlageposition in Abhängigkeit der entsprechenden Renditeprognose quantifizieren, bestehen. Im allgemeinen fehlt den manuellen Verfahren jede wissenschaftliche Begründung.

Computerunterstützte Methoden der Portfoliokonstruktion unterteilen sich in solche, die auf qualitativen Modellen zur Lösung des Anlageproblems basieren und solchen, die quantitative (mathematische) Portfoliokonstruktionmodelle einsetzen. Die qualitativen Modellbildungen, die im Rahmen des ES-Ansatzes implementiert werden, werden dabei meist im Verlauf der Entwicklungsarbeiten mittels Knowledge-Engineering-Verfahren aus den Resultaten von Expertenbefragungen konstruiert und stellen eine operationalisierbare Formalisierung des Erfahrungswissens und der Anlagephilosophie der jeweils herangezogenen Experten dar. Auch hier fehlt im allgemeinen eine theoretische Begründung des konstruierten Modells.

Für quantitative Modellbildungen im Rahmen der Portfoliokonstruktion wird zumeist auf den Vorrat an entsprechenden Modellbildungen in der Portfolio- und Kapitalmarkttheorie zurückgegriffen. Sie haben den großen Vorteil einer wissenschaftlichen Begründung des implizierten Investmentansatzes und erlauben es, die Konsequenzen von Anlageentscheidungen im Lichte theoretischer und empirischer Erkenntnisse über das Anlageumfeld systematisch zu analysieren. Da die verfügbaren Modelle und Theorien auf stark idealisierenden Annahmen basieren und zudem viele Modellparameter nicht direkt beobachtbar sind, sondern wiederum Schätzungen erfordern, können auch sie einen Anlageerfolg nicht garantieren. Allerdings erscheint der Einsatz theoretisch begründeter Portfoliokonstruktionsmodelle wesentlich vielversprechender, als der einer vollkommen willkürlichen Modellkonstruktion. Zumindest kann so sinnvoll über die Ursachen eines bestimmten Portfolioverhaltens und die möglichen Konsequenzen alternativer Szenarios auf die Portfolioperformance reflektiert werden.

Wir wollen im folgenden den zentralen Portfoliokonstruktionsansatz der modernen Portfoliotheorie, das Markowitzsche Portfolioselektionsmodell und eine auf den Beta-Faktoren des CAPM basierende Methode der Portfoliozusammenstellung kurz vorstellen und anschließend auf einige spezielle Techniken der Portfoliokonstruktion eingehen.

Da die Wahl einer Portfoliokonstruktionmethode immer auch Ausdruck einer bestimmten Investmentphilosophie ist und daher Auswirkungen auf den gesamten Portfoliomanagement-Prozeß hat - so hängen insbesondere Art und Umfang der erforderlichen Investmentanalyse eng mit der eingesetzten Methode der Portfoliokonstruktion zusammen - sollen aber zunächst unter dem Titel „Investmentstile" die grundsätzlichen Varianten der konkreten Ausgestaltung des Portfoliokonstruktions-Teilprozesses untersucht werden.

5.2.1. Investmentstile

Es gibt eine Vielzahl unterschiedlicher Investmentphilosophien und entsprechender Ansätze der Portfoliokonstruktion. Sie unterscheiden sich insbesondere hinsichtlich der Bedeutung, die den Renditeprognosen zugemessen wird (aktiver und passiver Investmentstil) und bezüglich des Stellenwertes der der Marktebene eines Portfolios gegenüber den einzelne Titel betreffenden Informationen eingeräumt wird (Top-down- versus Bottom-up-Ansatz). Außerdem gibt es noch Investmentansätze, die Zwischenebenen, wie insbesondere der Branchenallokation bei Aktien, eine besondere Bedeutung zukommen lassen (group selection) und solche, die sich allein auf die Ausnutzung der Schwankungen eines einzelnen Marktes spezialisieren, indem sie die verfügbaren Mittel entsprechend zwischen einer risikolosen Anlageform und einem Marktportfolio aufteilen (Market-timing-Ansatz).[245]

Eine weitere wichtige Unterscheidung ist die zwischen national und international investierten Portfolios. Letztere erfreuen sich nicht zuletzt aufgrund der Erkenntnisse der Portfoliotheorie, wonach für eine effiziente Portfoliodiversifikation der Einbezug ausländischer Märkte erforderlich ist, ständig steigender Beliebtheit. Neben der ge-

---

[245] Sharpe/Alexander (Investments), S. 720 ff.

waltigen Ausweitung des Universums zu analysierender Märkte und Anlagetitel liegt die Hauptschwierigkeit, die bei internationalen Investmentansätzen hinzukommt, in der adäquaten Berücksichtigung der Währungsdimension des Portfolios.[246]

Wir wollen nun die wichtigen Unterscheidungen aktives/passives Portfoliomanagement und Top-down-/Bottom-up-Ansatz etwas näher betrachten.

5.2.1.1. Aktives versus passives Portfoliomanagement

Der passive Portfoliomanagementansatz basiert auf der Annahme, daß die Wertschriftenmärkte relativ effizient sind und sich daher der Versuch, den Markt aufgrund der Ergebnisse einer eigenen Wertschriftenanalyse zu schlagen, nicht lohnt. Stattdessen konzentriert man sich auf die möglichst effiziente Replizierung des Marktportfolios im Sinne eines Index-Fonds oder im Falle eines Investors mit speziellen Charakteristika auf die Konstruktion von maßgeschneiderten Portfolios, die diesen Rechnung tragen.[247]

Der passive Portfoliomanager wird die im Portfolio enthaltenen Anlagen relativ lange halten und im Verlauf der Zeit im allgemeinen nur kleinere Anpassungen und Korrekturen vornehmen. Grundlegende Änderungen der Portfoliozusammensetzung werden nur erforderlich, wenn sich der Marktkonsens hinsichtlich Rendite und Risiko des simulierten Marktportfolios verschiebt oder Modifikation der Portfolioziele vorgenommen werden.

Wie bereits gesagt, kommt ein rein passiv aufgebautes Portfoliomanagement, da es keiner Renditeprognostik bedarf, fast ohne jede Investmentanalyse aus. Lediglich der Bereich der Risikoanalyse ist für eine korrekte Replizierung von Marktindizes auch hier erforderlich.

Ein Verfechter des aktiven Portfoliomanagementansatzes geht hingegen davon aus, daß es immer wieder unterbewertete Anlagetitel gibt und daß sich diese mit Hilfe geeigneter Analysetechniken identifizieren lassen. Entsprechend wird er bei der Gewichtung der einzelnen Anlagen Renditeprognosen einen hohen Stellenwert einräumen.

---

246 Entsprechend der Bedeutung des Schrittes vom national zum international investierten Portfolio gibt es ganze Bücher, die dieser Thematik gewidmet sind. So z.B. Solnik (International Investments).

247 Beispielsweise wird ein maßgeschneidertes Portfolio für einen mit Steuerprivilegien auf Dividendeneinnahmen ausgestatteten Firmenkunden bevorzugt solche Titel enthalten, die eine besonders hohe Dividendenrendite aufweisen. Siehe Sharpe/Alexander (Investments), S. 720

In der Praxis kommen je nach dem Vertrauen in die eigene Prognosekraft verschiedene Grade aktiven Portfoliomanagements vor. Konkret bedeutet dies, daß von der Gewichtung der Anlagen in einem (simulierten) Marktportfolio mehr oder weniger stark abgewichen wird, um eigene Renditeprognosen zu berücksichtigen. Glaubt man in einem bestimmten Bereich keine besseren Einsichten zu haben, als die übrigen Marktteilnehmer, wird man auf eine aktive Über- oder Untergewichtung verzichten und passiv investieren.

5.2.1.2. Top-down- versus Bottom-up-Ansatz

Dem Top-down-Ansatz der Portfoliokonstruktion liegt die Annahme zugrunde, daß die Portfolioperformance im wesentlichen durch die Verteilung der Mittel auf die einzelnen Märkte und Währungen - der Asset Allocation - bestimmt wird und erst in zweiter Linie durch die konkrete Auswahl der Einzeltitel.[248] Das Vorgehen besteht daher darin, zunächst die Markt- und Währungsgewichtungen der Asset Allocation aufgrund der Ergebnisse der Analyse des gesamtwirtschaftlichen Umfelds und der markt- und währungsbezogenen Risikoanalyse zu bestimmen und erst dann die zur Umsetzung der getroffenen Entscheidungen notwendigen Einzeltitel auszuwählen. Natürlich versucht man auch dies jeweils optimal zu tun, im Falle eines reinen Top-down-Ansatzes wird der Einfluß einer Titelentscheidung aber von vornherein durch das auf Asset-Allocation-Ebene festgelegte Gewicht begrenzt, das diesem Markt in der Portfoliozusammensetzung zukommt. Häufig werden die einzelnen Markt-Teilportfolios auch passiv zusammengesetzt, d.h. man verzichtet auf mögliche Vorteile durch eine überdurchschnittlich gute Titelselektion und konzentriert sich vollständig auf die Renditeoptimierung durch Steuerung der Portfoliostruktur.

Umgekehrt wird beim *Bottom-up-Ansatz* vorgegangen: Hier steht der Einzeltitel im Vordergrund - die Entwicklung des Gesamtmarktes ist von sekundärem Interesse und findet nur insofern Berücksichtigung, als sie auch auf die individuelle Entwicklung eines Einzeltitels Einfluß hat. Das Portfolio wird durch die Auswahl unterbewerteter und als besonders entwicklungsfähig angesehener Titel (stock picking) in einem einzigen Konstruktionsschritt zusammengestellt - Die Portfoliostruktur wird dabei nicht gesondert gesteuert, sie ergibt sich vielmehr weitgehend zufällig aus der Summe der Einzelanlagegewichtungen. Im Rahmen unseres Prozeßmodells betrachtet, bedeutet ein (reines) Bottom-up-Vorgehen den Wegfall der Stufe der Asset-Allocation-Konstruktion.

---

[248] Manche Studien gehen sogar davon aus, daß etwa 90% des Anlageerfolgs auf die Asset Allocation zurückzuführen sind und nur 10% oder weniger auf die Titelselektion. Siehe dazu z.B. Brinson/Hood/Beebower (Portfolio Performance).

Den Top-down-Ansatz verfolgen in der Regel Investmentorganisationen, die international investierte gemischte Portfolios betreuen. Einen reinen Bottom-up-Ansatz trifft man am ehesten bei spezialisierten Aktienportfoliomanagern an, die überzeugt sind, überlegene Informationen über die Entwicklung einzelner Unternehmen zu besitzen. Sehr häufig kommen allerdings Mischformen zum Einsatz: Eine grundsätzlich titelunabhängige Asset-Allocation-Entscheidung wird flexibel ausgelegt, um besonders chancenreichen Einzeltiteln einen gebührenden Platz im Portfolio einräumen zu können.

5.2.2. Das Markowitzsche Portfolioselektionsmodell

Die schon 1952 von H. Markowitz vorgestellte Methode der mathematischen Beschreibung und Lösung des Problems der Portfolioselektion[249] (mean-variance portfolio analysis)[250], die inzwischen (1990) zusammen mit den Arbeiten von Sharpe und Miller mit dem Nobelpreis ausgezeichnet wurde, stellt die zentrale Grundlage fast aller mechanischen Ansätze der Portfoliokonstruktion dar und ist in einer Vielzahl von Portfoliooptimierungsprogrammen implementiert. Von dem damals vorgestellten Portfolioselektionsmodell gibt es zwar inzwischen viele erweiterte und spezialisierte Varianten, der zugrundeliegende Ansatz ist aber im wesentlichen immer derselbe geblieben. Die praktische Nutzung der Markowitzschen Erkenntnisse und der Einsatz seines Modells auf einer breiteren Basis wurde allerdings erst in neuerer Zeit durch die Entwicklung und Verbreitung von Arbeitsplatzrechnern möglich, die die notwendige Rechenleistung kostengünstig verfügbar machten.

Den Ausgangspunkt der mathematischen Modellierung des Portfolioselektionsproblems bildet die Auffassung der Portfoliorendite als Zufallsvariable und die Annahme, daß der Nutzen eines Portfolios für den Investor durch zwei Größen charakterisiert werden kann: den Erwartungswert dieser Zufallsvariablen als Maß für die im Durch-

---

249 Der Begriff der Portfolioselektion entspricht im wesentlichen dem im Rahmen dieses Textes verwendeten Begriff der Portfoliokonstruktion. Ihm liegt allerdings eine analytische Sichtweise zugrunde, die die Lösung des Anlageproblems weniger als konstruktiven Vorgang, sondern vielmehr als die Auswahl des besten aus der (unendlichen) Menge der möglichen Portfolios betrachtet. Dies ist jedoch für das Resultat ohne Bedeutung. Da der Begriff aber im Verlauf der Zeit eine Eigennamen-ähnliche Funktion im Zusammenhang mit den Markowitzschen Arbeiten übernommen hat, wollen auch wir ihn in diesem Kontext verwenden.

250 Markowitz (Portfolio Selection)
Markowitz (Portfolio Selection 1959)
Elton/Gruber (Modern Portfolio Theory), S. 13 ff.
Sharpe/Alexander (Investments), S. 134 ff.
Spremann (Investition), S. 443 ff.
sowie auch Abschnitt 1.2.4.2

schnitt zu erwartende Portfoliorendite und ihre Varianz - oder auch ihre Standardabweichung - als Maß für das Portfoliorisiko.[251] Als Grundidee der Markowitzschen Methode der Portfoliozusammenstellung ergibt sich, daß die Attraktivität einer bestimmten Einzelanlage für den Investor und damit die Größe des Anteils der verfügbaren Mittel, der in sie investiert werden soll, nicht für sich allein bestimmbar ist, sondern von der Zusammensetzung des restlichen Portfolios abhängt. Die Ursache dafür liegt darin, daß das Portfoliorisiko wesentlich von den wechselseitigen Abhängigkeiten der Renditen der einzelnen im Portfolio enthaltenen Anlagen bestimmt wird. Die Entscheidung über die Zusammensetzung eines Portfolios ist somit immer als Ganzes zu betrachten (daher auch „*Portfolio*selektion" und nicht „*Anlage*selektion": Es geht um die Auswahl einer nutzenmaximierenden Anlage*kombinationen* aus der Vielzahl der möglichen).

Ziel der Portfoliooptimierung (Ermittlung der optimalen Portfoliozusammensetzung) nach Markowitz ist die Minimierung des im Rahmen der Theorie als die Varianz der Portfoliorendite definierten Portfoliorisikos durch eine optimale Diversifikation der Portfoliobestände. Bei gleichbleibender Rendite kann nämlich das Risiko eines Portfolios dadurch verringert werden, daß eine Verteilung der zu investierenden Mittel vorzugsweise auf Anlagen erfolgt, deren Renditeschwankungen sich tendenziell ausgleichen. Zur Veranschaulichung: Die Kombination zweier hypothetischer Anlagen mit gleicher durchschnittlicher Rendite, von denen die eine auf einen Anstieg des Zinsniveaus jeweils negativ, die andere positiv reagiert, zu einem Portfolio resultiert in einer Geldanlage mit der gleichen durchschnittlichen Rendite wie im Falle der Investition der gesamten Mittel in nur eine der beiden Anlagen. Das Risiko - d.h. das Ausmaß der Renditeschwankungen - hat sich aber verringert: Steigen die Zinsen, so wird der Verlust der ersten Anlage durch den Gewinn der zweiten ausgeglichen - Sinken sie, so kompensieren umgegekehrt die Gewinne der ersten Anlage die Verluste der zweiten. Ohne die durchschnittlich erzielte Rendite zu vermindern, konnte der Renditeverlauf sozusagen „geglättet" werden, was den Nutzen des Portfolios für den nach der Theorie auf Renditesteigerung bei gleichzeitiger Risikovermeidung bedachten Investor erhöht.

---

[251] siehe dazu auch die Begriffsklärung in der Fußnote auf Seite 128

Im allgemeinen Fall ist das natürlich etwas komplizierter und führt auf folgendes Optimierungsmodell[252]:

$$\min_X \operatorname{var}(R_P) = \sum_{i=1}^{n}\sum_{j=1}^{n} x_i x_j \sigma_{ij}$$

unter den Bedingungen

$$\sum_{i=1}^{n} E(r_i)x_i = R_p^* \qquad \text{(Erreichung der Zielrendite)}$$

$$\sum_{i=1}^{n} x_i = 1 \qquad \text{(Investition des gesamten Kapitals, keine Schulden)}$$

$$x_i \geq 0 \quad i = 1,\ldots,n \qquad \text{(keine Leerverkäufe)}$$

wobei

x_i	:	Portfolioanteil der Anlage i $X = [x_1,\ldots,x_n]$
r_i	:	Rendite der Anlage i
R_p^*	:	Zielrendite des Portfolios
$E(.)$	:	Erwartungswert
σ_{ij}	:	Kovarianz der Renditen der Anlagen i und j
$\operatorname{var}(R_p)$	:	Varianz der Portfoliorendite
n	:	Anzahl der Anlagen im betrachteten Anlageuniversum

Dabei stellt die aus den σ_{ij} gebildete Kovarianzmatrix den Kern des Modells dar. Sie enthält die Information darüber, ob eine Vergrößerung des Anteils einer Anlage sich aufgrund der Wechselwirkung mit den Renditen der übrigen Anlagen diversifizierend auswirkt, d.h. eine Verminderung des Portfoliorisikos zur Folge hat, oder nicht.[253] Wie wir bereits in Abschnitt 4.2.7 gesehen haben, stellt ihre Schätzung auch eine Hauptschwierigkeit bei der Modellanwendung dar.[254]

---

252 Markowitz (Portfolio Selection)
Markowitz (Mean-Variance Analysis), S. 3 ff.

253 Interessant sind in diesem Zusammenhang Anlagen, deren Rendite eine möglichst kleine Korrelation mit derjenigen der anderen Anlagen im Portfolio aufweist. Besonders risikomindernd wirken sich natürlich Anlagen mit negativer Korrelation zum restlichen Portfolio aus. Solche finden sich aber aufgrund der Tendenz der meisten Anlagen (bzw. ihrer Renditen), sich eher miteinander als gegeneinander zu bewegen, in der Praxis leider nur sehr selten.

254 Zur Präzisierung der im Rahmen unseres Prozeßmodells vorgenommen Abgrenzung: Die Schätzung der Modellparameter stellt eine prognostische Tätigkeit dar, die in den Bereich der Investmentanalyse

Das dargestellte Optimierungsmodell läßt sich mit dem Verfahren der quadratischen Programmierung lösen. In der Literatur findet sich dazu ein großes Angebot geeigneter Algorithmen.[255]

Als Resultat erhält man für jeden erreichbaren Wert der Zielrendite R_p^* ein optimal diversifiziertes (sog. effizientes) Portfolio X, das das beste Rendite-Risko-Verhältnis von allen auf der Basis des gegebenen Anlageuniversums konstruierbaren Portfolios dieses Renditeniveaus aufweist. Die charakteristische Kurve, die diese effizienten Portfolios im Rendite-Risiko-Raum (genauer: Erwartungswert-Varianz-Ebene) bilden, bezeichnet man als *Efficient Frontier*[256]. Auf ihr liegen alle Portfolios, die im Sinne der Theorie für eine Anlage interessant sind - alle anderen Anlagekombinationen sind nicht effizient, d.h. weisen ein im Verhältnis zur erwarteten Rendite unnötig hohes Risiko auf. Abbildung 5-3 zeigt ein Beispiel einer Efficient Frontier.

Aus dem Verlauf der Efficient Frontier läßt sich erkennen, daß die Erzielung einer höheren Portfoliorendite auch die Inkaufnahme eines größeren (nicht weiter wegdiversifizierbaren) Anlagerisikos beinhaltet. Der Investor sucht sich aus der Menge der effizienten Portfolios nun dasjenige heraus, das seinen Nutzen optimiert, d.h. das seiner individuellen relativen Gewichtung des Wunsches nach einer möglichst hohen Rendite gegenüber dem Bedürfnis der Risikovermeidung am besten entspricht.

Neben dem dargestellten Standardmodell der Portfolioselektion gibt es noch verschiedene Weiterentwicklungen (von Tobin, Sharpe, Lintner, Black, u.a.), die weitere Randbedingungen, wie z.B. die Einhaltung von Ober- und Untergrenzen für die Gewichtung einzelner Positionen, berücksichtigen oder bestimmte Beschränkungen des Standardmodells, wie etwa die des Ausschlusses von Leerverkäufen, überwinden.[257] Markowitz selbst hat eine allgemeine Formulierung des Portfolioselektionsproblems

---

gehört. Die Anwendung des Modells, d.h. die Berechnung optimaler Portfolios, ist dagegen Bestandteil des Portfoliokonstruktions-Teilprozesses.

[255] siehe dazu z.B. Markowitz (Optimization) für eine Lösung des dargestellten Standardproblems mit Hilfe der *critical line method* und Markowitz (Mean-Variance Analysis), S. 301 ff., für die Beschreibung eines allgemeinen Algorithmus zur Lösung des Portfolioselektionsproblems.

[256] oder auch: „Efficient Set"

[257] Eine wichtige Erweiterung des Standardmodells stellt insbesondere die Einführung der Möglichkeit der Investition in eine risikolose Anlage (risk-free lending) und die der Aufnahme risikoloser Kredite (risk-free borrowing) dar. Es zeigt sich, daß die Efficient Frontier dadurch wesentlich beeinflußt wird und streckenweise bzw. vollständig lineare Gestalt annimmt. Siehe dazu Sharpe/Alexander (Investments), S. 166 ff.

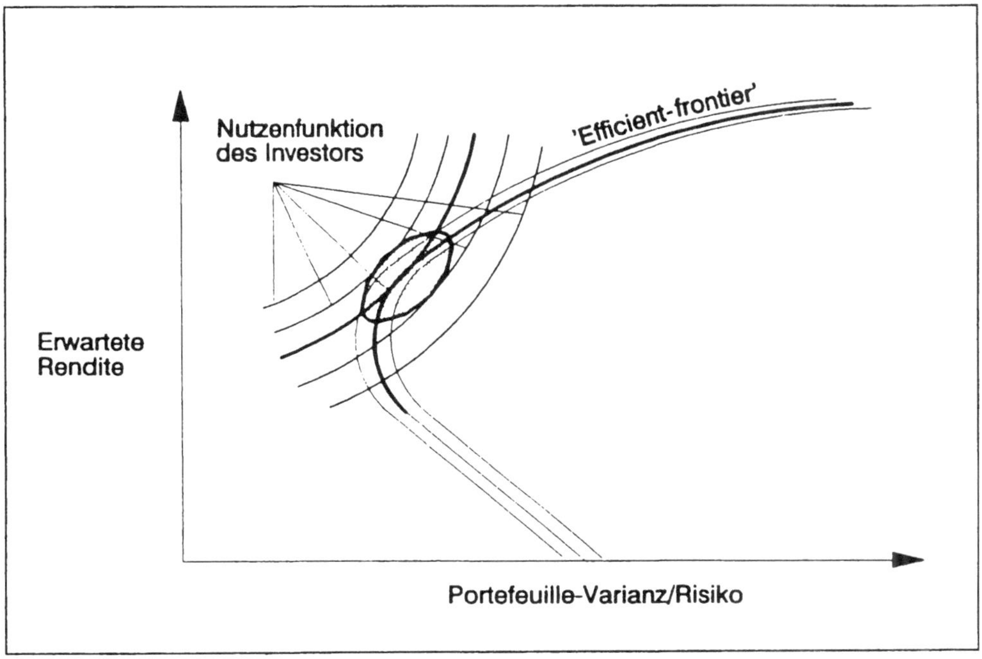

Abbildung 5-3: Beispiel einer Efficient Frontier
Quelle: Signer (Computer-Int.)

und einen entsprechenden Lösungsansatz vorgelegt, der all diese Spezialentwicklungen mit einschließt.[258] An den dargestellten Grundzügen des Portfolioselektionsmodells hat sich dabei seit 1952 nichts Wesentliches geändert. Für den praktischen Einsatz sind allerdings bestimmte Erweiterungen von Zielfunktion und Nebenbedingungen von Bedeutung. Zu nennen sind hier insbesondere die Möglichkeit der Formulierung von Anlagerestriktionen, die Berücksichtigung einer Obergrenze für die Transaktionskosten und die indexrelative Optimierung.[259]

Trotz seiner Eleganz sind bei der praktischen Arbeit mit dem Markowitz-Ansatz einige Dinge zu beachten. Zunächst einmal stellt die Definition des Anlagerisikos als die Varianz der Rendite eine spezielle Auffassung von Risiko dar, die dem Begriff der Volatilität einer Anlage wesentlich näher steht als dem alltäglichen Risikobegriff, der

---

258 Markowitz (Mean-Variance Analysis) enthält eine gute (und auf den Stand von 1987 aktualisierte) Beschreibung des allgemeinen Portfolioselektionsmodells und seiner Lösung sowie eine Übersicht über spezielle Varianten des Portfolioselektionsmodells.

259 Markowitz (Mean-Variance Analysis), S. 44 ff.

sich im allgemeinen lediglich auf *negative* Kursausschläge bezieht. Kaum jemand wird normalerweise vom einem hohen Anlagerisiko sprechen, wenn damit die Möglichkeit überraschender Kursausschläge nach oben gemeint ist. Es hilft daher sich die Risikodefinition ständig vor Augen zu halten und anstatt pauschal von Risiko, konkret von der Varianz der Rendite, wie es Markowitz tut, oder auch von der Volatilität zu reden.

Weiterhin ist zu beachten, daß das Modell recht sensibel auf die Schätzungen der Erwartungswerte der einzelnen Anlagerenditen $E(r_i)$ reagiert. Die Änderung einer einzigen Renditeprognose als Eingabegröße für ein Optimierungsprogramm kann zu einer vollständigen Umgestaltung der resultierenden Portfolios führen. Da bei den Prognosen im allgemeinen eine große Unsicherheit herrscht, kann der unreflektierte Einsatz von Optimierungsprogrammen zu einer „garbage in - garbage out"-Situation führen, die lediglich die schlechten Renditeschätzungen in entsprechend schlechte Portfolios umsetzt, deren reale Rendite dann nichts mit der erwarteten zu tun hat und die daher auch beileibe nicht Rendite-Risiko-optimal im Sinne der Theorie sind.[260]

Trotz dieser Einschränkungen stellt das Markowitz-Modell die konzeptionelle und methodische Basis für fast alle fortgeschrittenen Ansätze der Portfoliokonstruktion dar, da es den systematischen Einbezug der Risikodimension eines Portfolios möglich macht. Dies stellt einen entscheidenden Fortschritt gegenüber den sonst üblichen manuellen Methoden dar. Einsatzmöglichkeiten für das Modell bestehen sowohl auf Asset-Allocation-Ebene (Asset-Allocation-Konstruktion) wie auch auf Titelebene (Titelselektionskonstruktion).

5.2.3. Beta-basierte Portfoliokonstruktion

Nach dem CAPM[261] gilt unter der Voraussetzung bestimmter Modellannahmen die folgende lineare Beziehung zwischen dem Betafaktor eines Wertpapiers und seiner

---

260 Kühn (Portfeuilleplanung)
Hinder (Portfolio-Optimierungsmodelle)

261 Das CAPM (siehe auch Abschnitt 1.2.4.3) kann hier nur gestreift werden . Ausführliche Darstellungen der Begründung, Herleitung und Interpretation des Grundmodells und der existierenden Varianten und Erweiterungen finden sich z.B. in
Sharpe/Alexander (Investments), S. 194 ff.
Elton/Gruber (Modern Portfolio Theory), S. 274 ff.
Spremann (Investition), S. 463 ff.

erwarteten Rendite im Kapitalmarktgleichgewicht, d.h. wenn keine temporäre Marktineffizienz vorliegt:

$$E(r_i) = r + (E(r_M) - r)\beta_i$$

wobei $E(r_i)$: Erwartungswert der Rendite der Anlage i
$E(r_m)$: Erwartungswert der Marktrendite
r : Risikofreier Zinssatz
β_i : Betafaktor der Anlage i

Der Betafaktor, dem wir schon in Abschnitt 4.2.7 begegnet sind, stellt dabei ein Maß für die Korrelation der Rendite der Anlage mit der Marktrendite dar und ist wie folgt definiert:

$$\beta_i = \frac{\sigma_{iM}}{\mathrm{var}(r_M)}$$

wobei σ_{iM} : Kovarianz der Rendite der Anlage i mit der Marktrendite
$\mathrm{var}(r_m)$: Varianz der Marktrendite

Er bestimmt den systematischen, d.h. nicht durch Diversifikation eliminierbaren, Anteil des Risikos der Anlage. Nach dem CAPM ist einzig diese Risikokomponente für die Bewertung einer Anlage am Kapitalmarkt relevant, der restliche, unsystematische (oder auch „spezifische") Risikoanteil kann durch Portfoliobildung problemlos wegdiversifiziert werden und wird daher am Markt nicht durch höhere Renditen honoriert.[262] Das systematische Risiko einer Anlage entspricht gemäß CAPM ihrem Marktrisiko, d.h. ihrer Tendenz Marktbewegungen mehr oder weniger stark mitzumachen.

Der Betafaktor eines Portfolios ergibt sich sehr einfach als das gewichtete Mittel der Beta-Faktoren seiner Einzelanlagen:

$$\beta_P = \sum_{i=1}^{n} x_i \beta_i$$

wobei β_P : Beta-Faktor des Portfolios
x_i : Portfolioanteil der Anlage i
n : Anzahl der verfügbaren Anlagen

---

262 Sharpe/Alexander (Investments), S. 209

Es zeigt sich weiter, daß alle oben angeführten Beziehungen auch für Portfoliorenditen und Portfoliobetas gelten.

Die möglichen Kombinationen von Beta und Rendite-Erwartung bilden die sog. charakteristische Marktgerade (security market line), auf der - im Marktgleichgewicht - jede Anlage und auch jedes Portfolio liegen muß. Dabei entspricht ein Betawert von 0 der risikolosen Anlage und ein Betawert von 1.0 dem Marktportfolio M. Man erkennt, daß in der CAPM-Welt die Inkaufnahme eines höheren systematischen Risikos - das in einem hohen Betawert seinen Ausdruck findet - immer mit einer höheren erwarteten Rendite belohnt wird (siehe Abbildung 5-4).

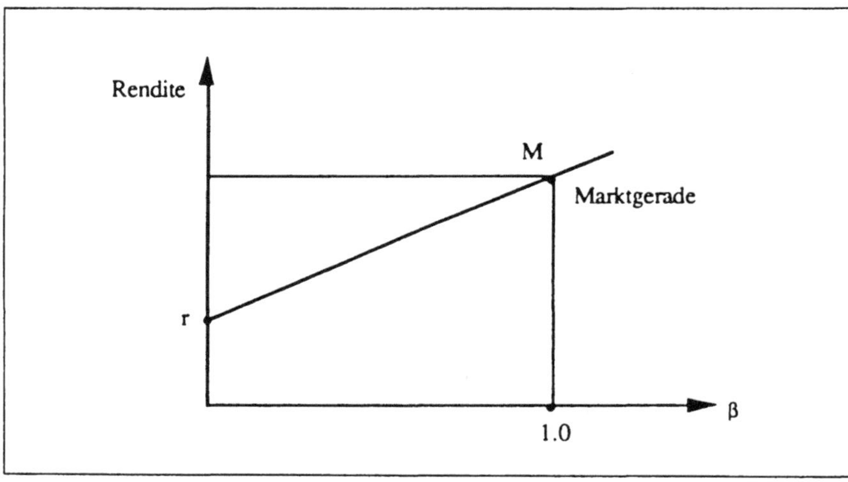

Abbildung 5-4: Beziehung zwischen Betafaktor und Rendite-Erwartung im CAPM
Quelle: Loistl (Wertpapiermanagement)

Auf der Basis des Betafaktors läßt sich nun eine Methode der Portfoliokonstruktion wie folgt aufbauen:[263]

1. Man arbeitet nur mit diversifizierten Portfolios, um das unsystematische Risiko zu minimieren.

2. Man stellt sich ein Portfolio so zusammen, daß es ein gewünschtes Beta aufweist. Dabei bedeutet ein Portfoliobeta von 1 ein dem Marktportfolio entsprechendes Risiko- und Renditeniveau, ein Beta < 1 bzw. > 1, eine entsprechend kleinere

---

[263] Malkiel (Random Walk)

bzw. größere Partizipation an dem Marktrisiko und der Marktrendite. Man sucht sich sozusagen einen geeigneten Punkt auf der charakteristischen Marktgerade aus.

3. Falls man der Meinung ist, die Marktbewegungen prognostizieren zu können, nutzt man dies durch zeitweilige Abweichungen von dem langfristig angepeilten Beta-Mittelwert ab. Dabei reduziert man das Beta des Portfolios im Falle einer negativen Erwartung der Marktentwicklung resp. erhöht es bei einer positiven Erwartung. So kann man gezielt an Marktbewegungen mehr oder weniger stark teilnehmen.

4. Traut man sich eine gewisse Prognosekraft hinsichtlich der zu erwartenden Renditen einzelner Anlagetitel zu, investiert man bevorzugt in Titel denen man ein hohes *Alpha*, d.h. eine erwartete Rendite, die deutlich über der laut CAPM angemessenen (Gleichgewichts-)Rendite liegt, zuschreibt.[264]

Das Einsatzgebiet von Beta-basierten Ansätzen der Portfoliokonstruktion liegt hauptsächlich im Bereich des Managements reiner Aktienportfolios. Die Methode hat den Vorteil der Einfachheit: die lineare Beziehung zwischen Portfoliobeta und den Betas der Einzelanlagen sowie die zwischen Beta und erwarteter Rendite ermöglicht eine wesentlich einfachere Ermittlung der gewünschten Portfoliozusammensetzung als die Berechnung des optimalen Portfolios nach dem Markowitz-Modell. Sie bietet dafür aber auch keine Hilfe für die Konstruktion einer optimalen Diversifikation[265] und beruht auf den für die Gültigkeit des CAPM notwendigen zusätzlichen Modellannahmen (z.B. freier Informationszugang für alle Marktteilnehmer und homogene Erwartungen). Hinzu kommen die Schwierigkeiten bei der Schätzung der zukünftigen Betas.

Die Ergebnisse empirischer Untersuchungen zur theoretischen Gültigkeit des CAPM sind nicht schlüssig. Es hat hier eine Diskussion über die grundsätzliche Testbarkeit des Modells eingesetzt.[266] Die Bedeutung von Beta-Faktoren für die Portfoliokon-

---

264 Für eine Beschreibung von Ungleichgewichtszuständen des Kapitalmarkts und Alphas siehe Sharpe/Alexander (Investments), S. 221 ff.

265 Was allerdings, wie empirische Studien zeigen, kein allzugroßes Problem darstellt. Ab einer Zusammensetzung aus mindestens 20 Einzelanlagen sind nämlich die meisten Portofolios bereits als gut diversifiziert zu betrachten. Siehe Evans/Archer (Diversification).

266 Spremann (Investition), S. 475 ff.
Roll (Critique)

Markowitz führt in Markowitz (CAPMs) allerdings Argumente dafür an, weshalb eine sinnvolle praktische Nutzung des CAPM auch ohne eindeutige Testergebnisse möglich sein dürfte.

struktion und -analyse ist denn auch unter Anlageexperten umstritten. Die große Verbreitung von Betatabellen in der Praxis ist allerdings ein Indiz dafür, daß sich dieses Maß zumindest als grober Anhaltspunkt für die Risikocharakteristik einer Anlage bzw. eines Portfolios eignet.

5.2.4. Spezielle Portfoliokonstruktionstechniken

Es gibt verschiedene spezielle Techniken, die im Rahmen der Portfoliokonstruktion eingesetzt werden können, um bestimmte Eigenschaften des resultierenden Portfolios, wie z.B. die Immunität gegen bestimmte Risiken, zu realisieren. Dabei besteht inzwischen dank der Verfügbarkeit eines breiten Spektrums derivativer Anlageinstrumente die Möglichkeit, Rendite- und Riskocharakteristik eines Portfolio regelrecht maßzuschneidern.[267]

Drei bekannte Vertreter solcher Techniken stellen das Hedging, die Portfolio-Insurance und die Immunization dar:

Hedging
Beim Hedging wird eine bestimmte Komponente des Portfoliorisikos (insbesondere Markt-, Zins- oder Währungsrisiken) durch das Eingehen von Short- oder Long-Positionen in entsprechenden Futures (Index-, Zins- bzw. Währungsfutures) reduziert oder eliminiert. Dabei gehen allerdings auch die entsprechenden Gewinnchancen verloren.[268]

Portfolio-Insurance
Die Portfolio-Insurance hat die Absicherung des Portfolios gegen systematische Risiken, wie z.B. Marktrisiko, Zinsrisiko und Währungsrisiko, mit der gleichzeitigen Möglichkeit, an erwünschten Entwicklungen teilzuhaben, zum Ziel. Zur Erreichung dieser Absicherung werden Optionen (manchmal auch Futures und Swaps) eingesetzt oder - im Fall der dynamischen Portfolio-Insurance - dynamische Anpassungen des Verhältnisses von Aktien- und Obligationenanteil des Portfolios vorgenommen.[269]

Immunization
Immunization ist eine Technik für die Konstruktion von Bondportfolios und hat des

---

[267] Man redet in diesem Zusammenhang auch von „Financial Engineering". Siehe dazu: Zimmermann (Werkzeugkasten)

[268] Sharpe/Alexander (Investments), S. 619 f.
Spreemann (Investition), S. 514 ff.

[269] Sharpe/Alexander (Investments), S. 580 ff.

sen Absicherung vor Zinsrisiken zum Ziel. Die Methode basiert auf dem Konzept der Duration[270], daß ein Maß für die Anfälligkeit eines Portfolios festverzinslicher Werte auf Veränderungen des Zinssatzes darstellt. Sie besteht in der Ermittlung einer Portfoliozusammensetzung aus festverzinslichen Werten verschiedener Laufzeit, bei der sich die Gewinne und Verluste, die bei einer Zinsbewegung entstehen, genau ausgleichen.[271]

All diese speziellen Techniken der Portfoliokonstruktion erfordern mehr oder weniger aufwendige Berechnungen, um eine optimale Wirksamkeit zu gewährleisten. Informatikunterstützung ist für ihren effizienten Einsatz unabdingbar.

5.3. Bestehende Anwendungssysteme

In diesem Abschnitt sollen als typische Repräsentanten für auf dem DSS-Ansatz basierende Entscheidungsunterstützungssysteme im Bereich der Portfoliokonstruktion die Systeme WMM, GEM und GLOBO von Barra und als Stellvertreter für die ES-Variante das System Portfolio Management Advisor von The ATHENA Group vorgestellt werden.

5.3.1. Barra-Systeme WMM, GEM und GLOBO

Die amerikanische Firma Barra ist ein führender Anbieter auf dem Gebiet quantitativer Entscheidungsunterstützungssysteme und -services für das Portfoliomanagement. Das Angebot umfaßt neben einer Reihe von spezialisierten Modellen für einzelne Märkte und Anlagekategorien auch die drei internationalen Modelle World Markets Model (WMM)[272], Global Equity Model (GEM)[273] und Global Bond Model (GLOBO)[274].

WMM
ist ein DSS zur Unterstützung der Asset-Allocation-Konstruktion und arbeitet auf der Basis von Indizes, die zur Approximation des Verhaltens der einzelnen Märkte herangezogen werden.

---

270 Elton/Gruber (Modern Portfolio Management), S. 497 ff.

271 Sharpe/Alexander (Investments), S. 387 ff.
Elton/Gruber (Modern Portfolio Management), S. 503 ff.

272 Barra (Hrsg.) (WMM)

273 Barra (Hrsg.) (GEM)

274 Barra (Hrsg.) (GLOBO)

GEM
unterstützt die Konstruktion von internationalen Aktienportfolios. Es arbeitet mit konkreten Titeldaten, wobei die Datenbank derzeit etwa 3 000 Aktien aus 24 Ländern umfaßt.

GLOBO
bietet Unterstützung für die Konstruktion von internationalen Portfolios festverzinslicher Werte an. Die Titeldatenbank besteht aus den Werten des World Government Bond Index von Salomon Brothers. Es ist also derzeit die Berücksichtigung von staatlichen Schuldtiteln der zehn wichtigsten Märkte möglich.

GEM und GLOBO sind dabei auf die Unterstützung eines einstufigen Portfoliokonstruktionsansatzes - ohne gesonderte Betrachtung der Asset-Allocation-Ebene des bearbeiteten Portfolios - ausgerichtet. Eine Kombination der Modelle in dem Sinne, daß im Rahmen des Portfoliokonstruktions-Teilprozesses WMM die Asset-Allocation-Konstruktion übernimmt und GEM und GLOBO für die Konstruktion der Titelselektion der jeweiligen Aktien- und Bond-Teilportfolios zuständig sind, ist zwar unter Verwendung einiger Tricks halbwegs realisierbar, es besteht aber keine Möglichkeit einer *flexiblen* Berücksichtigung der Ergebnisse der Asset-Allocation-Konstruktion in GEM und GLOBO - etwa in dem Sinne, daß die Soll-Asset-Allocation zwar die Struktur der entsprechenden Teilportfolios dominiert, aber in Einzelfällen doch kontrollierte Abweichungen[275] erlaubt wären - und es ist auch keine datentechnische Integration der einzelnen Programme gegeben, was bedeutet, daß die Ergebnisse der Asset-Allocation-Konstruktion mit WMM von Hand in GEM und GLOBO eingetippt werden müssen.[276]

Alle drei Anwendungssysteme umfassen zwei Komponenten: ein Analyseprogramm und einen Optimizer, die zur Unterstützung der Prozeßmodell-Teilschritte *Portfolioanalyse* resp. *Portfolioentwurf* dienen. Beide Komponenten eines Systems basieren jeweils auf einem einheitlichen Faktormodell des Portfoliorisikos. Die Abbildungen 5-5 und 5-6 zeigen die Struktur der Risikomodelle von WMM und GEM.

---

[275] etwa zur Berücksichtigung besonderer Gewinnchancen von Einzeltiteln, besonders günstiger Beschaffungsgelegenheiten, einer Vertriebsaktion des Maklers, o.ä.

[276] Abgesehen davon sind für eine saubere Implementation solcher kombinierten Ansätze auch bestimmte theoretische Probleme zu lösen. So stellt sich etwa die Frage, wie die sich aus der groben Approximation eines Teilportfolios durch einen Marktindex ergebenden Differenzen zu bereinigen sind. Mehr dazu in Abschnitt 8.2.

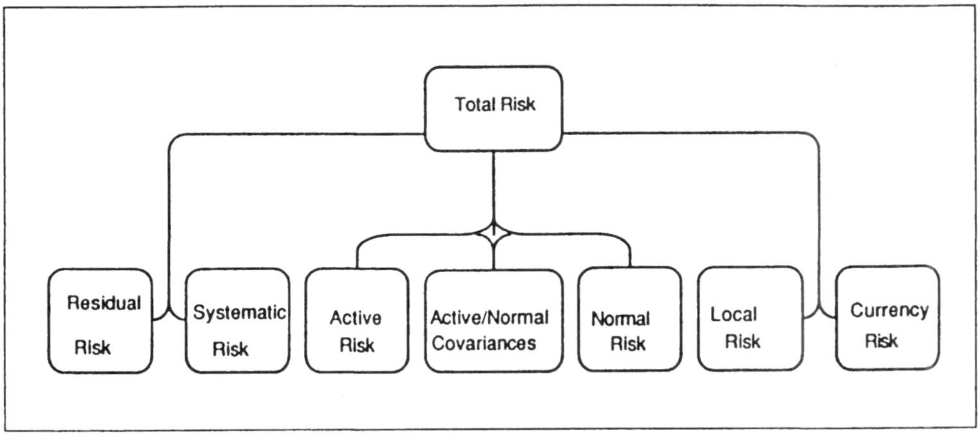

Abbildung 5-5: Risikodekomposition in WMM
Quelle: Barra (Hrsg.) (WMM)

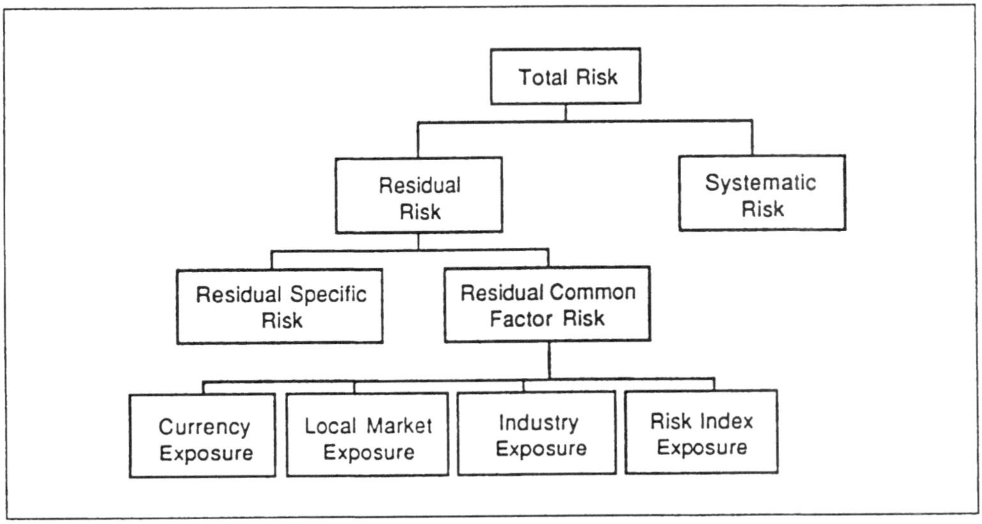

Abbildung 5-6: Risikodekomposition in GEM
Quelle: Barra (Hrsg.) (GEM)

Gezeigt ist jeweils die Aufgliederung des Portfoliorisikos in seine Bestandteile. So unterscheidet das WMM-Risikomodell zwischen dem auf die Sensitivität gegenüber Markt- und Währungsbewegungen zurückzuführenden systematischen und dem davon unabhängigen unsystematischen (residualen) Risikoanteil, zwischen dem Risiko des sog. normalen Portfolios, daß die langfristige Leitlinie für den Mittelwert der einzelnen Portfoliobestände darstellt, und dem durch Abweichung hiervon eingegangenem aktiven Risiko und zwischen dem lokalen (Markt-)Anteil und dem Währungsanteil des Risikos. Das GEM-Risikomodell arbeitet zusätzlich mit sog. Common-Factor-Risikokomponenten, die auch die Sensitivität der Portfoliorendite gegenüber Erklärungsfaktoren wie der Branchenzugehörigkeit (industry exposure), der Marktkapitalisierung oder der Dividendenrendite (zusammen mit weiteren Faktoren zusammengefaßt in der sog. risk index exposure) aufzeigen.

Diese Risikogliederungen bilden die Basis für die Analyse des Portfoliorisikos mit Hilfe des jeweiligen Analyseprogrammes. Dieses erlaubt die geeignete Abfrage der für jede Risikokomponente berechneten Werte und eine Variation des gewünschten Detaillierungsgrades. Außerdem kann man die Portfoliozusammensetzung hypothetisch verändern, um sich die Auswirkungen auf die Analysewerte zeigen zu lassen (what-if-Varianten). Der Entwurf maßgeschneiderter Portfolios mit einer bestimmten Risikocharakteristik erfolgt mit Hilfe des Optimierungsprogrammes. Bei der Portfoliokonstruktion wird der Zyklus von Entwurf und Analyse solange durchlaufen, bis das erhaltene Resultat die gestellten Anforderungen erfüllt. Der Bediener bekommt dabei zahlengefüllte Bildschirme wie den in Abbildung 5-7 dargestellten zu sehen und steuert das System mit Hilfe von textuellen wie numerischen Tastatureingaben, bzw. über Funktionstasten für die Menüführung und den Aufruf verschiedener Analysedaten.

Die Optimierungsprogramme aller drei Systeme basieren auf dem Markowitz-Ansatz, wobei die Kovarianzmatrix mit Hilfe von jeweils spezialisierten Faktormodellen geschätzt wird. Bei der Angabe von Rendite- und Risikoziel der Optimierung wird mit Alphas und Betas gearbeitet, also den gemäß CAPM ausschlaggebenden *marktrelativen* Maßen von Rendite- und Risiko. Das zugrundeliegende Modell stellt eine Kombination des CAPM (bzw. im Fall von GEM und GLOBO eines zusätzliche Erklärungsfaktoren mit einbeziehenden Multifaktoransatzes) mit dem Markowitzschen Portfolioselektionsmodell dar. Das Optimierungsprogramm versucht grundsätzlich eine Portfoliozusammensetzung zu finden, die ein minimales spezifisches Portfoliorisiko bei kleinstmöglicher Abweichung von einem gegebenen Beta-Zielwert aufweist. Dabei können nach Maßgabe eines entsprechenden Optimierungsparameters prognostizierte Alpha-Werte, also Abweichungen der Renditen einzelner Titel von ihrer Marktgleichgewichtsrendite, mehr oder weniger stark berücksichtigt werden. Eine verstärkte Alpha-Berücksichtigung bedeutet die Nutzung von Renditechancen durch aktives Portfoliomanagement unter Inkaufnahme einer entsprechenden Vergrößerung des unsystematischen Risikoanteils. Keine Berücksichtigung der Alphas bedeutet, daß ein passiver Portfoliomanagementstil verfolgt wird.

```
Ver. 5.0      N  RR        BARRA MICROCOMPUTER PRODUCTS      BARRA Demonstration
Enter Identifier:              DATE: 02-28-89         MKT: SAP500   PORT: NO_JNJ
ID: ExchTick #ASSETS: 50       $VAL: 99,999,846.38   %YLD: 3.8      COMP: SAP500
     IDENT              NAME                  SHARES   PRICE     %WGT  BETA  %YLD   IND
41 37056310 GENERAL RE CORP                    22696  60.875     1.38  0.96  2.23 OTH IN
42 45920010 INTERNATIONAL BUS MACH             41152 121.500     5.00L 1.04  3.62 BUS MN
43 30229010 EXXON CORP                         68376  43.875     3.00  0.85  5.01 INTOIL
44 48783610 KELLOG CO                          29494  60.000     1.77  0.87  2.86 AGR/FD
45 19121610 COCA COLA CO                       43252  47.750     2.07  0.97  2.84 BEV
46 53271610 LIMITED INC                        52076  30.125     1.57  1.41  1.06 RET OT
47 57459910 MASCO CORP                         64976  25.250     1.64  1.17  1.90 CONSTR
48 55267310 MCI COMMUNICATIONS CP              46343  24.375     1.13  1.10  0.00 TELEPH
49 57163010 MARRIOTT CORP                      68124  31.250     2.13  1.07  0.76 HTL/RS
50 60405910 MINNESOTA MNG & MFG CO             36641  65.125     2.39  1.08  3.99 PAPER
51 71815410 PHILIP MORRIS COS INC              18068 108.125     1.95  0.96  4.16 TOBACO
Beta: 1.001    CompB: 1.000  Alpha: 1.000      Tot Risk: 20.84  Res Risk: 1.94
RISK SOURCES (Std Dev)      NO_JNJ    SAP500      DIFF
Industry:                     1.0       0.0        0.9   Hedge
Risk Index:                   1.2       0.0        1.2    Value: 100,059,300.00
Residual Common Factor:       1.1       0.0        1.1    Units: 346,393.80
Residual Specific:            1.6       0.0        1.6
Total Residual:               1.9       0.0        1.9   Tracking v SAP500: 1.94%
Systematic:                  20.8      20.7        0.0   Utility:   -0.028
Total:                       20.8      20.7        0.1   Arbitrage Beta: 0.991
F1-Help F2-Factrs F3-DOS F4-Erase F5-GoTo F6-TRisk F7-MrgCon F8-Hedge F9-TrCost
```

Abbildung 5-7: Beispielbildschirm mit Portofoliozusammensetzung, Risikoanalysedaten
Quelle: Barra (Hrsg.) (Equity Optimizer)

Weitere Optimierungsparameter stellen Ober- und Untergrenzen für die Größen der einzelnen Bestände und eine Obergrenze für die Anzahl der im Portfolio enthaltenen verschiedenen Titel (bzw. Märkte, im Fall von WMM) dar. Außerdem werden bei der Optimierung die Transaktionskosten im Sinne einer Minimierung berücksichtigt. Schließlich besteht die Möglichkeit Hedges - Absicherungsgeschäfte - in die Optimierung mit einzubeziehen und diejenige einer Benchmark-relativen Optimierung.

Technisch gesehen, bestehen die Programme GEM und GLOBO aus einer Mischung von FORTRAN- und Pascal-Modulen, neuere Versionen von WMM sind in den Programmiersprachen C und FORTRAN implementiert. Alle drei Systeme sind auf Personal Computer lauffähig und einigermaßen Laufzeit-effizient. Sie sind als Stand-Alone-Anwendungen konzipiert und bieten - einmal abgesehen von einer einfachen Datenschnittstelle - keine weitere Unterstützung für eine Integration mit den administrativen Host-Anwendungen, wie etwa der Portfoliobuchhaltung. Da die wiederholte manuelle Erfassung von Portfoliodaten nur für die Verwaltung einiger weniger Portfolios auf Dauer tragbar ist, stellt dies eine wesentliche Einschränkung für den praktischen Einsatz dar.[277]

Die Parameter der Risikomodelle und die Kovarianzmatrix des Anlageuniversums werden von Barra monatlich unter Einsatz verschiedener statistischer Techniken geschätzt und auf Diskette ausgeliefert. Ein Kovarianzmatrix-Generatorprogramm, wie es manchmal bei Optimierungsprogrammen mitgeliefert wird, ist nicht erhältlich. Die Möglichkeit eigene Schätzungen - etwa unter Ausschluß bestimmter atypischer Perioden, wie z.B. die des Oktober-Crashs 1987 - durchzuführen, besteht daher nicht.

Die drei vorgestellten DSS stellen mit Sicherheit nützliche Hilfsmittel für die Portfolioanalyse und den Portfolioentwurf dar. Sie erlauben es, mit quantitativer Präzision und unter Berücksichtigung der wichtigsten Erkenntnisse der Portfolio- und Kapitalmarkttheorie an das Problem der Portfoliokonstruktion heranzugehen und Portfolios maßgeschneidert und doch kosteneffizient herzustellen. Allerdings ist auch hier Vorsicht geboten: der quantitative Ansatz birgt auch die Gefahr der Vortäuschung von Scheingenauigkeiten in sich, die vergessen lassen, daß es sich bei den gezeigten Werten und Analysen letztlich nur um Modellaussagen handelt. Ein System, das wie die hier vorgestellten, als „Zahlenschleuder" implementiert ist und keinerlei textuelle oder darstellerische Konstrukte einsetzt, um Bedeutung und Signifikanz der errechneten Werte auch für nicht wissenschaftlich gebildete Bediener faßbar zu machen, beinhaltet dieses Risiko in besonderer Weise. So könnte etwa eine grafische Darstellung, die den für die Zukunft erwarteten Portfolioertrag in Form zeitlich gestaffelter Bandbreiten-Balken zeigt, um die probabilistischen Rendite- und Risiko-Aussagen in die richtige Perspektive setzen und Fehlinterpretationen vorbeugen. Überhaupt stellt die Benutzerschnittstelle den größten Schwachpunkt der drei dargestellten Systeme dar. Der weitgehende Verzicht auf grafische Elemente[278] ist im Zeitalter mausgetriebener grafischer Benutzerschnittstellen (GUIs) kaum mehr zu rechtfertigen. Weiterhin erscheint die Gestaltung der Analysefunktion noch als zu begrenzt: eine wirklich flexible und interaktive Exploration der Portfolioeigenschaften ist nicht möglich.

Der Ansatz, mit Multifaktormodellen zu arbeiten, stellt hingegen einen wichtigen Pluspunkt dar und das nackte Angebot an Meß- und Modellgrößen der Barra-Systeme muß im Vergleich zum Mitbewerb als weitentwickelt gelten.

---

277 Auch die direkten Mitbewerber von Barra stehen hier übrigens nicht besser da.

278 Dies hängt wohl auch mit der Mainframe-Herkunft der Systeme zusammen.

5.3.2. Portfolio Management Advisor

Portfolio Management Advisor[279] von The ATHENA Group ist ein kommerziell erhältliches ES für die Unterstützung der Portfoliokonstruktion und der Investmentanalyse.[280] Es basiert auf einer Kombination von qualitativen und quantitativen Modellen von Anlageumfeld und Portfoliozusammensetzung. In der Standardversion ist das Anwendungssystem auf den Bereich des Managements reiner Aktienportfolios beschränkt, die Erweiterung um weitere Anlagekategorien, wie Bonds, eingeschränkt auch Optionen und Futures, ist allerdings durch Zukauf und Integration weiterer - sich teilweise noch in Entwicklung befindlicher - Systemmodule möglich.

Im Rahmen des Eingabedialogs von Portfolio Management Advisor wird vom Bediener auf einem ersten Bildschirm die Angabe einer qualitativen Einschätzung der Beziehung von volkswirtschaftlichen Zyklen zu denen des Aktienmarktes mittels Gestaltung eines dynamischen Graphen verlangt. Auf weiteren Bildschirmen erfolgt die Eingabe des Anlagebetrags und der Portfolioziele (Ertragsziel, Risikotoleranz und Anlagerestriktionen). Der Dialog erfolgt dabei vollständig Maus-basiert und erfordert keinerlei Tastatur-Eingaben.

Nach Abschluß des Dialogs evaluiert das System alle in Betracht kommenden Aktien hinsichtlich ihrer Rendite, ihres Risikos und ihrer Eignung für die Erfüllung der gegebenen Portfolioziele. Dabei kommen umfangreiche makro- und mikroökonomische Modelle der Volkswirtschaft und der Aktienmärkte zum Einsatz. Diese Modelle enthalten wiederum Untermodelle für die Analyse der einzelnen Branchen, Unternehmungen und Anlageinstrumente. Auf der Grundlage der so erhaltenen Rendite- und Risikoprognosen nimmt das ES dann die Konstruktion einer Asset-Allocation und die Titelselektionskonstruktion vor. Dabei werden Heuristiken für die Auswahl der Titel, die Erlangung einer ausreichenden Diversifikation und die Berücksichtigung von Anlagepolitik, rechtlicher Beschränkungen, steuerlicher Anlageaspekte und der Transaktionskosten verwendet. Die eingesetzte Methode der Portfoliokonstruktion besteht in einer Kombination solchen in Regelform repräsentierten Erfahrungswissens mit quantitativen Modellbildungen der Portfoliotheorie. So werden für die Ermittlung der optimalen Portfoliodiversifikation sowohl heuristische „Diversifikationsregeln" wie

---

[279] The ATHENA Group (Hrsg.) (Portfolio Management Advisor)
The ATHENA Group (Portfolio Management Advisor)
Inference (Hrsg.) (Portfolio Management Advisor)

[280] Das System beinhaltet, präzise gesagt, Unterstützungsfunktionen im Bereich der Prozeßmodell-Schritte *Analyse des gesamtwirtschaftlichen Umfelds*, *Aktienanalyse*, *Asset-Allocation-Konstruktion* und *Titelselektionskonstruktion*. Sein Schwergewicht liegt allerdings im Bereich der Portfoliokonstruktion., weshalb wir es auch hier beschreiben wollen.

auch die entsprechenden Beziehungen des Markowitzschen Portfolioselektionsmodells herangezogen. Es ergibt sich eine recht weitgehende Flexibilität des Systems, die zusätzlich dadurch gesteigert wird, daß alle verwendeten Schlußregeln im Rahmen der jedem Käufer des Produkts zustehenden drei Mannmonate Beratungsleistung an die spezifische Anlagephilosophie des Hauses angepaßt und die Wissensbasis um Regeln zur Implementation weiterer Heuristiken erweitert werden kann.

Die Wissensbasis des Systems besteht aus folgenden Subsystemen: einem primären ökonomischen Marktmodell (ein sowohl makro- als auch mikroökonomische Aspekte berücksichtigendes Modell der Volkswirtschaft, ihrer Branchen und Einzelunternehmungen), einem sekundären ökonomischen Marktmodell (Makro- und Mikrosicht des Aktienmarktes) und einem Investormodell (umfasst Ertragsziele und Risikoprofil sowie Methoden zur Schätzung von Rendite- und Risiko, für Titelauswahl und Timing, die Asset-Allocation und die Portfoliodiversifikation). Diese objektorientierten (Frame-)Modelle erlauben sowohl qualitatives als auch quantitatives Schlußfolgern über alle Modellattribute mit Hilfe entsprechender Regeln und Algorithmen (Methoden und Triggerprozeduren). Der Zustand jedes Modells kann mit Hilfe probabilistischer Techniken in die Zukunft projiziert werden. Dabei ist die Arbeit mit unterschiedlichen Szenarios möglich.

Portfolio Management Advisor ist auf der Basis der Expertensystem-Shell Automated Reasoning Tool (ART) von der Firma Inference implementiert und läuft auf verschiedenen Workstations. Es nutzt dabei auch fortgeschrittene ART-Techniken - wie z.B. constraint rules und den Viewpoint-Mechanismus - und basiert auf einer Data-driven-Architektur (d.h. der Verwendung einer vorwärtsgerichteten, von den Fakten zur Schlußfolgerung fortschreitenden Regelverkettung). Entsprechend hoch sind die Anforderungen an die Leistungsfähigkeit der verwendeten Hardware-Plattform: schon die Konstruktion eines sehr kleinen Portfolios dauert ca. 2-3 Minuten. Das Basismodul des Systems hat einen Umfang von ca. 10 000 Zeilen ART-Kode (was etwa 100 000 Zeilen LISP-Kode entspricht).

The ATHENA Group bietet zusätzlich zur Möglichkeit der kundenspezifischen Erweiterung des Systems - neben der genannten Spezialisierung der verwendeten Heuristiken besteht hier auch die Möglichkeit des Ausbaus in Richtung von Echtzeit-Portfoliokonstruktion (für den Handel) und des Einsatzes von Techniken wie Portfolio-Insurance, etc. - auch Unterstützung bei der Integration des Systems in die bestehende Informatik-Umgebung, insbesondere seiner Verbindung mit den administrativen Applikationen, an. Die Konzeption, Integrationsdienstleistungen mit dem System anzubieten, ist sicherlich positiv zu bewerten und stellt einen Schritt vorwärts in Richtung computerintegrierter Entscheidungsunterstützung dar.

Portfolio Management Advisor stellt in verschiedener Hinsicht einen interessanten Ansatz der Informatikunterstützung der Portfoliokonstuktion (und auch der Investmentanalyse) dar: Zunächst einmal erscheint die gewählte Systemarchitektur, die die Kombination quantitativer und qualitativer Ansätze erlaubt, eine flexible kundenspezifische Anpassung der verwendeten Portfoliokonstruktionsverfahren ermöglicht und eine modulare Erweiterbarkeit des Anwendungssystems von Anfang an berücksichtigt, der Komplexität der Problemstellung und der Vielfalt der Lösungsansätze sowie der Heterogenität der Anwenderanforderungen angemessen. Weiterhin stellt die vollständig mausgetriebene grafische Benutzerschnittstelle, die mit interaktiven visuellen Konstrukten wie dynamischen Graphen arbeitet, einen deutlichen Fortschritt gegenüber den allein mit textuellen und numerischen Ein- und Ausgaben arbeitenden Entscheidungsunterstützungssystemen dar.

Inwieweit sich die in Portfolio Management Advisor eingebauten Analysemodelle und Heuristiken der Portfoliokonstruktion bewähren, wird sich hingegen im Praxiseinsatz erst noch zeigen müssen. Die Arbeit mit Heuristiken birgt immer die Gefahr in sich, auch wenig sinnvolle Arbeitsweisen und Auffassungen der an der Systementwicklung beteiligten Portfoliomanager zu übernehmen. Dies gilt auch dann, wenn solche qualitativen Faustregeln mit quantitativen Modellen der Portfoliotheorie kombiniert werden, da die Vermischung beider Ansätze eine theoretisch fundierte Interpretation der Resultate erschwert, bzw. verunmöglicht. Es besteht aber auch die Chance - bei entsprechender Qualität der eingesetzten Heurisiken - durch eine Milderung des starren und oftmals unrealistisch idealisierenden Charakters mathematischer Modellbildungen sowie durch eine Plausibilitätskontrolle der erhaltenen Resultate eine deutliche Verbesserung der praktischen Brauchbarkeit des resultierenden Anwendungssystems zu erzielen - Schließlich sind auch die wissenschaftlichen Modelle nur vereinfachte Darstellungen der erfahrenen Realität, die keineswegs Anspruch auf durchwegs korrekte oder vollständige Erfassung aller sinnvollen Beziehungen und Maßnahmen bei der Portfoliozusammenstellung erheben. Für die Nutzung dieser Chance bringt das vorgestellte System zumindest gute Voraussetzungen mit.

Weitere interessante Systeme für die Unterstützung der Portfoliokonstruktion stellen die DSS Global Portfolio Analysis Service (GPAS) und International Risk Analysis Service (IRAS) der Firma Quantec, das Russell Asset Allocation Model (RAAM) von

Frank Russell und SwissInvestor von BOPP ISB dar, die in ihren Grundzügen allerdings alle den Barra-Angeboten vergleichbar sind.[281] Weitere bekannte ES für den Einsatz im Portfoliokonstruktionsbereich sind u.a. FOLIO[282] (der an der Stanford University für den Einsatz auf VAX-Rechenanlagen entwickelte „Urvater" aller Portfoliomanagement-ES), Le Courtier/Streetsmart[283] (von Cognitive Systems in Zusammenarbeit mit Générale de Banque, Belgien, entwickeltes ES für Beratungs- und Portfoliokonstruktionsaufgaben im Aktienbereich) und Expert Tool Index[284] (von der Firma SYSECA, Schwerpunkt: Portfolio-Konstruktion und Händlerunterstützung im Bereich Aktien und Aktien-Optionen/Index-Futures).

Schließlich sei an dieser Stelle noch der Prototyp K-FOLIO[285] von Lee, Kim und Chu erwähnt, der eine Kombination von quantitativen und qualitativen Ansätzen im Sinne eines *intelligenten DSS* darstellt und die Unterstützung der Konstruktion von Aktienportfolios zum Ziel hat.

5.4. Konklusion

Der Bereich der Portfoliokonstruktion ist hinsichtlich seiner Informatikunterstützung kompakter als der der Investmentanalyse. Zwar gibt es ähnlich wie bei der Investmentanalyse eine große Vielfalt von Methoden und Philosophien - diese reduziert sich aber drastisch, wenn man sich auf die Betrachtung wissenschaftlich begründeter Vorgehensweisen beschränkt. Die Vielzahl „handgestrickter", auf individuellen Glaubensvorstellungen über das Wesen des Anlageumfelds basierender Portfoliokonstruktionsansätze fällt dann weg und es bleiben nur einige wenige portfoliotheoretische Modelle übrig. Das Markowitzsche Portfolioselektionsmodell stellt hier den grundlegenden Ansatz der theoretischen und praktischen Behandlung des Anlageproblems dar, auf dem nahezu alle DSS für die Unterstützung der Portfoliokonstruktion basieren. Es gibt Kombinationen mit weiterführenden Theorien und Ansätzen, wie z.B. dem CAPM und speziellen Faktormodellen von Portfoliorendite und -risiko, die für die Portfolioanalyse und eine effizientere Berechnung der Kovarianzen eingesetzt werden, der eigentliche Schritt der Bestimmung der optimalen Portfoliozusammenset-

[281] Alle diese Anwendungssysteme werden in Form eines Dienstleistungspakets, daß die notwendigen Datenupdates mit umfaßt, kommerziell vertrieben. Nähere Informationen sind beim jeweiligen Hersteller erhältlich.

[282] Cohen/Liebermann (FOLIO)

[283] Warnet (Le Courtier)

[284] SYSECA (Hrsg.) (Expert Tool Index)

[285] Lee/Kim/Chu (Intelligent Stock Portfolio Management System)

zung führt aber auch hier über eine Variante des Markowitzmodells und den dazugehörigen Algorithmus zur Lösung des quadratischen Programmierungsproblems. Die bestehenden Portfoliokonstruktions-DSS sind sich von ihrer Stuktur her denn auch alle sehr ähnlich.[286] Selbst viele ES zur Unterstützung der Portfoliokonstruktion beinhalten das Markowitzmodell als Subsystem neben wissensbasierten Modellen zur Berücksichtigung qualitativer Anlageaspekte.

Zur Vereinheitlichung der Informatikunterstützung trägt außerdem bei, daß viele Ansätze der Portfoliokonstruktion unabhängig von den jeweils betrachteten Anlagekategorien sind. So gelten die Aussagen des Markowitzschen Portfolioselektionsmodells allgemein für Portfolios risikobehafteter Anlagen, d.h. für Aktienportfolios ebenso wie für Portfolios festverzinslicher Werte wie auch für gemischte Portfolios. Es gibt natürlich auch anlagekategoriespezifische Portfoliokonstruktionsmethoden und Modelle - die Zersplitterung durch eine Aufteilung in spezialisierte Teilbereiche ist aber im allgemeinen weit geringer als bei der Investmentanalyse.

Es ergeben sich folgende Forderungen an die Weiterentwicklung der Informatikunterstützung des Bereichs der Portfoliokonstruktion:

A51: Die *Benutzerschnittstelle* muß gegenüber den bestehenden Systemen weiterentwickelt werden. Einerseits muß die komplexe System-Natur des Portofolios mit seinen wechselwirkenden Rendite- und Risikocharakteristika *in flexibler Weise explorativ erfahrbar* gemacht werden. Nur so läßt sich eine wirkliche Einsicht des Portfoliomanagers in die Chancen und Risiken möglicher Handlungsalternativen erreichen. Andererseits ist zu berücksichtigen, daß gerade im Bereich der Portfoliokonstruktion häufig Praktiker eingesetzt werden, die kaum über fundierte Kenntnisse der Portfolio- oder Kapitalmarkttheorie verfügen.[287] Daher muß die Benutzerschnittstelle so gestaltet werden, daß eine *Interpretation der Ergebnisse auch ohne akademische Detailkenntnisse* erleichtert wird

286 Allerdings haben die Unterschiede, die in der konkreten Implementierung des Ansatzes, also etwa der Methode der Schätzung von Modellparametern und der Wahl der Erklärungsfaktoren, liegen, einen großen Einfluß auf das Endresultat, was trotz der Verwendung eines ähnlichen Ansatzes zu völlig verschiedenen Portfolios und entsprechenden Anlageergebnissen führen kann. In einer geeigneten Parameterschätzung und der Suche nach geeigneten Faktoren zur bestmöglichen Gestaltung der in der Portfoliokonstruktion eingesetzten Modelle, liegt eine Hauptherausforderung für die quantitative Investmentanalyse.

287 Eine genaue Kenntnis der systemintern zur Berechnung von Analyseergebnissen herangezogenen Modelle sollte für den Anwender auch nicht erforderlich sein. Voraussetzung für einen sinnvollen Systemeinsatz sollte lediglich das zum Verständnis [287]der Resultate notwendige Wissen sein.

und Fehlinterpretationen (insbesondere numerischer Modelldaten) vermieden werden.

A52: Aufgrund der zunehmenden Bedeutung der Asset Allocation im Bereich der Portfoliokonstruktion, durch die Verbreitung der Einsicht, daß die *Portfoliostruktur* einen entscheidenden Einfluß auf den Anlageerfolg hat[288], sind Instrumente zu entwickeln, die eine analytische Betrachtung und eine Bearbeitung des Portfolios auf mehreren Ebenen gleichzeitig ermöglichen. Dazu ist eine *Integration von Asset-Allocation-Ebene und Titelebene* erforderlich, die bei den existierenden Systemen weder konzeptionell noch implementationstechnisch in hinreichender Weise gegeben ist.

A53: Es müssen *Mechanismen für ein sinnvolles Zusammenspiel von kundentypspezifischen Mustervorgaben* des Managements *und der kundenindividuellen Anpassung solcher Vorgaben (customizing)* durch den einzelnen Portfoliomanager entwickelt werden. Zukünftige Anwendungssysteme zur Unterstützung der Portfoliokonstruktion sollten zwischen dem Systemeinsatz im Rahmen der Arbeit des Investmentkomitees und dem am Arbeitsplatz des weisungsgebundenen Portfoliomanagers unterscheiden und eine optimale Unterstützung der jeweiligen Aufgabe zusammen mit einer geeigneten Integration der beiden Funktionsbereiche anbieten.

A54: Die Systeme sollten über eine gewisse *Flexibilität hinsichtlich der angebotenen Modelle* verfügen. Modelländerungen und Erweiterungen des Systems um zusätzliche Modelle sollten problemlos möglich sein. Außerdem sollte ein System *alle an einem Arbeitsplatz benötigten Modelle umfassen* und diese *einheitlich* zugänglich machen. Diese Forderungen entsprechen im wesentlichen den schon an die Informatikunterstützung der Investmentanalyse gestellten. Im Bereich der Portfoliokonstruktion wird die Erfüllung dieser Forderung jedoch durch den Umstand, daß - wie oben angeführt - viele konkrete Modellausprägungen auf einem einheitlichen Ansatz basieren, wesentlich erleichtert.

A55: Die *Integration* der (entscheidungsunterstützenden) Portfoliokonstruktionssysteme *mit der administrativen Datenverarbeitung*, insbesondere mit der Portfoliobuchhaltung, sowie der Anschluß an die aus der Investmentanalyse stammenden Prognosedaten muß gegeben sein. Manuelle Mehrfacherfassung von Kunden- und Portfoliodaten ist für eine breiter angelegte, durchgehende Informati-

---

[288] siehe Abschnitt 1.2.5

kunterstützung des Bereichs weder aus Effizienz- noch aus Sicherheitsgründen akzeptabel.

Schließlich ist zu bemerken, daß aufgrund der verfügbaren theoretischen Modellbildungen wohl das DSS die bevorzugte Architekturvariante im Bereich der Informatikunterstützung der Portfoliokonstruktion bleiben wird. Die meisten verfügbaren ES sind der Kategorie „handgestrickte" Portfoliokonstruktionsphilosophien zuzuordnen und stellen leider allzuhäufig das Ergebnis eines regelrechten Dilettierens von Informatikern - und manchmal auch sog. Anlageexperten -, die mit den Ergebnissen von Portfolio- und Kapitalmarkttheorie in keiner Weise vertraut sind, auf diesem Gebiet dar.[289] Der ES-Ansatz eignet sich im Bereich der Portfoliokonstruktion am ehesten für die Behandlung der Rahmenproblemstellungen, die im Zusammenhang mit dem Einsatz von quantitativen Modellen auftreten.[290] So stellen ein ES zur Unterstützung der Auswahl des für eine bestimmte Situation geeignetsten Modells und eines, daß erklärende Hilfestellung bei der Resultatsinterpretation leistet, sicherlich sinnvolle Anwendungen dar.[291]

Auf dem NN-Ansatz basierende Systeme, sind im eigentlichen Portfoliokonstruktionsbereich (im Gegensatz zur Prognostik) kaum zu finden. Anwendungen der Architekturvariante der reinen Datenbankanwendung finden sich, wie schon im Bereich der Investmentanalyse, im wesentlichen in Form einfacher Screeningprogramme.

---

289 Der Grund für solche Fehlentwicklungen liegt im interdisziplinären Charakter der zwischen anspruchsvollen Teilgebieten von Wirtschaftswissenschaften und Informatik angesiedelten Problemstellung, der dazu führt, das wichtige Errungenschaften des einen Bereiches den Vertretern des anderen nicht oder nur unzureichend bekannt sind. So genügen umgekehrt die von Portfoliotheorie-Spezialisten in Eigenregie entwickelten Informatiklösungen nur in den seltensten Fällen den heutigen Anforderungen hinsichtlich Softwaretechnik, Ressourceneffizienz und Benutzerfreundlichkeit. Es ist ein Anliegen dieser Arbeit, einen Beitrag für die Verbesserung dieser Zustände zu leisten.

290 Gerloff (Expertensystemeinsatz im Portfoliomanagement), S. 30 ff.

291 Auf diese Problemstellung werden wir in Abschnitt 8.6.2 noch näher eingehen.

6

Informatikunterstützung von Zielsetzungsdefinition, Prognosequalitätsanalyse und Performanceanalyse

In diesem Kapitel sollen die Möglichkeiten der Informatikunterstützung für die noch verbleibenden Prozeßschritte Zielsetzungsdefinition, Prognosequalitätsanalyse und Performanceanalyse untersucht werden. Das Vorgehen ist das gleiche wie in den beiden vorhergehenden Kapiteln - Eine spezifische Weiterentwicklung des Prozeßmodells ist diesmal jedoch nicht notwendig. Bei der Zielsetzungsdefinition und der Prognosequalitätsanalyse handelt es sich um in der Fachliteratur traditionell untervertretene Bereiche. Wir wollen versuchen, sie nichtsdestotrotz ihrer Bedeutung angemessen zu berücksichtigen.

6.1. Zielsetzungsdefinition

6.1.1. Methoden der Zielsetzungsdefinition

Die Definition der Portfolioziele in Zusammenarbeit mit dem Auftraggeber gehört zum Aufgabenbereich des Anlageberaters oder Aquisiteurs. Neben der Erfassung der Komponenten der Portfolioziele, die sich direkt aus einer Beschreibung der Anlageumstände des Portfolio-Auftraggebers entnehmen lassen, wie z.B. Referenzwährung, gesetzliche Anlagerestriktionen und individuelle Präferenzen bzw. Beschränkungen hinsichtlich einzelner Titel oder Anlagekategorien (keine Rüstungstitel, reduziertes Fernost-Engagement, etc.), besteht die Hauptaufgabe bei der Zielsetzungsdefinition in der Bestimmung der gewünschten Risikocharakteristik des Portfolios. Dies kann sehr einfach über eine Einstufung des Investors in eine von mehreren Kategorien - z.B. konservativ-ausgewogen-dynamisch-aggressiv - erfolgen, denen dann jeweils eine typische Portfoliozusammensetzung - insbesondere ein bestimmtes Aktien-/Obligationenverhältnis - entspricht. Will man differenzierter auf die spezifische Situation und Zielsetzung des Investors eingehen, so wird man mit dem Konzept der Nutzenfunktion arbeiten.

Nutzenfunktion und Risikoaversion

Die Nutzenfunktion eines Investors ist eine mathematische Formalisierung seiner Präferenzen hinsichtlich verschiedener möglicher Portfoliocharakteristika, insbesondere hinsichtlich Renditeerwartung und Portfoliorisiko. Sie drückt für jedes mögliche Portfolio den Nutzen für den Auftraggeber aus und bestimmt so, welches der konstruierbaren Portfolios für diesen individuellen Investor - d.h. hinsichtlich seiner spezielle Situation und seiner Anlageparameter (Zahlungsverpflichtungen, steuerliche Aspekte, etc.) - das attraktivste ist.[292] In der Welt der Erwartungswert-Varianz-Portfolioanalyse nach Markowitz wird die Nutzenfunktion eines Investors zu einer Funktion in den beiden Variablen Erwartungswert und Varianz (bzw. Standardabweichung) der Portfoliorendite.[293] In der Praxis vereinfacht man im allgemeinen noch weiter und verwendet eine Funktion der folgenden Form:

$$N_p = E(R_p) - \lambda(\mathrm{var}(R_p))$$

wobei		
N_p	:	Nutzen des Portfolios p für den Investor
$E(R_p)$	:	Erwartungswert der Rendite von Portfolio p
$\mathrm{var}(R_p)$	:	Varianz der Rendite von Portfolio p
λ	:	Risikoaversion des Investors

Der Nutzen eines Portfolios für den Investor ist demnach umso größer, je höher die Renditeerwartung und je kleiner das Portfoliorisiko ist, wobei der (positive) Parameter λ, die Risikoaversion, die relative Bedeutung des Risikoaspekts quantifiziert. Die Risikoaversion λ definiert die Nutzenfunktion und stellt die zentrale Größe dar, die es bei der Zielsetzungsdefinition zu bestimmen gilt.

Um die Risikoaversion eines Investors zu ermitteln, kommen folgende Methoden in Betracht:

- Ermittlung durch erfahrungsgestützte Analyse der persönlichen bzw. institutionellen Daten des Investors, also z.B. von Einkommen, möglichen Steuerprivilegien, Verbindlichkeiten, etc.[294]
- Ermittlung durch gemeinsame Betrachtung und Diskussion von historischen Beispielportfolios, bzw. von Simulationen.

---

292 Elton/Gruber (Modern Portfolio Theory), S. 192 ff.

293 Markowitz (Mean-Variance Analysis), S. 52 ff.
Sharpe/Alexander (Investments), S. 137 ff.
Die Nutzenfunktion stellt sich dabei in der Erwartungswert-Varianzebene als eine Schar von Indifferenzkurven (Kurven gleichen Nutzens) dar, die die Auswahl des für diesen Anlager optimalen Portfolios auf der Efficient Frontier bestimmen. Siehe Abbildung 5-3

294 Husemann (Computerunterstützung), S. 278 f.
Hayes (Investments), S. 513 ff. enthält für den Fall eines privaten Investors eine Besprechung der bei der Zielsetzungsdefinition zu berücksichtigenden Kriterien.

- Ermittlung durch den Vergleich mit Wahrscheinlichkeitsspielen und Wetten. Durch eine systematische Gegenüberstellung mit verschiedenen Spielvarianten (z.B. sichere $5 000 verglichen mit $4 000 (Kopf) bzw. $10 000 (Zahl) beim Wurf einer Münze) kann die Risikoaversion des Investors schrittweise eingegrenzt und (im Modell) präzise bestimmt werden.[295]

Letztere Variante entstammt dabei eher dem Reich der Theorie als der Anlagepraxis. Obwohl theoretisch sinnvoll, ist es schwer vorstellbar, wie der Anlageberater einer Großbank den potentiellen Kunden mit Fragen über Wahrscheinlichkeitsspiele traktiert. In etwas abgewandelter Form kann diese Art der systematischen Befragung auf der Basis von Modellsituationen aber durchaus auch in die Praxis Eingang finden.

Zur Durchführung aller drei Varianten ist Informatikunterstützung hilfreich. Im ersten Fall wird man dazu oft ES einsetzen, die über eine Wissensbasis mit den gesammelten Erfahrungen hinsichtlich des Zusammenhangs von Kundendaten und Risikoaversion verfügen. Hilfreich sind allerdings auch schon einfache Visualisierungsinstrumente, wie etwa Balkengrafiken, die die Zusammenhänge zwischen bestimmten Portfoliocharakteristika, Rendite und Risiko aufgrund eines einfachen (mathematischen) Modells dynamisch wiedergeben, um während des Gesprächs zwischen Anlageberater und Kunden die abstrakten Parameter der Portfoliozielsetzung etwas greifbarer zu machen. Bei der zweiten Variante wird die Informatikunterstützung vornehmlich in historischen Datenbanken und Simulationswerkzeugen bestehen. Auch bei einem Vorgehen nach der dritten Methode kann die systematische Dialogführung von einem spezialisierten Anwendungssystem sinnvoll unterstützt werden.

Schließlich ist zu bemerken, daß zur Definition der Portfolioziele auch die Festlegung eines geeigneten Vergleichsmaßstabes (Benchmarks) für die Beurteilung des Anlageerfolgs gehört. Wegen der steigenden Bedeutung Index-bezogener Anlagezielsetzungen werden in der Nutzenfunktion die erwartete Portfoliorendite und das Portfoliorisiko oft auch Benchmark-relativ formuliert.

6.1.2. Bestehende Anwendungssysteme

In Ermangelung von auf die Unterstützung der Zielsetzungsdefinition spezialisierten Anwendungssystemen wollen wir in diesem Abschnitt den Anlagezielsetzungs-bezo-

---

[295] Sharpe/Alexander (Investments), S. 139 f.
Swalm (Utility Theory)

genen Funktionalitäts*anteil* eines in diesem Bereich besonders entwickelten allgemeinen ES zur Unterstützung der Anlageberatung unter die Lupe nehmen.

6.1.2.1. EVA

EVA (Expertensystem zur Vermögensanlageberatung)[296] ist ein bekanntes ES zur Unterstützung der Anlageberatung. Die Dialogführung und die Informationsverarbeitung gliedern sich in drei Phasen, die Analysephase, die Problemlösungsphase und den Anlagevorschlag. Dabei dienen die Analysephase und teilweise auch die Problemlösungsphase der Erfassung von persönlichen Kundendaten und Anlagepräferenzen und der Verarbeitung dieser Angaben zu konkreten Anlagezielsetzungen.

Der Beratungsdialog von EVA beginnt mit der Erfassung von Namen und Anrede und geht dann zur persönlichen Fragen über den Kunden und seine Situation über („Ist der Kunde ledig oder verheiratet?", „Ist der Kunde Arbeitnehmer oder Selbständig?", etc.). Es folgen Fragen nach Art (monatliche Raten oder einmalige Einzahlung) und Höhe des anzulegenden Geldbetrags, nach der Anlagedauer (kurz-, mittel- oder langfristig) und nach bereits bestehenden Anlagen. Nach Beantwortung aller im Rahmen der Analysephase gestellten Fragen, wird aufgrund eine Pakets von Erfahrungsregeln (z.B. drei Monatsbruttoeinkommen als Reserve liquide halten, Berücksichtigung einer monatlichen fixen Sparrate, etc.), die mittels Vorwärtsverkettung auf die gesammelten Fakten angewandt werden, der tatsächlich für Anlagezwecke einsetzbare Geldbetrag ermittelt und geprüft ob eine weitere Bearbeitung sinnvoll ist (verbleibt z.B. ein größerer Geldbetrag über 10 000,- DM, der aber nur kurzfristig auf einige Monate anzulegen ist, sind Termineinlagen die einzige rentable Anlagemöglichkeit - die eigentliche Anlageberatung erübrigt sich).

Im Falle einer positiven Beurteilung der Gegebenheiten tritt das System in die Problemlösungsphase ein, was bedeutet, daß ein zweites Paket von Schlußregeln (wieder nach einer Vorwärtsverkettungs-Strategie) ausgewertet wird. Dabei werden weitere Fragen zu Anlagemotiven und Zielsetzungen gestellt und eine dynamische Überprüfung der Konsistenz der Angaben vorgenommen. Wurde z.B. die Frage „Für welchen Zweck (Motiv) möchte der Kunde sein angelegtes Geld einmal verwenden?" mit *Renditesparen* (d.h. das eine sehr hohe Rentabilität gewünscht wird) beantwortet und erfolgt dann später im Dialog als Antwort auf die Frage „Welche Sicherheit erwartet Ihr Kunde von der Anlage?" die Angabe *hoch*, so meldet das System eine Inkonsi-

---

[296] Bachem (EVA)

stenz in den Anlagezielen des Kunden: Die hohe Rentabilität kann nur mit Aktienanlagen erreicht werden, was der Forderung nach hoher Sicherheit widerspricht.

Im Stile der oben dargestellten Beispiele fragt sich EVA unter Berücksichtigung der jeweiligen Dialogsituation und unter laufender Prüfung und Verarbeitung der erhaltenen Angaben solange durch, bis alle Aspekte der persönlichen Situation des Kunden sowie seiner Präferenzen und Abneigungen geklärt sind. Hat das System die Anlagezielsetzungen des Kunden ausreichend erforscht, geht es zur Erfüllung seiner Hauptaufgabe über, der Erstellung von Anlagevorschlägen. Das Resultat der Zielsetzungsdefinition wird dafür in Form einer Formalisierung der Anlageziele in Hinsicht auf die drei Zieldimensionen Liquidität, Sicherheit, Rentabilität (sog. „Magisches Dreieck" der Vermögensanlage) zur Verfügung gestellt.

EVA verwendet zur Wissensrepräsentation eine Kombination von Frame- und Regelansatz. Es umfaßt über 300 Schlußregeln und etwa 25 Frames (Objekte). EVA wurde in Zeta-LISP auf der Basis der von der Forschungsgruppe Expertensysteme der GMD entwickelten Expertensystem-Shell BABYLON implementiert und ist auf entsprechend ausgerüsteten Workstations lauffähig.

Die Zielsetzungsdefinitions-Komponente von EVA ist typisch für viele auf der Basis des ES-Ansatzes realisierte Kundeninformations-Auswertungssysteme. Einerseits wird die Flexibilität des ES-Ansatzes deutlich, der eine natürliche Dialogführung und laufende Konsistenzprüfungen ermöglicht. Andererseits fehlt es der Vorgehensweise und dem Resultat - den schlußendlich ermittelten Anlage- bzw. Portfoliozielen - an einem theoretischen Fundament und einer entsprechenden Formalisierung im Sinne der Portfoliotheorie. Auch wenn bestimmte empirische Schemata („Magisches Dreieck") eingesetzt werden, bleiben Bedeutung und genaue Interpretation des Resultats doch recht verschwommen und sind weit von der konzeptionellen Klarheit der in Portfoliotheorie verwendeten Begriffsbildungen (Nutzenfunktion, Risikoaversion, etc.) zurück.

Es ist allerdings zu bemerken, daß der Bereich der Zielsetzungsdefinition von Haus aus hohe Anteile an vager und unscharfer Information enthält und das daher eine präzise Formalisierung der Begriffe evtl. nur die Schwierigkeit (bzw. Unmöglichkeit) der genauen Messung der definierten Größen überdeckt. Zumindest aber erscheint eine klare Definition der Bedeutung der einzelnen Attribute der Anlagezielsetzung in Hinblick auf eine korrekte Verwendung in späteren Verarbeitungsphasen erforderlich. Dies würde die ausgesprochen interessante Möglichkeit einer Kombination von ES- und DSS-Ansatz im Sinne der Verwendung eines ES für die Zielsetzungsdefinition, das - neben ergänzenden Angaben zum Kundenumfeld - die in der Portfoliotheorie üblichen strikten Formalisierungen der Portfolioziele liefert und eines DSS für die Portfoliokonstruktion, das diese Ziele in Portfolios umsetzt.

Ein ähnlich wie EVA gelagertes Anwendungssystem ist *GABI (Geldanlage Beratungs- und Informationssystem)*[297], ein in Franz-LISP auf einer VAX-11/780 implementiertes prototypisches ES zur Unterstützung der Anlageberatung. In Bezug auf die uns hier interessierende Zielsetzungsdefinitions-Komponente, hat es aber eher weniger zu bieten als EVA.

Erwähnenswert ist schließlich noch der Ansatz, der vom bereits in Zusammenhang mit der Portfoliokonstruktion erwähnten *Russell Asset Allocation Model (RAAM)* von der Firma Frank Russell für die Erfassung der Portfolioziele verwendet wird. Der potentielle Anleger wird hier mit einer dynamisch veränderbaren Grafik konfrontiert, die Kernparameter (wie. z.B. erwartete Rendite und Risiko) in Balkenform repräsentiert. Dabei werden die hinter den einzelnen Größen stehenden Gesetzmäßigkeiten automatisch berücksichtigt, d.h. wenn der Kunde z.B. eine Vergrößerung der erwarteten Rendite verlangt, verlängert sich auch der Risikobalken um einen bestimmten Anteil.

6.2. Prognosequalitätsanalyse

6.2.1. Methoden der Prognosequalitätsanalyse

Im Gegensatz zur Fülle der Untersuchungen zur Methodik der Performanceanalyse, die die Beurteilung des Anlageerfolgs und somit der kumulierten Leistungsfähigkeit des Portfoliomanagement-Prozesses insgesamt zum Inhalt hat[298], gibt es nur sehr wenige Arbeiten über Methoden der Messung und Analyse der Prognosequalität, also des Beitrags der Investmentanalyse zum Gesamtresultat. Dies ist insbesondere deshalb erstaunlich, weil die Prognosen von entscheidender Bedeutung für den Anlageerfolg sind und ihre Qualität im allgemeinen als ziemlich schlecht eingeschätzt werden muß. Aufgrund dieses Mangels an spezialisierten Verfahren, muß auf die

---

297 Baltes (GABI)

298 siehe Abschnitt 6.3

(glücklicherweise reichhaltige) Literatur zur Beurteilung der Qualität der Prognose allgemeiner ökonomischer Größen zurückgegriffen werden.[299]

Grundsätzlich werden *Methoden zur geeigneten Messung des Prognosefehlers*, *Methoden zur Identifikation der Quellen dieses Fehlers* und eine sinnvolle Qualitätsbeurteilung ermöglichende *Vergleichsmaßstäbe* benötigt. Dabei kann die Analyse der Prognosequalität in einzelnen Bereichen - wie insbesondere der Aktienanalyse - entsprechend den zwei Teilschritten unseres Modells des Investmentanalyse-Teilprozesses in zwei Stufen erfolgen: der Beurteilung des Teilschritts der Prognose der fundamentalen Variablen (gesamtwirtschaftliche Kennzahlen, Unternehmensgewinnschätzung, etc.) und derjenigen des Teilschritts der Abschätzung der Marktbewertung dieser fundamentalen Größen (Valuation). Dies hat den Vorteil einer Präzisierung der Aussage der Prognosequalitätsanalyse in Bezug auf die einzelnen prognostischen Tätigkeiten.

Messung des Prognosefehlers

Grundsätzlich wird hier mit dem mittleren quadratischen Prognosefehler gearbeitet:[300]

$$MQPF = \frac{1}{N}\sum_{i=1}^{N}(P_i - R_i)^2$$

wobei $MQPF$: Mittlerer quadratischer Prognosefehler

P_i : Prognose-Wert (z.B. Unternehmensgewinn oder Rendite) für Anlage i

R_i : In der Realität eingetretener Wert für Anlage i

N : Anzahl betrachtete Anlagen in diesem Prognosebereich[301]

Insbesondere bei der Beurteilung von Gewinnprognosen erweist sich die Verwendung der Änderung der Prognosegröße gegenüber der Vorperiode anstelle ihrer absoluten Höhe und eine Skalierung mittels Division durch die Summe der Quadrate des effek-

---

299 Elton und Gruber, die zu den wenigen gehören, die sich etwas eingehender mit der Thematik der Leistungsbeurteilung der Investmentanalyse befassen [Elton/Gruber (Modern Portfolio Theory), S. 601 ff.], schlagen für den Einsatz in diesem Bereich insbesondere die Arbeiten von Henri Thiel vor. Thiel (Economic Forecasting)

300 Elton/Gruber (Modern Portfolio Theory), S. 604
Thiel (Economic Forecasting)

301 Es ist auch eine Kumulation des Prognosefehlers über die einzelnen Prognoseperioden, anstelle oder zusätzlich zu derjenigen über die Anlagen eines Prognosebereichs, denkbar.

tiv eingetretenen Wertes, bekannt als Thiel's Inequality Coefficient (TIC), als praktisch:[302]

$$TIC = \frac{\sum_{i=1}^{N} (p_i - r_i)^2}{\sum_{i=1}^{N} r_i^2}$$

wobei TIC : Thiel's inequality coefficient
p_i : Prognostizierte Gewinnänderung für Unternehmen i
r_i : Effektive Gewinnänderung für Unternehmen i

Ein TIC von 1 bedeutet dann, daß die Qualität der Gewinnprognose dem naiven Ansatz der Verwendung des letzten Ergebnisses als Prognose für die betrachtete Periode (no change model) entspricht. Ein Wert > 1 deutet auf eine reale Prognosefähigkeit hin, ein Wert < 1 besagt, daß noch nicht einmal die Prognosekraft des trivialen Ansatzes erreicht wurde. Natürlich ist eine analoge Verwendung dieser Maßzahl für andere Prognosegrößen möglich. Im Fall von Renditeprognosen erscheint es aber sinnvoll, anstelle der Renditeänderung gegenüber der Vorperiode die Abweichung von der langfristig beobachteten mittleren Rendite zu benutzen. Das naive Prognosemodell, mit dem die Prognosequalität dann verglichen wird, ist die Übernahme der mittleren Rendite als Prognose für die betrachtete Periode.

Methoden zur Analyse des Prognosefehlers

Hier gibt es einerseits grafische Verfahren, die sehr gut geeignet sind, die Ursachen der Prognosefehler intuitiv erfaßbar zu machen, und andererseits numerische Analysemethoden, die eine Dekomposition des MQPF in verschiedene Komponenten erlauben.[303] Eine einfache, aber besonders aufschlußreiche Methode der grafischen Analyse des Prognosefehlers stellt das von Thiel vorgeschlagene Prediction Realisation Diagram (PRD)[304] dar. Es besteht in der Darstellung von Prognosen und tatsächlichen Werten in einer Form, die die Art der gemachten Fehler als typische Muster und eine charakteristische Verteilung der Punkte über einzelne Bild-Quadranten erscheinen läßt.

---

[302] Elton/Gruber (Modern Portfolio Theory), S. 605
Thiel (Economic Forecasting)

[303] Elton/Gruber (Modern Portfolio Theory), S. 606 ff.

Numerische Analyseverfahren sind einerseits die Dekomposition des Prognosefehlers nach Aggregationsebenen (z.B. bei der Aktienprognose in den Fehleranteil, der auf einer Fehleinschätzung des gesamtwirtschaftlichen Umfelds beruht, denjenigen der auf eine falsche Beurteilung der Branchenentwicklung zurückzuführen ist und den auf Fehler in der Einschätzung der spezifischen Unterschiede der einzelnen Unternehmen gründenden Anteil des Prognosefehlers), andererseits diejenige nach statistischen Merkmalen (z.B. der Aufteilung in auf Mittelwert, Varianz und Kovarianz zurückzuführende Fehleranteile).

Vergleichsmaßstäbe

Ein Vergleichsmaßstab für die Beurteilung der Prognosequalität sollte

1. die unterschiedliche Schwierigkeit verschiedener Prognosen berücksichtigen und
2. einen Anhaltspunkt für den potentiellen Nutzen einer Prognose bieten.

Ein Vergleichsmaßstab, der beiden Anforderungen genügt, stellt der *Consensus Forecast*, d.h. die durchschnittliche (Konsens-)Einschätzung der Gesamtheit aller am Markt aktiven Finanzanalysten, dar: Einerseits läßt sich aus der Genauigkeit der Konsensprognose für eine bestimmte Größe die Schwierigkeit der Prognoseerstellung ablesen. Andererseits stellt die Qualität der Konsensprognose eine absolute Schwelle für den Nutzen einer Prognose dar: Da der Informationsgehalt der Konsensprognose bereits in den Marktpreisen enthalten ist, muß eine Prognose besser sein als diese, um einen finanziellen Nutzen zu erbringen.[305]

6.2.2. Bestehende Anwendungssysteme

Anwendungssysteme, die die Prognosequalitätsanalyse im Investmentbereich zur Aufgabe haben, sind bisher kaum zu finden - was wohl nicht zuletzt auch auf psychologische Widerstände gegen ihre Einführung zurückzuführen ist. Eine konkrete Systembeschreibung an dieser Stelle muß daher entfallen. Es ist allerdings zu erwarten, daß sich - aufgrund der Bedeutung der Aufgabenstellung für die Erzielung einer Qualitätssteigerung im Anlageprozeß - dieser Zustand bald ändert.

---

[304] Thiel (Economic Forecasting)

[305] Elton/Gruber (Modern Portfolio Theory), S. 612 f.

6.3. Performanceanalyse

6.3.1. Methoden der Performanceanalyse

Zur Analyse der Performance eines Portfolios und der Beurteilung der Leistung des betreffenden Portfoliomanagers sind

- Methoden zur Berechnung der tatsächlich erwirtschafteten Portfoliorendite,
- Methoden zum Einbezug des Portfoliorisikos in die Performancebeurteilung und
- Methoden zur Aufschlüsselung der Portfolioperformance nach ihren Quellen (performance attribution)

notwendig.

Methoden zur Berechnung der Portfoliorendite
Das Kernproblem bei der Berechnung der Portfoliorendite besteht darin, Ein- und Auszahlungen die während der Rechnungsperiode stattfinden, adäquat zu berücksichtigen. Die beiden bekanntesten Ansätze, die Methode des *Capital-weighted-Return* und diejenige des *Time-weighted-Return* begegnen diesem Problem durch eine Aufspaltung des Anlagekapitals in Anfangskapital und die einzelnen Ein- und Auszahlungen resp. durch eine Aufteilung der Rechnungsperiode in Teilperioden, die jeweils frei von Bewegungen sind.[306] Weitere Ansätze sind die Berechnung der Rendite auf das durchschnittliche Kapital und die sog. verkettete Rendite.[307] Die einzelnen Berechnungsmethoden reagieren auf die Dynamik des Anlagekapitals jeweils unterschiedlich und liefern verschiedene Renditewerte. Welches Renditemaß das geeignetste ist, hängt von den Charakteristika der betrachteten Portfolios sowie vom vertretbaren Rechenaufwand ab.

Methoden des Risikoeinbezugs
Die Grundidee bei der Verwendung von risikobereinigten Performancekennzahlen liegt darin, daß eine hohe Rendite, die in Verbindung mit einem niedrigen Portfoliorisiko erzielt wurde, höher zu bewerten ist, als eine unter Inkaufnahme eines hohen Risikos erreichte. Die zwei gebräuchlichsten Kennzahlen sind das *Sharpe-* und das *Treynor-Ratio* (auch als „reward-to-variability ratio" bzw. „reward-to-volatility ratio" bezeichnet). Das Sharpe-Ratio setzt die Überschußrendite des Portfolios (den über

---

[306] Sharpe/Alexander (Investments), S. 733 ff.
Elton/Gruber (Modern Portfolio Theory), S. 564 ff.
Husemann (Computerunterstützung), S. 282 ff.

[307] Husemann (Computerunterstützung), S. 285 ff.

dem risikofreien Zinssatz liegenden Renditeanteil) zur Standardabweichung der Portfoliorendite, das Treynor-Ratio zum Portfoliobeta in Beziehung:[308]

$$SR_p = \frac{mr_p - mr_f}{\sigma_p} \qquad TR_p = \frac{mr_p - mr_f}{\beta_p}$$

wobei SR_p / TR_p : Sharpe-Ratio bzw. Treynor-Ratio des Portfolios p
mr_p : Mittlere Rendite des Portfolios p
mr_f : Mittlerer risikofreier Zinssatz
σ_p : Standardabweichung der Rendite des Portfolios p
β_p : Betafaktor des Portfolios p

Beide Methoden des Risikoeinbezugs in die Performancemessung fußen auf den Konzeptionen des CAPM. Welcher Methode der Vorzug zu geben ist, hängt davon ab, welches Risikomaß für den jeweiligen Portfolioauftraggeber das relevante ist, Marktrisiko oder totales Risiko.

Performance Attribution
Bei der Performance Attribution[309] geht es darum, die Ursachen für die beobachtete Portfolioperformance zu identifizieren, d.h. herauszufinden, welcher Anteil der Performance auf welche Entscheidung bei der Portfoliokonstruktion zurückzuführen ist. Dazu wird ein Faktormodell der Rendite von Portfolio und Einzelanlagen zugrundegelegt. Mittels multipler Regression werden die Rendite- und Risikobeiträge der einzelnen Faktoren berechnet und ausgewiesen, welche Faktorexposition wie viel zum Anlageergebnis beigetragen hat. Dies kann als Ergebnis einer Wette auf die einzelne Faktoren interpretiert werden und gibt Aufschluß über den Erfolg der vom Portfoliomanager vorgenommenen Anlageentscheidungen.

Voraussetzung für eine sinnvolle Performanceanalyse ist die Wahl eines geeigneten Vergleichsmaßstabes, eines Benchmarks. Nur wenn das Anlageziel in dieser Form klar definiert ist, kann der Erfolg sinnvoll gemessen und interpretiert werden. Eine sorgfältige Auswahl des verwendeten Benchmarks ist sehr wichtig, da das Ergebnis der Beurteilung je nach gewähltem Benchmark stark differieren kann.

---

308 Sharpe/Alexander (Investments), S. 749 ff.

309 Sharpe/Alexander (Investments), S. 767 ff.
Elton/Gruber (Modern Portfolio Theory), S. 580 ff.

Eine besondere Schwierigkeit bei der Performanceanalyse stellt die Unterscheidung von Können und reinem Glück des Portfoliomanagers dar. Hier ist in der Regel kein abschließendes Urteil möglich, da die zur Verfügung stehenden Beobachtungszeiträume dafür zu kurz sind.[310]

Schließlich ist zu bemerken, daß eine systematische Aufgliederung der Portfolioperformance auf die einzelnen Teilportfolios, die ein Portfolio ausmachen (z.B. im Sinne einer Gliederung nach Anlagekategorien und Währungen), Nutzen und Aussagekraft der Portfolioanalyse um ein Vielfaches steigern kann.

6.3.2. Bestehende Anwendungssysteme

Ein typisches Performanceanalysesystem stellt das von der Firma Barra angebotene dar. Wir wollen es stellvertretend für diese Art von Anwendungssystemen beschreiben.

6.3.2.1. Performance System von Barra

Das *Performance System*[311] ist derzeit für einzelne nationale Aktien- und Bondmarktmodelle von Barra verfügbar. Es besteht aus zwei Komponenten, PerfSave und PAN. Mit PerfSave werden die monatlichen Performancedaten des betrachteten Portfolios berechnet und abgespeichert. Mit PAN kann dann die Portfolioperformance auf der Basis der gespeicherten Monatsdaten analysiert werden.

Neben einem Vergleich der monatlichen Portfoliorenditen mit einem Benchmark und der Berechnung der kumulativen Portfoliorendite und des „Portfoliorisikos" (genauer gesagt, der Standardabweichung der monatlichen Portfoliorenditen im betrachteten Zeitraum[312]) über eine bestimmte Zeitspanne stellt die *Performance Attribution* das eigentliche Schwergewicht des Systems dar. Dazu wird als Faktormodell dasjenige des jeweiligen Ländermodells herangezogen, was eine recht detaillierte Aufschlüsse-

---

310 siehe dazu French/Henderson (Performance Evaluation)

311 Es gibt verschiedene Varianten von Barra-Performanceanalyse-Anwendungen. Traditionell sind dies die Programme PERFAT und PERFAN, neuerdings auch PerfSave und PAN. Die Beschreibung konzentriert sich auf die letztere Variante. Neben einer Demonstrationsversion des Systems stützt sie sich auf Barra (Hrsg.) (Performance System) und auf diverse Produktinformationsbroschüren.

312 Dies stellt aufgrund der evtl. recht kurzen Datenreihe (z.B. 12 Beobachtungen) und des Umstands, daß sich das Portofoliorisiko durch Umschichtungen während dem Beobachtungszeitraum (z.B. 1 Jahr) wesentlich verändert haben kann, lediglich eine sehr grobe Approximation des während dieser Zeit tatsächlich wirksamen Portfoliorisikos dar. Für genauere Schätzungen müßte mit wöchentlichen oder täglichen Portfolio- und Marktdaten gearbeitet werden.

lung der Renditekomponenten erlaubt (im Fall des U.S.-Aktienmarktmodells werden 13 Risikofaktoren und 55 Branchenfaktoren berücksichtigt). Außerdem wird eine Renditedekomposition in risikofreie Rendite versus Überschußrendite, Rendite des langfristigen Portfoliokerns (normal portfolio) versus der durch aktive Abweichung hiervon erzielten Rendite, Systematische Rendite durch Beta-Wahl versus unsystematische Rendite, faktorbezogene Rendite versus faktorunabhängige Rendite vorgenommen. Abbildung 6-1 zeigt einen Beispielbildschirm.

```
US PAN 2.0      Ret       BARRA MICROCOMPUTER PRODUCTS        BARRA Demonstration
Start Date: Jun 30 88                  MKT: SAP500  NORM: SAP500  PORT: HIGROWTH
        Annualized Active Performance Summary : Jun 30 88 - Jul 31 89
                                        Return         % Risk        Inf Ratio

Syst Portfolio Timing Premium            0.00           0.01           0.35

Residual Components
    Common Factor Positions             -7.66           5.98          -1.28
    Specific Asset Selection            10.96           7.08           1.55

Total from Active Management             3.30           9.26           0.36



Best Policies                 Cum Cont      Worst Policies             Cum Cont

SPECIFIC ASSET SELECTION       12.13        GROWTH                      -13.90
YIELD                           5.46        SIZE                         -3.60
SUCCESS                         2.39        EARNINGS/PRICE               -2.39
EARNINGS VARIATION              1.96        BOOK/PRICE                   -1.28
BUSINESS MACHINES               1.79        TELEPHONE, TELEGRAPH         -0.83


 F1=help  PgUp=prev  PgDn=next  ESC=main screen
```

Abbildung 6-1: Beispielbildschirm mit Performanceanalyse-Resultaten
Quelle: Barra (Hrsg.) (Performance System)

Dargestellt ist die Aufgliederung der auf aktive Abweichung vom Normal-Portfolio zurückzuführenden Rendite- und Risikoanteile[313] in systematische und unsystematische (residual) Komponenten, wobei letztere wieder nach dem Kriterium faktorabhängig (common factor positions) / faktorunabhängig (specific asset selection) unterteilt wurden. Im unteren Bildschirmteil ist die Aufschlüsselung der aktiven Rendite auf die einzelnen Faktoren gezeigt. Aufgeführt sind in diesem Darstellungsmodus jeweils die fünf besten und die fünf schlechtesten Resultate der durch Abweichung vom

313 und ihres Quotienten, des sog. Information Ratios

Normal-Portfolio getätigten „Faktorwetten". So zeigt sich, daß im betrachteten Beobachtungszeitraum durch eine Über- bzw. Untergewichtung der Branche Büromaschinen (business machines) ein Renditebeitrag von 1,79% erzielt werden konnte, wogegen die aktive Abweichung von der Normal-Gewichtung des Wachstumsfaktors (growth) nicht belohnt, sondern mit einer Renditeminderung von 13,9% bestraft wurde. Die diesen Resultaten zugrundeliegenden Faktorexpositionen sind aus einem anderen Bildschirm ersichtlich.

Weitere abrufbare Bildschirme sind eine Detaillierung der im Beispielbildschirm gezeigten Rendite-Aufgliederung (alle Dekompositionen, alle Faktoren) und einige wenige grafische Darstellungen der Renditeentwicklung. Die Grafiken sind dabei relativ einfach gestaltet und schöpfen in keiner Weise die heutigen Möglichkeiten interaktiver Datenvisualisierung aus.

Die Anwendung läuft auf Personal Computers. Aufgrund der für Performanceanalyse-Aufgaben typischen Explosion der Datenmenge (gegenüber der gegenwarts- bzw. zukunftsbezogenen Portfolioanalyse kommt hier ja noch die Dimension der Zeit hinzu, d.h. das anstelle eines einzelnen Wertes für jede Größe eine ganze Zeitreihe gespeichert werden muß) werden als Datenaustauschmedium teilweise auch CD-Roms eingesetzt.

Das Barra-Performance System stellt ein DSS zur Unterstützung der Performanceanalyse dar, das Stärken und Schwächen aufweist. Die Stärke des Systems liegt sicher in den hochentwickelten Möglichkeiten der Rendite- und Risiko-Aufgliederung im Sinne des Performance Attribution-Ansatzes. Die Schwächen liegen einerseits in der Gestaltung der Benutzerschnittstelle des Systems - gerade im Bereich der Performanceanalyse ließe sich mit Ansätzen wie z.B. dynamischen Tabellen oder dynamischen Grafiken viel machen, um ein Gefühl für das Portfolioverhalten über die Zeit in wirklich interaktiver Form zu vermitteln und eine Milderung des zahlenlastigen Charakters der Anwendung zu erreichen. Andererseits stellt der grob approximierende Charakter der Beobachtungdaten und Analysen einen Schwachpunkt dar. Für eine buchhalterisch präzise Behandlung der Portfoliodynamik mit allen Bewegungen und Umschichtungen ist die Verwendung täglicher Daten unbedingt erforderlich. Der gewählte Ansatz, die Analyse lediglich auf monatliche „Snapshots" der Portfoliozusammensetzung aufzubauen, ist für eine genaue Performanceanalyse und ein entsprechendes Reporting der Anlageresultate an den Portfolio-Auftraggeber nicht geeignet, er genügt allerdings im allgemeinen, um dem Portfoliomanager einen gewissen Anhaltspunkt für die Beurteilung der getroffenen Anlageentscheidungen zu geben. Grundsätzlich reflektiert die Konzeption des Systems den Standalone-Charakter ihrer Implementierung - weiterführende Ansätze lassen sich nämlich nur in Form von mit den administrativen Applikationen integrierten Systemen realisieren.

Allgemein stellt der Mangel an Integration eine grundsätzliche Schwäche des vorgestellten Systems dar. Er macht sich bei der Anwendung etwa dadurch störend bemerkbar, daß die Portfoliodaten manuell in das Portfolioanalysesystem eingegeben werden müssen und die an sich routinemäßige (z.B. monatliche) Datenübertragung in das Performanceanalysesystem manuell und für jedes Portfolio einzeln gestartet werden muß.

Es ist allerdings zu bemerken, daß Systeme, die allen hier gestellten Anforderungen in vollem Umfang genügen, erst noch zu entwickeln sind.[314] Das Barra-System stellt ein gutes Beispiel für den Stand der auf dem Markt verfügbaren Performanceanalysesysteme dar.

Eine weitere Klasse von Performanceanalysesystemen stellen die - insbesondere von größeren Banken und Investmentorganisationen - in-house entwickelten Anwendungen dar. Sie sind im allgemeinen auf einem Großrechner implementiert und haben eher den Charakter einer administrativen Applikation als den eines entscheidungsunterstützenden Systems. Ihr Analyse-Output besteht in der Regel in schriftlichen Performance-Reports und deren statischer Anzeige auf dem Bildschirm. Diese Anwendungen erfüllen zwar die Anforderungen hinsichtlich der Integration mit der Portfoliobuchhaltung, in Bezug auf die Analysefunktionalität (Renditedekomposition, Riskoeinbezug, Faktoranalysen) und in Bezug auf die Interaktivität genügen sie jedoch meist in keiner Weise den heutigen Ansprüchen.

6.4. Konklusion

Der Bereich der Zielsetzungsdefinition zeichnet sich durch die enge Interaktion des Anwendungssystems mit dem Kunden (mittelbar durch den Anlageberater oder sogar direkt) aus. Dadurch entstehen hohe Anforderungen an die Flexibilität des Systems und an seine Fähigkeit, auch mit vagen Angaben und Informationen etwas anfangen zu können. Die Bereiche der Prognosequalitätsanalyse und der Performanceanalyse zeichnen sich dagegen durch eine hohe Präzision der Eingabeinformation (quantitative historische Daten aus Prognostik und Portfoliobuchhaltung) und eine

[314] In Teil III wollen wir dazu einige Anregungen geben.

klare Aufgabenstellung aus. Für den Bereich der Performanceanalyse existiert außerdem ein gut entwickelter Bestand an etablierten Methoden und Verfahren, auf die eine Anwendung aufgebaut werden kann. Bei der Prognosequalitätsanalyse liegen die Dinge etwas weniger klar: Es gibt zwar etablierte Methoden aus dem Bereich der volkswirtschaftlichen Prognostik, spezialisierte Ansätze für die Leistungsbeurteilung der Investmentanalyse fehlen aber weitgehend. So ist z.B. der Einbezug des Nutzens, den eine Prognose bzw. ihre Qualität für die konkrete Aufgabenstellung der Geldanlage hat, als Kriterium der Leistungsbeurteilung noch nicht in befriedigender Weise untersucht.[315]

Folgende Forderungen an die Weiterentwicklung der Informatikunterstützung in den Bereichen Zielsetzungsdefinition, Prognosequalitätsanalyse und Performanceanalyse sind zu stellen:

A61: Ein System zur Unterstützung der *Portfolio-Zielsetzungsdefinition* sollte einerseits flexibel genug sein, um die sich im Kundengespräch ergebenden unscharfen Angaben sinnvoll nutzen zu können, andererseits sollte es als Resultat eine genügend präzise Formalisierung der Portfolioziele liefern, um den Ansprüchen quantitativer Portfoliokonstruktionsanwendungen genügen zu können. Zur Überbrückung dieser weiten Spanne sind Techniken wie die *wissensbasierte Auswertung von Kundenangaben*, die *interaktive Präsentation simulierter Beispielportfolios* zur Illustration der Auswirkung verschiedener Zielsetzungsalternativen sowie der *Einsatz der Methoden und Modellbildungen der Portfoliotheorie* notwendig. Ziel der Entwicklung sollte ein System sein, das direkt in das Kundengespräch mit einbezogen werden kann und ein gemeinsames Herantasten von Kunden und Anlageberater an die optimale Zielsetzungsvariante in interaktiver Weise erlaubt.

A62: *Prognosequalitätsanalyse- und Performanceanalysesysteme* sollten nicht allein in einer Möglichkeit der Erstellung eines mit buchhalterischen Kennzahlen gespickten statischen Berichts bestehen, sondern vielmehr als Systeme, die eine *interaktive dynamische Analyse von Prognosequalität und Portfolioverhalten* erlauben, konzipiert sein. Die Fülle des Datenmaterials und der analytischen Größen macht die Möglichkeit, selektiv und explorativ durch die Auswertungsresultate und die ihnen ursächlich zugrundeliegenden Strukturen navigieren zu können, für eine wirkliche analytische Einsicht in die beobachteten Tendenzen

[315] Elton/Gruber (Modern Portfolio Theory), S. 613 ff. liefert dazu allerdings wenigstens einige Ansatzpunkte.

und ihre Ursachen unbedingt erforderlich.[316] Außerdem ist der *intensive Einsatz grafischer Visualisierungstechniken* angezeigt.

A63: Insbesondere Systeme zur Prognosequalitäts- und Performanceanalyse müssen *mit den administrativen Applikationen einerseits und den anderen entscheidungsunterstützenden Anwendungen andererseits integriert* sein. Aufgrund der sehr großen Datenmengen ist eine sinnvolle und effiziente Auswertung ansonsten ausgeschlossen. Aber auch Systeme zur Unterstützung der Portfolio-Zielsetzungsdefinition sollten vollständig in die Informationsflüsse des Portfoliomanagement-Prozesses integriert werden, um den Zugriff auf die administrativen Kundendaten und eine direkte Weitergabe der ermittelten Portfolioziele an die Portfoliokonstruktionsanwendungen zu ermöglichen.

Als hauptsächliche Systemtypen werden im Bereich der Zielsetzungsdefinition DSS und ES zum Einsatz kommen. ES haben hier den Vorteil der Flexibilität und der Fähigkeit zur Auswertung vager Informationen, DSS denjenigen der mathematischen Präzision ihrer Modellaussagen. Zur Erfüllung der gestellten Anforderungen bietet sich insbesondere eine *Kombination* von DSS- und ES-Elementen an.[317] Ein denkbarer Einsatz von NN bei der Zielsetzungsdefinition bestände in der Erkennung und Nutzung wiederkehrender Muster in den Kundenpräferenzen. Der praktische Nutzen einer solchen etwas exotischen Anwendung müßte aber zunächst geklärt werden. Reine Datenbankanwendungen, schließlich, können bei der Zielsetzungdefinition zwar eine gewisse Unterstützung bieten (etwa durch die Bereitstellung geeigneter Extrakte aus der Kundendatenbank), zur Lösung der eigentlichen Problemstellung - der interaktiven Ermittlung von Portfoliozielsetzungen - reicht dieser Ansatz aber nicht aus.

Prognosequalitäts- und Performanceanalysesysteme werden als DSS realisiert. Die quantitativen Ausgangsdaten und die mathematischen Analyseverfahren machen dies zur einzig sinnvollen Implementationsvariante. Bestenfalls könnten hier noch begleitende ES, im Sinne eines Hilfesystems und einer gewissen Unterstützung bei der Interpretation der Analyseergebnisse, zum Einsatz kommen. Aufgrund der konzeptionellen Klarheit der Analyseansätze in diesen Bereichen wird eine solche Unterstützung aber in der Regel nicht nötig sein.

---

316 Gerloff (Computergestützte Analyse von Portfolio-Strategien), S. 6 ff.

317 Gerloff (Expertensystemeinsatz im Portfoliomanagement), S. 30 ff.

Teil III

Computerintegriertes Portfoliomanagement

In diesem Teil wird, aufbauend auf die in Teil II angestellten Betrachtungen, ein *Konzept für ein Computerintegriertes Portfoliomanagement* - wir wollen dafür die Bezeichnung *CIP-Konzept* verwenden - entwickelt. Die in den Konklusions-Abschnitten 4.3, 5.4 und 6.4 aufgestellten Anforderungen dienen uns dabei als Vorgabe. Sie sollen in geeignete Leitlinien und konzeptionelle Bausteine für die Realisierung des Schritts von der punktuellen Informatikunterstützung zur durchgehenden, computerintegrierten Unterstützung des Gesamtprozesses umgesetzt werden.

Es ist anzumerken, daß die zahlreichen Einzeluntersuchungen, Bewertungen und Weiterentwicklungsvorschläge wie sie in Teil II im Zusammenhang mit der Betrachtung spezifischer Methoden und Anwendungssysteme für die Informatikunterstützung der einzelnen Prozeßschritte angestellt wurden sowie die entwickelten Prozeßmodelle einen integrierenden Bestandteil des CIP-Konzepts darstellen. Sie stellen für die praktische Realisierung eines Computerintegrierten Portfoliomanagements wesentliche Bausteine dar. In diesem Teil stehen nun weniger die einzelschrittbezogenen Aspekte als vielmehr die *zur Integration* der Einzelschrittunterstützung zu einem computerintegrierten Ganzen erforderlichen konzeptionellen Elemente im Vordergrund der Betrachtung.

In Kapitel 7 werden zunächst einige grundlegende Elemente des Konzepts eines Computerintegrierten Portfoliomanagements ausgearbeitet und die in diesem Zusammenhang zentralen Begriffe der Integration und Verteilung vertieft; in Kapitel 8 werden spezifische Designkonzepte für die im Rahmen des CIP-Konzepts zum Einsatz kommenden Anwendungssysteme entwickelt und in einem integrierenden 9. Kapitel neben zusätzlichen, gesamtprozeßbezogenen, konzeptionellen Bausteinen eine zusammenfassende Darstellung des CIP-Konzepts angeführt sowie Implementations- und Nutzenüberlegungen vorgenommen.

7

Grundlegende Elemente des Konzepts für ein Computerintegriertes Portfoliomanagement

In diesem Kapitel werden die Grundlagen des Konzeptes für ein Computerintegriertes Portfoliomanagement gelegt. Dazu werden in den Abschnitten 7.1 und 7.2 zunächst der zentrale Begriff der Computerintegration und das Konzept verteilter Anwendungssysteme näher untersucht und, auf die bestehenden Ansätze in diesen Bereichen aufbauend, der Rahmen unseres CIP-Konzepts abgesteckt und einige fundamentale Festlegungen getroffen. In Abschnitt 7.3 wird dann die im Rahmen der Computerintegration zentrale Fragestellung nach der Bestimmung einer geeigneten Aufgabenverteilung für den in dieser Textes betrachteten Portfoliomanagementbereich beantwortet und eine Weiterentwicklung unseres Prozeßmodells vorgestellt. Außerdem wird die Problematik einer geeigneten Funktionen- und Datenverteilung im konzipierten integrierten verteilten Anwendungssystem untersucht.

7.1. Computerintegration

Als Computer Integrated Manufacturing (CIM)[318] wurde das Konzept einer vollständig integrierten Informationsverarbeitung zusammen mit den dadurch möglich werdenden organisatorischen Innovationen zunächst für den Industriebetrieb entwickelt. Im Zentrum von CIM steht die integrierte Betrachtung von Prozeßketten - die ganzheitliche Sicht eines betrieblichen Vorganges mit allen zugehörigen Einzeltätigkeiten. So besteht die Prozeßkette einer Fertigungsauftragsbearbeitung z.B. aus dem Anlegen des Auftrags, dem Erstellen einer Zeichnung, der Erstellung eines Arbeitsplanes, der NC-Programmerstellung und dem Übertragen der Stückliste in das Produktionsplanungs- und -steuerungssystem.[319] Ziel von CIM ist die Integration der bei einer solchen Prozeßkette auftretenden Informationsflüsse durch die Verflechtung der einzelnen betriebswirtschaftlichen und technischen Verarbeitungsfunktionen und der zugrundeliegenden Datenbestände. Ein bedeutendes organisatorisches Ergebnis dieser Integration ist die Möglichkeit wieder einzelne Teilfunktionen, die nach dem traditionellen Organisationsansatz des Taylorismus in strenger, hochspezialisierter Arbeitsteilung an getrennten Stellen ausgeführt wurden, an einem Arbeitsplatz zusammenzu-

---

[318] Scheer (CIM)
Browne/Harhen/Shivnan (Production Management Systems)

[319] Scheer (CIM), S. 6 ff.

führen - dies ohne Effizienzverlust (sondern im Gegenteil mit einem Gewinn an Effizienz) und unter Steigerung der Flexibilität. Das Endziel von CIM besteht in der unternehmensweiten Integration aller Informationsflüsse und -bestände im Fertigungsbetrieb (und unter dem Stichwort Computer Integrated Business auch über diesen hinaus in die Geschäftsbereiche und zu Zulieferern und Kunden) unter gleichzeitiger Nutzung der sich daraus ergebenden organisatorischen Verbesserungspotentiale.

Unter dem Begriff Computer Integrated Banking (CIB)[320] wird dieser Ansatz seit einiger Zeit zunehmend auch auf Unternehmen der Finanzbranche übertragen. Auch hier geht es darum die Vorteile einer unternehmensweiten Daten- und Vorgangsintegration zu realisieren und so an Effizienz und Flexibilität in der Dienstleistungserstellung zu gewinnen. Die Entwicklung in diesem Bereich steckt aber noch in den Kinderschuhen - noch fehlen hier weitgehend die konkreten und für eine erfolgreiche Implementierung ausreichend detaillierten Betrachtungen, wie sie für den Industriebetrieb im Rahmen von CIM inzwischen vorliegen.

Der Integrationsgedanke in der Wirtschaftsinformatik hat sich seit den ersten (unrealisierbaren) MIS-Ansätzen der 60er Jahre insbesondere durch die CIM-motivierten Arbeiten in den 80er Jahren wesentlich weiterentwickelt und stellt heute das zentrale Element in der Konzeption moderner Anwendungssysteme dar.[321] Er bildet das Fundament für das zu entwickelnde Konzept eines Computerintegrierten Portfoliomanagements - es erscheint daher lohnend, ihn an dieser Stelle eingehender zu untersuchen. Auf das eng mit ihm verknüpfte Konzept verteilter Anwendungssysteme, der heutigen Realisierungsform integrierter Systeme, wollen wir im nächsten Abschnitt näher eingehen.

In Anlehnung an Pape, Sandkuhl und Schoepf sind zunächst einmal drei Stufen der Integration von Einzelsystemen zu unterscheiden:[322]

- Die **physische Integration** bezeichnet die hardwarebezogene Einbindung aller eingesetzten Systemkomponenten in einen gemeinsamen Netzverbund. Sie vollzieht sich über die Schritte der Verbindung von Gruppen von Einzelsystemen mit

---

[320] Zapp (Computer-Integrated-Banking)
Signer (Computer-Int.)
siehe auch Abschnitt 1.1.3.2

[321] Rautenstrauch (Integration Engineering)
Scheer (Wirtschaftsinformatik 2000)
Wheeler (Offene Systeme), S. 319 ff.

[322] Pape/Sandkuhl/Schoepf (Integration heterogener Anwendungssysteme), S. 201 f.

Hilfe eines lokalen Netzwerks (LAN's), des Anschlusses dieser LAN's an die unternehmensweiten Netze und der Verbindung des Unternehmensnetzes mit dem öffentlichen Netz zur Realisierung unternehmensübergreifender Kommunikation.

- Die **logische Integration** zielt auf die Realisierung eines einheitlichen Daten- und Funktionsverbundes mittels eines physisch integrierten, verteilten Systems ab. Ein wesentliches Hindernis auf diesem Weg besteht in der Verschiedenheit der Datenformate, die von den einzelnen Systemen verschiedener Hersteller und den einzelnen Anwendungen verwendet werden. Eine Grundvoraussetzung für die Integration heterogener Systeme stellen daher allgemein anerkannte Standards der Datenrepräsentation dar - und zwar insbesondere auch auf den höheren, anwendungsbezogenen Ebenen (hierzu gehören z.B. Dokumentenmodelle und Modelle für den Austausch von Geschäftsdaten wie z.B. EDI[324]). Zur logischen Integration gehören aber auch über einen verlustfreien Informationsaustausch weit hinausgehende Anforderungen, wie die einer adäquaten Synchronisation des Datenzugriffs und der Verwendung einheitlicher Benutzeroberflächen mit einheitlichen Befehlsstrukturen und Dialogabläufen.

- Die **betriebliche Integration** umfaßt die Einbindung der physisch und logisch integrierten Anwendungssysteme mit ihren neuen Kommunikationsmöglichkeiten in die Arbeitsabläufe des Unternehmens. Häufig sind aufgrund der wesentlich erweiterten Bearbeitungsmöglichkeiten und der Zeitersparnis gravierende Anpassungen in der innerbetrieblichen Organisation erforderlich, um das volle Potential des Anwendungssystems zu nutzen. Die Bedeutung dieser Stufe des Integrationsprozesses darf keinesfalls unterschätzt werden.

In diesem Buch geht es vor allem um die logische und die betriebliche Integration. Die rein technische Ebene der physischen Integration soll uns hier nicht weiter interessieren. Eine physische Verbindung der Einzelsysteme, die für die Entscheidungsunterstützung im Portfoliomanagement zum Einsatz kommen, untereinander und mit dem für die administrativen Applikationen zuständigen Zentralrechner ist heute technisch ohne weiteres möglich. Die einzelnen Anwendungen konzeptionell und mit Blick auf eine realistische Implementierbarkeit in einen einheitlichen Rahmen einzuordnen und zu einem kooperativ funktionierenden, computerintegrierten Anwendungssystem zu verbinden sowie die geeignete Behandlung der organisatorischen Auswirkungen auf das soziotechnische Informationsverarbeitungssystem Mensch-Maschine im Portfoliomanagementbereich stellen dagegen noch weitgehend ungelöste Aufgaben dar. Einen Beitrag hierzu zu leisten, ist Ziel dieses Textes.

---

[324] Electronic Data Interchange, siehe Sokol (EDI)

Im uns interessierenden Bereich der logischen Integration ist unter den Begriffen der Daten- resp. Funktionsintegration eine weitere Unterscheidung vorzunehmen:[324]

- Bei der **Datenintegration** geht es um die - möglichst unternehmensweite - Zusammenfassung von ehemals redundant gehaltenen Datenbeständen zu einer einheitlich zugreifbaren und bearbeitbaren Datenbasis. Physisch kann sich diese Datenbasis durchaus auf verschiedene Rechner verteilen - und das wird in der Regel im Sinne des Ansatzes verteilter Datenbanken auch der Fall sein. Wichtig ist die einheitliche Verfügbarkeit der Daten aus der Sicht der Anwendung, die Existenz eines integrierten konzeptionellen Datenbankschemas und das Vorhandensein eines übergreifenden Datenhaltungskonzeptes.[325] Oft wird heute die unternehmensweite Datenintegration anvisiert.[326] Die Datenintegration bildet die Voraussetzung für die Realisierung der Funktionsintegration: erst wenn eine gemeinsame Datenbasis für eine Gruppe von Anwendungen besteht, ist die Integration ihrer Funktionen möglich.

- Bei der **Funktionsintegration** werden Funktionen, die bisher von verschiedenen Anwendungssystemen getrennt angeboten wurden, aber als Elemente einer Vorgangskette logisch zusammengehören und zur Bearbeitung eines Vorgangs an einem bestimmten Arbeitsplatz erforderlich sind, zusammengeführt. Dabei wird nicht der Aufbau einer monolithischen Mega-Applikation angestrebt, sondern vielmehr die flexible Verbindung verschiedener spezialisierter Einzelapplikationen zu einem verteilten Anwendungssystem, das alle an einem Arbeitsplatz erforderlichen Funktionen unter einer einheitlichen Benutzeroberfläche und unter Beachtung einheitlicher Regeln der Dialogführung anbietet.

Eng mit dem Begriff der Funktionsintegration ist derjenige der *Aufgabenintegration* verknüpft: die Funktionsintegration führt auch zu einer Integration der Aufgaben, die an einem einzelnen Arbeitsplatz bearbeitet werden können. Oder besser: Die Aufgabenintegration bildet die organisatorische Vorgabe für die Funktionsintegration. Wie Rautenstrauch, Back und Scheer feststellen, bedeutet der Trend zur Aufgabenintegration eine Abkehr vor Taylorismus: eine Produktivitätssteigerung wird nicht mehr durch eine Steigerung der Arbeitsteilung, sondern, im Gegenteil, durch eine Verringe-

---

324 Rautenstrauch (Integration Engineering), S. 42 ff.

325 Für eine Behandlung des Themenbereichs verteilter Datenbanken siehe z. B. Schneider (Distributed Data Bases) und Zehnder (Informationssysteme), S. 243 ff.

326 Vetter (Datenmodellierung)

rung der Arbeitsteilung gesucht.[327] Möglich wird dies durch die Informationstechnologie bzw. die durch sie bewirkte Steigerung der Fähigkeiten des Menschen zur effizienten Bewältigung komplexer, sich aus einer Vielzahl von verschiedenen Tätigkeiten zusammensetzender Arbeitspakete.

Eine weitere zentrale Unterscheidung im Zusammenhang mit dem Integrationskonzept ist schließlich diejenige zwischen horizontaler und vertikaler Aufgaben-, Funktions- und Datenintegration (siehe Abbildung 7-1):[328]

- Bei der **horizontalen Integration** werden Arbeitsplatzaufgaben bzw. Funktionen und Daten von Anwendungssystemen integriert, die auf der gleichen aufbauorganisatorischen Ebene stehen. So stellt z.B. die Zusammenfassung von Lagerwirtschaft und Stücklistenorganisation in einem Anwendungssystem für die Materialwirtschaft ein Beispiel horizontaler Integration in einem Industriebetrieb dar. Oder, um bei unserem Anwendungsbereich zu bleiben, die Integration der einzelnen anlagekategoriespezifischen Teilbereiche der Investmentanalyse zu einem umfassenden integrierten Investmentanalysesystem.
- Bei der **vertikalen Integration** geht es um die Verbindung von Tätigkeiten bzw. Anwendungssystemen auf verschiedenen aufbauorganisatorischen Ebenen. So kann vertikale Aufgabenintegration z.B. die Anbindung minderqualifizierter Aufgaben an qualifiziertere Aufgaben beinhalten. Rautenstrauch nennt das Beispiel eines Managers, der die Erstellung von Geschäftsgrafiken selbst übernimmt, da diese Funktionen Bestandteil seines neuen persönlichen Informationssystems sind.[329] In unserem Anwendungsbereich stelle man sich zum Beispiel einen Portfoliomanager vor, der auch für die Reportingaktivitäten einer kundengerechten Performance-Berichterstattung verantwortlich ist. Eine vertikale Funktionsintegration würde in diesem Beispiel die Integration der entscheidungsunterstützenden Portfoliomanagementanwendungen mit den darunterliegenden administrativen Systemen der Portfoliobuchhaltung, eine vertikale Datenintegration die konzeptionelle und implementationstechnische Verbindung von portfolioanalytischen Daten (Kennzahlen aus Modellrechnungen, Simulationsergebnisse, etc.) auf dem Ar-

---

327 Rautenstrauch (Integration Engineering), S. 43
Backhaus (Betriebswirtschaftliche Beratung)
Scheer (CIM), S. 4 ff.

328 Heinrich/Burgholzer (Systemplanung)
Rautenstrauch (Integration Engineering), S. 42 ff.

329 Rautenstrauch (Integration Engineering), S. 42 f.

beitsplatzrechner und Buchhaltungsdaten (Portfoliobestände, Kundenstammdaten) auf dem Zentralrechner beinhalten.

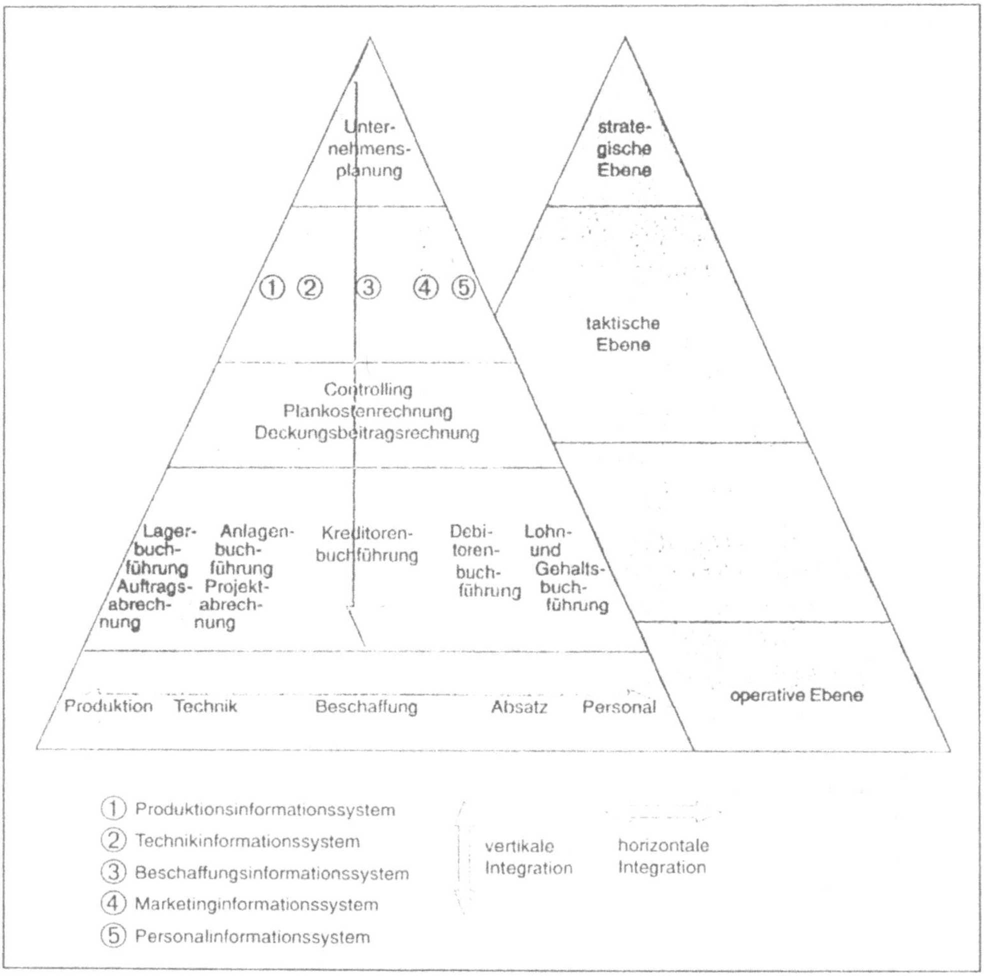

Abbildung 7-1: Die Informationspyramide von Scheer mit Zuordnung aufbauorg. Ebenen
Quelle: Rautenstrauch (Integration Engineering)

Aus der Betrachtung der verschiedenen Aspekte des Integrationsbegriffes wird dessen Bedeutung für eine Optimierung der Informationsflüsse im Unternehmen und die Steigerung der gesamtbetrieblichen Effizienz und Effektivität klar erkennbar. Außerdem wird der enge Zusammenhang mit der organisatorischen Gestaltung von Unternehmen und Arbeitsprozeß deutlich. Schon bei der Behandlung von

Fragestellungen der *punktuellen Computerunterstützung* des Arbeitsprozesses, insbesondere aber bei solchen einer *durchgehenden Computerintegration* mit ihren gravierenden Auswirkungen auf die betriebliche Organisation muß daher immer das gesamte soziotechnische System aus Mensch und Maschine im Auge behalten und der Arbeitsprozeß als ein untrennbares dynamisches Zusammenspiel von Anwender und Anwendungssystem gesehen werden. Nur ein in diesem Kontext verstandenes und dementsprechend entwickeltes integriertes Anwendungssystem kann den Anforderungen der Zukunft genügen.

7.2. Verteilte Anwendungssysteme

Nachdem wir nun die Vorteile einer computerintegrierten Informatikunterstützung untersucht haben, wollen wir uns jetzt der geeignetsten Variante ihrer Implementation, dem verteilten Anwendungssystem, zuwenden. Nachdem der Versuch der 60er Jahre, allumfassende und für alles zuständige monolithische Großanwendungen zu schaffen, an den Problemen der Komplexität gescheitert ist, versucht man heute eine weitgehende Funktions- und Datenintegration in Form eines Systems weitgehend autonomer, auf verschiedene Rechner verteilter Einzelanwendungen, die kooperativ zusammenarbeiten, zu implementieren. Man kann die Angelegenheit natürlich auch umgekehrt betrachten: da aufgrund der Verbreitung mittlerer Systeme und durch die PC-Revolution in heutigen Unternehmen überall dezentrale Anwendungen und Datenbestände existieren (was in machen Fällen auch zu „Anwendungs-Wildwuchs“ und einem „Daten-Chaos“[330] geführt hat), führt der einzig praktikable Weg zu einer einheitlichen EDV-Struktur über den Zusammenschluß der bestehenden Einzelsysteme und -anwendungen mittels eines Netzwerks und entsprechender übergeordneter logischer Strukturen und Schemata. Dabei entsteht ein verteiltes Rechnersystem und aus der Sicht der Anwendungssoftware ein verteiltes Anwendungssystem.

Ein *verteiltes System*[331] ist „ein DV-System, bei dem Daten- und/oder Funktionseinheiten eines Programmsystems auf mehrere, zu einem Netz zusammengeschlossene eigenständige Rechner verteilt sind“[332]. Von den drei Varianten verteilter Systeme - speicher-, platten- und netzgekoppelte Systeme - interessiert uns hier lediglich das für die Schaffung von verteilten Anwendungssystemen der DV-Praxis einzig relevante

---

330 Vetter (Datenmodellierung)

331 Sloman/Kramer (Distributed Systems)
Geihs (Heterogene verteilte Systeme)
Hansen (Hrsg.) (Client-Server-Architektur)

332 Rautenstrauch (Integration Engineering), S. 61

netzgekoppelte System, bei dem die verschiedenen Rechner über ein Netzwerk - ein Local Area Network (LAN) oder ein Wide Area Network (WAN) - verbunden sind.[334]

Ein *verteiltes Anwendungssystem* ist eine Anwendung, die sich aus einem System kooperierender SW-Komponenten zusammensetzt, die sich auf verschiedene kommunizierende Einzelrechner verteilen. Wir wollen im Rahmen dieses Buches diesen Begriff als eine spezifische Sichtweise des gesamten verteilten Systems auffassen, nämlich als der die oberste Ebene des Hardware-Software-Systemkomplexes abdekkenden Anwendungssicht.[335]

Vorteile verteilter Systeme aus DV-organisatorischer Sicht sind nach Rautenstrauch:[336]

- daß Aufbau- und Ablauforganisationsstrukturen geeignet auf die Organisationsstrukturen der Datenverarbeitung abgebildet werden können,
- die Möglichkeit einer verteilten Kontrolle und Administration des Systems,
- die erhöhte Verfügbarkeit von Daten und Funktionen,
- die flexible Erweiterbarkeit und
- die Förderung von Koordinationsbemühungen zwischen den Mitarbeitern verschiedener Teilsysteme.

Dem ist hinzuzufügen, daß der Ansatz des verteilten Systems sich in idealer Weise dazu eignet, die bereits erwähnte betriebliche Realität einer Vielzahl bereits beste-

---

334 Rautenstrauch (Integration Engineering), S. 61 f.

Die historische Entwicklung der verteilten Systeme faßt Geihs so zusammen: „Die 70er Jahre sahen die Geburt und die ersten Gehversuche der verteilten Systeme. In den 80er Jahren wuchsen sie heran, lernten dazu und wurden reifer. In den 90er Jahren werden sie nun in die Verantwortung genommen und müssen ihre Tauglichkeit unter Beweis stellen". Geihs (Heterogene verteilte Systeme), S. 21

335 Eng verknüpft mit den Begriffen verteilter Systeme und verteilter Anwendungsysteme ist derjenige verteilter Datenbanksysteme (VDBS). Ein VDBS stellt einerseits ein Beispiel eines verteilten Systems dar, andererseits bildet es die Basis für die Implementation eines verteilten Anwendungssystems. Für Literatur zu diesem Thema siehe die Fußnote auf Seite 196.

336 Rautenstrauch (Integration Engineering), S. 62 ff.

hender Spezialanwendungen zu akkommodieren und diese zu einem integrierten, aber dennoch flexiblen Gesamtsystem zusammenzuschweißen.[336]

Diesen gewichtigen Vorteilen stehen natürlich auch einige Nachteile gegenüber. Neben Koordinationsproblemen und dem Engpaß, der durch die Übertragungskapazität des Netzwerks entsteht, sind hier in erster Linie der höhere Unterstützungsbedarf von Seiten der DV-Abteilung und Probleme der Datensicherheit zu nennen. Für den Einsatz verteilter Systeme im Rahmen der DV-Praxis sind diese Probleme heute aber technisch weitestgehend gelöst und organisatorisch durchaus in den Griff zu bekommen. Der Ansatz des verteilten Systems stellt daher die Basis unseres Konzeptes für ein Computerintegriertes Portfoliomanagement dar.

Geihs nennt folgende Attribute zur Charakterisierung verteilter Systeme:[337]

- **Autonomie**: das Maß an eigener Kontrolle über ein Teilsystem gegenüber dem gesamten Kooperationsverbund.
- **Heterogenität**: das Maß an Unterschiedlichkeit der Einzelsysteme hinsichtlich Hersteller, Instruktionssätze, Datendarstellungen, Betriebssystemfunktionen, Schnittstellen, Dateisysteme, u.ä.
- **Flexibilität**: wie leicht können Veränderungen in punkto Anzahl der Benutzer, Anzahl der Rechnerknoten, Verfügbarkeit von Komponenten, Auslastung der Komponenten, etc. vorgenommen werden?
- **Transparenz**: wie gut wird die Komplexität des verteilten Systems durch darüberliegende Abstraktionen und Mechanismen vor dem Benutzer bzw. Programmierer verborgen resp. dieser von ihr abgeschirmt?

Wir wollen in unserer Konzeption ein verteiltes System mit einem relativ hohen Grad an lokaler Autonomie und - durch die Realität der Verschiedenheit der in der Regel bereits existierenden Einzelsysteme bedingt - einer ernstzunehmenden Heterogenität, aber auch einem Grad an Flexibilität, der Veränderungen dynamisch während des Betriebs und ohne Unterbrechung erlaubt und mindestens einer Transparenz hinsichtlich des Verarbeitungs- und Datenhaltungsortes, anstreben.

---

336 Für eine Beschreibung konkreter Erfahrungen, die bei der Integration heterogener Anwendungssysteme zu einem verteilten Anwendungssystem in der Druckindustrie gemacht wurden, siehe Pape/Sandkuhl/Schoepf (Integration heterogener Anwendungssysteme).

337 Geihs (Heterogene verteilte Systeme), S. 14 f.

Ein wesentlicher Punkt beim Entwurf eines verteilten Systems ist die Wahl eines geeigneten Kooperationsmodells, d.h. eines Konzepts für die Kooperation zwischen den einzelnen Softwarekomponenten im heterogenen verteilten System. Hier ist die Client-Server-Architektur[338] die heute gebräuchlichste Modellvorstellung. Sie erscheint auch als die für unser Vorhaben geeignetste:

In einer Client-Server-Architektur übernehmen die einzelnen Komponenten des verteilten Anwendungssystems eine von zwei Rollen - Client oder Server. Dabei kann die Zuordnung einer bestimmten Rolle permanent sein oder auch nur für die Dauer eines Kooperationsvorganges bestehen und je nach Bedarf zwischen diesen Rollen hin- und hergewechselt werden. Der Server bietet Dienste an, die vom Client in Anspruch genommen werden. Dabei geht die Aktivität vom Client aus - er gibt dem Server einen Auftrag, den dieser unter bestimmten Bedingungen annimmt, ausführt und die Ergebnisse zurücksendet. Das Client-Server-Modell entspricht in natürlicher Weise dem Ablauf vieler geschäftlicher Vorgänge. Dies begründet auch seine breite Akzeptanz. Es sei aber immerhin erwähnt, daß es auch andere Kooperationsmodelle, wie das Producer-Consumer-Modell oder das Gruppen-Modell gibt, die bestimmte Kooperationsformen besser repräsentieren.[339] Für unsere Zwecke erscheint aber der Client-Server-Ansatz als durchaus ausreichend und zur Beschreibung der auftretenden Kooperationsbeziehungen am geeignetsten.[340]

Wesentlicher als das spezifische Kooperationsmodell ist allerdings die Tatsache, daß ein Anwendungssystem überhaupt als eine Menge kooperierender Komponenten, die über verschiedene Rechner verteilt sein können, verstanden und dementsprechend implementiert wird. Dabei können die spezifischen Fähigkeiten der einzelnen Rechner optimal ausgenutzt werden: so wird etwa der Zentralrechner als Daten- und Kommunikationsserver arbeiten und ggf. noch gewisse Programmteile übernehmen, die die Rechenkapazität der dezentralen Systeme übersteigen (z.B. aufwendige Simulationsrechnungen). Der Arbeitsplatzrechner (Workstation, Personal Computer) ist dagegen

---

[338] Geihs (Heterogene verteilte Systeme), S. 15
Hansen (Hrsg.) (Client-Server-Architektur)
Wheeler (Offene Systeme)

[339] Geihs (Heterogene verteilte Systeme), S. 15

[340] Die neueren Entwicklungen im Bereich des Forschungsgebietes des Computer-Supported Cooperative Work (CSCW) sind allerdings im Auge zu behalten [siehe dazu z.B. Krcmar (Computer Aided Team)]. So wäre z.B. der Einsatz eines Workflow-Management-Systems auch für den betrachteten Portfoliomanagementbereich denkbar [siehe Hasenkamp/Syring (Workflow-Management-Systeme) und Abschnitt 9.2]. Da von diesen Ansätzen wiederum bestimmte Anforderungen an das eingesetzte Kooperationsmodell ausgehen können, sollte die gewählte Implementation genügend flexibel sein, um auch andere Kooperationsmodelle - wie insbesondere Gruppenmodelle - zu unterstützen.

für das Handling der (grafischen) Benutzerschnittstelle und für alle Rechenvorgänge, die in seinen Verarbeitungsrahmen passen zuständig (z.B. auch für alle Modellrechnungen moderater Komplexität und solche, die interaktiv ausgeführt werden müssen).[341]

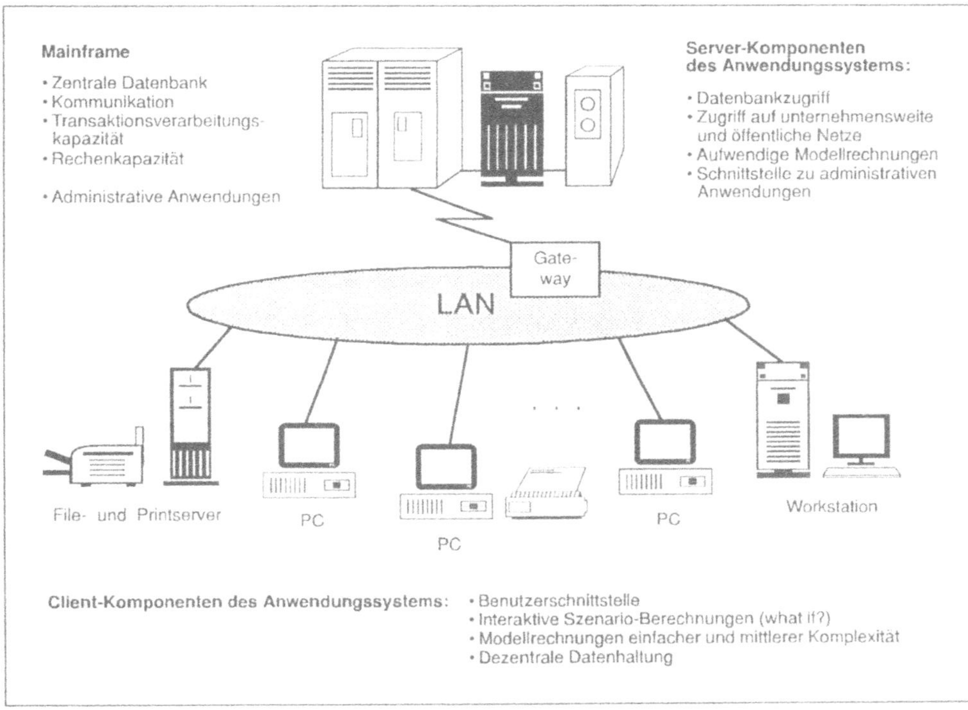

Abbildung 7-2: Typische Konfiguration eines verteilten Anwendungssystems

Es ergibt sich so für eine typische Anwendung im uns interessierenden Portfoliomanagementbereich - etwa ein Portfoliokonstruktionsprogramm - eine Konfiguration wie sie Abbildung 7-2 mit der entsprechenden Verteilung der SW-Komponenten zeigt. Die Anwendung wird als verteiltes Anwendungssystem implementiert und erreicht so einen höheren Grad an Verarbeitungseffizienz und Integrationsqualität als jedes rein dezentral implementierte Programm, bei Beibehaltung der vollen Flexibilitäts- und Interaktivitätsvorteile von dezentralen Arbeitsplatzrechner-Anwendungen.

---

341 Scheer (Wirtschaftsinfomatik), S. 61 ff. enthält eine einfach gehaltene, aber dafür anschauliche Diskussion der relativen Vorteile von Großrechner und Mikrocomputer als Kriterium für eine geeignete Verteilung von Verarbeitungsfunktionen.

Als Bestandteil unseres CIP-Konzepts sind *zwei Ebenen der Verteilung* zu unterscheiden:

1. sind Einzelanwendungen, wie gerade dargestellt, vorzugsweise als verteilte Anwendungssysteme zu realisieren, um die relativen Vorteile von Großrechner und Mikrocomputer optimal auszunutzen und die vorhandenen Rechen-, Speicher- und Kommunikations-Kapazitäten voll auszuschöpfen.

2. sollen im Sinne des Computerintegrationsgedankens alle Einzelanwendungen zusammen ein großes integriertes verteiltes Anwendungssystem bilden, das in der Lage ist, alle benötigten Bearbeitungsfunktionen am jeweiligen Ort flexibel und unter einer einheitlichen Benutzeroberfläche zur Verfügung zu stellen sowie eine vollständige Datendurchgängigkeit und eine ganzheitliche Steuerung der Informationsflüße zu gewährleisten.

Beiden Ebenen kommt große Bedeutung bei der Realisierung einer Steigerung von Effizienz und Effektivität im Portfoliomanagementbereich durch Computereinsatz zu. Die letztere erscheint aber für die Erzielung eines wirklich zukunftsweisenden Schritts als die entscheidende.

Zum Abschluß dieses Abschnitts und als Konsequenz der vorgenommenen Betrachtung der Konzepte der Computerintegration und verteilter Anwendungssysteme seien als Anforderungen an die SW-Komponenten im Rahmen unseres Konzeptes eines Computerintegrierten Portfoliomanagements die von Rautenstrauch[342] angeführten SW-Qualitätskriterien der

- (Software-)**Integrierbarkeit**: Die Anwendung muß in ein betriebliches Umfeld integrierbar sein. Dies sowohl *zukunftsorientiert* hinsichtlich der Verbindung mit in der Zukunft hinzukommenden Anwendungen als auch *vergangenheitsorientiert* durch Bereitstellung von Schnittstellen für die Integration der bestehenden Systeme.

sowie der

- **Verteilbarkeit**: Das Softwaresystem muß so konzipiert sein, daß Daten und/oder Funktionen eines logisch zusammenhängenden Anwendungssystems auf mindestens zwei Knoten eines verteilten Systems verteilt werden können.

---

[342] Rautenstrauch (Integration Engineering), S. 124 ff.

gestellt. Eine Erfüllung dieser Anforderungen durch die eingesetzten SW-Komponenten ist unabdingbare Voraussetzung für die Realisierung eines durchgehend computerintegrierten Portfoliomanagements.

7.3. Aufgaben-, Funktionen- und Datenverteilung für ein Computerintegriertes Portfoliomanagement

Als nächstes grundlegendes Element unseres Konzeptes für ein Computerintegriertes Portfoliomanagement müssen wir nun ein Schema für eine geeignete Aufgaben-, Funktionen- und Datenverteilung entwickeln. Diese Problemstellung hat eine organisatorische Seite - das Problem der Verteilung der Aufgaben über die einzelnen (computerunterstützten) Arbeitsplätze - und eine weitgehend unter technischen Gesichtspunkten zu behandelnde - die Festlegung der Verteilung der einzelnen Funktionen und Daten des integrierten Anwendungssystems über die einzelnen Netzknoten.

7.3.1. Die Aufgabenverteilung

Wie Scheer treffend feststellt, besteht das organisatorische Problem der Aufgabenverteilung darin, „Teilfunktionen einer ganzheitlichen Aufgabenbearbeitung so auf einzelne Arbeitsplätze zu verteilen, daß der inhaltliche Zusammenhang der Aufgabe bewahrt bleibt und gleichzeitig Rahmenbedingungen der qualitativen und quantitativen Kapazität und der Arbeitsleistung eingehalten werden“[344].

Bei dem Versuch einer Konkretisierung der angestrebten Aufgabenverteilung ergibt sich das grundsätzliche Problem, daß es natürlich nicht möglich ist (und auch nicht sinnvoll wäre), eine einheitliche Aufgabenverteilung für die weite Spanne von Investmentorganisationen, die das in diesem Buch entwickelte Konzept abdecken soll, anzugeben. Je nach Größe der Organisation wird ein unterschiedlicher Grad der Spezialisierung anzutreffen sein und die optimale Verteilung bzw. Zusammenfassung von Aufgaben ganz anders aussehen. So wird im Anlagebereich einer Großbank z.B. ein spezialisierter Aktienanalyst für die USA, einer für Japan, ein weiterer für Deutschland, etc. (bzw. in der Regel sogar mehrere für jeden dieser Bereiche) vorhanden sein. Auf der anderen Seite des Spektrums wird bei einer kleinen „Portfoliomanagement-Boutique“ von vielleicht 20 Mitarbeitern ein einziger Analyst alle interessierenden Aktienmärkte betreuen und ggf. auch noch bestimmte festverzinsliche Werte beobachten oder gewisse Portfoliokonstruktions- und Kundenbetreuungsaufgaben wahr-

---

[344] Scheer (Wirschaftsinformatik), S. 55

nehmen. Außerdem spielt die Orientierung der Investmentorganisation eine große Rolle: konzentriert sich eine Gesellschaft auf reine Aktienportfolios, fallen natürlich die Analysebereiche, die sich mit festverzinslichen Werten befassen, weg; handelt es sich um einen rein passiven Portfoliomanager, wird die ganze Renditeprognostik weitgehend entfallen, die Risikoanalyse aber zum dominanten Faktor werden.[345]

Anstelle der Festlegung einer (notwendigerweise organisationsspezifischen) fixen Aufgabenverteilung muß unsere Aufgabe in diesem Zusammenhang in der Bereitstellung eines generischen Modells liegen, das als Basis für die Ermittlung einer spezifischen Aufgabenverteilung dienen kann. Dieses muß einerseits die wesentlichen bei der Ermittlung einer geeigneten Aufgabenverteilung zu berücksichtigenden wechselseitigen Abhängigkeiten zwischen den Einzelaufgaben akkurat wiedergeben, andererseits aber flexibel genug sein, um das ganze Spektrum der betrachteten Investmentorganisationen zu akkommodieren.

7.3.1.1. Das Prozeßmodell als Basis für die Bestimmung der Aufgabenverteilung

Glücklicherweise haben wir ein solches Modell in Form unseres Portfoliomanagement-Prozeßmodells und seiner Detaillierungen für den Investmentanalyse- und den Portfoliokonstruktionsbereich (Abschnitte 2.2, 4.1 und 5.1) bereits entwickelt. Es wurde bewußt schon früh im Verlauf dieses Buches eingeführt, um einen sauberen konzeptionellen Rahmen für die Beschreibung der Methoden und Anwendungssysteme der einzelnen Teilbereiche zur Verfügung zu haben. Gleichzeitig - und in der Hauptsache - stellt es aber einen fundamentalen Bestandteil des CIP-Konzepts dar: Das Prozeßmodell ist eine formale Beschreibung aller Tätigkeiten und Teilschritte, die für die Produktion eines Portfolios (bzw. die Erstellung der Dienstleistung „Portfoliomanagement") erforderlich sind zusammen mit allen ihren Abhängigkeiten und den auftretenden Informationsflüssen und Informationsprodukten. Es repräsentiert diesen immateriellen Produktionsprozeß auf der Abstraktionsebene von Input-Verarbeitungsschritt-Output-Einheiten, unabhängig davon, ob der einzelne Verarbeitungsschritt nun manuell, maschinenunterstützt oder rein maschinell implementiert

---

[345] siehe Abschnitt 5.2.1 und
Sharpe/Alexander (Investments), S. 720 ff.

ist[345] und ist daher gleichermaßen für die Behandlung organisatorischer Fragestellungen wie auch für solche der Informatikunterstützung geeignet.[346]

Das konkrete Ergebnis der Festlegung der Aufgabenverteilung besteht in sog. *„Arbeitsplatzprofilen“*[347] (oder auch „Benutzerprofilen“), die die Menge der an einem Arbeitsplatz auszuführenden Tätigkeiten bzw. - aus der Sicht der Informatik - die Menge der Funktionen, die an einem Arbeitsplatz aufgrund dieser Anwenderanforderungen verfügbar sein müssen, definiert. Diese dienen dann als Vorgabe für die Schritte der Funktionen- und Datenverteilung, deren Ziel die Ermittlung einer technisch optimalen Verteilung der hinter diesen an der Oberfläche sichtbaren Funktionen stehenden Teilfunktionen und Datenbestände bildet.

Die einzelnen Verarbeitungsschritte unseres Prozeßmodells (die „Kästchen“ in der grafischen Darstellung) bilden die Bausteine zur Festlegung geeigneter Arbeitsplatzprofile für eine spezifische Investmentorganisation. In den beiden Detailmodellen für die Investmentanalyse und die Portfoliokonstruktion[348] entsprechen die Prozeßschritte (also z.B. „Analyse festverzinslicher Wertpapiere“, nicht die *Teil*schritte wie „Analyse Konditionen und Schuldnerqualität“ oder „Abschätzung Marktbewertung“) in etwa Tätigkeitsmengen bzw. Funktionsangeboten, die in einer mittleren bis größeren Investmentorganisation (ab ca. 100 Mitarbeiter) an einem Arbeitsplatz zusammengefaßt sein werden (dies bereits unter Berücksichtigung einer gewissen Aufgabenintegration im Sinne der durch Computerintegration ermöglichten verstärkt ganzheitlichen Aufgabenbearbeitung.[349] D.h. z.B. das auch ein eigentlich für den deutschen Aktienmarkt zuständiger Analyst uneingeschränkten Zugriff auf die Funktionen der Analyse- und Simulationsmodelle für den US-Aktienmarkt hat - nicht um in diesem Segment als Konkurrent zum zuständigen Analysten zu treten oder als Ablenkung von seiner eigentlichen Aufgabe, sondern um die Möglichkeit zu haben, die Einwirkungen von möglichen Entwicklungen des US-Aktienmarktes auf die Kurse in Deutschland in seine Überlegungen adäquat miteinzubeziehen und so der zunehmenden Verflechtung der Finanzmärkte Rechnung zu tragen).

---

[345] siehe Abschnitte 2.1 und 2.2.1

[346] Insbesondere wird das für Fragestellungen der Computerintegration zentrale Vorgangsketten-Konzept [Scheer (CIM), S. 6 ff., Scheer (Wirtschaftsinformatik), S. 595 ff.] durch das Prozeßmodell in geeigneter Weise unterstützt, stellt es doch eine formale Beschreibung der gesamten Portfoliomanagement-Vorgangskette und ihrer Teilketten dar.

[347] Rautenstrauch (Funktionen- und Datenverteilung), S. 326

[348] siehe Abschnitte 4.1 und 5.1 bzw. Abbildungen 4-1 und 5-1

[349] Rautenstrauch (Integration Engineering), S. 42 f.

Je nach Größe und Ausrichtung der betrachteten Investmentorganisation und je nach dem gewünschten Maß an Aufgabenintegration können nun die konkreten Arbeitsplatzprofile durch mehr oder weniger weitgehende Zusammenfassung einzelner Verarbeitungsschritte des Prozeßmodells (bzw. der diesen zugeordneten Aufgaben- resp. Funktionsmengen) geeignet bestimmt werden. Dabei ist möglichst eine Zusammenfassung von Aufgaben *entlang den Verbindungen im Modell* - entlang der Vorgangsketten - anzustreben. Für eine Aufgabenintegration kommen also in erster Linie *benachbarte*, d.h. durch einen direkten Informationsfluß unmittelbar zusammenhängende Tätigkeiten (über einen Pfeil, ein Zwischenprodukt-Oval und einen weiteren Pfeil gleicher Richtung verbundene Kästchen) in betracht, oder solche, die gemeinsame Informationsbedürfnisse haben (zwei Kästchen, die beide über von einem Oval ausgehende Pfeile direkt erreicht werden). So erscheint z.B. die Zusammenfassung von Asset-Allocation-Entwurfs- und -Analyse-Funktionalität an einem Arbeitsplatz als eine Notwendigkeit (zwei Verbindungen) und diejenige von Asset-Allocation-Konstruktion und Titelselektionskonstruktion als nächster Schritt (siehe Abbildung 5-1). Eine Integration von Tätigkeiten der Zielsetzungsdefinition mit solchen der Investmentanalyse erscheint dagegen weniger indiziert (siehe Abbildung 2-3). Risikoanalyse und technische Analyse erscheinen dagegen aufgrund ihrer gemeinsamen Datenbedürfnisse hinsichtlich historischer Kurs- und Umsatzdaten als geeignete Kandidaten für eine Zusammenfassung (siehe Abbildung 4-1).

Natürlich handelt es sich bei der hier angewandten Informationsfluß-Sichtweise um eine stark vereinfachende und auch etwas einseitige Sichtweise, die wesentliche bei der Gestaltung einer Organisation ebenfalls zu berücksichtigende Faktoren (z.B. solche sozialer und psychologischer Natur) vernachlässigt.[350] Für die Betrachtung des uns interessierenden Aspekts der effizienten und effektiven Gestaltung der Informatikunterstützung des Portfoliomanagement-Produktionsprozesses und der Konzeption einer Entwicklung hin zu einem Computerintegrierten Portfoliomanagement erscheint diese Sichtweise aber als die zweckmäßigste: von allen organisatorischen Aspekten kommt der Betrachtung der Informationsflüsse hier naturgemäß die größte Bedeutung zu.

Es ist allerdings zu bemerken, daß unser Prozeßmodell an seine Grenzen stößt, wenn es um die Berücksichtigung des Mengen-Aspekts bei der Aufgabenverteilung geht. Wieviele Portfolios von wievielen Portfoliomanagern betreut werden oder wie groß der Anteil des Aktienanalyse-Aufgabenvorrats am gesamten Analyse-Aufgabenvorrat ist, wird in dem Modell nicht wiedergegeben. Da es uns hier aber lediglich um die

---

[350] Krüger (Organisation)

Festlegung von Arbeitsplatzprofilen, also von Arbeitsplatz-*Typen*, unabhängig von der Zahl der im einzelnen von diesem Typ vorhandenen Arbeitsplätze geht, genügt das Modell auch in diesem Punkt unseren Anforderungen.

7.3.1.2. Der Einbezug von Management-Vorgaben in das Prozeßmodell

In einem Punkt erscheint allerdings eine Erweiterung des Modells notwendig: Es gibt in seiner jetztigen Form lediglich Informationsflüsse in horizontaler Richtung, d.h. auf derselben aufbauorganisatorischen Stufe (der für die Leistungserstellung in erster Linie verantwortlichen untersten Hierarchiestufe) wieder. Für die meisten Modellbereiche ist dies kein Problem: Wenn z.B. der Vorgesetzte eines Analysten dessen Prognosen überprüft und ggf. korrigiert, so gehört dies - aus der Sicht des Modells - mit zu dem entsprechenden Verarbeitungsschritt (es passiert sozusagen innerhalb des entsprechenden Investmentanalyse-Kästchens) und bleibt ohne Auswirkung auf die grundsätzliche Struktur des uns interessierenden produktiven Informationsflusses bei der Dienstleistungserstellung. Der in Abschnitt 5.1.3 gemachte Unterschied zwischen Anlagestrategie und -taktik sowie zwischen portfoliotypspezifischer Mustervorgabe und deren kundenindividueller Umsetzung stellt hingegen ein wesentliches Element des Portfolioproduktionsprozesses dar, zu dessen adäquater Behandlung die explizite Repräsentation von Informationsflüssen in vertikaler Richtung, d.h. zwischen verschiedenen aufbauorganisatorischen Ebenen, erforderlich ist. Es handelt sich - etwas allgemeiner gefaßt - um das Problem der Berücksichtigung von bindenden Vorgaben des Managements (z.B. des Investmentkomitees[351]) für die Tätigkeit des einzelnen Portfoliomanagers. Der Vorgang der Portfoliokonstruktion zerfällt dadurch in zwei Teile, die sich auf verschiedenen Ebenen abspielen:

1. die *Erarbeitung von Vorgaben auf Strategie-Ebene* (z.B. einer Muster-Asset-Allocation oder auch eines konkreten Musterportfolios für eine bestimmte Klasse von Kunden bzw. Portfolios oder die Vorgabe von langfristigen - strategischen - Mittelwerten und Bandbreiten für die Asset-Allocation oder die Portfoliozusammenstellung)

2. die *an diese Vorgaben gebundene Konstruktion von spezifischen Asset-Allocations und Titelselektionen auf der operativen Ebene* (z.B. die kundenindividuelle Anpassung der Mustervorgaben - Customizing: Portfolio- bzw. Asset-Allocation-

---

351 Sharpe/Alexander (Investments), S. 712

und Titelselektionsspezialisierung - oder die taktische Abweichung von den langfristigen Mittelwerten im Rahmen der erlaubten Bandbreiten[352])

Dabei wird der erste Schritt nur für eine sehr kleine Menge von Kunden- bzw. Portfoliotypen (z.B. konservativ, ausgeglichen, dynamisch, in drei Referenzwährungen) durchgeführt, der zweite dagegen für jedes einzelne Portfolio. Wie bereits am Ende von Abschnitt 5.1.3 angetönt, erfordert die Berücksichtigung dieser zusätzlichen Dimension des Portfolioproduktionsprozesses in unserem Prozeßmodell die Einführung einer zweiten Ebene der Portfoliokonstruktion, die den Vorgabe-Entscheidungsprozeß auf (Anlage-)Strategieebene repräsentiert und deren Ausgabeinformation (Asset-Allocation- und Portfolio-Vorgaben) in die Verarbeitungsschritte der Asset-Allocation-Konstruktion und der Titelselektionskonstruktion auf der operativen Ebene einfließt und diese bindet. Abbildung 7-3 stellt diese Modellerweiterung grafisch dar.[353]

In der Praxis wird dieser Ablauf in der Regel so aussehen, daß ein für die Entscheidungsvorbereitung des Investmentkomitees zuständiger Mitarbeiter mit Hilfe einer vollausgebauten „Strategie-Version" des Portfoliokonstruktionssystems unter Ausnutzung aller zur Verfügung stehenden Analyse- und Simulationsmodelle mit vergleichsweise hohem Zeit und Rechenaufwand die Muster-Asset-Allocations bzw. Musterportfolios für die - vielleicht 6-12 - Kundentypen erstellt und betreut. Nach der „Absegnung" bzw. Modifikation dieser Vorlagen durch die Mitglieder des Komitees im Rahmen einer - z.B. wöchentlich stattfindenden - Sitzung werden diese an die operativen Portfoliokonstruktionssysteme übermittelt, mit deren Hilfe dann die einzelnen Portfoliomanager die Bearbeitung der realen Portfolios im Sinne einer kundenindividuellen Anpassung der Mustervorgaben (Berücksichtigung von Restriktionen und Sonderwünschen, von bereits vorhandenen Portfoliobeständen, u.ä.) oder auch einer taktischen Ausnutzung von besonderen Marktsituationen durch die Abweichung von langfristigen Strategievorgaben vornehmen können.[354]

---

[352] siehe Abschnitt 5.1.3

[353] Die Modellerweiterung betrifft lediglich den Bereich des Portfoliokonstruktions-Teilprozesses. Der Investmentanalyse-Teilprozeß und auch alle anderen Modellbereiche (Zielsetzungsdefinition, Prognosequalitätsanalyse und Performanceanalyse) werden dadurch nicht tangiert. Im Fall des Prozeßschritts der Performanceanalyse sollte man allerdings im Auge behalten, daß eine Performanceanalyse im dargestellten Fall vorzugsweise in zwei Schritten - Vorgabeperformance / Qualität der Vorgabeanpassung durch den jeweiligen Portfoliomanager - erfolgt.

[354] Dabei werden die operativen Portfoliokonstruktionssysteme in der Regel nur über einen gegenüber der Strategie-Version reduzierten Funktionsumfang verfügen und besonders für die Wahrnehmung von Aufgaben der Portfoliospezialisierung ausgelegt sein. Beide Systemvarianten werden aber auf einem gemeinsamen Kern basieren, auf den je nach Arbeitsplatzprofil - strategische oder operative Anwendung - spezifische Sichten mit spezialisierten Benutzeroberflächen angeboten werden.

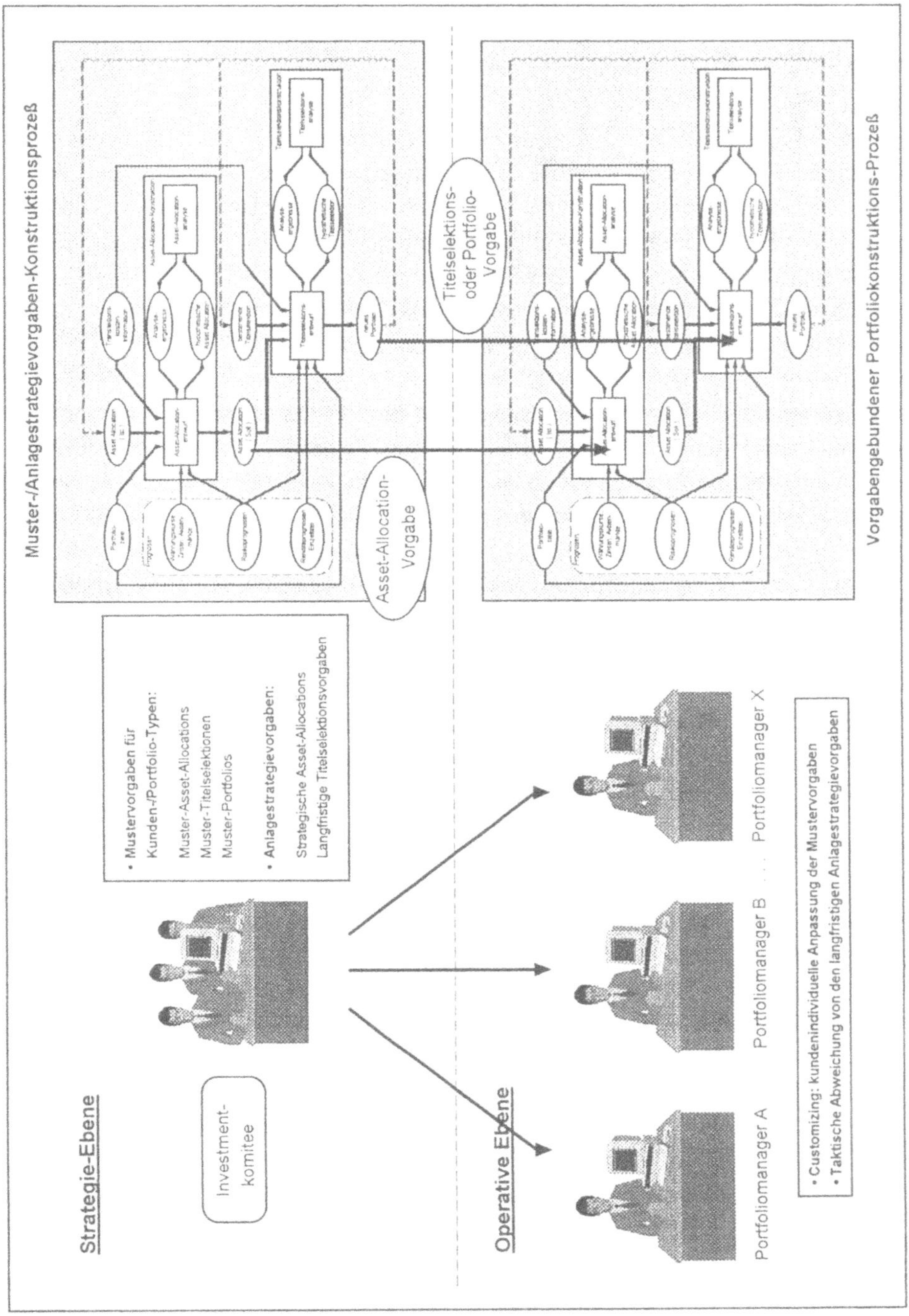

Abbildung 7-3: Einbezug von Management-Vorgaben in das Prozeßmodell

7.3.2. Die Funktionenverteilung

Bei der Funktionenverteilung geht darum, die einzelnen Funktionen[356] und Teilfunktionen eines verteilten Anwendungssystems in geeigneter Weise auf die einzelnen Netzknoten zu verteilen. Im Gegensatz zur Problemstellung der Aufgabenverteilung handelt es sich hier, wie auch bei der Datenverteilung, um ein rein technisches Problem, das eigentlich außerhalb der weitgehend anwendungsorientierten Themenstellung dieses Buches liegt. Wir wollen beide Punkte daher nur kurz streifen. Immerhin sollen aber die grundlegenden Lösungsansätze für beide Problemstellungen kurz dargestellt werden, um einen Ansatzpunkt für die konkrete Implementierung der in diesem Text entwickelten Konzepte zur Verfügung zu stellen.

Das Problem der Funktionenverteilung (oder der „Funktionenallokation") ist, gemäß Rautenstrauch, „durch den Zielkonflikt definiert, einerseits Funktionenredundanz zu vermeiden, andererseits ein möglichst hohes Maß an lokaler Autonomie unter Berücksichtigung des Laufzeitverhaltens zu realisieren"[357].

Um die Funktionenredundanz zu vermindern, wird die Funktionalität einer Anwendung in zwei Klassen aufgeteilt, in:

1. *gebundene Funktionen*: Funktionen, die entweder technologisch an einen Arbeitsplatz gebunden sind (z.B. Funktionen der Benutzerschnittstelle und solche mit spezifischen Hardware-Anforderungen) oder einer Anwendung eindeutig zugeordnet werden können.

2. *globale Funktionen*: alle anderen Funktionen und alle Integritätsregeln.[358]

Abbildung 7-4 zeigt die Architektur einer integrations- und verteilungsfähigen Anwendungssystems und illustriert diese Unterscheidung.

Zur Implementation globaler Funktionen stehen folgende technische Möglichkeiten zur Verfügung:[359]

---

[356] Es geht hier wohlgemerkt um Funktionen im Sinne der Informatik, d.h. um Teile eines Programmes, nicht um Funktionen im Sinne der Organisationslehre.

[357] Rautenstrauch (Integration Engineering), S. 172

[358] Rautenstrauch (Funktionen- und Datenverteilung), S. 322 f.

[359] Geihs (Heterogene verteilte Systeme), S. 16 ff.
Rautenstrauch (Integration Engineering), S. 172 ff.

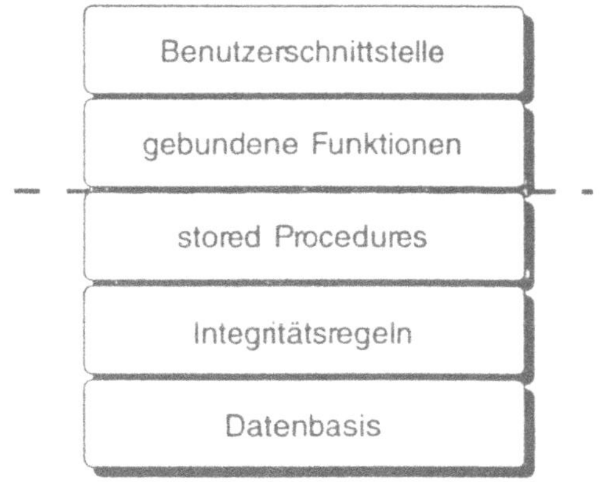

Abbildung 7-4: Grobarchitektur eines Anwendungs-Subsystems
Quelle: Rautenstrauch (Integration Engineering.)

1. *Remote Procedure Calls (RPC)*: Prozeduraufrufe, bei denen das aufrufende Programm auf einem anderen Netzknoten plaziert ist, als die aufgerufene Prozedur.

2. *Stored Procedures*: in einer Datenbank gespeicherte Prozeduren, die über einen Execute-Mechanismus des Datenbankkerns ausgeführt werden.

3. *Datenbank-Trigger*: ähnlich wie Stored Procedures, aber mit ereignisgesteuertem Aufruf. Sie dienen der Sicherung von semantischer und referentieller Integrität in der Datenbank.

Vorteile von RPCs sind ihre Effizienz, von Stored Procedures ihre erleichterte Handhabbarkeit (Zugriff durch das Datenbanksystem) sowie ihre Schema-, DDL- und DML-Transparenz. Falls es sich nicht um eine zeitkritische Anwendung handelt, sind Stored Procedures grundsätzlich die attraktivste Implementationsvariante für normale globale Funktionen. Für die Implementation von Integritätsregeln bieten sich in erster Linie Datenbank-Trigger an.

Für die Festlegung einer konkreten Funktionenallokation wird nun ausgehend von den als Resultat der Aufgabenverteilung definierten *Arbeitsplatzprofilen*, die die Menge

---

Rautenstrauch (Daten- und Funktionenverteilung), S. 322 ff.
Sloman/Kramer (Distributed Systems), S. 77 ff.

der Funktionen, die an einem Arbeitsplatz vorhanden sein müssen, umreißen, schrittweise entschieden, welche Funktionen kritisch sind und daher redundant an mehreren Arbeitsplätzen gehalten werden müssen und welche Funktionen eindeutig einem Netzknoten zuzuordnen sind. Ein entsprechendes Verfahren, das diesen Vorgang in Form einer sukzessiven Segmentierung von Funktionenmengen formalisiert, ist in Rautenstrauch (Funktionen- und Datenverteilung), S. 326 f. und Rautenstrauch (Integration Engineering), S. 175 ff. dargestellt.

7.3.3. Die Datenverteilung

Beim Datenverteilungs- oder Datenallokationsproblem geht es um die Fragestellung, wann welche Daten in welcher Form an welchem Ort verfügbar sein müssen, um ein optimales Antwortzeitverhalten, aber auch eine optimale Datensicherheit und Zuverlässigkeit des Gesamtsystems zu gewährleisten.[359]

Hierzu wurden in der Vergangenheit eine Fülle von Optimierungsverfahren entwikkelt, die aber zumeist aufgrund ihrer realitätsfernen Modellannahmen bzw. unerfüllbarer Datenanforderungen keine praxistauglichen Resultate liefern konnten. Hinzu kamen in einigen Fällen ein exponentielles Komplexitätsverhalten, was eine konkrete Modellanwendung an einem übermäßigen Bedarf an Rechenleistung scheitern ließ.[360]

Man ist daher inzwischen dazu übergegangen, das Kriterium der Optimalität durch dasjenige einer „akzeptablen" Datenverteilung zu ersetzen und die Lösung der Aufgabe in einer Kombination von einfacheren Optimierungsverfahren und heuristischen Ansätzen zu suchen. Dabei wird eine erste Datenallokation mit einem der bekannten Verfahren unter stark vereinfachenden Bedingungen (z.B. der Berücksichtigung nur *eines* Optimalitätskriteriums) berechnet und diese anschließend durch auf Erfahrung gründende Planungsmaßnahmen verbessert. Diese Heuristiken fußen auf semantischen Wissen aus folgenden Bereichen:[361]

---

[359] Rautenstrauch (Daten- und Funktionenverteilung), S. 327 ff.
Zehnder (Informationssysteme), S. 252 ff.
Scheer (Wirtschaftsinformatik), S. 57 ff.

[360] Rautenstrauch (Integration Engineering), S. 182 ff.
Rautenstrauch (Daten- und Funktionenverteilung), S. 327 ff.
Apers (Data Allocation), S. 265 ff.

[361] Rautenstrauch (Daten- und Funktionenverteilung), S. 328 ff.
Rautenstrauch (Integration Engineering), S. 195 ff.

- *Sicherheitsanforderungen*: Welche Daten müssen aus Sicherheitsgründen repliziert gehalten werden, welche können dispersiv verteilt werden?
- *Zuverlässigkeit*: Wie zuverlässig und verfügbar sind die einzelnen Netzknoten?
- *Leistungsparameter und Lastprofile*: Welche Leistungsmerkmale und Beschränkungen liegen an den einzelnen Arbeitsplätzen vor und wie stark sind diese durch Benutzerprozesse belastet?
- *Fragmentierungskriterien*: Wie kann eine Relation sinnvoll in Fragmente zerlegt werden und welche Kriterien sind dabei zu berücksichtigen?
- *Zugriffsprofile*: Wie verteilen sich Schreib- und Lesezugriffe auf Funktionen und Daten?
- *Verteilungstopologien*: Welche Verteilungstopologie ist aufgrund DV-organisatorischer Vorgaben gefordert?

Im einzelnen kann sich die Lösung der Datenverteilungsproblematik recht aufwendig gestalten. Im Vergleich zur Funktionenverteilung, die im wesentlichen aus den Arbeitsplatzprofilen abgeleitet werden kann, besteht hier ein deutlich größerer Gestaltungsspielraum, der entsprechend aufwendigere Entscheidungsverfahren erfordert. Für eine vertiefte Behandlung dieser Problematik und eine detaillierte Beschreibung der angespochenen Verfahren sei auf die Literatur verwiesen.[362]

---

[362] Apers (Data Allocation)
Grossenbacher (Verteilung)
Scheer (Wirtschaftsinformatik), S. 55 ff.
Rautenstrauch (Integration Engineering), S. 177 ff.
Niemann (Methodische Entwicklung)

8

Designkonzepte für ein Computerintegriertes Portfoliomanagement

In diesem Kapitel wollen wir als weitere Bestandteile unseres CIP-Konzepts spezifische Designkonzepte für die Realisierung eines Computerintegrierten Portfoliomanagements entwickeln. Dazu dienen uns die in Teil II aufgestellten *Anforderungen* an die Weiterentwicklung der Informatikunterstützung der jeweiligen Teilbereiche des Portfoliomanagement-Prozesses als Vorgabe. Zunächst werden - in Analogie zu Scheers Integrationskreis-Betrachtungsweise[363] - für spezifische Problemstellungen[364], die sich im Zusammenhang mit der Verwirklichung des CIP-Gedankens stellen, Lösungsansätze vorgeschlagen und die wesentlichen *spezifischen Designelemente* der entsprechenden Anwendungssysteme herausgearbeitet. In Abschnitt 8.6 werden dann *generelle Designprinzipien*, die - unabhängig von einem spezifischen Teilbereich - für die Gestaltung aller im Rahmen eines Computerintegrierten Portfoliomanagements zum Einsatz kommenden entscheidungsunterstützenden Anwendungssysteme Gültigkeit haben, aufgestellt.

Bei den aufgestellten Designelementen und Designprinzipien handelt es sich um Bausteine des CIP-Konzepts, die konzeptionelle Vorgaben und Lösungsansätze für gerade diejenigen Themen- und Problemstellungsbereiche zu geben versuchen, die sich aus dem Schritt von einer punktuellen Informatikunterstützung hin zu einer durchgehenden Unterstützung des Gesamtprozesses ergeben. Es geht um die verbindenden Elemente, die - sozusagen als „Kitt“ in den Fugen - erforderlich sind, um die Informatikunterstützung der einzelnen Prozeßschritte zu einem integrierten Ganzen zusammenzufügen. Diese können die Form konzeptioneller Rahmenbedingungen, implementationstechnischer Hinweise oder auch diejenige konkreter Struktur- und Gestaltungselemente für spezielle zur Realisierung des Computerintegrations-Gedankens im Portfoliomanagementbereich notwendige *„verbindende Anwendungssysteme“* - einer sich aus der Gesamtprozeß-Betrachtungsweise ergebenden neuen Klasse von Applikationen - annehmen.

In den folgenden Abschnitten werden zunächst die sich aus den aufgestellten Anforderungen ergebenden *bereichsspezifischen* Problemstellungen behandelt. Zwei dieser

---

[363] Scheer (Wirtschaftsinformatik), S.601 ff.

[364] bzw. Integrationskreise

auf dem Weg zu einem Computerintegrierten Portfoliomanagement zu lösenden Aufgabenstellungen beziehen sich auf den Bereich der Investmentanalyse (Abschnitte 8.1 und 8.2) - wobei die zweite außerdem noch den Bereich der Prognosequalitätsanalyse berührt -, zwei weitere auf denjenigen der Portfoliokonstruktion (Abschnitte 8.3 und 8.4); die Computerintegration tangierende Aspekte aus dem Bereich der Portfoliozielsetzungsdefinition werden schließlich in Abschnitt 8.5 behandelt. Spezifisch dem Performanceanalysebereich zuzuordnende Problemstellungen der Computerintegration auf entscheidungsunterstützender Ebene sind nicht vertreten. Für diesen schon recht weit in den Bereich der administrativen Datenverarbeitung (Portfoliobuchhaltung) hineinragenden Bereich ergeben sich neben den in Abschnitt 8.6 aufgeführten - und für alle Anwendungsbereiche Gültigkeit habenden - generellen Designprinzipien keine in den Rahmen des CIP-Konzepts fallenden *gesondert* zu berücksichtigenden Elemente.[365]

Es sei aber an dieser Stelle noch einmal auf die grundsätzliche Bedeutung einer konsequenten und mit adäquaten Informatikmitteln unterstützten Performanceanalyse für ein effektives, transparentes und dadurch verbesserungsfähiges Portfoliomanagement hingewiesen sowie die hinlänglich bekannte - in der Praxis aber noch keineswegs überall mit der notwendigen Konsequenz berücksichtigte - Tatsache hervorgehoben, daß nur auf der Basis von klaren und eindeutigen Systemen von Benchmarkvorgaben eine sinnvolle Verknüpfung von Portfoliozielsetzungsdefinition, Portfoliokonstruktion und Performanceanalyse möglich ist.[366] Außerdem ist die besondere Bedeutung der Designprinzipien einer *vollständigen Daten- und weitgehenden Funktionsintegration* und der *interaktiven Exploration mittels spezialisierter Visualisierungskonstrukte* (siehe Abschnitt 8.6) für diesen Anwendungsbereich zu betonen.

8.1. Integrierte Analysedatenbank

In diesem Abschnitt soll die Problemstellung der in Anforderung A41 (siehe Abschnitt 4.3) geforderten Schaffung einer umfassenden und vollständig integrierten Analysedatenbank näher untersucht und die Elemente eines Lösungsansatzes entwikkelt werden.

---

365 Die - natürlich reichlich vorhandenen - generellen Problemstellungen innerhalb der einzelnen Anwendungsbereiche liegen außerhalb des Rahmes des CIP-Konzepts und dieses Kapitels - sie werden in der jeweiligen Standard-Literatur hinreichend behandelt.

366 siehe dazu auch Abschnitt 6.3 sowie
Sharpe/Alexander (Investments), S. 733 ff.
Elton/Gruber (Modern Portfolio Theory), S. 563 ff.

Problemstellung

Auch wenn es auf den ersten Blick so erscheinen könnte - die Aufgabe, eine umfassende integrierte Analysedatenbank, die alle für die Investmentanalyse notwendigen Informationen in flexibel zugänglicher Form zur Verfügung stellt, ist keineswegs eine triviale. Zu lösen sind insbesondere:

- *das Mengenproblem*: die Aufnahme von historischen Zeitreihen bringt eine Explosion der zu speichernden Datenmenge mit sich. Schon eine auf aktuelle Kurs- und Umsatzdaten beschränkte Titeldatenbank ist im allgemeinen recht umfangreich. Die zusätzliche zeitliche Dimension des Datenmaterials bringt eine entsprechende Vervielfachung der Datenmenge mit sich: Bereits bei einer Abdeckung von 50 000 Wertschriften weltweit und einer zeitlichen Tiefe von 10 Jahren ergibt sich pro täglich erfaßtes Attribut ein Speicherbedarf von 1,825 Milliarden Datenpunkten. Berücksichtigt man, daß in der Praxis ohne weiteres 50 Attribute pro Titel interessant sein können, wovon wenigstens 5-10 mit täglicher Genauigkeit erfaßt sein sollten, so wird die Größenordnung des Mengenproblems klar erkennbar.
- *das Qualitätsproblem*: selbst die von renommierten Anbietern bezogenen historischen Kurs-, Rendite-, Umsatz-, und Bilanzdaten weisen erfahrungsgemäß eine recht hohe Fehlerhäufigkeit auf, ein Umstand, der natürlich mit der kaum überschaubaren Menge der zu verwaltenden Daten eng zusammenhängt. Um die Qualität unternehmensintern gehaltener Datenbestände ist es meist noch wesentlich schlechter bestellt, sodaß sich in der Praxis die verfügbare Datenqualität oft als für genauere Untersuchungen völlig ungenügend erweist.

Daneben gibt es noch ein *Verfügbarkeitsproblem* - kein einzelner Informationsanbieter kann derzeit alle Informationsbedürfnisse einer größeren Investmentorganisation abdecken, Daten für etwas exotischere Länder und Anlageinstrumente müssen mühsam zusammengesucht werden -, ein *Zugriffsproblem* - Wie kann das Datenmaterial den einzelnen internen Abnehmern mit ihren unterschiedlichen Bedürfnissen und technischen Anforderungen effizient und in geeigneter Form zur Verfügung gestellt werden? - und ein *Verwaltungsproblem* - Wie kann der gewaltige Datenbestand effektiv verwaltet werden? -.

Lösungsansatz

Das zentrale Element eines Lösungsansatzes für die Analysedatenbank-Problemstellung stellt der Plattform-Gedanke dar: Anstatt verschiedene interne wie externe Einzeldatenbanken, die auf jeweils unterschiedlichen Systemumgebungen installiert und mit heterogenen Zugriffsmechanismen ausgestattet sind, direkt den Anwendern zugänglich zu machen, ist eine zentrale Datenplattform zu konzipieren, die alle notwendigen Analyse-Datenquellen[367] - interne wie externe - zusammenführt und unter einer einheitlichen Oberfläche - d.h. mittels eines einheitlichen Zugriffsprotokolls - verfügbar macht.[368] Da weder eine rein interne noch eine vollständig externe Lösung des Datenproblems auf lange Sicht hin sinnvoll erscheint - einerseits entstehen vergleichsweise zu hohe Kosten und Aufwände aus der internen Haltung von Daten, die auch für eine breitere Abnehmergruppe interessant sind, andererseits begrenzen unternehmensspezifische Datenbedürfnisse und die Anforderung einer gewissen Autonomie sowie eines effizienten Zugriffs auf die wichtigsten und die am häufigsten benötigten Datenbestände, die Möglichkeiten eines gänzlich externen Datenbezugs - stellt die Einrichtung einer solchen zentralen Schaltstelle, die eine flexible Integration von beiden Varianten der Datenbeschaffung ermöglicht, den Schlüssel für eine beständige Lösung des Analysedatenproblems (und seiner oben aufgeführten Facetten) dar.

Viele Unternehmen der Investmentbrache haben das Problem inzwischen erkannt und Projekte unter dem Titel „Datenplattform“ o.ä. auf den Weg gebracht. Um wirklich zu einer dauerhaften Lösung des Problems zu führen sind aber folgende Designelemente notwendig, was in der Regel noch nicht oder nur in ersten Ansätzen der Fall ist:

- *Vollständigkeit des Datenbestandes*: Alle für die Investmentanalyse - und ggf. auch für die Portfoliokonstruktion und die Portfoliobuchhaltung - erforderlichen Daten sollten über die Datenplattform verfügbar sein. Für eine typische internationale Investmentorganisation umfaßt dies aktuelle wie historische Index-, Devisen- und Wertschriftendaten aus etwa 12 Ländern sowie allgemeine und spezifische (qualitative wie quantitative) Wirtschafts- und Finanzinformationen auf gesamtwirtschaftlicher Ebene. Außerdem gehören Unternehmensberichte, Bilanzdaten, Gewinnprognosen (inkl. Konsens-Prognose), Faktordaten für die Konstruktion von Faktormodellen sowie ggf. auch Rendite- und Risikoprognosen von spezialisierten Investmentanalyse-Organisationen zum erforderlichen Datenbestand. Konkret ist mit einem (für die meisten praktischen Belange gerade ausreichenden) Bestand von ca. 300-400 Index-, 100- Devisen- und 50 000 - 100 000 Wertschriftendaten-

---

[367] siehe Husemann (Computerunterstützung), S. 57 ff., für eine Übersicht über bestehende externe Analysedatenquellen sowie eine Diskussion ihrer Vor- und Nachteile.

[368] Dabei ist die Datenplattform auch für ein *vollständig automatisiertes* Management aller laufend erforderlichen Datenbestands-Updates aus den verschiedenen externen Quellen zuständig.

sätzen zu rechnen, wovon jeder zwischen 15 und 50 Attributen umfaßt, die - im Falle von Zeitreihen-Attributen - täglich, wöchentlich oder monatlich für einen historischen Zeitraum von 5-25 Jahren gespeichert sind.

- *Vollständige konzeptionelle Integration der einzelnen Datenquellen*: Der Benutzer sollte nur spezifizieren müssen, *welche* Daten er benötigt, nicht *woher* diese Daten kommen. Diese Transparenz der Datenherkunft bedingt insbesondere die Schaffung und Unterhaltung eines *übergeordneten konzeptionellen Datenbankschemas*.

- *Implementation als verteiltes Datenbanksystem*: Um die erforderliche Flexibilität hinsichtlich der räumlich verteilten und benutzerspezifischen Datenzugriffsanforderungen sowie die aus Effizienzgründen oft notwendige Haltung von dezentralen Datenbeständen zu ermöglichen, ist eine Implementation der Datenplattform als verteiltes Datenbanksystem (distributed database - DDB) erforderlich. Dies erlaubt eine (ggf. auch redundante) physische Verteilung der Datenbestände bei gleichzeitiger Gewährleistung der konzeptionellen und zugriffstechnischen Einheit der Datenbank.[369] Zumindest aber sollte (bei zentraler Datenhaltung) eine *Client-Server-Schnittstelle* vorhanden sein, die eine nahtlose Verbindung der verschiedenen dezentralen Anwendungssysteme (clients) mit der Datenplattform (server) ermöglicht.[370]

- *Integrierte Qualitätskontrolle und -verbesserung*: alle Datenbestände, interne wie externe, sollten mit Hilfe von automatisierten Plausibilitätstests und Filterprogrammen laufend auf Fehler gescannt werden und - bei dem Auftauchen von Anomalien und „Ausreißern" - mittels Interpolationsverfahren oder Invalidierung korrigiert bzw. markiert werden. Zu diesem Bereich gehört auch die laufende Sicherstellung der *Datenbank-Konsistenz* - z.B. hinsichtlich der referentiellen Integrität und Schema-definierter Konsistenzbedingungen - bei jeglicher Mutation oder Erweiterung des Datenbestandes.

- *Systemunabhängiger Datenzugriff*: Das DBMS der Datenplattform sowie die Netzinfrastruktur sollten nicht auf eine spezifische Hardwarekonfiguration festgelegt sein, sondern den Zugriff auf die Datenbestände von allen im betreffenden Unternehmen verwendeten (und zukünftigen) Systemvarianten erlauben.

---

369 siehe Rautenstrauch (Integration Engineering), S. 92 ff. und S. 157 ff., Schneider (Distributed Data Bases) sowie - zur Problemstellung der Datenverteilung - auch Abschnitt 7.3.3

370 siehe Abschnitt 7.2 sowie Hansen (Hrsg.) (Client-Server-Architektur)

Das Endresultat einer an obigen Designrichtlinien ausgerichteten Entwicklung stellt eine vollständige, aktuelle und korrekte Analysedatenbank *mit vollständiger Transparenz des Zugriffs* hinsichtlich der internen Datenrepräsentation, der räumlichen Verteilung der physischen Datenbestände, der Herkunft der einzelnen Datenelemente, sowie hinsichtlich aller hardwarespezifischen Charakteristika dar.

8.2. Integration verschiedener Prognosequellen

In diesem Abschnitt wird die aus Anforderung A44 (siehe Abschnitt 4.3) hervorgehende Problemstellung der Schaffung eines Mechanismus' zur effektiven Behandlung der Redundanz in der Prognosefindung sowie die einen wesentlichen Schritt in Richtung auf die Erfüllung von Anforderung A45 darstellende Aufgabenstellung der Entwicklung eines flexiblen und integrierten Systems der Prognoseverteilung näher untersucht und ein Lösungsansatz vorgeschlagen.

Problemstellung

Es muß ein Konzept und ein konkreter Mechanismus gefunden werden, um die Vielzahl der internen wie auch externen Prognosequellen effizient und unter Ausnutzung möglichst des gesamten in ihnen enthaltenen Informationsgehalts zu nutzen. Dabei kommt dem Problem der Behandlung von redundanten Prognosen eine hervorragende Bedeutung zu: Wie ist mit den vielen verschiedenen und teilweise auch widersprüchlichen Prognosen zu ein und demselben Anlagebereich bzw. -instrument zu verfahren, die sich aufgrund der Vielzahl der verfügbaren prognostischen Ansätze oder aus den unterschiedlichen persönlichen Überzeugungen der betreffenden Analysten ergeben? Ein zweiter Teilaspekt der Problemstellung betrifft die Aufgabenstellung einer flexiblen Speicherung und Verteilung des gewonnen Prognosematerials: Wie kann die Vielzahl der verfügbaren prognostischen Resultate den einzelnen internen Abnehmern (insbes. der Portfoliokonstruktion, aber auch wieder der Investmentanalyse) so zugänglich gemacht werden, daß eine präzise Orientierung im Raum der verfügbaren Prognosen und eine effektive Nutzung der angebotenen Information möglich ist?

Lösungsansatz

Zur Lösung der oben dargestellten Problematik ist von der bisher üblichen auf Einzelschritte des Informationserstellungsprozesses konzentrierten Sichtweise und der damit verbundenen punktuellen Betrachtung der Informatikunterstützung zu abstrahieren und eine - in diesem Text immer wieder geforderte und auf der Basis des vorgestellten Prozeßmodells realisierte - Betrachtungsweise einzunehmen, die den gesamten

Informationsverarbeitungsprozeß - als immateriellen Produktionsprozeß aufgefaßt - auf einer höheren Abstraktionsebene überblickt. Die einzelnen Prognoseerstellungsvarianten mit den sie unterstützenden Modellen und Anwendungssystemen[371], die bei dieser Sichtweise sozusagen „von außen", unabhängig von ihrer konkreten Ausprägung oder technischen Realisierung, nur hinsichtlich ihrer Informationsbedürfnisse (Rohinformationen), Informationsprodukte (Nutzinformation), und abstrakten Verarbeitungszielsetzung (angestrebter Transformationsprozeß) betrachtet werden, werden so einheitlich beschreib- und analysierbar und wandeln sich vom Informationsproduktions*subjekt* zum mit Hilfe einer übergeordneten Informatikinfrastruktur auf Gesamtprozeßebene manipulierbaren *Objekt*.

Konkret ist zur Lösung der gestellten Aufgabe *ein auf Gesamtprozeßebene arbeitendes und auf der prozeßorientierten Betrachtungsweise basierendes Anwendungssystem* zu entwickeln, das die von den einzelnen Prognosequellen gelieferte Nutzinformation (Prognosen) in ein einheitliches konzeptionelles Raster einordnet (inkl. einer einheitlichen Qualitätsbewertung), ihren Informationsgehalt durch Konsistenzkontrollen und die Ausnutzung prozeßinhärenter Redundanzen verdichtet und ameliorierte und schließlich über einen flexiblen Verteilungsmechanismus die veredelte Nutzinformation allen interessierten Stellen in geeigneter Form verfügbar macht.

Die wesentlichen Designelemente eines solchen *Prognosefilter/verteiler-Anwendungssystems* sind:

1. Eine *integrierte Prognosedatenbank*[372], in der *sämtliche* in der Investmentorganisation erzeugten prognostischen Aussagen zusammengetragen und in einheitlicher Form (und unter einem einheitlichen konzeptionellen Datenbankschema) gespeichert werden.

2. Ein *Qualitätsbewertungsmechanismus*, der allen eingehenden Prognosen einen Konfidenzfaktor zuordnet, der die Genauigkeit (bzw. die Unsicherheit/Unschärfe) der prognostischen Aussage formalisiert. Als Basis für die nicht triviale und im Endeffekt wohl nur approximativ mögliche Festlegung der Prognosekonfidenzen ist (neben nur sehr bedingt verwendbaren „Selbstdeklarationen" der Prognostiker) auf die Resultate des Prognosequalitätsanalyse-Prozeßschrittes[373] abzustellen.

---

[371] siehe Kapitel 4

[372] nicht zu verwechseln mit der in Abschnitt 8.1 behandelten integrierten Analysedatenbank - hier geht es nicht um die Eingabeinformation des Investmentanalyse-Teilprozeßes, sondern um seine Ausgabeinformation, die konkreten Prognosen.

[373] siehe Abschnitt 6.2

3. Ein *Filtermechanismus*[374], der basierend auf einem formalen Modell der Bedeutung (Semantik) der einzelnen Prognosegrößen und ihrer Beziehungen untereinander sowie zu im Zusammenhang mit der Prognoseerstellung relevanten Rohinformationen,

   - *direkte Redundanzen*, d.h. aus verschiedenen Prognosemethoden resultierende oder von verschiedenen Analysten erhaltene Prognosen zu ein und derselben prognostischen Größe (z.B. erwartete Rendite des deutschen Aktienmarkts auf 3-Monatssicht), sowie

   - *indirekte Redundanzen*, d.h. alle aus den im formalen Sprachmodell festgehaltenen definitorischen Beziehungen ableitbaren Überschneidungen von prognostischen Aussagen sowie ggf. auch Rohinformationen untereinander[375]

   unter Verwendung bestimmter mathematischer Filterverfahren auszunutzen und hinsichtlich Qualität und Aussagekraft verbesserte sowie auf größtmögliche Widerspruchsfreiheit überprüfte verdichtete Prognosen abzuleiten in der Lage ist.

Stark vereinfacht gesagt, beruht das Grundprinzip eines solchen Filtersystems darauf, daß auf voneinander unabhängigen Wegen erhaltene Prognosen, die sich gegenseitig bestätigen, eine stärkere prognostische Aussage (höhere Konfidenz) für

---

374 Auch wenn hier allgemein von einem Filtermechanismus die Rede ist, soll nicht verschwiegen werden, daß die angestellte Betrachtung ganz wesentlich durch den konkreten Ansatz der nicht-nomologischen Datenmodelle bzw. „Bilanzmodelle" von B. Schmid und einer auf dem Verfahren des Kalman-Bucy-Filters basierenden konkreten Implementation dieser Methode der Modellierung und systematischen Auswertung unscharfer quantitativer Information (Quantor, Projekt ELIAS, siehe Bloch/Himberger/Schmid (ELIAS)) geprägt ist. Eine detaillierte Behandlung dieser Methode und ihrer Implementation würde den Rahmens dieses Textes sprengen. Für ein besseres Verständnis der tatsächlichen Möglichkeiten des geforderten Prognosefilter-/verteilersystems sowie der Funktionsweise der in seinem Kern befindlichen Filterkomponente wird das Studium von Schmid (Bilanzmodelle), Schmid (Procedure) und Bloch/Himberger/Schmid (ELIAS), Anhang 1, empfohlen.

375 Ein Beispiel für eine solche, sich allein aus der Definition der prognostischen Größen ergebende und mit entsprechenden Filtertechniken nutzbare Beziehung, stellt diejenige zwischen einem Aktienindex und seinen Komponenten dar: eine DAX-Prognose und die Prognosen der einzelnen Aktien, die im DAX enthalten sind, sind nicht unabhängig, sondern über eine Aggregatsbeziehung miteinander gekoppelt (der Indexkurs ist eine gewichtete Summe der Kurse dieser Einzeltitel). In gleicher Weise hängen Branchenidizes mit Gesamtmarktindizes zusammen, globale Indizes mit nationalen, usw; auch für die einzelnen Wechselkurse im Rahmen des Europäischen Währungssystems EWS gelten in ähnlicher Weise nutzbare Beziehungen. Nur schon aus solchen einfachen Aggregats- und Verhältnisbeziehungen ergibt sich ein Geflecht, das eine Vielzahl von (in der Regel) an verschiedenen Stellen in der Organisation und von verschiedenen Personen nach verschiedenen Verfahren prognostizierten Größen miteinander in Beziehung setzt. Da diese Beziehungen bei der Prognoseerstellung kaum bewußt genutzt werden, ist eine Verbesserung der Prognosequalität durch eine (erst durch moderne Informatikmittel rationell mögliche) Verdichtung und Filterung dieser Rohprognosen mittels die inhärente Redundanz der Eingabedaten ausnutzender mathematischer Verfahren möglich.

eine Entwicklung in diese Richtung zu machen erlauben. Voneinander abweichende Prognosen führen zu einer Korrektur der Prognoseaussage, wobei die jeweiligen Konfidenzen der Roh-Prognosen geeignet berücksichtigt werden und Wert wie Konfidenz der resultierenden integrierten Prognose aufgrund der Gesetze der Stochastik ermittelt werden. Bei widersprüchlichen (nicht ohne logischen Widerspruch miteinander zu vereinbarenden Aussagen) muß eine der Eingabeaussagen abgeschwächt bzw. invalidiert werden oder aber mit verschiedenen Szenarien weitergearbeitet werden. Grundsätzlich verbürgt die mathematische Korrektheit der angewandten Transformationen, daß alle vom Filtermechanismus hergeleiteten Aussagen in dem Sinne korrekt sind, als sie eine direkte Implikation der Eingabeinformation und des (unmittelbar aus den Definitionen der analysierten Größen gewonnenen und daher zwingend korrekten) formalen Begriffs- und Beziehungsmodells[376] sind. Die mathematische Qualität der vom Filtermechanismus generierten Aussagen entspricht somit exakt derjenigen der Eingabeinformation. Sie werden aber in der Regel wesentlich schärfer (d.h. von höherem Informationsgehalt und damit im Sinne einer praktischen Definition des Qualitätsbegriffs *qualitativ hochwertiger*) als die Eingabeaussagen sein.[377]

4. Ein *Verteilungsmechanismus*, der es jedem interessierten (und entsprechend autorisiertem) Nutzer der Prognose-Nutzinformation ermöglicht, flexibel und effizient aus der Vielzahl der verfügbaren (rohen wie insbesondere verfeinerten) Prognoseresultate auszuwählen und über eine anwenderindividuelle Sicht die gewünschten Prognosen in der gewünschten Form (und Darstellung) abzurufen bzw. in seine Informatikumgebung zu übernehmen (Dies kann wohlgemerkt auch vollständig automatisiert erfolgen). Damit eine sinnvolle Nutzung der Prognoseinformation möglich ist, muß der Verteilmechanismus ebenfalls auf einem semantischen Modell der angebotenen Information basieren, daß die genaue Bedeutung jeder Prognoseinformation und ihre Abgrenzung gegenüber bzw. ihre Beziehung zu den anderen verfügbaren Werten beschreibt. Das Verteilungssubsystem macht diese Kontextinformation zusammen mit Angaben zu Informationsqualität (Prognosekonfidenz) und Konsistenz (welche Szenarien schließen sich gegenseitig aus) dem Anwender in interaktiver Weise zugänglich.[378]

---

376 siehe Bloch/Himberger/Schmid (ELIAS), Anhang 1, S. 20 ff.

377 Der Filtermechanismus kann somit nur Verbesserungen, keine Verschlechterungen der Informationsqualität relativ zum Niveau der Eingabeinformation generieren. Im schlimmsten Fall (wenn keine Redundanz zur Verschärfung der Information genutzt werden kann) bleibt die Schärfe der Aussage unverändert.

378 Um in der Investmentanalyse-Realität bestehen zu können, ist die Fähigkeit des Systems, auch mit widersprüchlichen Prognoseinformationen geeignet umzugehen, unerläßlich. Die Auffassung, daß alle Widersprüche bedingungslos eliminiert werden müßten, erweist sich schnell als zu idealistisch

Ein Prognosefilter/verteiler-Anwendungssystem, wie es hier in den Grundzügen dargestellt wurde, wird eine wesentliche Verbesserung von Transparenz und Qualität bei Prognoseerstellung und -nutzung ermöglichen. Aufbauend auf dem wesentlichen Schritt der Qualitätsbewertung jeder prognostischen Aussage, ermöglicht es eine *maximale* Ausnutzung des *wahren* Gehalts der gesamten in der Investmentorganisation erstellten prognostischen Information und bietet die Voraussetzung für ihre bestmögliche produktive Umsetzung in qualitativ hochwertige Anlageentscheidungen im Portfoliokonstruktionsbereich. Das System begünstigt außerdem einen „ehrlichen" Umgang mit den bisher sehr intransparent gestalteten Prognoseinformationen: Scheingenauigkeiten werden vermieden, Widersprüche werden frühzeitig erkannt und geeignet behandelt. Beachtenswert ist schließlich, daß im Rahmen des Prognosefilter-Ansatzes Redundanzen in der Prognoseerstellung zu einem nutzbaren Aktivum werden: Die Erstellung von mehreren Prognosen zu einem Themenbereich auf voneinander unabhängigen Wegen bietet Chancen auf eine Verbesserung der Prognosequalität.

8.3. Integration von Asset-Allocation-Ebene und Titelebene

Dieser Abschnitt befaßt sich mit der in Abschnitt 5.4 aufgestellten Anforderung A52 einer Integration von Asset-Allocation- und Titelebene im Sinne der Herstellung einer geeigneten Verbindung beider Ebenen in konzeptioneller wie implementationstechnischer Hinsicht, die als Basis für die Entwicklung von Portfoliokonstruktionsinstrumenten, die eine analytische Betrachtung und Bearbeitung des Portfolios auf mehreren Ebenen gleichzeitig ermöglichen, dienen kann.

Problemstellung

Die zweistufige Vorgehensweise bei der Portfoliokonstruktion, wie sie im Falle eines Top-Down-Portfoliomanagementstiles praktiziert wird und in unserem Prozeßmodell repräsentiert ist (siehe Abbildung 5-1) beruht auf der Abstraktion, daß sich die grundsätzliche Portfoliostruktur aufgrund von Finanzinformationen und Prognosen auf Marktebene unabhängig von der genauen Zusammensetzung des Portfolios auf Einzeltitelebene geeignet analysieren und festlegen läßt. Diese Abstraktion erweist sich auch für die meisten Fälle in der Praxis als gut einsetzbar und bringt eine wesentliche Vereinfachung der für das Treffen der wesentlichen Grundentscheidungen hinsichtlich

---

und nicht praktisch realisierbar. Die Lösung des Problems liegt vielmehr in der oben erwähnten klaren Kennzeichnung von Inkonsistenzen und der Arbeit mit verschiedenen in sich konsistenten Szenarien.

der Portfoliostruktur notwendigen Analyse- und Optimierungsvorgänge mit sich:[379] es kann nämlich auf dieser Ebene mit Indizes als Approximation für die jeweils aus verschiedenen konkreten Einzeltiteln zusammengesetzten Teilportfolios gearbeitet werden (z.B. wird die Gesamtheit der im Portfolio enthaltenen deutschen Aktien durch den DAX oder den MSCI Germany repräsentiert). Dies reduziert die Komplexität des Analyse- und Optimierungsvorganges hinsichtlich Speicherbedarf und erforderlicher Rechenleistung ganz erheblich (anstatt mit tausenden von Titelzeitreihen zu arbeiten, kann man auf Asset-Allocation-Ebene mit etwa 50 Index-Zeitreihen auskommen).

Diese Abstraktion hat aber auch Nachteile und in bestimmten Fällen, wenn es etwa um die Analyse eines bereits bestehenden Portfolios im Zuge einer routinemäßigen Überarbeitung (portfolio revision) geht, erweist sie sich als eine für die präzise Untersuchung und Handhabung der Rendite- und Risiko-Charakteristika zu grobe Approximation der konkreten Portfoliogegebenheiten. Besteht eine Asset-Allocation-Position (z.B. Aktien Niederlande) im Portfolio nur aus einigen wenigen Titeln (z.B. Aegon und Heineken), so wird sich deren Verhalten deutlich von demjenigen eines breit angelegten Indizes für den betreffenden Markt unterscheiden. Die Kursfluktuationen (und damit das Risiko dieses Teilportfolios) werden wesentlich ausgeprägter als beim Index sein und individuelle Abweichungen in die eine oder andere Richtung häufig vorkommen. Sollen die Vorzüge einer vereinfachten Behandlung der grundsätzlichen Portfolioeigenschaften auf hoher Abstraktionsebene auch hier genutzt werden und gleichzeitig der Graben, der Portfoliokonstruktionssysteme auf Asset-Allocation-Ebene bisher von solchen auf Titelebene trennt und eine integrierte Zusammenarbeit verhindert, überbrückt werden, ist eine Verfeinerung der Vorgehensweise unbedingt erforderlich.

Lösungsansatz

Zur Lösung des dargestellten Problems erweist es sich als zweckmäßig, den herkömmlichen Asset-Allocation-Begriff, die Portfoliostrukturierung nach Kategorien von Anlageinstrumenten und Währungen (siehe Abbildung 5-2), etwas weiter zu fassen und *auch die Branchenallokation bei den Aktien und die Fristigkeitsstruktur*[380] *bei den festverzinslichen Anlageinstrumenten mit in die Betrachtung auf „Asset-Allocation-Ebene" einzubeziehen* (siehe Abbildung 8-1). Dadurch wird die Verbindung

---

[379] Als deutliches Indiz für die Wirksamkeit der Asset-Allocation-Entscheidung zur Steuerung des Anlageresultats siehe z.B. Brinson/Hood/Beebower (Portfolio Performance), S. 43

[380] bzgl. Restlaufzeit; aufgrund der hervorragenden Bedeutung dieser Kennzahl als Maßstab für das Zinsänderungsrisiko kann auch eine Strukturierung nach Duration vorgenommen werden. Siehe dazu z.B. Elton/Gruber (Modern Portfolio Management), S. 497 ff.

von Asset-Allocation-Abstraktion und Titel-Realität qualitativ verbessert und ein in der Praxis häufig zu beobachtendes Auseinanderdriften von Asset-Allocation und Titelebene in der Portfoliobearbeitung weitgehend vermieden.

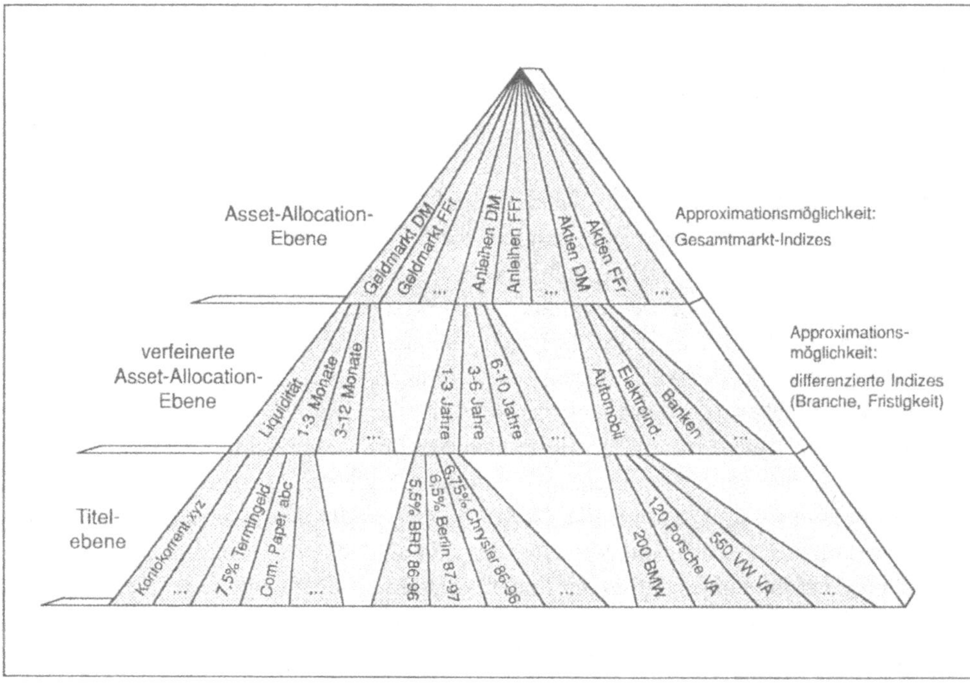

Abbildung 8-1: Ebenen der Portfolioanalyse und -bearbeitung

Technisch gesehen stellt die Substitution von branchendifferenzierten Aktienindizes und fristigkeitsdifferenzierten Rentenindizes[381] für die jeweiligen aus konkreten Einzeltiteln zusammengesetzten Teilportfolios im wesentlichen einfach eine bessere Approximation dar, als sie vorher mit Hilfe der üblichen Aktien(gesamt)markt- und Rentenindizes erreicht wurde. Für eine praktische Umsetzung einer solchen Verfeinerung sind aber einige Punkte zu beachten:

[381] Es empfiehlt sich in diesem Zusammenhang die Verwendung von entsprechend differenzierten und in sich geschlossenen Index-*Systemen*, wie etwa denjenigen von Financial Times und Morgan Stanley Capital International für den Aktienbereich bzw. den von Salomon Brothers und J.P. Morgan angebotenen für den festverzinslichen Bereich. Zur Indexthematik siehe auch Solnik (International Investments), Kapitel 5

- Die verfeinerte Asset-Allocation wird um einer Faktor 8-10 umfangreicher als die traditionelle - umfaßte sie vorher ca. 50 Felder, so sind es nun ca. 400 -. Damit die Vorteile einer einfachen Handhabung und der Möglichkeit einer Konzentration auf das wesentliche dadurch nicht zunichte gemacht werden, ist eine *hierarchische Gliederung der Asset-Allocation* in mindestens zwei Betrachtungsebenen - die traditionelle und die verfeinerte - vorzunehmen. Um einen praxisgerecht einfachen Umgang mit der gegliederten Asset-Allocation zu ermöglichen, müssen die im Bereich der Portfoliokonstruktion eingesetzten Informatikwerkzeuge die Unterteilung der Asset-Allocation geeignet unterstützen,[382] z.B. indem sie mit Hilfe von Maus- und Fenster-basierten hierarchischen Zugriffstechniken, wie sie in Abschnitt 8.6.4 kurz beschrieben sind, verschiedene Sichten auf die Asset-Allocation anbieten, zwischen denen flexibel hin- und hergewechselt werden kann.[383]

- Der Verfeinerungsschritt kann zu einem vermehrtem Auftreten numerischer Probleme bei der Realisierung konkreter Analyse- und Optimierungsmodelle, die auf dieser Ebene arbeiten, führen. So neigen - aufgrund der mit der Größe der Kovarianzmatrix steigenden Anforderungen an die Länge der für ihre Schätzung verfügbaren Zeitreihen - z.B. die entsprechenden Kovarianzmatrizen zur Singularität, was wiederum gewisse Schwierigkeiten bei ihrer weiteren Verwendung mit sich bringt (z.B. fehlende Invertierbarkeit).[384]

- Die Anforderungen an Menge und Qualität der Prognose-Eingabeinformation steigen mit einer Verfeinerung der Asset-Allocation. Die sich aus der verfügbaren Prognosekapazität ergebenden Einschränkungen tangieren allerdings nur den (prognoseabhängigen) Prozeßschritt des Asset-Allocation-Entwurfs - eine Portfoliooptimierung wird ggf. zunächst weiterhin auf der traditionellen Asset-Allocati-

---

382 Genaugenommen wird die Verfeinerung der Asset-Allocation erst durch den Einsatz solcher Informatikmittel ermöglicht. Sie stellt ein Beispiel für die aufgrund eines Beitrags der Technik mögliche Differenzierung in der Portfoliobearbeitung dar.

383 Es ist zu beachten, daß eine Betrachtung der Portfoliocharakteristika auf der hohen traditionellen Abstraktionsebene der Märkte und Währungen nicht etwa wieder auf die eingangs dargestellten Approximationsprobleme führen muß: wenn die entsprechenden Analyse- und Entwurfssysteme intern mit den präziseren differenzierten Indizes arbeiten und die Analysedaten (insbesondere Rendite- und Risikowerte) der höheren Ebene durch Aggregatsbildung aus denen der verfeinerten Stufe ableiten, wird auch hier mit der verbesserten Genauigkeit gearbeitet. Im Extremfall kann sogar auf eine explizite Darstellung der verfeinerten Asset-Allocation-Ebene verzichtet werden und diese lediglich systemintern zur Verbesserung der Approximation bei der Berechnung von Analysewerten eingesetzt werden.

384 Diese Probleme lassen sich aber mit Hilfe geeigneter Techniken, wie z.B. dem Einsatz von Kovarianz-Faktormodellen, lösen. Siehe dazu z.B. Markowitz (Mean-Variance Analysis), S. 45 ff., oder auch Vörös (Derivation)

on-Ebene durchgeführt werden - der weitgehend prognoseunabhängige Bereich der Asset-Allocation-Analyse bleibt davon unberührt.

Entsprechend unserer Anforderung A52 wird ein modernes Informatikwerkzeug zur Unterstützung der Portfoliokonstruktion eine vollständige Integration von Asset-Allocation und Titelebene im Sinne der Möglichkeit einer gleichzeitigen Analyse und Bearbeitung eines Portfolios auf verschiedenen Abstraktionsebenen anbieten. An die Stelle der herkömmlichen strikten Unterscheidung zwischen Asset-Allocation-Ebene und Titelebene wird hier zunehmend eine Betrachtungsweise treten, die beide vielmehr als Pole eines Kontinuums von Abstraktionsebenen bei der Portfoliobetrachtung ansieht, die sich in einer hierarchisch gestaffelten Folge von Sichten (views) bei der Darstellung der Portfoliocharakteristika durch konkrete Anwendungssysteme äußern, wobei der dargestellten verfeinerten Asset-Allocation-Ebene eine Scharnierfunktion zukommt.

8.4. Integration von Mustervorgaben- und Einzelportfolioebene

Die in Anforderung A53 (Abschnitt 5.4) angesprochene Problemstellung einer geeigneten Berücksichtigung von Managementvorgaben - etwa in Form von Muster-Asset-Allocations, Titelselektionsvorgaben oder auch vollständigen Musterportfolios - bei der kundenindividuellen Portfoliokonstruktion wurde bereits in den Abschnitten 5.1.3 und 7.3.1.2 eingehend behandelt. Im Sinne einer Konkretisierung bleiben an dieser Stelle lediglich noch einige Bemerkungen zu spezifischen Möglichkeiten der Implementation des vorgeschlagenen Ansatzes einer jeweils *spezialisierten, aber konzeptionell wie informatiktechnisch integrierten* Unterstützung der beiden Schritte der (kundentypspezifischen bzw. strategischen) Mustervorgabenerstellung auf Investmentkomitee-Ebene und der (kundenindividuellen bzw. taktischen) Anpassung dieser Vorgaben auf der Ebene des einzelnen Portfoliomanagers (Customizing, Portfoliospezialisierung) nachzutragen.

Da es sich bei den Portfolioentwurfssystemen, mit denen die Mustervorgabenerstellung unterstützt (Muster-Entwurfssystem) bzw. die kundenindividuelle Portfoliospezialisierung - weitgehend automatisiert -[385] vorgenommen wird (Customizingsystem),

---

[385] Im Gegensatz zur Vorgabenerstellung, bei der alle analytischen Möglichkeit (menschlicher und machineller Art) voll ausgeschöpft werden, wird der Customizing-Schritt in Zukunft wohl weitgehend automatisiert ablaufen. Die Menge der an einem Arbeitsplatz zu bearbeitenden Portfolios (manchmal mehrere hunderte) und die vereinfachte Problemstellung implizieren eine solche Entwicklung.

in der Regel um Portfoliooptimierungsprogramme handelt, besteht der wesentliche Schritt zur praktischen Realisierung obiger Konzeption in der Bereitstellung einer *flexiblen Form der Portfoliooptimierung*, die es erlaubt, von außen kommende Rahmenbedingungen und Detailvorgaben flexibel zu akkommodieren und dennoch - im Sinne der jeweiligen Modellvorstellung - eine akzeptable Optimierung der Portfoliocharakteristika vorzunehmen.

In einem ersten Schritt kann hier mit den bereits bei den heute gängigen Programmen[386] bestehenden Möglichkeiten der Berücksichtigung von Restriktionen[387] (z.B. von Gewichtungs-Minima und Maxima) gearbeitet werden. Ein einfacher Weg zur Berücksichtigung von Vorgaben, die in Form einer trotz der kundenindividuellen Restriktionen möglichst genau zu approximierenden Muster-Asset-Allocation oder eines entsprechenden Musterportfolios gegeben sind, auf der Ebene des Customizingsystems besteht in ihrer Verwendung als Benchmark (oder als „normal portfolio“) einer (Benchmark-) *relativen Optimierung*. Das Customizingsystem berücksichtigt dann die Vorgabe des Muster-Entwurfssystems als seine risikoneutrale Position und weicht von ihr zur Nutzung gesteigerter Renditechancen nur im Rahmen eines spezifizierbaren Tracking-Errors ab. Dem Muster-Entwurfssystem wird der „richtige“ Benchmark - die Zielvorgabe für die Performancemessung dieses Portfoliotyps - bzw. das „richtige“ Normal-Portfolio - die langfristigen Gewichtungsmittel der einzelnen Positionen, wie sie bei einem rein passiven Managementansatz ohne aktive Portfoliomanagementmaßnahmen gehalten würden - vorgegeben. Dieser einfache Ansatz zur Realisierung der gleichzeitigen Berücksichtigung von Kundenrestriktionen und Mustervorgaben durch das Customizingsystem funktioniert allerdings nur, wenn der kundenindividuelle Benchmark genau mit dem Kundentyp-Benchmark übereinstimmt.

Eine weitere Möglichkeit besteht in der Verwendung einer sog. *inversen Optimierung* (reverse optimization), um vom Investmentkomitee verabschiedete Mustervorgaben in die durch sie implizierten Prognosewerte (zurück-) zu übersetzen. Durch die Verwendung dieser Prognosen als Eingaben für das Customizingsystem kann ebenfalls die gewünschte flexible Koppelung beider Ebenen realisiert werden.

Beide Ansätze zur konkreten Implementierung der Verbindung von Mustervorgaben- und Einzelportfolioebene stellen allerdings eher provisorische Lösungen der Problemstellung dar, die in Zukunft weiter zu verbessern sind. Neben den bekannten

---

[386] siehe z.B. Abschnitt 5.3.1

[387] siehe dazu Markowitz (Mean-Variance Analysis), S. 23 ff., S. 43 ff. und 301 ff., Rudd/Rosenberg (Portfolio Optimization)

Problemen, die starre Optimierungsprogramme generell mit sich bringen (zu hohe Sensitivität bzgl. Prognoseeingaben, keine Berücksichtigung der Qualität der Eingabeinformation, Scheingenauigkeit, unrealistische Modellannahmen, etc.) und die bei dieser geschachtelten Anwendung in besonderem Maße störend zutage treten, sind auch theoretische Bedenken bzgl. der Optimalität der mittels dieser aus der Praxis geborenen Ad-hoc-Verfahren erhaltenen Portfolios zu beachten. Langfristig wird wohl nur eine Abkehr von den bestehenden starren Portfoliooptimierungsprogrammen hin zu solchen, die im Sinne des schon in Abschnitt 8.2 angetroffenen Ansatzes einer systematischen Berücksichtigung der wahren Informationsqualität im Verarbeitungsprozeß funktionieren und - an der Stelle von absoluten, scheingenauen Prognosenwerten - mit Konfidenzfaktoren, Konfidenzintervallen, Bandbreiten-Prognosen, etc., arbeiten, eine wirkliche Verbesserung auf diesem Gebiet bringen. Bisher fehlt es aber noch weitgehend an praxistauglichen Implementationen solcher Konzepte im Portfoliokonstruktionsbereich.[388]

8.5. Konsequente und in den Gesamtprozeß integrierte Unterstützung der Zielsetzungsdefinition

Zur Erfüllung der in Abschnitt 6.4 gestellten Anforderung A61 an die Möglichkeiten und die Qualität eines zukünftigen Systems für die Unterstützung des Prozeßschritts der Portfoliozielsetzungsdefinition ist der Einsatz einer die Vorzüge des ES- mit denen des klassischen DSS-Ansatzes kombinierenden hybriden Systemarchitektur erforderlich. Nur eine Konzeption des Systems als ein aus wissensbasierten wie quantitativen Komponenten zusammengesetztes intelligentes DSS bzw. Expert Decision Support System (EDSS)[389] bietet schlußendlich einen implementationstechnisch konsequenten Rahmen, um die Spanne zwischen vagen Zielvorstellungen und weitgehend quantitativ formulierten portfoliotheoretischen Überlegungen geeignet zu überbrücken, sowie qualitative Abwägung und quantitative Simulation zu kombinieren.

Designelemente eines solchen fortgeschrittenen Systems für die Unterstützung der Portfoliozielsetzungsdefinition sind die:

---

388 Flexiblere und praxisgerechtere Möglichkeiten der Portfoliooptimierung könnten in Zukunft auch aus der Entwicklung in Richtung eines kombinierten Einsatzes von mathematischen Optimierungsmodellen und Expertensystemtechniken hervorgehen, siehe Abschnitt 5.3.2.

389 Richter (AI-Concepts)
Doukidis (Concepts)

- *wissensbasierte Dialogführungs- und Angabeninterpretation*: Zur optimalen Steuerung des Dialogs zwischen Anlageberater und Portfolio-Auftraggeber (dem Kunden) und um die Möglichkeit einer computergestützten Nutzung des Erfahrungswissens, das in der betreffenden Investmentorganisation bezüglich der Umsetzung von Kundenangaben in Portfolioziele vorhanden ist, ist die Realisierung der obersten Schicht des Systems in der Form eines eingebettetes Expertensystems angezeigt. Es ist hier wohlgemerkt auch Erfahrungswissen zum Unterschied von im Gespräch gesagtem und *wahrer* Kundenpräferenzstruktur aufzunehmen (z.B. die Berücksichtigung der Spanne zwischen der vorderhand vorgegebenen und der tatsächlichen, sich im Falle eines negativen Ergebnisses manifestierenden Risikobereitschaft des Investors).

- *interaktive Simulation der möglichen Auswirkungen von Zielsetzungsentscheidungen anhand fiktiver Beispielportfolios*: eine zweite spezialisierte Systemkomponente ergänzt die Dialogführung um konkrete simulative Portfoliovisualisierungen, anhand derer alternative Zielsetzungsvarianten untersucht und die Implikationen von gegensätzlichen Zielsetzungen (z.B. Renditemaximierung versus Risikominimierung) im Sinne eines „Trade-offs" veranschaulicht werden können. Zur Realisierung dieses Subsystems kommen vorzugsweise konventionelle (mathematische) Modellierungs- und Simulationstechniken zum Einsatz.

- *Formalisierung der erhaltenen Portfoliozielsetzungen*: Die aus der kombinierten und dynamisch abwechselnden Betrachtung und Behandlung qualitativ/erfahrungsbasierter und quantitativ/simulativer Aspekte bei der Gestaltung der Portfolioziele gewonnen Festlegungen sind als Ergebnis des Zielsetzungsdefinitionsvorganges und Ausgangspunkt für die weitere Portfoliobearbeitung (Portfoliokonstruktions- und Performanceanalyse-Prozeßschritte) in geeigneter Weise zu formalisieren. Um *alle* mit obigen Methoden gewonnen Informationen bzgl. der Kundenpräferenzen adäquat weitergeben zu können, wird auch auf dieser Stufe die Verwendung einer *Kombination* von quantitativen Modellparametern und qualitativen Rahmenspezifikationen notwendig sein.[390] Bei aller Flexibilität ist

---

[390] Die sich aus der Entscheidungstheorie unter Annahme der Axiome für rationales Entscheidungsverhalten ergebende Einengung des Problems auf die Spezifikation einer Nutzenfunktion bzw. eines Risikoaversionsparameters (siehe zu diesem Themenkreis z.B. Spremann [Entscheidungslogik]) ist zwar theoretisch sehr ansprechend und stellt mit Sicherheit auch den Kern jeder solchen Formalisierung der Kundenpräferenzen dar - für den Einsatz in der Praxis erscheint die vollständige Reduktion aller erhältlichen Informationen bezüglich der erwarteten Reaktion des Kunden auf verschiedene Portfoliostrukturen und Anlageergebnisse auf diese mathematische Modellvorstellung aber als zu eng gefaßt und die Realität zu stark idealisierend. Eine Ergänzung durch im Sinne des Expertensystemansatzes qualitativ modellierte Angaben (z.B. zur flexiblen Repräsentation mollusker Parameter,

aber die Eindeutigkeit der Festlegung und deren Einsetzbarkeit als Performance-Maßstab unbedingt erforderlich.

Schließlich ist als weiteres wesentliches Designelement die Auslegung des Gesamtsystems für einen *direkten Einsatz im Kundengespräch* zu nennen - Kunde und Anlageberater sollten beide die Ergebnisse der Simulationen am Bildschirm betrachten können und so die optimalen Zielsetzungsparameter auf dem Wege eines interaktiven schrittweisen Eingrenzungsprozesses gemeinsam ermitteln. Die Qualität der Visualisierung der relevanten Entscheidungsparameter sowie ihrer inneren Zusammenhänge und der sich aus ihnen ergebenden Konsequenzen sollte ein Qualitätsniveau erreichen, das keine Mittler mehr zwischen Kunden und Systemausgaben erforderlich macht.[391] Der Anlageberater kann sich dann ganz auf seine eigentliche Funktion, die Beratung des Kunden hinsichtlich möglicher Zielsetzungsalternativen, konzentrieren und wird nicht durch mühselige Detailinterpretationsarbeit (die Erklärung wenig anschaulicher Zahlenwälder, etc.) abgelenkt. Wird die Stufe des vollständig und unmittelbar in das Kundengespräch zur Portfoliozielsetzungsdefinition einbezogenen Entscheidungsunterstützungssystems erreicht, so ist auch dieser Prozeßschritt zu einem konzeptionell wie implementationstechnisch integrierten Bestandteil des computerunterstützten Gesamtprozesses im Sinne des CIP-Konzepts geworden.

8.6. Generelle Designprinzipien

In diesem Abschnitt werden generelle, unabhängig von einem spezifischen Anwendungsbereich oder einer bestimmten Problemstellung geltende Designprinzipien für die Gestaltung der einzelnen im Rahmen des CIP-Konzepts zum Einsatz kommenden Anwendungssysteme aufgestellt.

8.6.1. Trennung von Modell und Anwendungssystem

Um die notwendige Flexibilität hinsichtlich der Dynamik der Modellentwicklung im Portfoliomanagementbereich auf Dauer gewährleisten zu können, ist eine radikale Abkehr vom bisher üblichen Designansatz, bei dem ein entscheidungsunterstützendes Anwendungssystem jeweils um ein einziges Modell herum gebaut und mit diesem in der Implementation „fest verdrahtet" ist, erforderlich. Es wird daher das *Designprin-*

---

etwa kundenpsychologischer oder marktingtechnischer Art) erscheint hier notwendig (siehe Abschnitt 3.4, sowie Harmon/King [Expertensysteme], S. 42 ff.).

391 siehe dazu auch Abschnitt 8.6.4

zip der strikten konzeptionellen wie implementationstechnischen Trennung von Modell und Anwendungssystem für alle im Rahmen eines Computerintegrierten Portfoliomanagements zum Einsatz kommenden entscheidungsunterstützenden Applikationen vorgeschlagen. Die einzelnen Modelle sind als *austauschbare Module* aufzufassen, von deren konkreter Ausgestaltung das Anwendungssystem (weitestgehend) unabhängig ist. Dieses dient als Rahmensystem, das alle von spezifischen Modelldetails unabhängigen Systemkomponenten, insbesondere Benutzerschnittstelle, Datensubsystem und Kommunikationssubsystem in möglichst generell verwendbarer Form beinhaltet bzw. anbietet. Die Modelle werden im Rahmen des Systemdesigns sozusagen „von außen" betrachtet, für das Rahmensystem sind sie austauschbare Blackboxes mit einer klar spezifizierten Schnittstelle. Dies im Gegensatz zu der im Portfoliomanagementbereich bisher allgemein praktizierten modellzentrischen Sichtweise bei der Systementwicklung.

Als Konsequenz dieses Modulkonzepts und der daraus resultierenden Unterteilung des Anwendungssystems in Rahmensystem und Modellkomponenten ergeben sich folgende Vorteile gegenüber der bisher üblichen Realisierungsvariante:

- Ein Anwendungssystem kann über mehrere Modelle verfügen und somit den Anforderungen einer weitgehenden Aufgabenintegration genügen.
- Da das Anwendungssystem von der spezifischen Modellgestaltung unabhängig ist, können die zur Anpassung an neue Marktsituationen und zur unmittelbaren Umsetzung neuer theoretischer Erkenntnisse notwendigen Modellmodifikationen bzw. der Austausch von veralteten Modellen gegen aktuelle Entwicklungen problemlos und für den Anwender weitgehend transparent erfolgen: die Systembedienung bleibt bis auf wenige modellspezifisch definierte Datenfelder und ggf. einige neu zu erfassende Modellparameter unverändert. Auch für den Systementwickler ist der Modellaustausch transparent: das Anwendungssystem als solches wird dadurch nicht tangiert.
- Erweiterungen des Anwendungssystem um weitere Modelle sind problemlos und ohne technische Modifikationen oder gravierende Auswirkungen auf die Systembedienung möglich. Von einem Kernbestand ausgehend, kann so über einen sukzessiven Ausbau des Modellbestands der Weg zu einer vollständigen Abdeckung des interessierenden Modellangebots, wie sie für ein Computerintegriertes Portfoliomanagement letztendlich erforderlich ist, schrittweise begangen werden.

Das Designprinzip der konsequenten Trennung von Modell und Anwendungssystem gewährleistet also die Erfüllung der in den Abschnitten 4.3 und 5.4 gestellten Anforderungen A42, A43 und A54.

Implementationstechnisch sind noch zwei Varianten der Realisierung dieses Designprinzips zu unterscheiden. Einerseits können die Modelle im Sinne der klassischen Auffassung in der DSS-Theorie[392] ähnlich wie Daten in einer Datenbank als passive Strukturen (Formeln) in einer Modellbank gehalten werden. Dies stellt konzeptionell eine sehr ansprechende Lösung des Problems dar - leider läßt sich dieses Konzept aufgrund der Verschiedenheit der zur Ableitung der Modellresultate notwendigen Verfahren und der verschiedenen zum Einsatz kommenden Modellvarianten (quantitativ, qualitativ, neuronales Netz) nur selten in seiner reinen Form realisieren. Insbesondere im Bereich der Portfoliokonstuktion kommt aus Laufzeiteffizienz-Gründen weitgehend auf ein bestimmtes Modell spezialisierten Algorithmen zur Berechnung der Resultate eine große Bedeutung zu. Generische Algorithmen, wie sie für eine Realisierung auf der Basis des Modellbank-Ansatzes eingesetzt werden, sind hier im allgemeinen viel zu langsam, um eine adäquate interaktive Systembedienung zu erlauben. Da die Zahl der für eine ernsthafte Anwendung in Betracht kommenden Modelle außerdem meist recht begrenzt ist (ca. 2-4), erscheint im allgemeinen die Implementierungsvariante als Module (bzw. im Sinne des objektorientierten Entwicklungsansatzes als Objektklassen[393]), die das Modell und die zu seiner Auswertung notwendigen spezialisierten Algorithmen enthalten, als praxisgemäßer. Wo es viele gleichartige Modellvarianten zu einem Anwendungsbereich auszuwerten gilt, erscheint hingegen der reine Modellbank-Ansatz als geeignetste Entwicklungsvariante. Im Rahmen des Portfoliomanagement-Prozesses trifft dies am ehesten für den Bereich der Investmentanalyse zu.

8.6.2. Modellverschalung

Es ist eine konsequente Verschalung der im Anwendungssystem zum Einsatz kommenden Modelle vorzunehmen, die den Anwender weitestgehend von den Modelldetails und ihrer Implementation abschirmt. Ziel der Verschalung ist es, die Vorteile der modellbasierten Entscheidungsunterstützung auch dem Anwender, der über keine tieferen Kenntnisse auf mathematischem bzw. portfoliotheoretischem Gebiet verfügt, zugänglich zu machen. So wie zum Fahren eines Autos keine Kenntnisse der genauen Funktionsweise des Motors (Mechanik, Thermodynamik) notwendig sind, sollten zur

---

392 siehe Abschnitt 3.3 sowie Sprague/Carlson (Decision Support Systems), Kapitel 9

393 siehe Barth/Welsch (Objektorientierte Programmierung) sowie auch Abschnitt 1.3.4

Anwendung von entscheidungsunterstützenden Modellen im Bereich des Portfoliomanagements keine Detailkenntnisse ihrer inneren Funktionsweise erforderlich sein; erforderlich ist lediglich das Verständnis der Bedeutung und Definition der Eingabeparameter und Modellresultate sowie die Kenntnis der grundsätzlichen Möglichkeiten und Grenzen der Anwendung des spezifischen Modells. Diese Entwicklungsstufe der Systemgestaltung ist heute im Portfoliomanagementbereich noch in keiner Weise erreicht, fast jedes der in den Kapiteln 4, 5 und 6 untersuchten Systeme erfordert zu seiner sinnvollen Bedienung weitreichende Detailkenntnisse; ihr Anwendungsbereich ist von vorn herein auf wissenschaftlich geschulte Mitarbeiter begrenzt. Der Schritt von den nur von Spezialisten bedienbaren zu auch den „normalen" Portfoliomanagern und Analysten, die die überwiegende Mehrzahl der Mitarbeiter einer Investmentorganisation ausmachen, zugänglichen Systemen stellt daher eine ganz wesentliche Entwicklung auf dem Weg zu einem Computerintegrierten Portfoliomanagement dar.

Zur Erreichung dieser Stufe der Anwenderfreundlichkeit ist die *Einführung einer eigenen Schicht*, einer *Verschalung (shell)*, als Bestandteil der Systemstruktur erforderlich, die zwischen dem Modell und der Benutzeroberfläche liegt und die „Transposition" der Modellparameter und Resultate in die Welt des Anwenders übernimmt. Dazu gehört insbesondere eine weitreichende Hilfestellung bei der Auswahl des für die interessierende Situation geeignetsten Modells, bei der Spezifikation der Eingabeparameter und bei der Interpretation der Modellresultate. Um dabei das oben geforderte Niveau eines auch vom Nichtspezialisten ohne Einschränkung sinnvoll und komfortabel nutzbaren Systems realisieren zu können, muß die Verschalungsschicht idealer Weise über das gesamte modellspezifische Wissen (Begriffsdefinitionen, Vor- und Nachteile des Modells, geeignete Anwendungsbereiche, Modellprämissen/Modellgrenzen, Möglichkeiten der Resultatsinterpretation, etc.) sowie über ein Modell der Begriffswelt des Anwenders verfügen. Eine wirklich umfassende Realisierung der Verschalungsschicht wird daher in Form eines eigenen - in das Gesamtsystem eingebetteten - *Interpretations- und Erklärungs-Expertensystems* erfordern (bzw., wenn es sich ohnehin um ein in ES-Form implementiertes qualitatives Modell handelt, eine entsprechende Erweiterung der modellspezifischen Wissensbasis). In einem einfacheren Fall kann aber die Verschalungsschicht lediglich eine geeignete Erweiterung der Benutzerschnittstelle darstellen und mit konventionellen Mitteln realisiert werden (schon mit den Möglichkeiten eines hypertextfähigen Hilfesystems und einer sich konsequent an den Kenntnissen und Bedürfnissen des Anwenders orientierenden Benutzeroberflächengestaltung läßt sich viel erreichen!). Auf jeden Fall muß die Verschalungsschicht folgende Charakteristika aufweisen:

- *Verwendung der Sprache des Anwenders.* Anstelle von mathematischen und wissenschaftlichen Spezialbegriffen sind, wo immer möglich, die in der Praxis üblichen Ausdrücke zu verwenden, bzw. ist ein Bezug zu diesen herzustellen.[394]

- *Angebot von* auf der Semantik der Modellbegriffe und einem geeigneten Anwendermodell basierender *Auswahl- und Interpretationshilfen sowie einer extensiven Erklärungsfunktionalität.*[395]

- *Strikte Trennung von Modellanwendungsfunktionalität und Modellerstellungs-/wartungsfunktionalität.* Erstere ist für die Anwendung durch den Praktiker, letztere für diejenige durch den Modellierungsspezialisten zu konzipieren.

Das Konzept der Verschalung stellt (zusammen mit dem noch zu besprechenden Designprinzip der interaktiven Exploration[396]) die Basis für die Erfüllung der in Abschnitt 5.4 gestellten Anforderung A51 dar. Es wird wesentlich dazu beitragen, die Erkenntnisse der modernen Portfolio- und Kapitalmarkttheorie über den Bereich eines rein „quantitativen Portfoliomanagements" hinauszutragen und diese - im Sinne einer zusätzlichen Entscheidungshilfe - auch für die Analyse und Bearbeitung des viel bedeutenderen Bestandes der nach traditionellen Methoden verwalteten Portfolios nutzbar zu machen.

8.6.3. Ergonomie der Benutzerschnittstelle

Bei der Konzeption und Implementation der Benutzerschnittstelle der im Rahmen eines Computerintegrierten Portfoliomanagements einzusetzenden Anwendungssysteme sind die Ergebnisse des Fachgebiets der Softwareergonomie (auch: Mensch-Computer-Kommunikation - MCK bzw. Human-Computer Interaction - HCI) zu berücksichtigen. Hierzu gehören insbesondere:

- Methoden der Beschreibung des Benutzerwissens und Benutzerverhaltens bei der Aufgabenbearbeitung
- Regeln für die Namensgebung für die Funktionen und Objekte eines Computersystems, Abkürzungsformen, Gestaltung von Kommandosprachen, etc.

---

394 Dies gilt auch für die verwendete visuelle Sprache, siehe Marcus (Human Communication Issues).

395 Auch die heute bestehenden Möglichkeiten der Dialogführung in natürlicher Sprache (natural language user interaction) sind in diesem Zusammenhang ggf. zu berücksichtigen. Siehe dazu z.B. Wahlster (Natürlichsprachliche).

396 siehe Abschnitt 8.6.4

- Regeln für die Gestaltung von Menüsystemen
- Regeln für die Dialogführung
- Richtlinien für die ergonomisch und arbeitspsychologisch optimale Gestaltung von Bildschirmausgaben

Anstatt an dieser Stelle eine - notwendigerweise ungenügende - Kurzzusammenfassung der spezifischen Aussagen dieser - sich derzeit rapide entwickelnden - Teildisziplin der Informatik zu versuchen, sei hierfür auf die aktuelle Literatur verwiesen.[397]

8.6.4. Interaktive Exploration mittels spezialisierter Visualisierungskonstrukte

Eine radikale Abkehr von der bisherigen Tradition der numerisch orientierten und auf einem wenig interaktiven Parametereingabe-Modellauswertung-Resultatsausgabe-Zyklus aufgebauten Systeme, die derzeit immer noch die überwiegende Mehrzahl der zur Entscheidungsunterstützung im Portfoliomanagementbereich eingesetzten Systeme ausmachen, erscheint dringend erforderlich. Die Wurzel dieser Art der Systemgestaltung liegt in einer Sichtweise, die ein spezifisches Modell in das Zentrum der Betrachtung stellt und sich auf dessen optimale Auswertung konzentriert. Diese Sichtweise äußert sich vor allem in Systemen, die unter der Leitung von Portfolio- und Kapitalmarkttheoretikern ohne tiefere Informatikkenntnisse entwickelt wurden.

Wenn das Modell im Mittelpunkt steht (und als adäquate Repräsentation der Realität betrachtet wird), geht es in der Tat nur um eine möglichst effiziente und präzise Modellauswertung und die Anzeige der Resultate, mehr ist nicht zu tun. Tritt man aber aus dieser Sichtweise heraus und stellt die Portfoliorealität in den Mittelpunkt der Betrachtung, berücksichtigt man den lediglich approximierenden und auf jeweils sehr enge Realitätsausschnitte begrenzten Charakter der einzelnen Modelle, ergibt sich anderer Ansatz der Systemgestaltung: Da kein Modell einem die Entscheidung gänzlich abnehmen kann, sondern die verschiedenen Modellresultate letztlich nur erläuternden und unterstützenden Charakter haben, führt nur eine hochflexible dynamische Interaktion zum Ziel, bei der im dynamischen Wechselspiel zwischen Mensch und Maschine die Information sukzessive verfeinert wird und eine Entscheidung schrittweise reift. Die Erfahrung des Anwenders mit dem betrachteten Gegenstand (einem Markt, einem Wertpapier, einem Portfolio) wird bei diesem Ansatz der Systemgestaltung nicht ausgesperrt, sondern bestmöglich in den Entscheidungsprozeß mit einbe-

---

397 Wandmacher (Software-Ergonomie)
Böcker/Glatthaar/Strothotte (Hrsg.) (Mensch-Computer-Kommunikation)
sowie auch ACM (Hrsg.) (Graphical User Interfaces Next Generation)

zogen. Aus dem Ein-Berechnungs-Zyklus-Interaktionskonzept wird ein iteratives, bei dem in rascher, durch die Gedankengänge des Bedieners bestimmter Folge zwischen verschiedenen Entwurfs- und Analyseschritten hin und her- gewechselt wird.

Diese konsequente Verfolgung des Unterstützungsgedankens - im Gegensatz zum Konzept des die menschliche Entscheidungskapazität ersetzenden dogmatischen Modelleinsatzes - erfordert es, eine freie und flexible Erkundung des Untersuchungsgegenstandes durch den Anwender - wir wollen hierfür den Begriff *interaktive Exploration* verwenden - zu ermöglichen, die es ihm erlaubt, nicht nur rein analytisch aufgrund einzelner Kennzahlen über einzelne Teilaspekte zu reflektieren, sondern ihm eine Möglichkeit bietet, diese gefühlsmäßig zu integrieren und den Entscheidungsgegenstand in seiner Ganzheit auch auf einer intuitiven Ebene zu erfassen. Nur so kann die Erfahrung des Anwenders produktiv mit den analytischen Resultaten in Wechselwirkung treten.

Um eine solche interaktive Exploration des Entscheidungsgegenstandes zu ermöglichen, kennt der Informatiker eine Fülle von Techniken der Benutzerschnittstellengestaltung[398], die von einfachen Maus- und Fenstertechniken über die interaktive Erkundung von numerischen Daten mittels auf geeigneten Visualisierungsdatenstrukturen aufbauenden textuellen Darstellungsverfahren bis hin zu animierten und dynamisch manipulierbaren 3D-Grafiken reichen (Abbildung 8-2 illustriert - ansatzweise, anhand von zwei noch verhältnismäßig einfachen statischen Beispielen - Möglichkeiten der Verwendung von Visualisierungs- und entsprechender Benutzerschnittstellentechniken im Finanzbereich) - Auch Virtual Reality (VR) Schnittstellen werden derzeit auf ihre Eignung für den Börsen- und Portfoliomanagementbereich hin erprobt.[399] Wichtig ist insbesondere eine Verlagerung des Schwergewichts von einer (intensiven) kennzahlenorientierten Entscheidungsunterstützungsweise hin zu einer (extensiven) auf Simulationsresultaten aufbauenden Datenraum-Sichtweise. Mit Hilfe der im Rahmen des Fachgebiets der wissenschaftlichen Datenvisualisierung (scientific visualisation)[400] entwickelten Techniken und den heute verfügbaren Informatikmitteln

---

[398] Als absolute Mindestanforderung an die Gestaltung der Benutzerschnittstelle eines entscheidungsunterstützenden Anwendungssystems im Rahmen des CIP-Konzepts und ersten Schritt auf dem Weg zur Realisierung des Konzepts der dynamischen Exploration ist die Verwendung einer grafischen Benutzerschnittstelle (graphical user interface - GUI) mit ihren Möglichkeiten der Fenstertechnik und Mausinteraktion zu verlangen. Rein textuelle Benutzerschnittstellen sollten in diesem Bereich der Vergangenheit angehören - Sie können den hier gestellten Anforderungen an die Interaktionsqualität in keiner Weise genügen.

[399] ACM (Hrsg.) (Graphical User Interfaces Next Generation)

[400] IEEE (Hrsg.) (Visualisation)

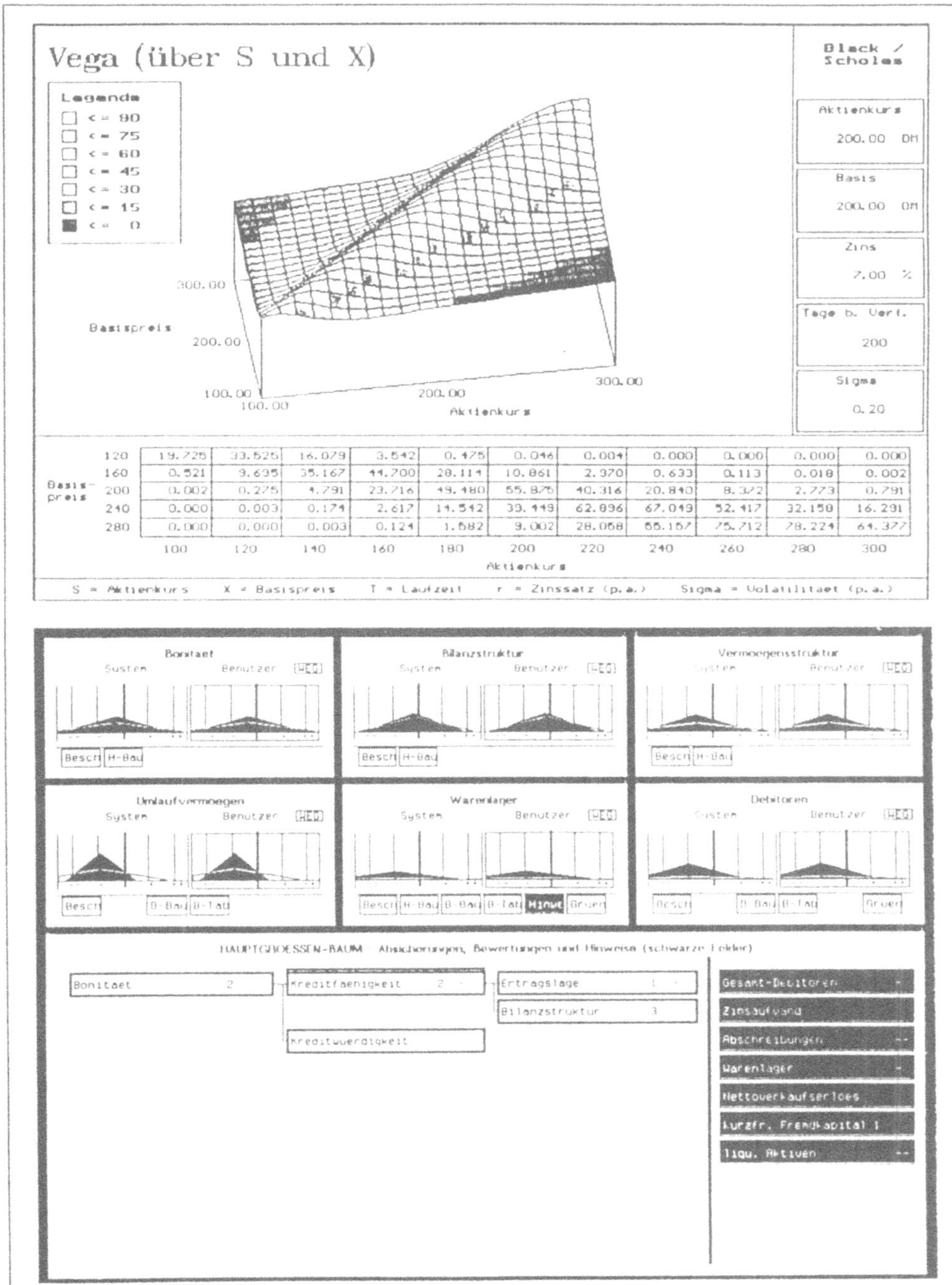

Abbildung 8-2: Beispiele für den Einsatz von Visualisierungstechniken im Finanzbereich
Quellen: Loistl (Wertpapiermanagement), Vincenz-Weder (Expertensysteme)

(Hochleistungs-Workstations) lassen sich heute nämlich im Vergleich zur Vergangenheit um Größenordnungen gesteigerte Datenmengen (insbesondere in grafischer Form) auf einen Blick erfaß- und erfahrbar machen.[401]

Aus diesen generellen Visualisierungskonzepten sind auf die Bedürfnisse des Portfoliomanagementbereichs zugeschnittene *spezialisierte Visualisierungskonstrukte* (die im Sinne des Konzepts der *Visual Fomalisms*[402] auch Informationen bzgl. der semantischen Struktur des zu manipulierenden Objekts beinhalten und entsprechend geführte Interaktionsoperationen anbieten) zu entwickeln. Konkret werden folgende spezialisierte Visualisierungskonstrukte für die Anwendung im Portfoliomanagementbereich vorgeschlagen:

- *dynamische Strukturtabellen*: Aufbauend auf dem Visualisierungskonstrukt der statischen Tabelle, wie man sie aus Spreadsheet-Anwendungen kennt, ist ein spezialisiertes Visualisierungskonstrukt zu entwickeln, das mittels Mausinteraktion eine sehr direkte und intuitiv unmittelbar nachvollziehbare Navigation durch den Raum der verfügbaren Wertschriften- bzw. Portfoliodaten und -analyseresultate erlaubt, wobei, ausgehend von einer an der Struktur einer Asset-Allocation-Tabelle orientierten Datensicht auf hoher Aggregationsebene, mittels Mausklick auf ein entsprechendes Tabellenfeld bzw. einen Zeilen- oder Spaltentitel auf sukzessive detailliertere Sichten spezifischer Teilportfolios bzw. Teiluniversen unmittelbar zugegriffen (und umgekehrt wieder auf höhere Abstraktionsebenen zurückgekehrt) werden kann. Desgleichen sollte neben der Navigation durch die strukturelle auch diejenige durch die zeitliche Dimension des Analyse-Datenraumes durch einfache Mausinteraktion (z.B. linker Knopf = Vorperiode, rechter Knopf = nächste Periode, mittlerer Knopf = Wechsel der zeitlichen Aggregationsstufe: Tag, Woche, Monat, Jahr, 5-Jahre, etc.) in unmittelbar interaktiver Weise möglich sein.
- *dynamische Strukturgrafiken*: interaktiv modifizierbare Grafiken, die sich entsprechend den dynamischen Strukturtabellen durch den hierarchisch stukturierten Portfolio- und Analysedatenraum navigieren lassen. Sie erlauben einerseits die Dar-

---

401 Die Datenraum-Sichtweise mit den entsprechenden Visualisierungskonstrukten stellt sozusagen den Beitrag des Informatikers zum Problembereich der Entscheidungsunterstützung des Portfoliomanagements dar - ein Beitrag, mit dessen Hilfe derjenige der Portfolio- und Kapitalmarkttheoretiker - die Modelle - überhaupt erst wirklich für eine flexible Entscheidungs*unterstützung* im Sinne des Konzepts der interaktiven Exploration nutzbar gemacht wird.

402 Harel (Visual Formalisms)
Johnson/Nardi/Zarmer/Miller (ACE), S. 44 ff.
sowie Thomson (Business Instrument Panel) für eine Anwendung des VF-Konzepts im Finanzbereich

stellung der Tabellendaten in grafischer Form (inkl. 3D-Darstellungen, wie z.B. einem Renditegebirge[403]), wie auch die flexible und intuitiv direkt nachvollziehbare Parametermanipulation (z.B. bei der Szenariogestaltung) durch Maus-interaktive Modifikation der dargestellten Grafik (hierfür werden vorwiegend 2D-Grafiken zum Einsatz kommen). Die grafische Darstellungsvariante (Balkengrafik, Liniengrafik, Kreissegmente, Scattergrafik, 3D-Datengebirge und -wälder, etc.) läßt sich ebenfalls durch einfachen Mausklick wechseln.

Abbildung 8-3 veranschaulicht anhand eines kurzen beispielhaften Dialogausschnitts Erscheinungsweise und Funktionsprinzip einer (sehr einfachen Variante) der dynamischen Strukturtabelle.

Als Basis für den Einsatz dieser spezialisierten Visualisierungskonstrukte ist eine hierarchisch aufgebaute Visualisierungsdatenstruktur erforderlich, die die sukzessive Aufgliederung der Portfolio- und Wertschriftendaten und -analysewerte auf zunehmend detaillierteren Ebenen repräsentiert und eine dynamische Navigation auf dem Datenraum erlaubt. Hier ist die Verwendung eines genereller Strukturierungsansatz zu fordern, der nicht nur einen Weg durch den Datenraum (z.B. Portfolio - Aktien-Teilportfolio - Branchen-Teilportfolio - Einzeltitel bzw. Portfolio - Anleihen-Teilportfolio - Fristigkeitsstruktur - Einzeltitel) erlaubt, sondern berücksichtigt, daß es viele verschiedene Gliederungsvarianten (Dekompositionen) auf jeder Stufe gibt (z.B. kann ein und dasselbe Anleihen-Teilportfolio nach Währungen, nach Ländern, nach Schuldnerkategorie, nach Restlaufzeit, nach Duration, nach Positionsgröße, etc. unterteilt werden). Die erforderliche generelle Visualisierungsdatenstruktur wird daher netzwerkförmig (zu einem Graphen), eine hierarchische Struktur (ein Baum) reicht nicht aus.

Bei konsequentem Einsatz und sauberer Implementation dieser und ggf. weiterer spezialisierter Visualisierungskonstrukte werden die in den Abschnitten 5.4 und 6.4 gestellten Anforderungen A51 und A62 erfüll- und das Konzept einer interaktiven Exploration des Untersuchungsgegenstandes und der mittels Modellrechnungen abgeleiteten Analysedaten realisierbar. Der Schritt von den bisherigen starren „Zahlenschleudern" zu Systemen, die vielfältige Sichten auf den Untersuchungsgegenstand anbieten und eine freie Exploration der Gesamtheit des ableitbaren Analysedatenmaterials erlauben, dürfte sich als von wesentlicher Bedeutung für die praktische Einsetzbarkeit der Systeme und den Erfolg einer Entwicklung hin zu einer durchgehend

---

403 siehe Abbildung 4-7

Ausgangspunkt: Betrachtet wird die annualisierte währungsunabhängige Rendite von Portfolio XY. Der Bildschirm zeigt folgende Tabelle:

Portfolio XY	DM	FFR	GB£	US$	YEN	Total
Geldmarkt	8,50	6,25	9,00	4,00	3,75	7,75
Anleihen	7,75	7,00	10,50	6,50	5,75	8,00
Aktien	-22,25	-10,30	-15,50	-13,25	-30,50	-21,50
Total	-5,25	3,00	2,25	-2,00	-15,40	-4,25

Anklicken des Feldes "Aktien" ⇓ für mehr Details über das Aktien-Teilportfolio

Portfolio XY		DM	FFR	GB£	US$	YEN	Total
Geldmarkt		8,50	6,25	9,00	4,00	3,75	7,75
Anleihen		7,75	7,00	10,50	6,50	5,75	8,00
	Maschinenbau	-30,25	-17,00	-20,50	-15,25	-32,50	-27,40
	Elektroindustrie	-15,25	-20,25	-15,00	-12,00	-15,40	-18,50
	Chemie	-25,00	-2,00	-12,00	-13,30	-40,30	-22,30
	Finanzdienstl.	-18,20	1,50	2,00	-10,25	-20,35	-8,75
Aktien	Total	-22,25	-10,30	-15,50	-13,25	-30,50	-21,50
Total		-5,25	3,00	2,25	-2,00	-15,40	-4,25

Anklicken des Feldes "Anleihen FFR" ⇓ um für dieses Teilportfolio die Verteilung der Renditen über die Fristigkeiten einzusehen

Portfolio XY		DM	FFR		GB£	US$	YEN	Total
Geldmarkt		8,50		6,25	9,00	4,00	3,75	7,75
			kurzfristig	6,50				
			mittelfristig	6,75				
			langfristig	7,75				
Anleihen		7,75	Total	7,00	10,50	6,50	5,75	8,00
	Maschinenbau	-30,25		-17,00	-20,50	-15,25	-32,50	-27,40
	Elektroindustrie	-15,25		-20,25	-15,00	-12,00	-15,40	-18,50
	Chemie	-25,00		-2,00	-12,00	-13,30	-40,30	-22,30
	Finanzdienstl.	-18,20		1,50	2,00	-10,25	-20,35	-8,75
Aktien	Total	-22,25		-10,30	-15,50	-13,25	-30,50	-21,50
Total		-5,25		3,00	2,25	-2,00	-15,40	-4,25

Abbildung 8-3: Beispieldialog mit dynamischer Strukturtabelle

computerunterstützten Entscheidungsfindung im Portfoliomanagementbereich erweisen.

8.6.5. Vollständige Daten- und weitgehende Funktionsintegration

Zur Realisierung der Anforderungen A55 (Abschnitt 5.4) und A63 (Abschnitt 6.4) und als generelle designtechnische Grundlage für die Implementation von Konzepten, wie sie in Abschnitt 8.1 und 8.2 beschrieben sind, hat ein im Rahmen des CIP-Konzepts zum Einsatz kommendes Anwendungssystem, neben den bereits in Abschnitt 7.2 aufgestellten SW-Qualitätskriterien der Softwareintegrierbarkeit und der Verteilbarkeit, die Designprinzipien einer

- *vollständigen physischen, logischen und betrieblichen Integration* in die System- und Anwendungslandschaft der Investmentorganisation (insbesondere ist die Verbindung zu allen relevanten Datenbeständen gewährleistet)
- *vollständigen Datenintegration*: alle für den Betrieb der Anwendung erforderlichen Daten liegen in konzeptionell integrierter und für die Anwendung einheitlich zugreifbarer Form vor
- *weitgehenden Funktionsintegration*: die Anwendung, bzw. ggf. eine übergeordnete Bedieneroberfläche führt möglichst alle an einem Arbeitsplatz benötigten Funktionen zusammen und bietet diese in einheitlicher Form an

zu berücksichtigen.[404]

Insbesondere sind Dinge wie die manuelle Mehrfacherfassung von (Portfolio-)Daten durch den Anwender oder die durch eine mangelhafte Systemintegration bedingte Notwendigkeit der exzessiven Haltung redundanter Datenbestände nicht mit dem CIP-Konzept vereinbar.

---

404 siehe Abschnitt 7.1

9

Konzeptausbau und Integration des Gesamtkonzepts: Computerintegriertes Portfoliomanagement

In diesem Kapitel wird unser CIP-Konzept zunächst um einige zusätzliche konzeptionelle Bausteine und Überlegungen, die sich auf das Gesamtkonzept beziehen, ergänzt. In Abschnitt 9.5 wird anschließend eine integrierende Betrachtung des Gesamtkonzepts angestellt, in Abschnitt 9.6 eine Vorgehensweise für seine Implementation vorgeschlagen und in Abschnitt 9.7 die sich ergebenden Nutzenelemente näher beleuchtet.

9.1. Entwicklungsüberlegungen

Die in Kapitel 8 aufgestellten Designkonzepte für die Gestaltung und Funktion der im Rahmen eines Computerintegrierten Portfoliomanagements zum Einsatz kommenden Anwendungssysteme sind grundsätzlich unabhängig von einer spezifischen Entwicklungsmethodik oder Implementationstechnik.

Es ist aber an dieser Stelle darauf hinzuweisen, daß die Entwicklungsmethode des *Prototyping* (insbesondere der evolutionären Prototyping-Variante)[405] und der objektorientierte Entwurfs- und Implementationsansatz sich in besonderer Weise für die im Rahmen dieses Textes behandelte Klasse entscheidungsunterstützender Anwendungssysteme für den Portfoliomanagementbereich eignen und eine Entwicklung in wesentlichem Maße erleichtern bzw. überhaupt erst realisierbar machen. Nach der Erfahrung des Autors führt auf diesem Bereich aufgrund der vielfältigen Unsicherheiten bezüglich der genauen Systemspezifikationen im Vorfeld der Entwicklung und der Notwendigkeit einer genauen Abstimmung der Benutzerschnittstelle auf die Präferenzen und Gewohnheiten der Anwender nur der iterative Prototyping-Ansatz zu der für die dauerhafte Akzeptanz des Systems erforderlichen Qualität und „Paßgenauigkeit" der Systementwicklung. Gerade im recht mollusken Portfoliomanagementbereich mit der großen Heterogenität der Überzeugungen und Ansichten der Anwender, die sich in besonders starkem Maße bei der Entwicklung von Anwendungen auf entscheidungs-

[405] Floyd (Prototyping)
Budde/Kautz/Kuhlenkamp/Züllighoven (Prototyping)
Connor/Shafer (Rapid Prototyping)

unterstützender Ebene äußert, lassen sich die wahren Anforderungen häufig erst anhand von konkreten Demonstrationen prototypischer Implementationen und deren Besprechung mit den zukünftigen Anwendern herauskristallisieren. Hinzu kommt der - in hohem Maße akzeptanzfördernde - Effekt einer intensiveren Einbindung der Anwender in den Entwicklungsprozeß, wie er für diesen Entwicklungsansatz charakteristisch ist.

Die Anwendung der *objektorientierten Entwurfs- und Implementationstechnik* wird insbesondere wegen des Vorteils einer erleichterten Systemerweiterung und Modifikation dank wiederverwendbarer und sukzessive spezialisierbarer Objektklassen-Softwarebausteine empfohlen.[406] Die Dynamik der Inhalte des Anwendungsgebiets überträgt sich auch auf die Systeme, die zu seiner Unterstützung dienen. Der objektorientierte Ansatz kann wesentlich dabei helfen, die sich aus den sich ständig ändernden Trends und Entwicklungen im Portfoliomanagementbereich ergebenden Anpassungen und Erweiterungen flexibel zu akkommodieren, erlaubt er doch in natürlicher Weise die adäquate Repräsentierung der dabei wesentlichen Unterscheidung von (beständigen) generischen und (häufigeren Anpassungen unterworfenen) spezifischen Systemaspekten.

Außerdem ist auf die zentrale Bedeutung eines *adäquaten Requirement Engineerings* hinzuweisen. Ganz besonders bei der Entwicklung von Anwendungen im entscheidungsunterstützenden Bereich ist eine hohe Sensitivität für bzw. eine geeignete Abstimmung auf die Bedürfnisse, Anforderungen und Arbeitsgewohnheiten des Anwenders erforderlich. Dem frühzeitigen und intensiven Einbezug der zukünftigen Systemanwender in die Systementwicklung im Sinne des Participatory-Design-Konzepts[407] kommt hierbei eine Schlüsselfunktion zu. Die angestrebte flexible und harmonische Interaktionsqualität, die eine Entscheidungsfindung im Sinne eines dynamischen Wechselspiel zwischen Mensch und Maschine erlaubt, sowie die notwendige Systemakzeptanz kann erst durch die so erzielte Benutzernähe des Entwicklungsprozesses erreicht werden. Der Einsatz von Usability-Labs und -Tests zur Evaluation der Wirkungen alternativer Entwurfsvarianten auf die Systembedienungsqualität stellt in diesem Zusammenhang ein interessantes und nützliches Instrument dar.

---

406 siehe Abschnitt 1.3.4 sowie
Rohloff (Objektorientierte Anwendungsentwicklung)
Barth/Welsch (Objektorientierte Programmierung)

407 Carmel/Whitaker/George (PD and Joint Application Design)
Anderson/William (Codevelopment)

9.2. Gesamtprozeßbezogene Anwendungssysteme

Durch den Schritt zur computerintegrierten Informatikunterstützung entsteht eine neue Klasse von Applikationen, die sich nicht mehr auf die Unterstützung bzw. Automatisierung eines einzelnen Verarbeitungsschrittes bezieht, sondern auf der Ebene des Gesamtprozesses angesiedelt ist. Solche *gesamtprozeßbezogenen Anwendungssysteme* komplementieren die einzelschrittbezogenen Anwendungen und unterscheiden sich in wesentlichen Punkten von diesen:

- Sie beinhalten ein *semantisches Modell des Gesamtprozesses*, bzw. des von ihnen betreuten Prozeßausschnitts und operieren auf der Basis von aktuellen Informationen über Struktur und Verhalten des stattfindenden Informationsproduktionsprozesses.
- Ihr Beitrag zur Informationsverarbeitung besteht nicht, zumindest nicht in erster Linie, in der Bewerkstelligung einer einzelnen spezifischen Informationstransformation, sondern vielmehr in der *Optimierung der im Gesamtprozeß* - mit Hilfe von jeweils einzelschrittbezogenen Anwendungssystemen - *stattfindenden Informationsverarbeitung*, z.B. im Sinne einer optimierten Flußsteuerung, einer effizienten und flexiblen Informationsverteilung, der Sammlung von Informationen über den ablaufenden Verarbeitungsprozeß und der Verfeinerung der Informationsqualität aufgrund von erst auf Gesamtprozeßebene entstehender Stukturzusammenhänge.
- Ihre Bedienung liegt nicht in der Kompetenz eines einzelnen Mitarbeiters oder einer einzelnen Abteilung. Die Steuerung der Anwendung hat Auswirkungen auf die Effizienz und die Effektivität der gesamten bzw. eines bedeutenden Anteils der im Prozeß stattfindenden Informationstransformation - sie muß daher von einer *zentralen, den für die einzelnen Transformationsschritte verantwortlichen Organisationseinheiten übergeordneten Stelle* (einem Stab) aus erfolgen.

Ein erstes Beispiel eines solchen gesamtprozeßbezogenen Anwendungssystems haben wir mit dem in Abschnitt 8.2 vorgeschlagenen Prognosefilter/verteiler-Anwendungssystems bereits kennengelernt. Ein weiteres Beispiel stellt insbesondere ein den gesamten Informationsproduktionsprozeß in effizienter und flexibler Weise angepaßt an die jeweils aktuelle Umwelt- (Entwicklung der Finanzmärkte) und Arbeitsablaufsituation (welche Mitarbeiter sind gerade verfügbar, entsprechend qualifiziert und potentiell zuständig) steuerndes Anwendungssystems dar. Solche, eine Parallele zu den

Produktionsplanungs- und steuerungssystemen für die materiellen Produktionsprozesse der CIM-Welt[408] darstellende Systeme für die Analyse, Planung und Steuerung des immateriellen (Informations-)Produktionsprozesses im Portfoliomanagementbereich[409] müssen ähnlich wie diese über umfangreiche Datensammlungen und präzise Modellbildungen zur Planung und Optimierung der Produktionsabläufe verfügen.[410] Allerdings darf man auch diese Parallele nicht zu weit treiben: Da uns hier in erster Linie Entscheidungsabläufe interessieren, bei denen es vorrangig um eine Verbesserung der Entscheidungsqualität (z.B. verbesserte Performance, verbesserte Kundenbetreuung, etc.) geht und reine Effizienz und Produktivitätsüberlegungen - wie sie insbesondere im administrativen Bereich im Zentrum der Überlegungen stehen - hier erst an zweiter Stelle rangieren, da außerdem Informationen gegenüber materiellen Produktionsstoffen in einigen Punkten wesentlich veränderte Eigenschaften aufweisen (Transportkosten und insbesondere -zeit minimal, örtliche Verteilung der Produktionsschritte mit nahezu beliebiger Flexibilität festlegbar, quasi kostenlose Replikationsmöglichkeiten, etc.) werden solche für den immateriellen Flußsteuerungsbereich konzipierte Systeme sich in ihrer Realisierung und Arbeitsweise deutlich von PPS-Systemen unterscheiden. Insbesondere wird der Aspekt einer flexiblen Ressourcennutzung und der flexiblen Anpassung des Prozesses an veränderte Umweltanforderungen (z.B. eine internationale Krise oder ein überraschender Kurssturz an der Börse) im Zentrum einer solchen Entwicklung stehen.

Schließlich sei hier auf die Möglichkeit der Verknüpfung von analytischen Informationen zu Kundenzusammensetzung, Umsatz/Kosten pro Kunde/Kundenkontakt, Umsatz/Kosten bzw. Deckungsbeitrag pro Produkt/Produktkategorie etc., wie sie von modernen Marketinginformations- und Kontrollingsystemen geliefert werden, mit auf optimale Nutzung und Betreuung des Kundenstamms, bzw. die geeignete Umsetzung von Marketingstrategien ausgerichteten gesamtprozeßbezogenen Anwendungssystemen hingewiesen. Bei diesen Informationen handelt es sich genaugenommen schon um gesamtprozeßbezogene Daten (die gegebenenfalls mit direkt in den Prozeß eingebundenen Umsatz-/Kostenerfassungssystemen auf effiziente und flexible Weise erho-

---

408 Browne/Harhen/Shivan (Production Management Systems), S. 41 ff. Scheer (Wirtschaftsinformatik), S. 76 ff., sowie Scheer (CIM)

409 bzw. ganz allgemein im Bank-/Finanzsektor sowie in anderen informationsorientierten Dienstleistungs- und Produktionsbereichen, wie z.B. dem Presse/Electronic-Publishing-Bereich

410 Im Rahmen des Forschungsgebiets des Computer-Supported Cooperative Work (CSCW) werden unter dem Begriff „Workflow-Management-Systeme“ und unter der Perspektive des „Organizational Computing“ seit einigen Jahren ähnliche Überlegungen angestellt. Allerdings dominiert hier die Bürokommunikations-/Dokumentenmanagement- bzw. Gruppenunterstützungssichtweise, die Sichtweise des (immateriellen) Produktionsprozesses auf Entscheidungsebene wird hier nur selten konsequent verfolgt. Hasenkamp/Syring (Workflow-Management-Systeme).

ben werden können). Was noch fehlt ist ein Anwendungssystem zur Unterstützung der Implementation der sich aus diesen Daten ergebenen steuernden Maßnahmen. Ähnliche Überlegungen gelten sinngemäß für die Fülle der anderen existierenden Systemvarianten zur Bereitstellung und Auswertung von Managementdaten.[411]

Der Vorschlag, gesamtprozeßbezogene Anwendungssysteme auch im Bereich immaterieller Produktionsprozesse und insbesondere im Portfoliomanagementbereich einzusetzen, stellt eine direkte Konsequenz des CIP-Konzepts dar. Ein computerintegrierter Informationsverarbeitungsprozeß bietet einerseits die Möglichkeit zu solchen verarbeitungsschrittübergreifenden Anwendungen, andererseits verlangt er zur optimalen Nutzung der sich ergebenen Integrations- und Flexibilitätsvorteile geradezu nach solchen fortgeschrittenen Steuerungs- und Informationsauswertungsmöglichkeiten. Auch wenn die vorgeschlagenen Anwendungen dem Portfoliomanagementpraktiker im einzelnen noch recht futuristisch vorkommen müssen, so ist ihre Entwicklung und ihr Einsatz doch schon in absehbarer Zeit zu erwarten. Erste Ansätze dazu sind bereits zu erkennen.

9.3. Unternehmensübergreifende Integration

Die Entwicklung zur Computerintegration bleibt an der Unternehmensgrenze nicht stehen. Der immaterielle Produktionsprozeß in seiner Gesamtheit umfaßt auch die externen Datenlieferanten, Kunden und Auftragnehmer (z.B. Broker) bzw. deren Transformationsleistungen in der (Informations-) Wertschöpfungskette. Eine Verknüpfung der jeweiligen Informationsverarbeitungsprozesse ist daher anzustreben und läßt einerseits die Realisierung merklicher Rationalisierungseffekte sowie diejenige eines im Finanzbereich besonders wertvollen Zeitvorsprungs erwarten. Andererseits birgt eine engere Integration der Teilprozesse aber auch die Chance auf eine verbesserte Koordination im Zusammenspiel der zur Informationserzeugung notwendigen internen wie externen Aktivitäten.

Mit Konzepten und Standardformaten zum Austausch von Informationen im Wirtschaftsbereich, wie z.B. EDI (Electronic Data Interchange) und EDIFACT (Electronic Data Interchange For Administration Commerce and Transport)[412], steht eine Basis für die zunehmende unternehmensübergreifende Vernetzung der Informati-

---

411 siehe dazu etwa Scheer (Wirtschaftsinformatik), S. 432 ff., 463 ff. und S. 544 f., sowie Keen/Morton (Decision Support Systems)

412 Sokol (EDI)

onsverarbeitung auf der Ebene des Austauschs administrativer Mitteilungen und Daten bereit. Eine entsprechende Integrationsbewegung hat bereits seit einiger Zeit eingesetzt. Es ist abzusehen, daß dieser Trend sich fortsetzt und immer mehr auch die entscheidungsunterstützende Informatik erreicht - etwa im Sinne von unternehmensübergreifenden Systemen zur Gruppenentscheidungsfindung[413] sowie eines vermehrten Einsatzes von auf öffentlichen Breitbandnetzen (z.B. Breitband-ISDN) basierenden Multimedia-Conferencing-Systemen. Es wird hier über die Stufe der physischen Vernetzung und des reinen Datenaustauschs hinaus immer mehr auch um eine konzeptionelle und steuerungstechnische Integration der Informationsproduktionsprozesse gehen, was langfristig auch zu gravierenden branchenweiten Verschiebungen in der Organisation der Informationsveredelungsschritte führen wird.

Im Portfoliomanagementbereich sind in erster Linie die Integration des Infomationsproduktionsprozesses mit demjenigen der Lieferanten von Investmentinformationen (rohe Kurs-, Umsatz-, und Wirtschaftsinformationen, aber auch von externen spezialisierten Investmentorganisationen erzeugte fertige Prognoseinformationen), den Portfolioauftraggebern (insbesondere institutionelle Investoren) und den ggf. für die Auftragsausführung verantwortlichen Brokerhäusern relevant. Die Entwicklung hin zu elektronischen Märkte[414], wie sie im Börsenhandelsbereich bereits weit fortgeschritten ist, wird auch hier zunehmend die Geschäftsabwicklung und die unternehmensübergreifende Aufgabenteilung bei der Erstellung der Portfoliomanagement-Dienstleistung prägen. Im Sinne unseres CIP-Konzepts sollte die Realisierung solcher unternehmensübergreifender Verknüpfungen nicht als bloßer administrativer Datenaustausch verstanden werden bzw. auf einen solchen beschränkt bleiben, sondern die Sichtweise eines durchgängigen, auch in einem konzeptionellen Sinne computerintegrierten (und gegebenenfalls mittels spezialisierter gesamtprozeßbezogener Anwendungssysteme gesteuerten) Informationsproduktionsprozesses eingenommen werden.[415]

9.4. Einführungs- und Ausbildungsaspekte

Da es sich bei der Umstellung auf eine durchgehende computerintegrierte Entscheidungsunterstützung um eine tiefgreifende, fast alle Arbeitsplätze berührende organisa-

---

413 DeSanctis/Gallupe (Group Decision Support)

414 Yates/Benjamin (Electronic Markets)
Ritz/Schnückel (Aspekte elektronischer Märkte)

415 Dies unter besonderer Berücksichtigung der entscheidungsunterstützenden Ebene.

torische und arbeitsablauftechnische Umgestaltung der bestehenden Arbeitsweisen und -gewohnheiten der Mitarbeiter handelt, sind im Zusammenhang mit der Einführung der entsprechenden Anwendungssysteme gegenüber den üblichen Einführungsaktivitäten bei der Inbetriebnahme neuer, punktuell verbesserter Informatiklösungen wesentlich erweiterte Maßnahmen zu ergreifen.

Insbesondere sind folgende Aspekte der Organisationsumstellung und Systemeinführung in besondere Weise zu berücksichtigen:

- *Hemmschwelle und Rationalisierungsängste*: Gerade die entscheidungsunterstützende Informatikunterstützung bedarf besonderer Maßnahmen zur Senkung der psychologischen Hemmschwelle vor der Computeranwendung - sie greift viel tiefer als die administrative in die Denkprozesse des Anwenders ein und erfordert zu ihrem wirkungsvollen Einsatz einen hohen Grad an Natürlichkeit in der Interaktion mit der Maschine. Einen großen Beitrag kann hier natürlich die Gestaltung der Benutzeroberfläche übernehmen[416] - auf der anderen Seite muß aber der Anwender dazu bewegt werden, von seinen gewohnten Vorgehensmustern abzugehen und die anfänglichen Schwierigkeiten und Mehraufwände, die sich aus dem intensiven Computereinbezug in seine Entscheidungsfindung ergeben, zu überwinden. Die auf dieser Ebene in erster Linie betroffenen höher qualifizierten Mitarbeiter sind von diesen Widerständen oft in mindestens der gleichen Wiese betroffen, wie man dies auf der Sachbearbeiterebene von der Einführung administrativer Anwendungssysteme kennt.[417] Erschwerend kommt bei hochrangigen Mitarbeitern nach wie vor ein gewisses Standesbewußtsein und eine Angst vor Bloßstellung hinzu, die die Bereitschaft zur eigenhändigen Computerbedienung - wie sie für die Wirksamkeit von Konzepten wie der interaktiven Exploration erforderlich ist - beeinträchtigen. Ein weiteres psychologisches Hemmnis können Rationalisierungsängste darstellen. Sie sind zwar in erster Linie im Zusammenhang mit der Einführung administrativer Systeme zu überwinden - auch Mitarbeiter auf Entscheidungsebene sind aber gegen die Angst durch computergestützte Anwendungssysteme ersetzt zu werden, bzw. an Bedeutung zu verlieren, nicht gefeit. Die Betonung des in erster Linie *unterstützenden*, nicht ersetzenden, Charakters der Computereinführung auf Entscheidungsebenne ist hier für eine breite Akzeptanz unerläßlich.

- *Ausbildungsaspekte*: Der Schritt zu einem Computerintegrierten Portfoliomanagement setzt umfangreiche Ausbildungsmaßnahmen an zwei Fronten voraus: Einer-

---

416 siehe Abschnitte 8.6.2, 8.6.3 und 8.6.4

417 Keen/Morton (Decision Support Systems)

seits ist natürlich eine umfassende Schulung der Mitarbeiter in der Bedienung der ihnen neu zur Verfügung gestellten Anwendungssysteme notwendig.[418] Andererseits - und dies kann durchaus den gewichtigeren Teil der Ausbildungsanstrengungen ausmachen - müssen in der Regel erst die für den effektiven Einsatz modellgestützter Entscheidungshilfen notwendigen Wissensgrundlagen vermittelt werden. Im Bereich des Portfoliomanagements bedeutet dies in erster Linie die Durchführung einer systematischen Schulung der betroffenen Mitarbeiter auf den Gebieten der Portfolio- und Kapitalmarkttheorie,[419] mit dem Ziel, mindestens die zur Verwendung von auf entsprechenden Modellbildungen basierenden Anwendungssystemen erforderlichen Grundbegriffe und zentralen Ergebnisse in der Investmentorganisation zu verbreiten.[420] Diese Maßnahme betrifft auch - und insbesondere - die nicht akademisch qualifizierten Mitarbeiter. Es sind daher anwendungsorientierte Kurse und Seminare zu konzipieren, die sich auf die wesentlichen Aspekte konzentrieren und versuchen, diese in weitgehend allgemein verständlicher Weise wiedergeben, ohne dabei der Gefahr von Übervereinfachungen zu erliegen. Beide Ausbildungsmaßnahmen, die Systembedienungsschulung und die Vermittlung der portfoliotheoretischen Grundlagen, zusammen stellen die zentrale Voraussetzung für eine erfolgreiche Einführung des CIP-Konzepts dar. Sie sind neben einer moderaten und auf Bedienernähe ausgerichteten Systemeinführungsstrategie außerdem das zentrale Instrument zur Überwindung der oben angesprochenen Hemmschwellen und Rationalisierungsängste.

- *Organisatorische Einbettung*: Der gesamte Einführungsprozeß muß von dem Bewußtsein geprägt sein, daß es sich hier nicht um eine punktuelle Maßnahme, sondern um eine in einen größeren Zusammenhang eingebettete und tief in die organisatorischen Grundstrukturen eingreifende Prozeßumgestaltung handelt. Jede Systemeinführung im Rahmen des Gesamtkonzepts muß daher als Teil einer auf Gesamtprozeßebene angesiedelten Betrachtung der Informationsflüße und organisa-

---

[418] siehe auch die diesbezüglichen Ausführungen von Sprague und Carlson in Sprague/Carlson (Decision Support Systems), Kapitel 6

[419] Zu berücksichtigen ist allerdings, daß diese zwar die wichtigste, aber doch nur eine der verschiedenen im Rahmen des CIP-Konzepts eingesetzten Quellen für zur Entscheidungsunterstützung nutzbare Modellbildungen darstellt (siehe Kapitel 4, 5 und 6). Je nach eingesetztem Modelltyp sind daher auch die grundsätzlichen Merkmale und Eigenschaften anderer Modellbildungen und Modellierungsvarianten (qualitatives Modell im Falle eines ES, Mustererkennung bei NN-Einsatz) zu vermitteln.

[420] Es geht uns hier nicht etwa darum, jeden einzelnen Mitarbeiter zum vollständigen Experten in allen Details moderner Portfoliotheorie machen zu wollen - aufgrund des Konzepts einer hochentwickelten Modellverschalung (siehe Abschnitt 8.6.2) genügt hier in der Regel die Vermittlung der zur sinnvollen Modellauswahl, -parametrisierung und Ergebnisinterpretation notwendigen Kenntnisse. Auch dies kann allerdings bereits eine umfangreiche Aufgabe darstellen.

torischen Zusammenhänge gesehen werden (siehe Abschnitt 9.6) und von entsprechenden Maßnahmen zur Anpassung der ablauf-, notwendigenfalls auch der aufbauorganisatorischen Strukturen begleitet werden.

Neben der Schaffung der grundsätzlichen personellen, technischen und organisatorischen Voraussetzungen für die erfolgreiche Einführung eines Computerintegrierten Portfoliomanagements sollte bei allen genannten Maßnamen insbesondere der Aspekt der *Akzeptanz* der bereitgestellten Instrumente und Lösungen durch den Benutzer im Zentrum der Überlegungen stehen. Wie kein anderer Aspekt der Systemeinführung bestimmt dieser über das Schicksal jeder tiefgreifenden organisatorischen Neuerung.[421]

9.5. Zusammenfassung des CIP-Konzepts

Abbildung 9-1 zeigt eine zusammenfassende Übersicht über die Bestandteile des CIP-Konzepts. Sie sind als Bausteine zu verstehen, die für den Aufbau eines Computerintegrierten Portfoliomanagements in der Praxis herangezogen werden können und auf den verschiedenen zu berücksichtigenden Abstraktionsebenen als Leitlinien, konzeptionelle Vorgaben sowie konkrete beispielhafte Realisierungsmuster einen direkt nutzbaren Beitrag an die Realisierung des CIP-Gedankens leisten sollen. Der Entscheidungsträger, der für die Umstellung der Informatikunterstützung im Portfoliomanagementbereich von der punktuellen zur durchgehenden Gesamtprozeßunterstützung verantwortlich ist, sollte im entwickelten CIP-Konzept für seine Aufgabe nicht nur theoretisch, sondern auch konkret praktisch nutzbare Hilfestellung finden.

An dieser Stelle soll noch einmal an daran erinnert werden, daß wir uns im Rahmen dieses Textes weitgehend auf die Betrachtung der Computerintegration auf der *entscheidungsunterstützenden* Ebene konzentriert haben. Die Aspekte der Integration der Datenströme auf der Ebene der *administrativen* Datenverarbeitung wurden aufgrund ihres eher realisierungstechnischen Charakters und einer bereits weitergediehenen Behandlung in der Literatur[422] hier lediglich am Rande behandelt. Der wirklich bedeutende qualitative Sprung in der Informatikunterstützung wird sich nach Ansicht des Autors in Zukunft aus der Weiterentwicklung der Informatikunterstützung auf entscheidungsunterstützender Ebene ergeben. Die Integration der administrativen

---

[421] Rautenstrauch (Integration Engineering), S. 54 ff.

[422] siehe dazu z.B. Signer (Computer-Int.) und Zapp (Computer-Integrated -Banking)

Ebene	Anwendung (Portfoliomanagementspezifisch)	Technologie (Anwendungsbereichunabhängig)
Abstraktes Prozeßmodell	Modell des Portfoliomanagement-Prozesses, Teilprozeßmodelle Kap. 2, Abschn. 4.1, 5.1, 7.3.1.2	Prozeßmodelle als Werkzeuge des Information Engineering (Kap. 2)
Organisatorische Ebene (Implementierter Prozeß)	Aufgabenverteilung für ein Computerintegriertes Portfoliomanagement Abschn. 7.3.1 Einführungsaspekte Abschn. 9.4	Organisatorische Aspekte der Computerintegration (Abschn. 7.1, 9.3)
Informatikorganisatorische Ebene	Funktionen- und Datenverteilung für ein Computerintegriertes Portfoliomanagement Abschn. 7.3.2, 7.3.3 Unternehmensübergreifende Integration und Entwicklungsaspekte Abschn. 9.1, 9.3	Informatikaspekte der Computerintegration, verteilte Anwendungssysteme Abschn. 7.1, 7.2
Anwendungssystem-Architektur-Ebene (Anwendungssystem-*typ*-Ebene)	Eignung für Einsatz im Portfoliomanagementbereich anhand der Analyse beispielhafter Anwendungssysteme untersucht Ab. 4.2, 5.3, 6.1.2, 6.2.2, 6.3.2	Diskussion der grundsätzlich zur Verfügung stehenden Architekturvarianten DBA, DSS, ES, NN Kap. 3
Modell-Ebene	Konkrete Methoden und Modellbildungen für Portfoliomanagement-Problemstellungen Ab. 4.2, 5.2, 6.1.1, 6.2.1, 6.3.1	Modellierungsmethoden (mathematisch, qualitativ - framebasiert, regelbasiert, machine learning) (Kap. 3)
Anwendungssystem-Ebene (Gesamtprozeßbezogene wie auch Einzelschrittunterstützung)	Diskussion bestehender Anwendungssysteme zur Entscheidungsunterstützung im Portfoliomanagementbereich Ab. 4.2, 5.3, 6.1.2, 6.2.2, 6.3.2 Designkonzepte für eine verbesserte, computerintegrierte Informatikunterstützung im Portfoliomanagementbereich Kap. 8	Gesamtprozeßbezogene Anwendungssysteme Abschn. 9.2

Abbildung 9-1: Bestandteile des CIP-Konzepts

Applikationen schafft hierfür allerdings die notwendigen ablauf- wie datentechnischen Voraussetzungen.

In der Aufstellung wurde einerseits zwischen zunehmend spezifischer werdenden Abstraktionsebenen der Betrachtung des Informationsproduktionsprozesses und seiner Informatikunterstützung, andererseits zwischen generischen, unabhängig von einem spezifischen Anwendungsbereich beschreibbaren Technologien und ihrer auf den Anwendungsbereich des Portfoliomanagements bezogenen Umsetzung in konkrete applikatorische Konzepte unterschieden. Das Schwergewicht dieser Arbeit liegt naturgemäß bei der anwendungsbereichsspezifischen Betrachtung. Hinsichtlich der verschiedenen Ebenen wurde versucht, alle Abstraktionsstufen in der Betrachtung zu berücksichtigen - unsere Zielsetzung eine auch praktisch nutzbare und tatsächlich realisierbare Vorgabe für den Aufbau eines Computerintegrierten Portfoliomanagements zu liefern, bedingt, daß abstrakte Prozeßmodelle genauso wie als konkrete Richtlinien für die Anwendungsentwicklung nutzbare Designkonzepte behandelt werden. Eine tatsächliche Umsetzung des vorgeschlagenen Konzepts benötigt konzeptionelle Bausteine auf allen angeführten Abstraktionsebenen der Prozeß- und Informatikunterstützungsgestaltung. Allerdings war natürlich keine vollständige Abdeckung jedes Bereichs im Rahmen dieses Textes möglich, die Aufstellung ist daher nicht etwa als Anspruch auf eine solche, sondern vielmehr als systematischer Raster zu verstehen, in den die einzelnen erbrachten Beiträge sinnvoll eingeordnet werden können und als geeignet strukturierter Querverweis durch das Buch (in Klammern gesetzte Kapitel- bzw. Abschnittsverweise bedeuten hierbei, daß ein Themenbereich nur kurz berührt werden konnte). So wurde z.B. die organisatorische Ebene lediglich gestreift und generelle Problemstellungen der betrieblichen Organisation und Führung (Teambildung, geeignete aufbauorganisatorische Strukturen, etc.) ausgeklammert. Es wurde aber versucht, möglichst viele der unter dem Blickwinkel einer prozeßorientierten Weiterentwicklung der entscheidungsunterstützenden Informatikunterstützung wesentlichen Aspekte im Sinne nutzbarer Konzeptbausteine abzudecken.

Zu beachten ist die Unterscheidung zwischen Anwendungssystem-Architektur-Ebene, Modellebene und Anwendungssystemebene. Ein konkretes Anwendungssystem beinhaltet natürlich konkrete Modelle - die Modelle und Methoden (z.B. der Portfoliotheorie) sind aber genereller, als ihre konkrete Umsetzung in ein Anwendungssystem - so basieren viele verschiedene Anwendungssysteme zur Portfoliooptimierung z.B. auf demselben Markowitzschen Portfolioselektionsmodell. Diese Unterscheidung ist auch schon früher in unserer Beschreibung konkreter Methoden und Modelle bzw. beispielhafter Anwendungssysteme zur Anwendung gekommen. Die grundsätzliche Anwendungssystem-Architektur (der Anwendungssystem*typ*) - ob es sich also um ein auf der Basis des DBA-, DSS-, ES- oder NN-Ansatzes realisiertes Anwendungssystem handelt - ist hingegen wiederum genereller, als die einzelnen Modelle und Methoden (so führt z.B. ein quantitatives - mathematisches - Modell wie z.B. der Markowitz-Ansatz immer auf die Realisierungsform eines DSS, ein qualitatives Modell wird hingegen immer innerhalb der Systemklasse der ES realisiert werden, etc.).

Zu bemerken ist schließlich noch, daß in der Aufstellung mit Anwendungssystem-Ebene eine lediglich eine bestimmte Konkretisierungsstufe der Systemgestaltung bezeichnet ist. Es ist nicht die Einschränkung auf einzelschrittunterstützende Systeme im Sinne der Unterscheidung zwischen Gesamtprozeßunterstützung und Einzelschrittunterstützung gemeint. Designkonzepte für die Gestaltung gesamtprozeßbezogener Anwendungssysteme wie z.B. eines Systems zur Filterung, Steuerung und Verteilung der Informationsflüsse sind ebenso in diesem „Kästchen" enthalten wie solche für auf einen spezifischen Prozeßschritt bezogene Systeme. Außerdem ist anzumerken, daß die in Kapitel 8 entwickelten Designkonzepte natürlich auf einer wesentlich höheren Stufe der Generalität stehen, als individuelle Systemimplementationen. Die Kategorie „Anwendungssystem-Ebene" in der dargestellten Gliederung umfaßt also sämtliche anwendungssystembezogenen Elemente des CIP-Konzepts, konzeptionelle wie spezifische, gesamtprozeß- wie einzelschrittbezogene - sie beinhaltet nicht etwa nur die Betrachtung spezifischer Einzelimplementationen.

9.6. Die Implementation des CIP-Konzepts

Bei Implementation des CIP-Konzepts ist nach folgendem Schema vorzugehen (siehe Abbildung 9-2):

1. *Analyse des bestehenden Informationsverarbeitungsprozesses* in der Organisation: Ziel dieses Schritts ist die Abstraktion von den spezifischen Strukturen der Implementation (konkrete Anwendungssysteme und Detailabläufe) des derzeit praktizierten Ist-Informationstransformationsprozesses und deren Umsetzung in ein die wesentlichen Informationsfluß- und Verarbeitungszusammenhänge implementationsunabhängig repräsentierendes abstraktes Prozeßmodell.

2. *Unternehmensspezifische Anpassung des CIP-Prozeßmodells*: Ausgehend vom abstrakten Modell des Ist-Informationsverarbeitungsprozesses kann nun die Konzeption des unternehmensspezifischen Soll-Informationsverarbeitungsprozeßes erfolgen. Die konzeptionelle Vorgabe für diesen Schritt liefert unser CIP-Prozeßmo-

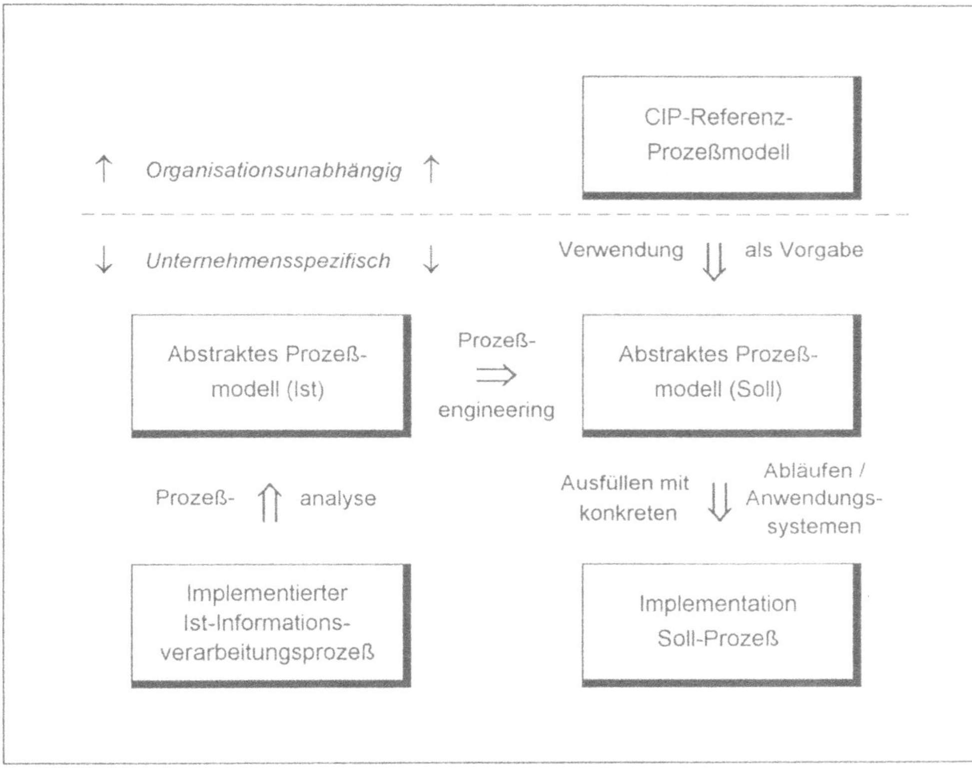

Abbildung 9-2: Implementation des CIP-Konzepts

dell (siehe Kapitel 2, Abschnitte. 4.1, 5.1, 7.3.1.2). Notwendig ist ein Prozeßengineering, das bei der Betrachtung des Ist-Prozesses aus unternehmensspezifischen Gründen Notwendiges von veralteten Strukturelementen trennt und das (generische, organisationsunabhängige) CIP-Referenzprozeßmodell mit den notwendigen unternehmensspezifischen Anpassungen und Spezialisierungen versieht. Dabei ist es wichtig auf abstrakter Prozeßmodellebene zu verbleiben. Nur so kann der als Resultat des Prozeßengineerings gewonnene (ideale) Soll-Prozeß über verschiedene Implementationsvarianten und -generationen hinaus seine Leitlinien-Funktion erfüllen. erfolgen.

3. *Implementation des abstrakten Soll-Prozesses, Stufe 1 - Einzelschrittunterstützung*: Die einzelnen „Kästchen" des unternehmensspezifischen Soll-Prozeßmodells sind nun in geeigneter Weise mit konkreten Informationsverarbeitungsmitteln

„auszufüllen". Dabei kommen grundsätzlich manuelle, maschinelle und kombinierte (computerunterstützte) Implementationsvarianten in betracht, in der Regel wird allerdings die letztere Variante vorherrschen. Zur Unterstützung der - möglichst optimalen - Auswahl der geeigneten Anwendungssystemarchitekturen, Modelle und Anwendungssysteme für die Informatikunterstützung der einzelnen Prozeßschritte kann eine Arbeit wie die vorliegende (inbes. Kapitel 4, 5 und 6) herangezogen werden.

4. *Implementation Stufe 2 - Computerintegrierte Informatikunterstützung*: Verbindung der einzelschrittunterstützenden Systeme zu einer computerintegrierten, gesamtprozeßorientierten Informatikunterstützung.[423] Neben der grundsätzlichen bzw. problembereichsspezifischen, konzeptionellen wie implementationstechnischen Integrationsüberlegungen und Tätigkeiten (gemäß CIP-Konzept, Kapitel 7 und 8), im allermindesten aber der datenflußtechnischen Vernetzung der Einzelsysteme, ist zur Realisierung dieser Stufe außerdem die Einführung von spezialisierten *gesamtprozeßbezogenen* Anwendungssystemen (siehe Abschnitte 9.2 und 8.2) als neuer Klasse von Applikationen notwendig.

5. *Implementation Stufe 3 - Unternehmensübergreifende Integration der Informationsverarbeitung*: Im Sinne von Abschnitt 9.3 ist schließlich der Schritt über die Unternehmensgrenzen hinaus zur direkten Verbindung des eigenen Informationsverarbeitungsprozesses mit denjenigen von Informationslieferanten, Brokern[424] und Kunden zu tun.

Wichtig bei der vorgeschlagenen Vorgehensweise ist die strikte Unterscheidung zwischen implementiertem und abstrakten Informationsproduktionsprozeß. Der Schritt auf die Ebene des abstrakten Prozeßmodells ermöglicht erst, Struktur und Verhalten der Ist- und Soll- Informationsflüße und -verarbeitungsschritte unabhängig von einer spezifischen Form ihrer Realisierung zu untersuchen. Dieses Vorgehen ermöglicht die Erzielung wesentliche langlebigerer und flexiblerer konzeptioneller Resultate als jede implementationsgebundene Betrachtung: Verschiedene Implementationsvarianten und

---

[423] Hierzu gehöhrt neben der Integration der entscheidungsunterstützenden Anwendungssysteme untereinander selbstverständlich auch ihre Verbindung mit der administrativen Datenverarbeitung. Die Integration der administrativen Applikationen und der ihnen zugrundeliegenden Datenbasis stellt wiederum eine notwendige Vorraussetzung für diesen Schritt dar (siehe Scheer [Wirtschaftsinformatik], S. 592 ff.).

[424] bzw. direkt mit Wertschriftenhandelssystemen

-generationen[425] können durch das Modell flexibel akkommodiert werden. Die unvermeidbaren und ständigen Wechsel der Anwendungssystemgenerationen lassen die zugrundeliegende Konzeption, das gewissermaßen als „Masterplan“ dienende Prozeßmodell, weitgehend unberührt - Anpassungen an den neuesten Stand der Modellentwicklung und informationstechnischen Realisierung werden bei der Verfolgung dieser Sichtweise geradezu eingeladen.

Natürlich hat auch diese Idealisierung ihre Grenzen. Auch ein abstraktes (implementationsunabhängiges) Prozeßmodell ist dem technologiegetriebenen Wandel in der Informationsverarbeitung ausgeliefert. Es wird aber erst dann tangiert, wenn - wie beim Schritt von der punktuellen Informatikunterstützung zur Computerintegration - diese technischen Fortschritte grundsätzliche und qualitative Veränderungen in der Gestaltung der betrieblichen Informationsverarbeitung und Organisation zur Folge haben. Gerade dann ist aber eine neue Ist-Prozeßanalyse und ein Neu-Engineering des Soll-Prozesses angezeigt.

Schließlich ist zu bemerken, daß das oben angeführten Schema sich in der Praxis nie mit der Linearität durchführen lassen wird, auf die die durchgehende Numerierung schließen ließe. Es handelt sich vielmehr um einen iterativen Prozeß der Systemgestaltung, bei dem die einzelnen Schritte wiederholt und unter ständiger Verfeinerung durchlaufen werden. So hat z.B. Schritt 4 ggf. wesentliche Auswirkungen auf die unter Schritt 3 angeführte Entwicklung und Auswahl der Anwendungssysteme zur Unterstützung der einzelnen Verarbeitungsschritte. Die Designkonzepte aus Kapitel 8 greifen häufig in die einzelnen Systeme hinein und lassen sich nicht einfach „von außen“ und im nachhinein über bestehende Installationen stülpen. Bestrebungen zur unternehmensübergreifenden Integration der Informationsverarbeitungsprozesse (Schritt 5) haben ggf. wiederum gravierende Auswirkungen auf das unternehmensspezifische abstrakte Prozeßmodell. Eventuell fallen ganze Informationsverarbeitungsbereiche weg, weil sie aus dem Unternehmen ausgelagert werden können (z.B. könnte sich eine kleine Portfoliomanagementfirma auf Zielsetzungsdefinition und Portfoliokonstruktion konzentrieren und die weltweite Investmentanalyse weitgehend einem spezialisierten Prognoselieferanten überlassen).

---

425 Mit Implementation ist hier nicht etwa nur eine bestimmte DV-technische Systemrealisierung gemeint. Auf der Ebene der Prozeßbetrachtung bedeutet „Implementation“ jede spezifische Umsetzung des abstrakten Informationstransformationsprozesses in reale, materielle Transformationsmittel, also etwa konkrete Organisationsstrukturen, Arbeitsplätze, Arbeitsabläufe und Anwendungssysteme. Allerdings interessiert uns hier natürlich der Aspekt der Umsetzung in Informatiksysteme in besonderem Maße.

Das vorgeschlagene Schema ist also keineswegs als starrer Ablauf zu verstehen, sondern vielmehr als grundsätzlich anzustrebende und iterativ zu durchlaufende Abfolge bei der Implementation des CIP-Konzepts. Für die meisten Fälle wird sie sich allerdings verhältnismäßig direkt einsetzen lassen.

9.7. Nutzenelemente des CIP-Konzepts

Folgende Nutzenelemente lassen sich aufgrund der Implementation des CIP-Konzepts erwarten:

- *Qualitätsverbesserung*: Aufgrund der neuen Qualität der Computerunterstützung im Sinne einer prozeßorientierten, integrierten und mittels interaktiver Exploration dynamisch mit der menschlichen Entscheidungsfindungs- und Problemlösungskapazität in Wechselwirkung tretenden durchgängigen und flexiblen Instrumentierung der Arbeitsabläufe, lassen sich Verbesserungen der Qualität der erstellten Informationsprodukte erwarten. Insbesondere sind hier die verbesserte Zielkongruenz der Portfoliomanagement-Aktivitäten, eine - zumindest aufgrund von Fehlervermeidungseffekten und Kontrollfunktionen, im wesentlichen aber wegen der verbesserten und systematischeren Informationsauswertungsmethoden zu erwartende - Performanceverbesserung[426] und eine verbesserte Kundenbetreuung zu nennen.

- *Effizienzverbesserung*: Der Gesamtprozeß wird sich aufgrund der Elimination von redundanten Aktivitäten und unnötigen Mehrfacherfassungen sowie durch die konsequente Ausnutzung des Automatisierungs- und Verarbeitungseffizienzpotentials moderner integrierter Informatikmittel wesentlich effizienter hinsichtlich der Nutzung der vorhandenen menschlichen und materiellen Ressourcen gestalten lassen. Insbesondere ist ein hohes Kostensenkungspotential erkennbar.

---

426 Trotz aller Euphorie von Seiten der Anwender ist bei diesem Punkt eine gewisse Zurückhaltung geboten. Wie Husemann richtigerweise feststellt, sind für verbesserte Prognosen und eine überdurchschnittlich gute Anlageauswahl in erster Linie die verwendeten Theoriebildungen und Modelle verantwortlich. Durch die im Rahmen einer CIP-Realisierung gegebene Möglichkeit einer flexiblen Modellauswahl und eines optimalen Modelleinsatzes sowie insbesondere die Möglichkeit einer systematischen und lückenlosen Portfolioüberwachung sind hier jedoch die entscheidenden Voraussetzungen für die Erzielung einer merklichen Performancesteigerung gegeben. Husemann (Computerunterstützung), S. 327 f.

- *Geschwindigkeitszugewinn*: Die Geschwindigkeit der Informationsauswertung und - daraus resultierend - die Reaktionsgeschwindigkeit auf relevante aktuelle Ereignisse wird sich dank computerintegrierter Informatikunterstützung gegenüber dem Ist-Zustand wesentlich steigern lassen.

- *Flexibilität*: Der Schritt von der punktuellen Informatikunterstützung zur durchgängigen Unterstützung des Gesamtprozesses wird eine bisher unbekannte Flexibilität in der Prozeß- und Produktgestaltung zur Folge haben. Anpassungen an veränderte Markt- und Umweltsituationen können schnell und mit vertretbarem Aufwand erfolgen.[427] Eingesetzte Portfoliostrategien können flexibel den Erfordernissen angepaßt, neue theoretische Modellbildungen problemlos und ohne Verzögerung zur Anwendung gebracht werden.

- *Customizing*: Kundenindividuelle Anpassungen der angebotenen Produkte werden dank der durch den koordinierten Informatikeinsatz hinzugewonnen Flexibilität und der entsprechenden Zeit- und Kosteneffizienz bedeutend einfacher und kostengünstiger realisierbar. Die Strategie der computerintegrierten Produktion von Portfoliomanagement-Dienstleistungen ermöglicht den Schritt zu einer „individuellen Massenproduktion", die die Kostenvorteile von Standardlösungen mit den (für den Kunden interessanten) Vorzügen maßgeschneiderter Portfoliomanagement-Angebote kombiniert.[428]

- *Transparenz*: Der Gesamtprozeß wird durch die dank computerintegrierter Informatikunterstützung gegebenen Möglichkeiten der Informationsgewinnung und -auswertung wesentlich an Transparenz und damit an Steuerbarkeit gewinnen. Ein Beispiel hierfür stellt die in Abschnitt 8.2 vorgeschlagene systematische Bewertung der Qualität von Prognoseinformationen und die Verfolgung ihrer Auswirkungen bei der weiteren Bearbeitung oder auch die erst auf der Basis einer vollständig integrierten Informatikunterstützung in ihrer ganzen Tiefe gegebene Möglichkeit einer konsequenten und detaillierten Performancekontrolle dar.

---

427 siehe zu diesem Aspekt auch Scheer (CIM) und Zapp (Computer-Integrated-Banking)

428 Dies stellt eine Parallele zu der Entwicklung im Bereich materieller Produktionsprozesse dar, siehe Browne/Harhen/Shivan (Production Management Systems), S. 4 f.

- *Konkurrenzvorteil*: All diese einzelnen Nutzenelemente, insbesondere aber diejenigen der Qualitätsverbesserung und des Flexibilitätsgewinns ergeben einen Konkurrenzvorteil, der im - besonders in den letzten Jahren deutlich verschärften - Wettbewerb der Banken und Investmentorganisationen im Vermögensverwaltungs- bzw. Portfoliomanagementbereich von entscheidender Bedeutung sein wird.[429] Überleben und Markterfolg einer Investmentorganisation werden in nächster Zukunft ganz entscheidend davon abhängen, wie schnell und wie konsequent ihr die Umstellung auf eine modernen Anforderungen genügende computerintegrierte Informatikunterstützung gelingt. Dieser Konkurrenzvorteil-Aspekt der Nutzenelemente des CIP-Konzepts, d.h. ihre Umsetzbarkeit in unmittelbar auf dem Markt einsetzbare „Waffen“ im Konkurrenzkampf, macht die eigentliche Bedeutung solcher Ansätze für die Investmentpraxis aus.

Ein schwer tangibles, aber dennoch bedeutendes Nutzenelement der Implementation des CIP-Konzepts stellt schließlich ein genereller Schub in Richtung einer gesteigerten „Computer-Literacy“ der am Entscheidungsprozeß beteiligten Mitarbeiter dar. Gerade auf Entscheidungsebene bestehen häufig immer noch große Defizite im souveränen Umgang mit modernen, hochinteraktiven Informatikmitteln. Eine Verbesserung der Kompetenz im Umgang mit informatikgestützten Entscheidungshilfen und die generelle Senkung der Hemmschwelle vor dem Computereinsatz sind Nutzeneffekte der Einführung eines Computerintegrierten Portfoliomanagements, die in grundlegender Weise der Effizienz und Effektivität der Organisation zugute kommen.

Das vorgestellte CIP-Konzept hat die Verbesserung der *Werkzeuge* des Portfoliomanagements zum Ziel. Neben Prozeßvorteilen wie etwa einer vergrößerten Effizienz des immateriellen Fertigungsprozesses birgt jede in dieser Weise tiefgreifende und sämtliche Organisationsbereiche berührende Verbesserung der Werkzeuge aber immer auch eine große Chance zu einer grundlegenden Verbesserung der mit diesen Werkzeugen hergestellten *Produkte* in sich. Langfristig ist daher zu erwarten, daß die Realisierung eines Computerintegrierten Portfoliomanagements zu deutlich gesteigerten Produktvorteilen, ggf. auch zu grundsätzlich neuartigen Portfoliomanagement-Dienstleitungen führen wird. Angesichts der oft enttäuschenden Leistungen bestehender Portfoliomanagementorganisationen kann man die sich aus der Entwicklung von der punktuellen Informatikunterstützung hin zu einer durchgängigen computerintegrierten Informatisierung des Gesamtprozesses ergebende Chance zu grundlegenden

---

[429] siehe dazu auch Schuster (Strategische Erfolgsposition) und Arthur Andersen (Hrsg.) (Finanzplatz), S. 89 ff.

Qualitätsverbesserungen bei gleichzeitiger Kostensenkung nur begrüßen. Die Ergebnisse dieser Entwicklung werden schlußendlich in erster Linie den Kunden zugute kommen.

Schlußbemerkungen und Ausblick

Die rapide Entwicklung der Informationstechnologie zusammen mit einer Weiterentwicklung der im Portfoliomanagementbereich zur Anwendung kommenden Methoden und Modelle lassen für die Zukunft eine weitere Intensivierung der Informatikunterstützung im Investmentbereich erwarten. Der sich verschärfende Wettbewerb, die zunehmende Globalisierung der Finanzmärkte bzw. der Trend zu internationaler Diversifikation im Portfoliomanagement - mit den sich daraus ergebenden Anforderungen an die zu verarbeitende Informationsmenge und die Komplexität der Analysen - werden eine weitere Entwicklung in diese Richtung nicht nur befördern, sondern geradezu zwingend notwendig machen. Nach der punktuellen Verbesserung der Informatikunterstützung einzelner Verarbeitungsschritte wird hier der Schwerpunkt der Entwicklung (und wohl auch das größte Nutzenpotential) in der zunehmenden Verknüpfung der Einzelschritte und Einzelsysteme zu einem integrierten und durchgehend informatisierten Informationsproduktionsprozeß im Sinne des Konzepts der Computerintegration liegen. Dabei wird sich die Betrachtung immer mehr von den - zumindest auf theoretischer Ebene - weitgehend gelösten administrativen Problemstellungen zu denjenigen einer adäquaten Informatikunterstützung auf Entscheidungsebene verschieben. Hier liegt die Chance, das den Leistungserstellungsprozeß tragende soziale System mit einer informationstechnischen Schicht derart zu unterlegen, daß eine wirkliche Wechselwirkung beider Systeme auf der Ebene des Denkens und auch des intuitiven Entscheidens in harmonischer, reibungsarmer Weise möglich wird und eine wesentlich verbesserte Entscheidungsqualität zeitigt.

An der Informatikfront wird eine Fortsetzung PC-Revolution und des Hardware-Preiszerfalls bei Workstations die Tendenz zur Dezentralisierung und Verteilung insbesondere der entscheidungsunterstützenden Informationsverarbeitung weiter verstärken. Im Gegensatz zu den Anfangsjahren erfolgt diese Entwicklung inzwischen aber unter der Betonung des Aspekts der Integration der persönlichen Einzelsysteme untereinander und mit den zentralen Großrechnern bzw. Anwendungssystemen. Nach der inzwischen erfolgten Lösung der Problemstellung der physischen Vernetzung der Hardware wird die Behandlung konzeptioneller und organisatorischer Fragestellungen der Computerintegration des betrieblichen Informationsproduktionsprozesses noch weiter in den Mittelpunkt des Interesses rücken. Dabei sind ähnlich wie bei der CIM-Bewegung im Industriebereich gravierende Auswirkungen auf die organisatorische Grundstruktur der Leistungserstellung auch im Finanzdienstleistungssektor zu erwarten. Auch auf Branchen- und auf gesamtwirtschaftlicher Ebene wird die Umstellung auf die Sichtweise des computerintegriert informatikgestützten Informationsproduktionsunternehmens bzw. ihre Umsetzung in die Realität deutliche Auswirkungen haben. Eine Umgestaltung und Strukturveränderung des Informationswertschöpfungsprozesses als Folge dieser an die Grundfesten des Arbeits- und Entscheidungsprozesses gehenden informationstechnischen Entwicklung ist heute schon im Gange.

Der Portfoliomanagementbereich wird hier in besonderem Maße betroffen sein. Stellt er doch geradezu ein Musterbeispiel für eine fast ausschließlich auf einer komplexen, geschwindigkeits- und informationsqualitätssensitiven Informationstransformation basierenden Dienstleistung dar. Die zunehmende Globalisierung und Volatilität der Finanzmärkte, aber auch die weitergehende Globalisierung des Portfoliomanagementgeschäfts selbst, zusammen mit dem steigenden Kostendruck, in besonderer Weise aber die sich in den letzten Jahren - im Zusammenhang mit der Verfügbarkeit leistungsfähiger und kostengünstiger dezentraler Rechenkapazität - nun auch in Europa schnell ausweitenden Bewegung hin zu einem quantitativen, auf den Erkenntnissen und Modellen der modernen Portfolio- und Kapitalmarkttheorie basierenden Portfoliomanagement, machen eine weitergehende und beschleunigte Informatisierung und Computerintegration dieses Prozesses zwingend erforderlich. Nur so können die zunehmenden Anforderungen der Investoren an ihre Asset Manager oder Vermögensverwalter - insbesondere hinsichtlich Performance, Flexibilität der Zielsetzungsfestlegung bei gleichzeitiger Zielgenauigkeit der Managementhandlungen sowie in bezug auf eine optimale Informationsversorgung (z.B. Performanceanalyse) und Kundenbetreuung - auch in Zukunft erfüllt werden. Im Kampf um die Kunden und auf der Suche nach Konkurrenzvorteilen im Investmentgeschäft kommt der computerintegrierten Weiterentwicklung der Informatikunterstützung daher eine Schlüsselrolle zu.

Die Zukunftsperspektive (oder - wenn man so will - die „Vision") eines Computerintegrierten Portfoliomanagements ist hierbei nicht auf den Aspekt einer weitergehenden Informatisierung der Arbeitsabläufe eingeengt zu sehen. Es geht vielmehr um eine weiterentwickelte Form des Portfoliomanagements, die - zu einem wesentlichen Teil durch die Methoden der Portfolio- und Kapitalmarkttheorie geprägt - auf einer Synthese von modernen, wissenschaftlich fundierten Portfoliomanagementtechniken und den modernen Mitteln und Konzepten der Informatik basiert.

Der vorliegende Text enthält einerseits eine *intensive*, *einzelschrittbezogene* Betrachtung der Möglichkeiten einer Weiterentwicklung der Informatikunterstützung auf Einzelschrittebene, andererseits eine *extensive*, *gesamtprozeßbezogene* Konzeption einer Integration dieser einzelnen, dem Informationstransformationsprozeß unterlegten Informatisierungselementen zu einem computerintegrierten Ganzen. Letzteres stellt im wesentlichen eine Anwendung des CIM-Gedankens auf den immateriellen Produktionsprozeß des Portfoliomanagementbereichs dar. Von bestehenden CIB-Betrachtungen unterscheidet sich die vorliegende Untersuchung insbesondere durch ihren Fokus auf einen spezifischen Anwendungsbereich (das Portfoliomanagement) sowie ihre Betonung der - bzw. Konzentration auf - die entscheidungsunterstützende Ebene der Informatikunterstützung. Durch die Konzentration auf ein spezifisches Anwendungsgebiet war es möglich, nicht nur allgemeine Integrationskonzepte und Strategien anzuführen, sondern auch auf der Ebene spezifischer Modelle und Anwendungssysteme sowie spezifischer, sich auf dem Weg zur Computerintegration des Prozesses stellender Problemstellungen, Hinweise und konzeptionelle Lösungsansätze anzubieten. Dies sollte eine konkrete und nutzenbringende Realisierung der entwickelten theoretischen Konzepte auch in der Praxis erlauben.

Den tatsächlichen Umfang der sich aus dem Schritt zu einer computerintegrierten Informatikunterstützung im Portfoliomanagementbereich ergebenden Nutzeneffekte sowie die effektive Größenordnung der sich aufgrund dieser neuen Qualität der Informatikunterstützung ergebenden strukturellen und organisatorischen Umgestaltungen des Informationsproduktionsprozesses im sozio-technischen System der Investmentorganisation wird erst eine praktische Realisierung solcher fortgeschrittenen Ansätze der Informatikunterstützung zeigen, bzw. unter Beweis stellen können - der kritische Blick für das Machbare darf hier nicht verlorengehen und vor unrealistisch übersteigerten Erwartungen (z.B. hinsichtlich spektakulärer Performancesteigerungen) ist - wie bei jeder technischen oder organisatorischen Neuerung - zu warnen. Es handelt sich in jedem Falle um eine Umgestaltung, die nicht auf einen Schlag erfolgen kann, sondern sich im Sinne einer evolutionären Entwicklung über einen längeren Zeitraum erstrecken wird. Bereits mittelfristig darf aber mit einer merklichen Steigerung von Effizienz und Qualität in der Portfoliomanagement-Leistungserstellung aufgrund des Übergangs zu einem Computerintegrierten Portfoliomanagement gerechnet werden. Die Entwicklungsrichtung zeichnet sich deutlich ab und eine Beschleunigung in der Einführung moderner Informatikansätze und fortgeschrittener Anwendungskonzepte im Portfoliomanagementbereich ist nicht zu übersehen. Hierzu einen konzeptionellen Beitrag geleistet zu haben, ist die Hoffnung des Autors.

Literaturverzeichnis

ACHTERBERG E. / LANZ, K. (Lexikon Geld-, Bank- und Börsenwesen):
Enzyklopädisches Lexikon für das Geld-, Bank- und Börsenwesen, Band II, 3. Aufl., Knapp, Frankfurt, 1996

ACM (Hrsg.) (Graphical User Interfaces Next Generation):
Special Section on Graphical User Interfaces: The Next Generation, Communications of the ACM, Vol. 36, Nr. 4, April 1993

AMLING, F. (Investments):
Investments, 5. Aufl., Prentice-Hall, Englewood Cliffs und New York, 1984

AMMAN, D. (Anlagestrategie):
Anlagestrategie für Pensionskassen, Schriftenreihe des Instituts für Betriebswirtschaft, Wirtschaftswissenschaftliches Zentrum der Universität Basel, Bd. 21, Haupt, Bern-Stuttgart-Wien, 1990

ANDERSON, W. / CROCCA, W. (Codevelopment):
Engineering Practice and Codevelopment of Product Prototypes, in: Communications of the ACM, Vol. 36, Nr. 6, Juni 1993, S. 49-56

ANTHONISSE J. M. / LENSTRA, J. K. / SAVELSBERGH, M. W. P. (OR Point of View):
Behind the Screen: DSS from an OR Point of View, in: Decision Support Systems, 4/1988, North-Holland, S. 413-419

APERS, P. M. G. (Data Allocation):
Data Allocation in Distributed Database Systems, in: ACM Trans. on Database Systems, Vol. 13: 1988, Nr. 3, ACM Press, New York, S. 263-304

APPELRATH, H.-J. (Expertensysteme):
Von Datenbanken zu Expertensystemen, Informatik-Fachberichte, Bd. 102, Springer, Berlin; Heidelberg; New York; Tokyo, 1985

APPLEGATE, L. ET AL. (Organizational Computing):
Organizational Computing: Definition and Issues, in: Journal of Organizational Computing, Vol. 1, No. 1, 1991, S. 1-10

APTÉ, C. / HOND, S. J. (Qualitative Reasoning):
Using Qualitative Reasoning to Understand Financial Arithmetic, in: Proceedings of the AAAI-86, August 1986, S. 942-948

AREND, M. (Expert's Insights):
Black Monday Helps Prove One Expert's Insights, in: Wall Street Computer Review, Oktober 1988, S. 8-10, 24

ARNOTT, R. / FABOZZI, F. J. (Asset Allocation):
Asset Allocation - A Handbook of Portfolio Policies, Strategies & Tactics, Probus, Chicago (Illinois), 1988

ARTHUR ANDERSEN & CO. (Hrsg.) (Finanzplatz):
Finanzplatz Schweiz - Perspektiven, Herausforderungen, Chancen, Delphi-Umfrage und Studie zur Entwicklung des schweizerischen Bankwesens, September 1986

BACHEM, J. (EVA):
EVA - Expertensystem zur Vermögensanlageberatung, Gabler, Wiesbaden, 1987

BACKHAUS, K. (Betriebswirtschaftliche Beratung):
Betriebswirtschaftliche Beratung von Unternehmen durch Wirtschaftsprüfer, in: Die Wirtschaftsprüfung 23-24/1990, S. 680-688

BALTES, H. (GABI):
GABI, in: Memo Nr. 3 des Sonderforschungsbereiches 314 der Universität des Saarlandes, Saarbrücken, Nov. 1985

BARRA (Hrsg.) (Equity Optimizer):
Equity Optimizer User's Manual: ACTIVOPS User's Guide, Benutzerhandbuch der Firma Barra, Berkeley (CA), 1991

BARRA (Hrsg.) (GEM):
Global Equity Model (Produktinformation) und Benutzerhandbücher für *GEMPORCH* und *GEMOPS* der Firma Barra, Berkeley (CA), 1991

BARRA (Hrsg.) (GLOBO):
Global Bond Model (Produktinformation) und Benutzerhandbücher für *GLOBO* und *GBONDOPS* der Firma Barra, Berkeley (CA), 1991

BARRA (Hrsg.) (Performance System):
PC Performance System - U.S. Equity, Benutzerdokumentation der Demonstrationsversion des *Performance System* der Firma Barra, Berkeley (CA), 1991

BARRA (Hrsg.) (WMM):
World Markets Model - Interactive PORCH Reference, Benutzerhandbuch der Firma Barra, Berkeley (CA), 1991

BARTH, G. / WELSCH, C. (Objektorientierte Programmierung):
Objektorientierte Programmierung, in: Informationstechnik it 30, Nr. 6, 1988, S. 404-421

BENNETT, J. (User-Oriented Graphics):
User-Oriented Graphics, Systems for Decision Support in Unstructured Tasks, in: Treu, S. (Hrsg.): User-Oriented Design of Interactive Graphics Systems, Association of Computing Machinery, New York, 1977, S. 3-11

BEYER, E. (Bilanzen):
Wie liest man Bilanzen ? - Praktische Anleitung zur Analyse und Kritik veröffentlichter Jahresabschlüsse, 4. Aufl., Gabler, Wiesbaden, 1983

BLACK, F. / SCHOLES, M. (Pricing of Options):
The Pricing of Options and Corporate Liabilities, in: Journal of Political Economy, 1973, S. 637-654

BLOCH, R. / HIMBERGER, A. / SCHMID, B. (ELIAS):
Kompetenzzentrum ELIAS - Elektronischer Informations-Assistent, Bericht des Instituts für Wirtschaftsinformatik der Hochschule St. Gallen, 1989

BÖCKER / GLATTHAAR / STROTHOTTE (Hrsg.) (Mensch-Computer-Kommunikation):
Mensch-Computer-Kommunikation, Springer, Berlin; Heidelberg; New York; London; Paris; Tokyo, 1993

BOLTEN, S. (Security Analysis):
Security Analysis and Portfolio Management, New York, 1972

BOOCH, G. (Object-Oriented Design):
Object-Oriented Design with Applications, Redwood City, 1991

BRADLEY, S. / CRANE, D. (Management of Bank Portfolios):
Management of Bank Portfolios, New York, 1975

BRINSON, G. / HOOD, R. / BEEBOWER, G. (Portfolio Performance):
Determinants of Portfolio Performance, in: Financial Analysts Journal, Juli/August 1986, S. 39-44

BROWN, L. D. / ROZEFF, M. S. (Analysts):
Analysts can Forecast Accurately!, in: Journal of Portfolio Management, Vol. 6, Nr. 3, Frühjahr 1980, S. 31-34

BROWN, L. D. / ROZEFF, M. S. (Analysts Forecasts):
The Superiority of Analysts Forecasts as Measures of Expectations: Evidence from Earnings, in: Journal of Finance, Vol. 33, Nr. 1, März 1978, S. 1-16

BROWNE, J. / HARHEN, J. / SHIVAN, J. (Production Management Systems):
Production Management Systems - A CIM Perspective, Addison-Wesley, Reading; Menlo Park; Wokingham; Amsterdam; u.a., 1988

BUCHNER, R. (Grundzüge):
Grundzüge der Finanzanalyse, Vahlen, München, 1981

BUDDE, R. / KAUTZ, K. / KUHLENKAMP, K. / ZÜLLIGHOVEN, H. (Prototyping):
Prototyping - an Approach to Evolutionary System Development, Springer, Berlin; Heidelberg; New York, 1992

BUßMANN, J. (Zinsänderungsrisiken):
Das Management von Zinsänderungsrisiken, Frankfurt a.M., 1988

BÜTTNER, U. / DRÄGER, U. / GEIß, M. / MERTENS, P. ET AL. (Expertensysteme):
Expertensysteme zur Jahresabschlußanalyse für mittlere und kleine Unternehmen, in: ZfB 58/1988, H. 2, S. 229-251

CARMEL, E. / WHITAKER, R. / GEORGE, J. (PD and Joint Application Design):
PD and Joint Application Design: A Transatlantic Comparison, in: Communications of the ACM, Vol. 36, Nr. 6, Juni 1993, S. 40-48

CASEY, J. (Picking):
Picking the Right Expert System Application, in: AI Expert, September 1989, S. 44-47

CHAMBERLIN, D. D. ET AL. (SEQUEL 2):
SEQUEL 2: A Unified Approach to Data Definition, Manipulation and Control, in: IBM Journal of Research and Development, Vol. 20, No. 6, 1976

CHARPIN, M. (Panisse):
Proc. of the Technology-Assessment and Management Conference of the Gottlieb Duttweiler Institute, Rüschlikon, 25.-26. April, 1985, S. 159 ff.

CHEN, P. P. (Entity-Relationship Model):
The Entity-Relationship Model - Toward a Unified View of Data, in: ACM TODS, Vol. 1, No. 1, 1976, S. 9-36

CHEN, Y.-S. (Approach):
An Entity-Relationship Approach to Decision Support and Expert Systems, in: Decision Support Systems, 4/1988, North-Holland, S. 225-234

COAD, P. / YOURDON, E. (Object-Oriented Analysis):
Object-Oriented Analysis, Englewood Cliffs; New Jersey; u.a., 1991

COHEN, J. / ZINBARG, E. / ZEIKEL, A. (Investment Analysis):
Investment Analysis and Portfolio Management, 3. Aufl., Irwin, Homewood (Illinois), 1977

COHEN, P. R. / LIEBERMANN, M. D. (FOLIO):
A Report on FOLIO: An Expert Assistant for Portfolio Managers, in: Proc. of the International Joint Conference on Artificial Intelligence, 1983, S. 212-214

COMPUTRAC (Hrsg.) (CompuTrac):
Systembeschreibung von *CompuTrac (Version 3.6)* der Firma CompuTrac, New Orleans, 1992

CONNOR, J. / SHAFER, L. (Rapid Prototyping):
Structured Rapid Prototyping, Prentice Hall, 1989

DATE, C. J. (Database Systems):
An Introduction to Database Systems, 3. Aufl., Addison-Wesley, Reading; Menlo Park; London; Amsterdam; Don Mills; Sydney, 1981

DATE, C. J. (DB2):
A Guide to DB2, Addison-Wesley, Reading; Menlo Park; London; Amsterdam; Don Mills; Sydney, 1984

DE KLEER, J. / BROWN, J. S. (Qualitative Physics):
Qualitative Physics Based on Confluences, in: Artificial Intelligence, Nr. 24(1-3), Dezember 1984, S. 7-83

DEMARCO, T. (Structured Analysis):
Structured Analysis and System Specification, Yourdon Inc., New York, 1978

DESANCTIS, G. / GALLUPE, B. (Group Decision Support):
Group Decision Support Systems: A New Frontier, in: Data Base, Vol. 16, Nr. 2, 1985, S. 3-10

DIEBOLD (Hrsg.) (Bunter):
Bunter Vogel flattert schwer, in: Diebold Management Report, Nr. 12/1988, S. 7-11

DIEBOLD (Hrsg.) (IQ):
Computer mit höherem IQ, in: Diebold Management Report, Nr. 8/9 1989, S. 14-18

DOUKIDIS, GEORGIOS I. (Concepts):
Decision Support System Concepts in Expert Systems: An Empirical Study, in Decision Support Systems, 4/1988, North-Holland, S. 345-354

DSS-90 (Proceedings):
Proceedings of the Tenth International Conference on Decision Support Systems, Cambridge, Massachusetts, Mai 1990

ECKMILLER, R. / WERNTGES, H. (Technische Realisierung):
Technische Realisierung Neuronaler Netze, in: Tutorium Neuronale Netze, 18. Jahrestagung der GI, Deutsche Informatik Akademie, Universität Hamburg, 1988

ECONOCOM EXPERT (Hrsg.) (Crystal City):
Systembeschreibung von *Crystal City* der Firma Econocom Expert, 18-20 Kew Road, Richmond, Surrey TW9 2NA, 1989

ELTON, E. / GRUBER, M. (Hrsg.) (Security Evaluation):
Security Evaluation and Portfolio Analysis, New Jersey, 1972

ELTON, E. / GRUBER, M. (Modern Portfolio Theory):
Modern Portfolio Theory and Investment Analysis, 2. Aufl., John Wiley, New York, 1984

ENDERS, A. (Einsatz von Informationstechnologie):
Der Aufbau von Wettbewerbsvorteilen bei Banken durch den Einsatz von Informationstechnologie zur Bewältigung zeitkritischer und rechenintensiver Bereiche, Diss. Hochschule St. Gallen Nr. 1225, 1991

ER, M. C. (Decision Support Systems):
Decision Support Systems: A Summary, Problems, and Future Trends, in: Decision Support Systems 4/1988, North-Holland, S. 355-363

EVANS, J. L. / ARCHER, S. (Diversification):
Diversification and the Reduction of Dispersion: An Empirical Analysis, in: Journal of Finance, Vol. 23, Nr. 5, Dezember 1968, S. 761-767

FAMA, E. F. (Efficient Capital Markets):
Efficient Capital Markets: A Review of Theory and Empirical Work, in: Journal of Finance, Vol. 25, Nr. 5, Mai 1970, S. 383-417

FICHMAN, R. G. / KEMERER, C. F. (Design Methodologies):
Object-Oriented and Conventional Analysis and Design Methodologies - Comparison and Critique, in: Computer, October 92, IEEE Computer Society, 1992

FLOYD, C. (Prototyping):
A Systematic Look at Prototyping, in: Budde, R. et al (Hrsg.), Approaches to Prototyping, Springer, New York, 1984

FOSTER, G. (Financial Statement Analysis):
Financial Statement Analysis, Prentice-Hall, Englewood Cliffs und New York, 1986

FRANCIS, J. C. / ARCHER, S. H. (Portfolio Analysis):
Portfolio Analysis, 2. Aufl., Prentice-Hall, Englewood Cliffs und New York, 1979

FRENCH, D. W. / HENDERSON, G. V. (Performance Evaluation):
How Well Does Performance Evaluation Perform?, in: Journal of Portfolio Management, Vol. 11, Nr. 2, 1985, S. 15-18

FUCHS, J. (Computer-Netze als Basis schlanker Organisationen):
Computer-Netze als Basis schlanker Organisationen, in: Kurbel, K. (Hrsg.), Wirtschaftsinformatik '93, 8.-10. März 1993, Münster, Physica, Heidelberg, 1993, S. 95-105

GALLAGHER, D. (Question):
The Sixty-Four Dollar Question, in: Global Investor, Juni 1988, S. 31 ff.

GASCHNIG, J. (PROSPECTOR):
Application of the PROSPECTOR System to Geological Exploration Problems, in: Machine Intelligence, 10/1982, John Wiley, New York und Chichester, S. 301-323

GEIHS, K. (Heterogene verteilte Systeme):
Infrastrukturen für heterogene verteilte Systeme, in Informatik-Spektrum 16/93, Springer, 1993, S. 11-23

GERLOFF, H. (Computergestützte Analyse von Portfolio-Strategien):
Ein Modell für die computergestützte Analyse und Optimierung von Portfolio-Strategien - Einige Grundideen von GLOBAL, Arbeitspapier für das BMFT, Berlin, 1993

GERLOFF, H. (Expertensystemeinsatz im Portfoliomanagement):
Expertensystemeinsatz im Portfoliomanagement von Großbanken, Studie der IBM Schweiz, Zürich, 1989

GERLOFF, H. (Modell):
Ein Modell des Portfoliomanagement-Prozesses, Bericht des Instituts für Wirtschaftsinformatik der Hochschule St. Gallen, 1991

GIBSON, R. C. (Vermögensanlage):
Vermögensanlage mit ausgewogenem Risiko, Moderne Industrie, Landsberg/Lech, 1990

GROSSENBACHER, J. M. (Verteilung):
Verteilung der EDV, 3. Aufl., Zürich, 1985

HANSEN, W.-R. (Hrsg.) (Client-Server-Architektur):
Client-Server-Architektur, Addison-Wesley, Bonn; Paris; Reading (MA); u.a., 1993

HAREL, D. (Visual Formalisms):
On Visual Formalisms, in: Communications of the ACM, Vol. 31, 1988, S. 514-520

HARMON, P. / KING, D. (Expertensysteme):
Expert Systems: Artificial Intelligence in Business, John Wiley, New York 1985
deutsch: Expertensysteme in der Praxis, Oldenbourg, München und Wien, 1989

HASENKAMP, U. / SYRING, M. (Workflow-Management-Systeme):
Konzepte und Einsatzmöglichkeiten von Workflow-Management-Systemen, in: Kurbel, K. (Hrsg.), Wirtschaftsinformatik '93, 8.-10. März 1993, Münster, Physica, Heidelberg, 1993, S. 405-422

HAYES, D. (Investments):
Investments: Analysis and Management, New York, 1961

HEINRICH, L. J. / BURGHOLZER, P. (Systemplanung):
Systemplanung II, 4. Aufl., München; Wien, 1990

HINDER, A. (Portfolio-Optimierungsmodelle):
Portfolio-Optimierungsmodelle in der Asset Allocation - Möglichkeiten und Grenzen der praktischen Anwendung, in: Neue Züricher Zeitung, Nr. 294, 18.12.1990

HUMPERT, B. / HOLLEY, P. (Expert-Systems):
Expert Systems in Finance-Planning, Forschungsbericht Nr. 105 der Firma IKOSS, August 1987

HUMPERT, B. (Neural Networks):
Neural Networks for Finance Applications, in: SI-Information, No. 23 / Mai 1989, S. 34-38

HUSEMANN, P. (Computerunterstützung):
Computerunterstützung im Portfoliomanagement, Diss. Hochschule St. Gallen, 1988

HUSEMANN, P. (Personal Computer):
Personal Computer in der Analyse, in: Institut für Bankwirtschaft (Hrsg.): Internationaler Wandel im Wertschriftengeschäft der Banken, Bd. 2, St. Gallen, 1987, S. 79-129

IEEE (Hrsg.) (Visualisation):
Proceedings of the IEEE Visualisation '91, IEEE, 1991

IIR (Hrsg.) (Asset Allocation):
Conference on Strategic and Tactical Asset Allocation, London, 1990, Tagungsunterlagen des Institute of International Research, London

INFERENCE (Hrsg.) (Portfolio Management Advisor):
ART Application Note: The Portfolio Management Advisor, Produktinformation der Inference Corporation, 5300 West Century Boulevard, Los Angeles, 1990

JANSSEN, M. / PFEIFER, R. (Slot-Maschinen):
Slot-Maschinen - Expertensysteme im Portfolio-Management, in: Finanz und Wirtschaft, Informatik 89

JANSSEN, M. (Finanzmarkt-Theorie):
Finanzmarkt-Theorie nach dem Bürsen-Crash, in: Strategie und Zufall an der Börse, Publikation der Zürcher Kantonalbank, Zürich, 1988, S. 112-128

JOHNSON, J. / NARDI, B. / ZARMER, C. / MILLER, J. (ACE):
ACE: Building Interactive Graphical Applications, in: Communications of the ACM, Vol. 36, Nr. 4, April 1993

KADERLI, R. J. (Anlagestrategie):
Das Geheimnis der Börse: Die Anlagestrategie, 2. Aufl., Ott, Thun, 1978

KÄFER, H. (Kapitalflussrechnungen):
Kapitalflussrechnungen, 2. Aufl., Verlag des schweizerischen Kaufmännischen Verbands, Zürich, 1984

KAISER, J. (Banken):
Banken und institutionelle Investoren, in: Journal of Finance, Bankwirtschaftliche Forschungen, Bd. 131, Haupt, Bern-Stuttgart-Wien, 1990

KÄMMERER, B. / LEUTHÄUSSER, I. / RAMACHER, U. (Neuronale Netze):
Neuronale Netze - ein Ansatz zur nichtprogrammierten, adaptiven Informationsverarbeitung, in:Tutorium Neuronale Netze, 18. Jahrestagung der GI, Deutsche Informatik Akademie, Universität Hamburg, 1988

KEEN, P. G. W. / MORTON, M. S. S. (Decision Support Systems):
Decision Support Systems - An Organisational Perspective, Addison-Wesley, Reading; Menlo Park; London; Amsterdam; Don Mills; Sydney, 1978

KIM, W. / NICOLAS, J.-M. / NISHIO, S. (Hrsg.) (Object-Oriented Databases):
Proc. 1st Int'l Conf. on Deductive and Object-Oriented Databases (DOOD), Kyoto, Dezember 1989, North-Holland

KLEIN, M. (Knowledge Based DSS):
Knowledge Based DSS, Addison-Wesley, Reading; Menlo Park; London; Amsterdam; Don Mills; Sydney, 1989

KLOTZ, K. (Illusion):
Die Illusion von der Künstlichen Intelligenz - Kontroverse Ansichten über die Grenzen des Computereinsatzes, in: Neue Zürcher Zeitung, 27. April 1988, Nr. 97, S. 65-66

KRCMAR, H. (Computer Aided Team):
Computerunterstützung für die Gruppenarbeit - Computer Aided Team (CATeam), in: Kurbel, K. (Hrsg.), Wirtschaftsinformatik '93, 8.-10. März 1993, Münster, Physica, Heidelberg, 1993, S. 423-435

KRUCK, A. (Integrated Portfolio Management):
Integrated Portfolio Management, in: Finanz und Wirtschaft, Nr. 37, Mai 1987

KRÜGER, W. (Organisation):
Organisation der Unternehmung, Stuttgart; Berlin; u.a., 1984

KÜHN, R. (Portfeuilleplanung):
Simulations-Experimente zur Effizienz der Portfeuilleplanung, München, 1979

KURTNER, J. (EDV-Anwendungen):
EDV-Anwendungen in der Vermögensverwaltung, in: Zapotocky, S. (Hrsg.): Portfolio-Management, Wien, 1987

LEE, J. K. / KIM, H. S. / CHU, S. C. (Intelligent Stock Portfolio Management System):
Intelligent Stock Portfolio Management System, in: Expert Systems, Vol. 6, Nr. 2, April 1989, S. 74-87

LIEBERROTH-LEDEN, A. (Leistungsbewertung von Anlageberatern):
Funktionen und Leistungsbewertung von Anlageberatern, Bamberg, 1982

LINTNER, J. (Valuation of Risk Assets):
The Valuation of Risk Assets and the Selection of Risky Investments in Stock Portfolios and Capital Budgets, in: Review of Economics and Statistics, Vol. 47, Nr. 1, Februar 1965, S. 13-37

LOISTL, O. (Wertpapiermanagement):
Computergestütztes Wertpapiermanagement, 4. Aufl., Oldenbourg, München und Wien, 1992

LÜTOLF, D. (Computermodelle für das Management):
Entwicklung und Einführung entscheidungsunterstützender Computermodelle für das strategische Management, Diss. Hochschule St. Gallen Nr. 1141

MALKIEL, B. G. (Random Walk):
A Random Walk Down Wallstreet, Norton, New York, 1985

MALONE, T. W. / YATES, J. / BENJAMIN, R. I. (Electronic Markets):
The Logic of Electronic Markets, in: Harvard Business Review, Vol. 67, Nr. 3, Mai-Juni 1989, S. 166-172

MARCUS, A. (Human Communication):
Human Communication Issues in Advanced UIs, in: Communications of the ACM, Vol. 36, Nr. 4, April 1993

MARKOWITZ, H. M. (CAPMs):
Nonnegative or Not Nonnegative: A Question About CAPMs, in: Journal of Finance, Vol. 38, Nr. 2, Mai 1983, S. 283-295

MARKOWITZ, H. M. (Mean-Variance Analysis):
Mean-Variance Analysis in Portfolio Choice and Capital Markets, Blackwell, Oxford und Cambridge (Massachusetts), 1987

MARKOWITZ, H. M. (Optimization):
The Optimization of a Quadratic Function Subject to Linear Constraints, in: Naval Research Logistics Quaterly, Vol. 3, Nr. 1-2, Mai-Juni 1956, S. 111-133

MARKOWITZ, H. M. (Portfolio Selection):
Portfolio Selection, in: Journal of Finance, 1952, S. 77-91

MARKOWITZ, H. M. (Portfolio Selection 1959):
Portfolio Selection, New York, 1959

MARTIN, J. (Information Engineering):
Information Engineering, Bd. I, II und III, Prentice-Hall, Englewood Cliffs und New York, 1990

MAYRHOFER, H. H. (Währungsrisikomanagement):
Methodenorientiertes Währungsrisikomanagement, Bankwirtschaftliche Forschungen, Bd. 153, Haupt, Bern und Stuttgart, 1992

MEIER, U. (Entscheidungsunterstützungssysteme):
Intelligente Entscheidungsunterstützungssysteme für die Bilanzbewirtschaftung einer Grossbank, Bank- und Finanzwirtschaftliche Forschungen, Bd. 167, Haupt, Bern-Stuttgart-Wien, 1992

MERTENS, P. (Expertensysteme):
Expertensysteme in der Produktion : Praxisbeispiele aus Diagnose und Planung, Oldenbourg, München und Wien, 1990

MERTENS, P. (Integrierte Datenverarbeitung):
Integrierte Datenverarbeitung 1 - Administrations- und Dispositionssysteme in der Industrie, 8. Aufl., Wiesbaden, 1991

MICHAELSEN, R. H. (Expert System):
An Expert System for Federal Tax Planning, in: Expert Systems, Vol. 1, No. 3, Oktober 1984, S. 149-167

NIEMANN, K. D. (Methodische Entwicklung):
Methodische Entwicklung verteilter DV-Systeme im Unternehmen, in: Kurbel, K. (Hrsg.), Wirtschaftsinformatik '93, 8.-10. März 1993, Münster, Physica, Heidelberg, 1993, S. 304-317

NORBY, W. C. (Overview of Financial Analysis):
Overview of Financial Analysis, in: Financial Analyst's Handbook, Band I, Dow Jones, Homewood, 1975

NTIA (Hrsg.) (Agenda):
The National Telecommunications and Information Administration (Hrsg.), The National Information Infrastructure: Agenda for Action, erhältlich via Internet-ftp: ftp.ntia.doc.gov, Verz.: /npr sowie Internet-EMail: ace-request@ace.esusda.gov, "send niiagenda" in Mitteilungstext, Washington, D.C., 1993

o.V. (Reifeprüfung):
Reifeprüfung, in: highTech, 7/1988, S. 39-44

ÖSTERLE, H. (Informationsysteme):
Entwurf betrieblicher Informationssysteme, Hanser, München und Wien, 1981

PAPE, U./SANDKUHL, K./SCHOEPF, V. (Integration heterogener Anwendungssysteme):
Erfahrungen bei der Integration heterogener Anwendungssysteme - Verteiltes Ar-

beiten in der Druckindustrie, in: Kurbel, K. (Hrsg.), Wirtschaftsinformatik '93, 8.-10. März 1993, Münster, Physica, Heidelberg, 1993, S. 198-213

PARENT, C. / SPACCAPIETRA, S. (Object-Oriented Data Models):
About Entities, Complex Objects and Object-Oriented Data Models, in: Falkenberg, E.D. (Hrsg.): Informations System Concepts - An In-depth Analysis, Proc. of IFIP WG 8.1 Working Conference, Namur, Oktober 1989, North-Holland

PFEIFER, R. / LÜTHI, H. J. (Relationship):
Decision Support Systems and Expert Systems: A Complementary Relationship, in: Sol H.G. at al (Hrsg.): Expert Systems and Artificial Intelligence in Decision Support Systems, Reidel, 1987

PORTER, M. E. / MILLAR, V. E. (Competitive Advantage):
How Information Gives You Competitive Advantage, in: Harvard Business Review, Juli-August 1985

RAULEFS, P. (Expertensysteme):
Experternsysteme, in: Bibel W. / Siekmann J.H. (Hrsg.): Künstliche Intelligenz, Informatik Fachberichte, Bd. 59, Springer, Berlin; Heidelberg; New York; Tokyo, 1982, S. 61-98

RAUTENSTRAUCH, C. (Funktionen- und Datenverteilung):
Technologien und Konzepte für die Funktionen- und Datenverteilung in integrierten Anwendungsumgebungen, in: Kurbel, K. (Hrsg.), Wirtschaftsinformatik '93, 8.-10. März 1993, Münster, Physica, Heidelberg, 1993, S. 318-331

RAUTENSTRAUCH, C. (Integration Engineering):
Integration Engineering : Konzeption, Entwicklung und Einsatz integrierter Softwaresysteme, Addison-Wesley, Bonn; Paris; Reading (MA); u.a., 1993

RECHENMANN F. / DOIZE M. S. (SAFIR):
Proc. of the 7th Intl. Workshop on Expert Systems and their Applications, Avignon, 13.-15. Mai, 1987, S. 949 ff.

RICHTER, M. M. (AI-Concepts):
AI-Concepts and OR-Tools in Advanced DSS, in Decision Support Systems, 4/1988, North-Holland, S. 441-446

RITZ, D. / SCHNÜCKEL, P. (Aspekte elektronischer Märkte):
Ökonomische Aspekte elektronischer Märkte, Bericht des Instituts für Wirtschaftsinformatik der Hochschule St. Gallen Nr. IM2000/CC EM/3, Mai 1990

ROHLOFF, M. (Objektorientierte Anwendungsentwicklung):
Objektorientierte Anwendungsentwicklung, in: Kurbel, K. (Hrsg.), Wirtschaftsinformatik '93, 8.-10. März 1993, Münster, Physica, Heidelberg, 1993, S. 123-138

ROLL, R. (Critique):
A Critique of the Asset Pricing Theory's Tests, in Journal of Financial Economics, Vol. 4, 1977, S. 129-176

RONSCHKOWIAK, M. (ACE):
ACE (Advanced Computing Environment), in: Mitteilungen der ITG/GI-Fachgruppe Arbeitsplatzrechensysteme, Nr. 1, Juli 1992, S.5-6

ROSENFELD, F. (Hrsg.) (Evaluation):
The Evaluation of Ordinary Shares, in: A Summary of the Eighth Congress of the European Federation of Financial Analysts Societies, Dunod, Paris, 1975

ROSS, S. A. (Arbitrage Theory of Capital Asset Pricing):
The Arbitrage Theory of Capital Asset Pricing, in: Journal of Economic Theory, Vol. 13, Nr. 3, Dezember 1976, S. 341-360

RUDD, A. / ROSENBERG, B. (Portfolio Optimization):
Realistic Portfolio Optimization, Paper presented at the Spring Seminar of the Institute for Quantitative Research in Finance, 2.-5. Mai, 1976, Scottsdale, Arizona

RUMBAUGH, J. / BLAHA, M. / PREMERLANI , W. ET AL. (Object-Oriented Modeling):
Object-Oriented Modeling and Design, Englewood Cliffs; New Jersey; u.a., 1991

SAURER, H. (Portfolio-Optimierung):
Bedeutung innovativer Produkte für die Portfolio-Optimierung, in: Institut für Bankwirtschaft (Hrsg.): Internationaler Wandel im Wertschriftengeschäft der Banken, Bd. 2, St. Gallen 1987

SAVORY, STUART E. (Künstliche Intelligenz):
Künstliche Intelligenz und Expertensysteme - Ein Forschungsbericht der Nixdorf Computer AG, Oldenbourg, München und Wien, 1985

SCHEER, A.-W. (CIM):
CIM - Der computergesteuerte Industriebetrieb, 3. Aufl., Springer, Berlin; Heidelberg; New York; London; Paris; Tokyo, 1990

SCHEER, A.-W. (EDV-orientierte BWL):
EDV-orientierte Betriebswirtschaftslehre, 3. Aufl., Berlin; Heidelberg; New York, 1987

SCHEER, A.-W. (Wirtschaftinformatik 2000):
Wirtschaftsinformatik im Unternehmen 2000, in: Kurbel, K. (Hrsg.), Wirtschaftsinformatik '93, 8.-10. März 1993, Münster, Physica, Heidelberg, 1993, S. 53-67

SCHEER, A.-W. (Wirtschaftsinformatik):
Wirtschaftsinformatik - Informationssysteme im Industriebetrieb, 2. verb. Aufl., Springer, Berlin; Heidelberg; New York; London; Paris; Tokyo, 1988

SCHMID, B. (Bilanzmodelle):
Bilanzmodelle - Simulationsverfahren zur Verarbeitung unscharfer Teilinformationen, Berichte zur Orts-, Regional- und Landesplanung Nr. 40, ORL-Institut der Eidgenössischen Technischen Hochschule Zürich, 1979

SCHMID, B. (Procedure):
Procedure for the Representation and Transformation of Information on Complex Systems, in: Schmid, Beat / Signer, Rolf (Hrsg.), Information on Complex Systems - Representation and Inference, vdf-Verlag, Zürich, 1988, S. 29-44

SCHNEIDER, H. J. (Hrsg.) (Distributed Data Bases):
Distributed Data Bases, Proceedings of the 2nd Int. Symp. on Distributed Data Bases, Berlin, North Holland, Amsterdam; u.a., 1982

SCHOBERT, F. (Securities Analysis):
Securities Analysis, in: Compute!, Vol. 6, Nr. 4, S. 48 ff.

SCHOLL, M. H. / LAASCH, C. / RICH, C. / TRESCH, M. / SCHEK, H.-J. (COCOON):
The COCOON Core Object Model, Technischer Bericht, ETH Zürich, Departement Informatik, 1992

SCHUSTER, L. (Strategische Erfolgsposition):
Informationsverarbeitung als strategische Erfolgsposition der Banken, in: Geldinstitute 5/86, S. 16-23

SEILER, R. (Betriebliche Analyse):
Betriebliche Analyse und Kontrolle, Vorlesungsunterlagen des Lehrstuhls für Betriebswirtschaftslehre der Eidgenössischen Technischen Hochschule, Zürich, 1987

SGAICO (Hrsg.) (Proceedings):
Commercial Expert Systems in Banking and Insurance, Proceedings of the 2nd International Symposium on Commercial Expert Systems in Banking and Insurance of SGAICO (Swiss Group for Artificial Intelligence and Cognitive Science) and IDSIA (Istituto Dalle Molle di Studi sull' Intelligenza Artificiale), Lugano, Mai 1989

SHARPE, W. F. / ALEXANDER, G. J. (Investments):
Investments, 4. Aufl., Prentice-Hall, Englewood Cliffs und New York, 1990

SHARPE, W. F. (Asset Allocation Tools):
Asset Allocation Tools, 2. Aufl., Scientific Press, Los Altos (California), 1987

SHARPE, W. F. (Capital Asset Prices):
Capital Asset Prices: A Theory of Market Equilibrium under Conditions of Risk, in: Journal of Finance, Vol. 19, Nr. 3, September 1964, S. 425-442

SHARPE, W. F. (Integrated Asset Allocation):
Integrated Asset Allocation, in: Financioal Analysts Journal, September/Oktober 1987

SHAW, A. R. (Technical Analysis):
Technical Analysis, in: Levine S. N. (Hrsg.), Financial Analyst's Handbook, Bd. 1, Dow Jones-Irwin, Homewood (Illinois), 1975, S. 944 ff.

SIGNER, D. (Computer-Int.):
Computer-Integriertes Private Banking (CIPB) - Theoretische und empirische Untersuchung zum Wettbewerbsbeitrag neuer Informationstechnologien im schweizerischen Private Banking, Bank- und Finanzwirtschaftliche Forschungen, Bd. 152, Haupt, Bern-Stuttgart-Wien, 1992

SLOMAN, M. / KRAMER, J. (Distributed Systems):
Distributed Systems and Computer Networks, Prentice.Hall, Englewood Cliffs (NJ); u.a., 1987

SMITH, S. (Potential):
Exploit the Potential in Digital Feeds - Use Crystal City to Get Decision Support, in: Cash Management News, Nr. 41, Juli/August 1988, S. 4 f.

SOKOL, P. (EDI):
EDI - The Competitive Edge, New York, 1989

SOLNIK, B. H. (International Investments):
International Investments, Addison-Wesley, Reading; Menlo Park; London; Amsterdam; Don Mills; Sydney, 1988

SOLNIK, B. H. (International Pricing of Risk):
The International Pricing of Risk, in: Journal of Finance, Mai 1974

SPRAGUE, R. H. / CARLSON E. D. (Decision Support Systems):
Building Effective Decision Support Systems, Prentice-Hall, Englewood Cliffs und New York, 1982

SPREMANN, K. (Entscheidungslogik):
Entscheidungsfreiheit und Entscheidungslogik bei Risiko, in: Beckmann, M. / Gaede, K-W. / Ritter, K. (Hrsg.), Beiträge zur Angewandten Mathematik und Statistik, Hanser, München und Wien, 1987, S. 247-273

SPREMANN, K. (Investition):
Investition und Finanzierung, 3. vollst. überarb. u. erw. Aufl., Oldenbourg, München und Wien, 1990

SPRENGER, H.-R. (Entscheidungsunterstützende Systeme):
Planungs- und entscheidungsunterstützende Systeme (EUS), Probleme der Evaluation und Implementierung, OFKO, Bern, 1986

STEVENSON, H. (Informationssysteme für Kreditinstitute):
Informationssysteme für Kreditinstitute, de Gruyter, 1973

STEWART, S. S. (Corporate Forecasting):
Corporate Forecasting, in: Levine S. N. (Hrsg.), Financial Analyst's Handbook, Bd. 1, Dow Jones-Irwin, Homewood (Illinois), 1975, S. 907 ff.

STRATEGIC ECONOMIC DECISIONS (Interest Rate Insight):
Systembeschreibung von *Interest Rate Insight* der Firma Strategic Economic Decisions Inc, Menlo Park, California, 1988

STUCKI, E. (Performance von Aktienportfolios):
Beschreibende Methoden zur Messung der Performance von Aktienportfolios, Diss. Hochschule St. Gallen Nr. 1071, 1988

SWALM, R. O. (Utility Theory):
Utility Theory - Insights into Risk Taking, in: Harvard Business Review, Vol. 44, Nr. 6, Nov.-Dez. 1966, S. 123-136

SYSECA (Hrsg.) (Expert Tool Index):
Expert Tool Index, Produktdokumentation der Firma SYSECA, Saint Cloud, Februar 1989

TAPLEY, M. (International):
International Portfolio Management, Euromoney Publications, 1986

TATSUOKA, M. M. (Analysis):
Multivariate Analysis: Techniques for Educational and Psychological Research, New York, 1971

THE ATHENA GROUP (Hrsg.) (Financial Analyzer):
Corporate Financial Analyzer, Produktunterlagen von The ATHENA Group, 575 Madison Ave., New York, 1990

THE ATHENA GROUP (Hrsg.) (Portfolio Management Advisor):
Portfolio Management Advisor, Produktdokumentation von The ATHENA Group, 575 Madison Ave., New York, 1990

THE ATHENA GROUP (Portfolio Management Advisor):
Portfolio Management Advisor, in Expert Systems, Vol. 4, Nr. 1, 1987, S. 54 ff.

THIEL, H. (Economic Forecasting):
Applied Economic Forecasting, North-Holland, Amsterdam, 1966

THOMSON, C. (Business Instrument Panel):
The business instrument panel: A new paradigm for interacting with financial data, in: Proceedings of the ACM Conference on Computer-Human Interaction, ACM Press, New York, 1990, S. 161-166

THURNES, G. (Expertensystem):
Expertensystem unterstützt Finanzanalyse, in: Die Bank, 11/88, S. 614-621

VETTER, M. (Datenmodellierung):
Konzeptionelle Datenmodellierung, in: Kurbel, K. / Strunz, H. (Hrsg.), Handbuch Wirtschaftsinformatik, Stuttgart, 1990

VINCENZ-WEDER, P. (Expertensysteme):
Einsatz und Entwicklung von Expertensystemen im Bankbetrieb, Bankwirtschaftliche Forschungen, Bd. 125, Haupt, Bern und Stuttgart, 1990

VÖRÖS, J. (Derivation):
The explicit derivation of the efficient portfolio frontier in the case of degeneracy and general singularity, in: European Journal of Operational Research, Nr. 32, 1987, S. 302-310

WAHLSTER, W. (Natürlichsprachliche):
Natürlichsprachliche Argumentation in Dialogsystemen, Informatik-Fachberichte, Bd. 48, Springer, Berlin; Heidelberg; New York, 1981

WANDMACHER, J. (Software-Ergonomie):
Software-Ergonomie, De Gruyter, Berlin; New York, 1993

WANET, G. (Le Courtier):
Proc. of the 1st International Symposium on Artificial Intelligence and Expert Systems, Berlin, 18.-22. Mai, 1987, S. B-191 ff.

WARD, P. T. / MELLOR, S. J. (Structured Development):
Structured Development of Real-Time Systems, Yourdon Press, Englewood Cliffs, 1985

WATERMAN, D. A. (Expert Systems):
A Guide to Expert Systems, Addison-Wesley, Reading; Menlo Park; London; Amsterdam; Don Mills; Sydney, 1986

WHEELER, T. (Offene Systeme):
Offene Systeme, Vieweg, Braunschweig-Wiesbaden, 1993

WIDMER, A. (Innovationsmanagement):
Innovationsmanagement in Banken, Diss. Hochschule St. Gallen Nr. 965, 1986

WILLIAMSON, P. / DOWNES, D. (Manuals):
Manuals for Computer Programs in Finance & Investments, 4. Aufl., Amos Tuck School of Business Administration, Hanover (NH), 1977

YOURDON, E. (Modern Structured Analysis):
Modern Structured Analysis, Yourdon Press, Englewood Cliffs, 1989

ZAPOTOCKY, S. (Hrsg.) (Portfolio-Management):
Portfolio-Management, Wien, 1987

ZAPP, H. (Computer-Integrated-Banking):
Vom Electronic Banking zum Computer-Integrated-Banking, in: Die Bank 10/87, Jg. 11, S. 535-538

ZEHNDER, C. A. (Informationssysteme):
Informationssysteme und Datenbanken, 4. überarb. Aufl., Verlag der Fachvereine, Zürich und Teubner, Stuttgart, 1987

ZIMMERMANN, H. (Portfoliotheorie):
Portfoliotheorie, Kapitalmarktgleichgewicht und Corporate Finance, in: Neue Zürcher Zeitung, Nr. 243, Zürich, 19.10.1990

ZIMMERMANN, H. / BILL, M. / DUBACHER, R. (Finanzmarkt):
Finanzmarkt Schweiz: Strukturen im Wandel, Band 4 der Schriftenreihe „Wirtschaft und Gesellschaft" der Zürcher Kantonalbank, Zürich, August 1989

ZIMMERMANN, H. (Werkzeugkasten):
Werkzeugkasten des Finanzingenieurs, in: Schweizer Bank, 3/91, S. 23-28

ZIMMERMANN, H. (Wertschriftenmanagement):
Wertschriftenmanagement im Wandel, in: Strategie und Zufall an der Börse, Publikation der Zürcher Kantonalbank, Zürich, 1988, S. 9-26

ZOGLIN, R. (Highway):
The Info Highway, in: Time, 12. April, 1993, S. 56-61

Abbildungsverzeichnis

www.ingramcontent.com/pod-product-compliance
Lightning Source LLC
LaVergne TN
LVHW081330011026
849161LV00013BB/2891